PORTUGUÊS BRASILEIRO

UMA VIAGEM DIACRÔNICA

Consulte nosso catálogo completo e últimos lançamentos em **www.editoracontexto.com.br**.

Ian Roberts
Mary A. Kato

PORTUGUÊS BRASILEIRO

UMA VIAGEM DIACRÔNICA

HOMENAGEM A FERNANDO TARALLO

editoracontexto

Montagem de capa e diagramação
Gustavo S. Vilas Boas

Preparação de textos
Lilian Aquino

Revisão
Daniela Marini Iwamoto

Dados Internacionais de Catalogação na Publicação (CIP)
Andreia de Almeida CRB-8/7889

Português brasileiro: uma viagem diacrônica : homenagem
a Fernando Tarallo / Ataliba T. de Castilho ... [et al.] ;
organizadores: Ian Roberts e Mary A. Kato. – 3. ed. –
São Paulo : Contexto, 2018.
336 p.

Bibliografia
ISBN 978-85-520-0034-1

1. Língua portuguesa – Brasil - História 2. Linguística
3. Tarallo, Fernando I. Castilho, Ataliba T. de II. Roberts, Ian
III. Kato, Mary A.

17-1831 CDD 469

Índices para catálogo sistemático:
1. Língua portuguesa

2018

EDITORA CONTEXTO
Diretor editorial: *Jaime Pinsky*

Rua Dr. José Elias, 520 – Alto da Lapa
05083-030 – São Paulo – SP
PABX: (11) 3832 5838
contexto@editoracontexto.com.br
www.editoracontexto.com.br

Com o falecimento prematuro do professor Fernando Tarallo, aos 40 anos, a comunidade acadêmica perde um de seus mais inspirados e produtivos linguistas e um de seus mais queridos e exigentes mestres. Usando suas próprias metáforas, seus projetos principais consistiram em fornecer "fotografias sociolinguísticas" do português brasileiro atual e em desvendar a sua história através do "túnel do tempo". O presente livro é uma resposta de seus ex-alunos e colaboradores ao convite que ele formula em seu livro *Tempos linguísticos*:

"Picaretas em punho: vamos cavar!"
(Tarallo, 1990: 175)

SUMÁRIO

LISTA DE SÍMBOLOS

Símbolo	Significado	Tradução
AGR	Agreement	Concordância
AGRP	Agreement Phrase	Sintagma de Concordância
A	Adjective	Adjetivo
AP	Adjectival Phrase	Sintagma Adjetival
ASP	Aspect	Aspecto
B	Brazilian	Brasileiro
C	Complementizer	Complementador/-tizador)
CP	Complementizer Phrase	Sintagma Complementador/tizador
cl	Clitic	Clítico
CLLD	Clitic Left Dislocation	Deslocamento com clítico
D	Determiner	Determinante
DP	Determiner Phrase	Sintagma Determinativo
e	Empty Category	Categoria Vazia
GB	Government and Binding	Regência e Ligação
PF/FF	Phonetic Form	Forma Fonética
LF/LF	Logical Form	Forma Lógica
I	Inflection	Flexão
IP	Inflectional Phrase	Sintagma flexional
LD	Left Dislocation	Deslocamento à Esquerda
LES	Least Effort Strategy	Estratégia de Mínimo Esforço
N	Noun	Nome
NP	Noun Phrase	Sintagma Nominal
P	Preposition	Preposição
PA	Old Portuguese	Português Arcaico
PB	Brazilian Portuguese	Português Brasileiro
PE	European Portuguese	Português Europeu
PP	Prepositional Phrase	Sintagma Preposicional
PtP	Past Participle	Particípio Passado
PRO	Big PRO	Prozão
pro	Little pro	Prozinho
RD	Diachronic Reanalysis	Reanálise Diacrônica
RP	Resumptive Pronoun	Pronome Resumptivo
SC	Small Clause	Mini-oração
SS	S-structure	Estrutura-S
SPEC	Specifier	Especificador
Wh/Q	Wh-operator	Operador-Q/Q-
T	Tense	Tempo verbal
V	Verb	Verbo
V1	Verb-first	Verbo-em-primeiro
V2	Verb-second	Verbo-em-segundo
VP	Verb Phrase	Sintagma Verbal

PREFÁCIO

Conheci Fernando Tarallo quando aluno do curso de Licenciatura em Letras (Português, Inglês, Alemão e Latim) da Universidade de São Paulo, no começo dos anos 1970. Ele integrava a primeira equipe de documentadores do Projeto de Estudo da Norma Urbana Linguística Culta da Cidade de São Paulo, constituída por Ada Natal Rodrigues, na qual atuou até 1973.

Era um rapaz discreto, que se concentrava nas tarefas que lhe eram atribuídas com um grau de responsabilidade e de identificação bastante diferenciado. Estava dando ali os primeiros passos de uma carreira brilhante, à qual ele imprimiu um direcionamento que surpreende pela precocidade, pela agudez nas escolhas feitas, e pela determinação com que ia cumprindo os objetivos que se impusera. Basta lembrar que naquela década o grande impulso da Linguística no país mal começava. Não havia cursos estimulantes de pós-graduação e a Associação Brasileira de Linguística acabava de ser fundada.

Terminada a graduação, ele ministrou cursos de Língua Alemã na Faculdade Ibero-Americana de Letras e Ciências Humanas (1975-1976), em São Paulo, e na Unesp, *campus* de Araraquara (março a maio de 1976). Logo partiu para um curso de especialização em Germanística na Universidade Albert-Ludwigs, em Freiburg em Brisgóvia, Alemanha (1976-1977), principiando um longo ciclo de viagens de estudos ao exterior, apenas interrompidas por suas atividades profissionais no país.

Em 1978, foi aprovado com distinção no mestrado em Língua e Literatura Alemãs pela Universidade de São Paulo, de onde seguiu para a Universidade da Pensilvânia, Estados Unidos, aproximando-se de Gillian Sankoff, William Labov e Anthony Kroch, que orientaram seu doutorado em Linguística, obtido em 1983 com a tese *Relativization Strategies in Brazilian Portuguese*, então nos prelos da Dieter Vervuert Verlag, de Frankfurt.

De volta ao Brasil, lecionou Sociolinguística na PUC de São Paulo (1983-1987), ingressando no Departamento de Linguística da Universidade de Campinas (Unicamp) em 1987. Nesse Departamento, desenvolveu com plenitude sua carreira de professor (Sociolinguística, Linguística Histórica, Sintaxe) e de pesquisador. Em 1989, tornou-se livre-docente, com a média dez.

Em 1986, 1987 e 1989, realizou estágios de pós-doutorado na Universidade da cidade de Nova York, no Seminário de Romanística da Universidade de Hamburgo e na Universidade de Ottawa.

A partir de 1988, passou a integrar o Projeto de Gramática do Português Falado, como coordenador do grupo de trabalho de Sintaxe II. Esse Projeto investiga o *corpus* do Projeto Nurc que ele, ainda mocinho, ajudou a constituir. Nunca os dados sintáticos ali contidos foram iluminados com uma luz tão forte, que jorrava de sua inteligência privilegiada e de sua sólida preparação científica. Nessa tarefa, ele compôs com Mary A. Kato uma dupla que realizou a impensável missão de acomodar as hipóteses gerativistas com o rigor empiricista do variacionismo laboviano, de que resultaram análises instigantes da sentença no português falado.

Pode-se dizer que as atividades mais intensas de Tarallo se concentraram na PUC de São Paulo e na Unicamp. Nessas duas universidades, ele compartilhou generosamente seus conhecimentos e preparou uma excelente geração de pesquisadores, abrindo uma área originalíssima de indagações sobre o português do Brasil. Trabalhando intensamente, em tão pouco tempo de vida, Fernando orientou 17 dissertações de mestrado e 3 teses de doutorado – para ficar apenas nos trabalhos concluídos e defendidos. Ele escreveu 3 livros (a tese de doutoramento, *A pesquisa sociolinguística* (1985), *Falares crioulos: línguas em contacto,* em coautoria com T. Alkmin (1987), *Vozes e contrastes: discursos no campo e na cidade* (1989), em coautoria com Eni Orlandi e Eduardo Guimarães, *Tempos linguísticos* (1990)); organizou outros dois (*Fotografias sociolinguísticas* (1989), *Sociolinguística* (1991), com Machline de Oliveira), escreveu 23 ensaios para revistas nacionais e estrangeiras e participou ativamente de inúmeros congressos no país e no exterior.

Sua última permanência no exterior foi de 1º de janeiro a 31 de julho de 1991, de novo na Universidade de Hamburgo. Esse período foi extraordinariamente fecundo. Além de consulta de uma extensa bibliografia sobre aspectos da subordinação e da complementação no latim e nas línguas românicas (a listagem respectiva, apensa ao seu relatório, estende-se por 11 páginas), Tarallo proferiu conferências em Genebra, Leiden, Paris e Bonn, versando a temas tais como "Zeros sintáticos mutantes", "Translating Spoken Data into Syntactic Algorithms: Evidence from Brazilian Portuguese", "Português europeu e português brasileiro: aspectos linguísticos e ideológicos", "Gramática do português falado", "Sistemas gramaticais do português: variação e mudança", "Early Syntactic Symptoms of a Brazilian Grammar: the 19th Century".

De sua atuação na Linguística Histórica, falam os textos aqui publicados, além de seus próprios. De seu profissionalismo, falam os muitos colegas que soube cultivar nas universidades mais prestigiosas do país e do exterior, ora privados de sua companhia.

Ataliba T. de Castilho

APRESENTAÇÃO

"Como, o que e por que escavar?"
(Tarallo, 1990: 173)

Desde a introdução do estudo da Linguística moderna no currículo dos cursos de Letras das universidades brasileiras, os estudos diacrônicos foram relegados a um segundo plano, ou mesmo ignorados, como consequência da ideologia rigidamente a-histórica do início do estruturalismo. Em muitos meios, os importantes trabalhos filológicos e comparativistas desenvolvidos no Brasil (cf. Naro, 1976, Mattos e Silva, 1988) deixaram de ser incluídos na bibliografia das disciplinas de formação dos nossos alunos de Letras.

No início, essa desenfatização progressiva nos estudos históricos deveu-se a um fenômeno que apenas refletia o que ocorria nos demais países, principalmente por força do sucesso inicial das teses estruturalistas, como, por exemplo, a possibilidade de se levantar um sistema linguístico sem se ter conhecimento de seu passado, de sua história. Posteriormente, porém, a eliminação (ou a opcionalização) do latim, do francês e do espanhol no currículo do primeiro e segundo graus reduziram o trabalho dos professores universitários de Filologia, Linguística Românica e Linguística Histórica aos aspectos externos da mudança ou a cursos de iniciação na língua latina ou em alguma língua românica ou indo-europeia, com apenas leves acenos comparativistas.

Dentro do pressuposto de que história se faz a partir das origens – no início do túnel, na metáfora de Tarallo (1990) –, a Linguística Histórica parecia, dessa forma, estar fadada a morrer. Desconhecedor da história e vivendo em um contexto povoado de ficção científica, nosso aluno de Letras não tinha motivação para enfrentar livros embolorados, em bibliotecas escuras e poeirentas, para decifrar textos cuja língua para ele nada tinha de familiar.

Ao contrário, os estudos de Linguística Sincrônica, principalmente na linha Sociolinguística, apresentavam um atrativo mais de acordo com o interesse da moçada. Lá iam eles de gravador em punho entrevistar homens e mulheres, pobres e ricos, velhos e jovens, munidos de seu traquejo com aparelhos eletroeletrônicos e com sua descontração para a comunicação oral. Os objetivos também pareciam mais relevantes para o nosso aluno: desafiar prescrições gramaticais, observar a variedade do uso da língua em contexto, descrever o português em sua variedade geográfica, em seus problemas de contato com a língua dos nativos e dos imigrantes, descobrir as diferenças da gramática da fala e da gramática da escrita.

A Sociolinguística floresce não apenas no Brasil, mas em todo o continente americano: Canadá, Estados Unidos e América Latina. É a vocação do colonizado, em busca de identidade linguística própria.

Mas mexer com o problema da identidade é mexer com a história. Quer-se saber como tal identidade foi adquirida. A opção metodológica para responder a essa questão, dentro da linha Sociolinguística, não é aquela que vigorou na época pré-estruturalista, isto é, direcionando a pesquisa do passado para o presente, mas do presente para o passado, cada fase concebida como um objeto sistematicamente heterogêneo (Labov, 1975). Se a língua em cada fase apresenta variação entre formas velhas e formas novas, é possível buscar no presente as pistas para a língua do passado. É a sincronia a serviço da diacronia.

Tarallo vale-se dessa abordagem em suas aulas e também em seu livro (Tarallo, 1990) para tornar a Linguística Histórica instigante para o jovem. Em lugar de transportá-lo para o fundo do túnel, convida-o inicialmente a escavar do presente para o passado. O estudante se defronta com um texto de 1850, de José Maria Paranhos, muito próximo dos que ele está acostumado a ler, exceto por algumas construções curiosas, como, por exemplo, as que apresentam clíticos:

> [...]
> (5) [...] que profundamente comoveu-me, [...]
> (6) [...] que os próprios homens lhe não recusavam
> [...]
>
> (Tarallo, 1990: 17)

Em seguida, o autor apresenta-lhe um texto do século XVIII, com trechos quase irreconhecíveis para um leitor contemporâneo. Tarallo alista esses trechos e mostra ao leitor que, embora estranhas à primeira vista, essas formas tornam-se claras "à medida que penetramos em sua estrutura e funcionamento" (p. 23):

> [...]
> intitulandoce = intitulando ce
> seachar = se achar
> edandolha = e dando lha (lhe a)
> mepediraó = me pediraó
> [...]
>
> (Tarallo, 1990: 22)

O autor mostra, em sua visão laboviana, que, em qualquer fase da história da língua que investiguemos, iremos encontrar "formas residuais do passado mais remoto contracenando com formas inovadoras de um futuro" (p. 23), diríamos, próximo.

A Linguística Histórica torna-se, através dessa perspectiva, uma empreitada não só factível, mas instigadora para o jovem pesquisador. A década de 1980 vê, segundo Tarallo (1984), a "Fênix finalmente renascida".

Mas teria estado a Linguística Histórica realmente falecida? O que a maioria não sabia, ou não deu a importância devida, era que, concomitantemente a essa empreitada variacionista diacrônica, liderada no Rio por Anthony Naro, em São Paulo por Fernando Tarallo e em Belo Horizonte por Marco Antônio de Oliveira, desenvolviam-se paralelamente a pesquisa semântico-funcionalista de Faraco (1982) e o trabalho contínuo daqueles que, sem fazer alardes, arriscavam escavar muito mais fundo. Com o cuidado do filólogo no tratamento e identificação de textos, faziam um trabalho de arqueologia, procurando descrever o estado sincrônico de um passado remoto. Esse tipo de trabalho pode ser visto em *Estruturas trecentistas*, obra monumental de Rosa Virginia Mattos e Silva, da Universidade Federal da Bahia, hoje reconhecidamente o centro que se especializou no estudo de textos antigos.

Com esse trabalho cronologicamente paralelo, mas com objetos cronologicamente distantes, Fernando, o detetive variacionista, e Rosa Virginia, a arqueóloga-estruturalista, vislumbraram o momento de encontro no meio do túnel. Vislumbraram ainda o dia em que seria inevitável um trabalho de colaboração, assim como os ingleses e os franceses, apesar de suas diferenças, terem acabado se dando as mãos no túnel do canal da Mancha.

Enquanto Fernando e Rosa Virginia cortejavam-se à distância, trocando cartas e textos, houve o casamento selado de Tarallo, intravariacionista, com Kato, intervariacionista gerativista. Em 1989, aparece publicado o manifesto da dupla (Tarallo e Kato) "Harmonia trans-sistêmica: variação inter- e intralinguística", cuja versão mais diacrônica (Kato e Tarallo) circulava desde 1987. Para eles, os mesmos princípios e parâmetros deveriam dar conta da variação interlinguística e intralinguística e os conceitos de "encaixamento" estrutural e "parâmetro" poderiam ser conciliados.

No início, a proposta foi vista como herética, tanto por variacionistas quanto por gerativistas, mas a empreitada se iniciou, assim mesmo, com um grupo de estudantes que compraram essa forma heterodoxa de estudar gramática e nela contamos com a ajuda inestimável de Charlotte Galves, na formação dos alunos em teoria gramatical. Sua contribuição não se limitou apenas à formação sólida em teoria gerativa. Tendo aprendido primeiro o português europeu (PE) como língua estrangeira, viu-se tendo que desaprender tudo que já dominava para poder entender o que se passava no português brasileiro. Seus trabalhos comparativistas entre essas duas gramáticas (cf. entre outros Galves, 1987) foram uma inspiração para o início da empreitada diacrônica.

O fato de que, em pesquisa diacrônica, o investigador não pode usar a competência do falante, nem mesmo a própria, coloca o linguista em pé de igualdade com a criança que aprende sua língua, isto é, ele só pode basear-se em dados positivos, e seu desenvolvimento linguístico depende de um *input* "robusto", nos termos de Lightfoot (1989, 1991). Lidar com dados positivos "robustos" significa não apenas uma imersão nos dados em busca de *insights* e descobertas de ordem fenomenológica, mas uma análise que apresente argumentos quantitativos de correlação ou de concomitância de mudanças, para mostrar se houve efetivamente o que se considera uma mudança de parâmetro (ou, em termos labovianos, uma mudança encaixada em uma matriz estrutural). A análise empírica justifica-se ainda na medida em que ela pode apreender desde as fases que Roberts (1990) chama de *passos* (*steps*) e de *reanálise* até aquela que Lightfoot chama de *catastrófica* (ou que ambos chamam de *paramétrica*).

Roberts vê a mudança em três fases:

a. passos: refere-se à fase em que certas construções começam a ficar menos frequentes;
b. reanálise: refere-se à fase em que tais estruturas sofrem uma redução significativa de frequência e passam a ser interpretadas/representadas diferentemente;
c. mudança paramétrica: refere-se à fase em que tais estruturas deixam de existir na gramática, isto é tornam-se agramaticais.

Ora, essas etapas, pela sua própria definição, dependem crucialmente de verificação empírica de frequência de ocorrência. Mas a reanálise e a mudança paramétrica exigem uma teoria sobre as línguas-I e uma teoria de aquisição.

Se esse quadro metodológico nos deu a "picareta" para escavar o túnel, a pergunta *O que buscar na escavação?* vem da teoria gramatical. É ela que fornece as hipóteses sobre essas propriedades correlatas e reduz as variáveis, selecionadas pelos variacionistas com base em alguns dados suspeitos, mas que acabam se revelando, muitas vezes, fenômenos periféricos, que não irão afetar o núcleo da gramática. Quanto aos tópicos de pesquisa, vários dos trabalhos inspiram-se no programa de pesquisa implícito em Kato e Tarallo (1987). Levantaram-se ali a) a inversão VS como um fenômeno não homogêneo, b) a correlação entre a restrição de monoargumentalidade para inversão e o desaparecimento de clíticos, c) a perda em progresso do sujeito nulo e seu resíduo na construção inacusativa, decorrente do fato do expletivo nulo ser o último a desaparecer e d) a correlação entre as estratégias de relativização e as elipses em coordenação. Além desses, havia os intrigantes contrastes encontrados por Galves (1987) entre o PE e o PB. Os jovens pesquisadores têm alguns pontos por onde começar a escavação. Encontram materiais classificáveis, fragmentos ambíguos e aos poucos começam a ficar "competentes" no objeto linguístico fóssil que investigam. Começam a ser capazes até de dizer o que era gramatical ou não.

As pesquisas em andamento consolidaram-se com a vinda do professor visitante Ian Roberts em 1990, que já havia estado no Brasil em 1989, por ocasião do Instituto de Linguística da Abralin (Associação Brasileira de Linguística), no Rio de Janeiro, ocasião em que também estiveram os professores David Lightfoot e Anthony Kroch. Mas sua permanência na Unicamp por dois meses foi absolutamente crucial não só para os alunos pós-graduandos, mas também para nós docentes – Fernando, Charlotte e Mary – engajados no projeto de reativar a pesquisa diacrônica no Instituto de Estudos da Linguagem. Sob sua orientação, as questões sobre mudança tornam-se mais explícitas, as hipóteses mais encaixadas em uma teoria de mudança e as alternativas de explicação mais facilmente refutáveis.

Outra influência visível nos trabalhos é a de David Lightfoot, o primeiro autor a mostrar a interdependência entre uma teoria da mudança e uma teoria da aquisição da linguagem. Muitos alunos beneficiaram-se de suas breves visitas ao Brasil, em Institutos da Abralin, e a apresentadora desta seção teve a experiência não só de participar de dois Institutos Linguísticos em que Lightfoot lançou suas ideias como também teve o privilégio de com ele interagir durante seu sabático na Universidade de Maryland em 1991.

É graças a essa interação com especialistas experientes que começamos a poder direcionar nossa resposta para a terceira questão de Tarallo (1990): Por que escavar?

Para o variacionista, a resposta seria: a) para descrever as mudanças ocorridas e b) para avaliar os fatores externos e estruturais que propiciaram as mudanças. O gerativista, por sua vez, procura saber que parâmetro deve ter tido seu valor alterado de tal forma que essa alteração justifique todas as mudanças superficiais ocorridas. Mas o motivo mais ambicioso da empreitada gerativista é procurar associar mudança e aquisição, ideia defendida por Lightfoot desde 1979. Na versão de Clark e Roberts (1992), o *input* é passível de ser associado a diferentes gramáticas. Não são pressões externas que levam a criança a selecionar uma ou outra, mas um mecanismo avaliativo interno de adequação (*fitness metric*). Através das mudanças linguísticas que ocorrem efetivamente, pode-se obter informações cruciais sobre os fatores em que a criança se baseia para selecionar a gramática. Nessa visão, a Linguística Histórica passa a ser um meio para se entender aquisição.

Todos os trabalhos incluídos neste livro devem ser vistos como trabalhos em andamento, partes de projetos maiores de seus autores. Mas os resultados fornecem uma descrição bastante instigante do que vem mudando no português do Brasil, e o conjunto desses resultados é uma evidência de que o que ocorre não é um processo de "deterioração da gramática", como pensam os escolarizados pela ótica da gramática prescritivista, mas uma reorganização interna coerente, uma mudança radical (paramétrica) na língua. Entre os aspectos mais extraordinários do PB estão o progressivo empobrecimento de sua morfologia flexional, o uso extensivo de categorias vazias cuja identificação não pode ser feita através da flexão; a falta de mobilidade, ou de movimentos longos, de elementos distintos, como verbos, pronomes interrogativos e clíticos. Por outro lado, mesmo quando a morfologia é capaz de identificar um pronome nulo, é o pronome lexical que se manifesta. O *sujeito*, seja como a categoria que concorda com o verbo, seja como tópico, pede realização fonológica. Apesar dessa aparente *desgramaticalização* do PB, o entendimento entre as pessoas é tão perfeito (ou imperfeito) como o que ocorre com falantes do italiano ou espanhol, línguas de complexa morfologia, cheia de movimentos de subida ou de inversão, ou com falantes de línguas como o inglês ou francês, com pouca morfologia flexional e com pouco uso de pronomes nulos. A consciência dessas mudanças sistemáticas, que desembocam em uma língua distante de suas irmãs românicas, até mesmo do português de Portugal, é necessária para entender por que os estudantes escrevem como escrevem e por que a língua dos textos escolares, para as camadas que vêm de pais iletrados, pode parecer tão estranha quanto a de um texto do século XVIII para o linguista se iniciando em estudos diacrônicos. O Brasil apresenta, assim, um caso extremo de *diglossia* entre a fala do aluno que entra para a escola e o padrão de escrita que ele deve adquirir (cf. análise de aquisição de clíticos em Corrêa, 1991).

Segue adiante um resumo dos trabalhos contidos neste livro. As referências que aí aparecem podem ser encontradas em cada artigo. A ordenação é coerente com a estratégia de Tarallo: de processos mais recentes, com dados mais familiares, para mudanças mais antigas, com dados menos próximos do falante atual. O trabalho de Galves é o último, por tentar propor uma estrutura sentencial que acomode vários dos fenômenos descritos. Comentários e projeções mais globais sobre as mudanças no PB serão feitos no texto de Roberts no Posfácio, onde ele, mais do que ninguém, poderá avaliar, dentro de sua teoria, as mudanças que essa obra tornou visíveis.

Os dois primeiros artigos são de autoria do homenageado desta coleção, *Fernando Tarallo*. Os trabalhos resumem as ideias centrais e globais do que ele pensava sobre o português brasileiro. No primeiro, a discussão é em torno da problemática da origem crioula do português do Brasil. Ao discutir a tese crioulista de Guy, Tarallo retoma as ideias clássicas de Francisco Adolpho Coelho, para quem o PB não é mais degenerado do que o PE. Tarallo analisa o PB como uma "língua de tipo misto", que "compartilha propriedades com línguas não relacionadas, quer crioulas ou não, e que está se distanciando do superstrato original". O autor lamenta que o trabalho de Guy não contenha a menor menção ao trabalho original de Coelho e acredita que, se Guy tivesse conhecido a obra deste último, talvez seu trabalho (em particular o capítulo "Direção de cliticização, objeto nulo e pronome tônico na posição de objeto em português brasileiro") tivesse sido completamente diferente.

O segundo artigo de Tarallo traz o seu diagnóstico de que é na passagem do século XIX para o XX que ocorreram as mudanças quantitativas dramáticas no PB. O autor admite, todavia, que, embora as mudanças viessem se processando há mais tempo, "as circunstâncias sociais podem não ter sido suficientemente satisfatórias para que a pena brasileira começasse a escorrer sua própria tinta". Tarallo reúne vários trabalhos de seus ex-alunos para mostrar o fenômeno de "encaixamento" de Weireich, Labov e Herzog (cf. referência em Tarallo, segundo capítulo deste volume) e é neste artigo que Tarallo retoma mais extensivamente o seu trabalho de doutorado, sobre as relativas, sustentando ainda aqui a sua tese: "o português europeu é fortemente marcado por regras de movimento enquanto na modalidade brasileira regras (ou deveríamos dizer formas) são geralmente derivadas via apagamento de constituintes *in situ*". Kato irá retomar essa tese de Tarallo no capítulo "Recontando a história das relativas no português do Brasil", e uma reinterpretação paramétrica do conjunto de mudanças reunidas por Tarallo, acrescidas de outras, é feita neste volume por Galves no capítulo "O enfraquecimento da concordância no português brasileiro".

O trabalho de Duarte procura acompanhar historicamente o preenchimento progressivo do sujeito pronominal no português do Brasil, usando como hipótese a tese do paradigma funcionalmente rico de Roberts (1990). A autora mostra que resíduo de sujeito nulo no português ocorre para a terceira pessoa, dependente para sua identificação, fundamentalmente, de um reforço externo ao elemento de concordância. Os contextos de resistência à mudança, para a primeira pessoa, a que mais aparece expressa atualmente, estão na sentença-raiz, com verbo simples, quase sempre precedido de negação. Para a segunda pessoa, são as sentenças interrogativas. Comparando escrita e fala, Duarte verifica que a terceira pessoa, que não havia apresentado mudança significativa historicamente, aparece com a mais expressiva diferença entre essas duas modalidades.

Cerqueira explora a mesma mudança de redução de formas diferenciadas para as pessoas gramaticais, mas desta vez no sistema de possessivos. Adota para o sintagma nominal, seguindo Boff (1991), uma estrutura encabeçada por um núcleo Det(erminante) independente de um núcleo de concordância (AGR) intermediário, para permitir a co-ocorrência do artigo e do possessivo. O núcleo AGR é responsável por dois processos: a atribuição de Caso ao seu especificador (o possessivo) e a transmissão ou checagem de traços de concordância com o Nome. Com o enfraquecimento da concordância, a especificação do traço Pessoa, dependente do nódulo AGR, que atribui nominativo ao seu Especificador, ficou reduzida à primeira e segunda pessoas do ato de fala, isto é, aquelas que são dêiticas. Para os demais casos, restou a atribuição via preposição (dele/dela/da gente) como no caso dos complementos nominais.

O trabalho de Cyrino recupera fatos descritos em Cyrino (1990), a saber a associação do fenômeno do objeto nulo no português do Brasil – diferente do objeto nulo do português europeu (PE), este ligado a operador – à perda da subida de clíticos e sua cliticização ao verbo principal, aí funcionando como uma flexão. Naquele trabalho Cyrino previa o desaparecimento do sistema de clíticos e a pesquisa relatada neste volume procura descobrir como se implementa essa mudança. Seus resultados mostram que a partir da variação entre clítico lexical e clítico nulo, quando sua função é de *pro-forma* proposicional, o fenômeno se estende depois para o clítico nominal, gerando o que é hoje referido como objeto nulo.

O trabalho de Pagotto mostra igualmente que, embora o português clássico e o português brasileiro apresentem semelhanças superficiais em relação à possibilidade de próclise ao verbo principal, a impossibilidade de próclise a auxiliares neste último é um indício de que a principal característica dos clíticos no PB é sua perda de movimento longo. O autor atribui essa mudança e também o desaparecimento dos clíticos no PB ao enfraquecimento da concordância. Os clíticos de terceira pessoa são os únicos que apresentam concordância de gênero e número e, assim, além de perderem o movimento, acabam também desaparecendo do sistema.

O trabalho escrito por Nunes dá um tratamento fonológico ao problema da mudança posicional observada diacronicamente com os clíticos. Seu estudo tem como ponto de partida a diferença entre o PB e o PE em relação ao direcionamento da cliticização. Para explicar por que os clíticos de terceira pessoa comportam-se diferentemente dos demais clíticos, tendo mais restrições de distribuição do que os de primeira e segunda pessoas, o autor dá uma explicação fonológica. A proposta de Nunes é de que os clíticos de terceira pessoa no português, embora aparentemente tenham perdido o *l* – ao contrário do italiano e do espanhol – é ainda constituído de uma sílaba com *onset* subjacente, o qual se realiza sob condicionamento externo. Com a mudança da direção de cliticização da esquerda para a direita, que torna obrigatória a próclise, o clítico acusativo de terceira pessoa não tem, em certas posições, condições para licenciar seu *onset* e acaba desaparecendo.

Retomando a tese de Tarallo (1983), Kato reinterpreta a representação sintática das estruturas relativas no PB. Tarallo mostra que o que ocorre historicamente com as relativas é o fato de a estratégia "padrão" dar lugar à estratégia "cortadora", coocorrendo ambas com a estratégia resumptiva. Para ele, nas resumptivas e nas cortadoras o *que* é um complementizador, diferindo da padrão por não apresentar o movimento-Q. A proposta de Kato é que, nos três casos, o *que* é um pronome relativo. A Gramática Universal possibilitaria a extração de uma posição interna à sentença ou de uma posição de deslocamento à esquerda, posição essa postulada como regida por um núcleo frequentemente nulo. Ao se relativizar a posição em deslocamento, resulta uma cadeia-Q legítima, pois sua cauda tem caso e papel temático, atribuídos por esse núcleo. Propôs-se ainda que o NP deslocado regido por núcleo nulo é sempre acusativo, o que torna o pronome relativo invariável. O fato de apresentar um regente próprio e de o NP deslocado não c-comandar o pronome resumptivo ou a lacuna faz com que a estrutura de deslocamento mantenha com a relativa uma relação paratática. O pronome resumptivo e a lacuna na relativa seriam apenas epifenômenos desses processos anafóricos gerais da parataxe. É na possibilidade e forma da elipse de VP que as línguas variam, mas essa diferença é atribuída à possibilidade do que permanece em VP em estrutura-S.

O estudo sobre as interrogativas, de Lopes-Rossi, analisa a mudança por que passou o português do Brasil relativamente a construções interrogativas *sim/não* e com pronome interrogativo. Nas perguntas do tipo *sim/não*, Lopes-Rossi mostra a perda do fronteamento do verbo, fenômeno também ocorrido em perguntas-Q. Nestas, além da perda do fronteamento do verbo, observa-se o aumento substancial da forma *o que*, a inserção cada vez mais frequente dos expletivos *que* ou *é que*, coincidindo essas observações com o estudo variacionista de Duarte (1992). Mostra ainda seu estudo a ausência frequente do movimento-Q no PB e sua perda completa dos fenômenos de V2 residual observados em outras línguas românicas. Lopes-Rossi verifica, além disso, a ocorrência frequente de deslocamentos à esquerda (ou de Tópico) em ambos os tipos de pergunta e considera a possibilidade de uma reanálise do sintagma fronteado como Spec de IP, a partir da qual o verbo passa a ser reanalisado não mais como núcleo de COMP, mas como núcleo de IP, passando a haver alternância entre a ordem NP V e V NP até a metade do século XX. O trabalho de Lopes-Rossi apresenta uma hipótese para o aparecimento crescente dos expletivos *que* e *é que*. Seriam interrogativas formadas a partir de estruturas clivadas (*cleft*), no início apenas com a clivagem de sujeito e de objeto. A clivagem irrestrita de outros constituintes acarreta uma mudança na forma das interrogativas, com variação entre a interrogativa clivada com e sem cópula. O uso produtivo de deslocamento à esquerda, colocada por Kato (neste volume), como lugar de extração das relativas "não padrão", é, assim, constatada por Lopes-Rossi como a posição desencadeadora ou reforçadora da mudança de ordem.

Torres Morais estuda a mudança de ordem nas sentenças afirmativas no português do Brasil a partir do século XVI. As ordens encontradas mais frequentemente nessa época seriam as que envolvem movimento do verbo. O português admitia nessa época o movimento do V para uma posição mais alta, de onde ele atribuiria nominativo por regência, licenciando a ordem VSO, típica nas sentenças interrogativas, imperativas, optativas e de caráter narrativo. Além disso, as ordens XVS e VS também eram encontradas ao lado de SVO, sugerindo estruturas do tipo V2, tal qual sugerido, para fases mais antigas, por Ribeiro (1990). As inversões apresentavam, na época inicial estudada por Torres Morais, caráter optativo, e a ordem SVO começa a aparecer cada vez com mais frequência. A autora localiza o momento em que a inversão deixa de existir (séc. XVIII) e procura correlações com a perda do sujeito nulo e da restrição V2 nas declarativas, para poder concluir tratar-se de uma mudança paramétrica. Essas mudanças são acompanhadas do uso crescente de próclise, mesmo em início de sentença, em violação à lei de Tobler-Mussafia (T/M). Adotando a teoria de Cardinalletti e Roberts (1991), que propõe INFL implodido em três núcleos funcionais: AGR1, o mais alto, AGR2 e T (o mais baixo), a autora propõe que o PB desativa AGR1 nessa mudança.

O trabalho de Ribeiro faz uma escavação mais profunda, começando com os dados trecentistas de Mattos e Silva (1971), passa pelos séculos XV-XVIII, e chega ao português contemporâneo. O objeto de seu estudo é a evolução dos usos dos verbos *haver*, *ter*, e *ser* e a formação dos tempos compostos no português. Ribeiro faz uma descrição inicial dos usos desses três verbos partindo das generalizações descritivas de Clark (1978) e mostra, por exemplo, que, existe uma relação léxico-semântica e estrutural entre o emprego desses verbos em construções locativas e a formação e desenvolvimento dos tempos compostos. Interpreta suas descobertas, a seguir, usando Roberts (1990, 1992). Sugere que cada mudança léxico-semântica dessas formas verbais pode ser considerada um passo para reanálises estruturais (gramaticalizações, no caso) e propõe que as mudanças estudadas localizam-se, inicialmente, no âmbito da reanálise, ainda no domínio da "performance", não afetando a gramática. Considera, porém, o fenômeno da gramaticalização de *haver* como afixo de futuro, interpretado por Roberts (1992) como decorrente de sua reanálise como núcleo do nível I^{-1}, um morfema preso, a qual, por sua vez, pode ser relacionada com a perda de restrição de clítico em segunda posição no PB. Como esta é atribuída por Pagotto e por Galves (ambos neste volume) ao enfraquecimento da flexão, Ribeiro acredita poder encaixar tanto a obsolescência de *ser* como o uso restrito de *haver* nos tempos compostos a uma mudança paramétrica.

A proposta de Galves é retomar as mudanças que Tarallo (1992) e também Tarallo (segundo capítulo deste volume) analisa como "encaixadas", na visão variacionista, e discuti-las à luz de uma perspectiva chomskiana. Seu objetivo é responder à pergunta: qual a mudança profunda que dá origem às mudanças superficiais encontradas? Sua resposta é que ela tem a ver com a natureza do morfema de concordância, presente na flexão verbal. Seu trabalho retoma os resultados de vários estudos que correlacionam o fenômeno estudado com o enfraquecimento da concordância e procura elaborar uma estrutura sentencial abstrata que dê conta do conjunto desses fatos. Propõe que essa concordância fraca não constitui um núcleo autônomo, mas um mero afixo de Tempo (T), e que haveria um outro núcleo AGR mais alto do que T, em cujo especificador se encontraria o tópico do PB, enquanto, para as línguas de AGR forte, esse especificador seria o lugar do sujeito que recebe o nominativo por concordância e também a posição para onde sobe o verbo. Com esta representação a autora procura mostrar como as análises de fatos diversos descobertos sobre o PB podem ser explicadas por uma única propriedade.

Finalmente, o posfácio de Ian Roberts, um dos organizadores do volume, coloca o português brasileiro em uma perspectiva comparativa romanística, mostrando as similaridades entre o que acontece no português brasileiro atual com o que aconteceu com outras línguas românicas, principalmente com o francês. Mas sua análise mostra, sobretudo, como fatos aparentemente tão diversos são facilmente interpretáveis quando se dispõe de uma forte teoria gramatical e uma teoria de mudança dela derivada.

Esse conjunto de trabalhos, na maioria escritos por jovens doutorandos, mostra que, mesmo nas condições adversas em que vivemos, foi possível executar um projeto que revela uma parte substancial da gramática brasileira. Foi a realização do sonho acalentado por Fernando, Charlotte e Mary e a ajuda generosa de dois teóricos do exterior, Ian Roberts e David Lightfoot, que souberam respeitar o nosso trabalho, colocando-se como verdadeiros interlocutores.

Para encerrar esta apresentação, queremos agradecer às agências que direta ou indiretamente contribuíram para tornar possível este livro: à Fundação Humboldt, pela bolsa de *visiting scholar* na Universidade de Hamburgo, conferida a Fernando Tarallo em 1991; à Fapesp, pela bolsa de *visiting scholar* na Universidade de Maryland, conferida a Mary A. Kato em 1991; ao Conselho Britânico e ao CNPq pelo patrocínio da vinda ao Brasil (Unicamp) dos professores Ian Roberts em 1990 e David Lightfoot em 1992.

Agradecemos ainda à Unicamp, e suas chefias em vários níveis, que nos deram as condições e nos apoiaram em todos os momentos para tornar possível esta empreitada.

REFERÊNCIAS BIBLIOGRÁFICAS

CARDINALETTI, A.; ROBERTS, I. Clause Stucture and X-Second. In: CINQUE, G. (org.) *Functional Structure in DP and IP*: the Cartograpy of Syntactic Structures. v. 1. New York: Oxford University Press, 2002, pp. 123-66.

CLARK, E. V. Locationals: Existential, Locative and Possessive Constructions. In: GREENBERG, J.H. (org.) *Universals of Human Language*. Syntax. v. 4. Stanford: Stanford University Press. 1978.

CLARK, R.; ROBERTS, I. A Computational Model of Language Learnability and Language Change. *D.E.L.T.A.* 8, 1992, pp. 53-103.

CORRÊA, V. *O objeto direto nulo no português do Brasil.* Campinas, 1991. Dissertação (Mestrado em Linguística) – Instituto de Estudos da Linguagem/Universidade Estadual de Campinas.

CYRINO, S. M. L. "O objeto nulo no português do Brasil: uma investigação diacrônica". Unicamp, Campinas, 1990. Manuscrito.

DUARTE, M. E. L. "A perda da ordem V(erbo) S(ujeito) em interrogativas QU no português do Brasil". *D.E.L.TA.* 8, 1992, pp. 37-52.

FARACO, C. A. *The Imperative in Portuguese*: a Semantic and Historical Discussion. Manchester, 1982. Dissertação (Ph.D) – Salford University.

GALVES, C. C. "A sintaxe do português brasileiro". *Ensaios de Linguística*. 13, 1987, pp. 31-50.

KATO, MARY. A.; TARALLO, Fernando. "Restrictive VS Syntax in Brazilian Portuguese: Visible Subjects and Invisible Clitics". Trabalho apresentado no Departamento de Linguística da University of Pennsylvania e Georgetown University. 1987.

LABOV, W. "On the Use of the Present to Explain the Past". In: HEILMAN, L. (org.) *Proceedings of the 11th International Congress of Linguisics*. Bolonha: Il Mulino, 1975, pp. 825-51.

LIGHTFOOT, D. *Principles of Diachronic Syntax*. Cambridge: Cambridge University Press, 1979.

______. "The Child's Trigger Experience: Degree -0 Learnability". *Behavioral and Brain Sciences*. 12, 2, 1989, pp. 321-34.

______. *How to Set Parameters*: Arguments from Language Change. Cambridge, Mass.: The MIT Press, 1991.

MATTOS e SILVA, Rosa Virginia *Estruturas trecentistas*. Lisboa: Imprensa Nacional/Casa da Moeda, 1989. Estudos Gerais (Série Universitária).

______. "Fluxo e refluxo: uma retrospectiva da linguística histórica no Brasil". *D.E.L.T.A.* 4, 1, 1988, pp. 85-113.

NARO, A. J. *Tendências atuais da Linguística e da Filologia no Brasil*. Rio de Janeiro: Francisco Alves, 1976.

RIBEIRO, I. Evidence for a Verb-Second Phase in Old Portuguese. In: BATTYE, A.; ROBERTS, I. (orgs.) *Clause Structure and Language Change*. Oxford: Oxford University Press, 1995, pp. 110-39.

ROBERTS, I. *Verbs and Diachronic Syntax*. Dordrecht: Kluwer, 1993.

TARALLO, Fernando. *Relativization Strategies in Brazilian Portuguese*. Philadelphia, 1983. Dissertação (Ph.D) – University of Pennsylvania.

______. *Tempos linguísticos*. São Paulo: Ática, 1990.

______. "A fênix finalmente renascida". *Boletim da Abralin*. 6, 1984, pp. 95-103.

______; KATO, Mary A. "Harmonia trans-sistêmica: variação intra- e inter-linguística". *PREEDIÇÃO*. 5, Campinas, 1989.

SOBRE A ALEGADA ORIGEM CRIOULA DO PORTUGUÊS BRASILEIRO: MUDANÇAS SINTÁTICAS ALEATÓRIAS

Fernando Tarallo

Duas etapas devem ser obrigatoriamente realizadas na discussão da possível origem crioula do português brasileiro (doravante PB): o resgate de sua história, tanto interna (linguística), quanto externa (social). Essa última é frequentemente usada como evidência positiva em favor da hipótese crioula; a primeira não fornece evidência direta, como será demonstrado neste capítulo*.[1]

Atestar e/ou alegar uma origem crioula para o PB tem estado na agenda de alguns linguistas há algum tempo: desde o trabalho pioneiro de Francisco Adolpho Coelho (1880, 1882, 1886) até, mais recentemente, o trabalho provocativo de Guy (1981a, 1981b). Coelho (1880), por exemplo, elegantemente agrupa o PB com os crioulos afro-portugueses, todos eles definidos como dialetos do português europeu (doravante PE). De modo particular, Coelho enfatiza, na página 43, os traços comuns compartilhados pelo PB e os dialetos crioulos da África:

> Diversas particularidades características dos dialetos crioulos repetem-se no Brasil; tal é a tendência para a supressão das formas do plural, manifestada aqui, que, quando se seguem artigo e substantivo, adjetivo e substantivo, etc., que deviam concordar, só um toma o sinal do plural. (Coelho, 1880: 43)

---

* N.O.: Traduzido da versão original em inglês, apresentada no *workshop* "Creole Located in Time and Space" (LSA Institute, Cuny, NY, 1986) e publicada nos *Cadernos de Estudos Linguísticos*, n. 15, pp. 137-61.

Em 1882 "Notas complementares" e 1886 "Novas notas suplementares", a questão é tratada mais extensivamente. Com base no trabalho de outros estudiosos, Coelho anuncia sua própria posição: o PB não é mais degenerado do que o PE (Coelho, 1882: 117): "[...] não se deve dizer que o brasileiro é um português degenerado e tende a formar um dialeto; degenerados são ambos, e ambos se corrompendo, cada um a seu modo talvez, mas corrompendo-se", e o PB está sofrendo mudanças que o distanciam do alvo original (1886: 173): "O mais notável é que muitos dos escritores, para não dizer todos os escritores, do Brasil não formam ideia clara e completa das diferenças que separam o português da antiga metrópole da linguagem do novo império".

Guy (1981a) discute se o PB popular sofreu mudanças historicamente motivadas a partir do latim ou, se, ao contrário, é o resultado de uma língua *pidgin* falada pelos escravos africanos trazidos para o Brasil nos anos de 1600, uma língua que está agora sofrendo descrioulização. Para testar as duas hipóteses, Guy trabalha basicamente com dois tipos de evidências: a história social do Brasil e a feição linguística do PB quando comparada com as situações de línguas *pidgin* em outras áreas onde circunstâncias sociais similares se verificaram.

Com base na história social do Brasil, Guy argumenta que "o Brasil deveria ser um candidato preeminente para crioulização", alegando, assim, o absurdo da hipótese não crioula: "como seria possível ter evitado a crioulização?" (Guy, 1981a: 309). Assim, dado que o Brasil teve todos os mesmos elementos que se verificaram na formação do crioulo haitiano, do jamaicano e do guiano, Guy conclui que "[...] a história social do Brasil é exatamente a que deveria ter sido para que ocorresse a formação de um crioulo" (Guy, 1981a: 312). Além disso, ele argumenta que o assunto seria muito mais enigmático se o PB não tivesse emergido de um *pidgin* anterior. "Do ponto de vista da história social, o ônus da prova cabe ao defensor de uma evolução linguística natural para o PB popular, e não ao defensor de uma origem crioula" (Guy, 1981a: 313).

A evidência linguística de Guy, no entanto, parece ser mais sugestiva do que decisiva. Ele a deriva de sua análise de duas variáveis fonológicas: apagamento do -s final, e desnasalização de vogais finais; e duas variáveis morfossintáticas: concordância no Sintagma Nominal (NPA) e concordância Sujeito-verbo (VPA). A partir dessas quatro variáveis, Guy se propõe a responder três questões:

1. Os achados linguísticos resultantes da análise dessas quatro variáveis são compatíveis com processos naturais de mudança similares (historicamente motivados), atestados na história do português, em particular, e do romance, em geral?

2. Essas variáveis se comportam como traços de variedades crioulas do português e de línguas relacionadas? ou
3. O comportamento dessas variáveis poderia ser visto como *estratégias naturais de aprendizado de língua*? (Guy, 1981a: 291)

A origem crioula do PB seria ratificada caso o comportamento de cada uma das quatro variáveis resultasse em respostas diretas para a questão b. A análise das variáveis fonológicas, entretanto, mostrou serem elas os resultados de processos de mudança historicamente motivados, constituindo, por conseguinte, evidência a favor da questão a. Guy notou, entretanto, que as regras NPA e VPA eram altamente condicionadas pela saliência fônica do segmento envolvido, o que, argumenta ele, vai contra a evolução histórica do português a partir do latim. Por isso, ele conclui que o efeito da saliência morfológica presente nas regras morfossintáticas é "[...] inteiramente sem precedentes na história do português, e [...] na história de qualquer língua românica", e "do ponto de vista da origem crioula [...] essas hierarquias de saliência seriam inteiramente naturais, mesmo esperadas" (Guy, 1981a: 295-6).

Se a análise de Guy está correta, que tipo de comunidade de fala crioula é o Brasil? Muito obviamente, não é um tipo *forte* de comunidade crioula no sentido de Bickerton: as virtuais línguas-substrato, trazidas da África, não são mais faladas. O Brasil não é tampouco uma comunidade crioula do tipo *ilha*. Mas satisfaz, no entanto, alguns dos critérios usados para definir esse segundo tipo de comunidade, i.e., é fisicamente distante dos lugares onde as línguas-substrato foram, ou ainda são, faladas. Também não é o caso que brasileiros nativos usem uma gama de variedades de fala intermediárias, i.e., que a situação etno e sociolinguística no Brasil espelhe aquela encontrada no Caribe. A análise de Guy, todavia, pressupõe uma comunidade de fala do tipo *ilha* no sentido de que o PB popular é equalizado a variedades basiletais da língua, e de que o sistema linguístico falado no Brasil está sofrendo descrioulização, isto é, as forças que explicam a mudança linguística no Brasil estão direcionadas para a língua-alvo: PE.

Minha intenção aqui não é confirmar ou desconfirmar a análise de Guy. Já se dispendeu esforço demais ao entendimento da tipologia de línguas crioulas. Os critérios existentes, contudo, não podem, sozinhos, resolver o enigma aqui, de vez que muito da história externa e também interna do PB permanece desconhecido. Este artigo não é, pois, mais um exercício sobre tipologia crioula; antes, com base no que já se conhece até hoje sobre a história interna do PB, pretendo descrevê-lo como uma língua do tipo misto: uma língua que, absurda, inesperada e estranhamente, compartilha propriedades com línguas não relacionadas, quer crioulas ou não, e que está se distanciando do *superestrato* original: PE. Deveria a hipótese crioula permanecer ainda em nossa agenda?

Meus próprios resultados sobre a sintaxe falada do português de São Paulo (Tarallo, 1983), ao lado dos padrões de redundância em línguas crioulas, e, em particular, a redundância pronominal em cláusulas relativas atestadas em Tok Pisin, por exemplo (Sankoff e Brown, 1976), levaram-me a levantar a questão das origens do PB em 1983. Estava convencido, naquele momento, de que meus resultados não poderiam – e, na verdade, não deveriam – ser suficientes para o problema sob investigação; mudei de posição posteriormente. A hipótese crioula do PB não é mais crucial, i.e., a crioulização pode muito bem ser colocada entre os processos de contato linguístico que ocorreram no Brasil colonial. Crioulo ou não, o PB se presta a análises sintáticas interessantes, que vão contra a hipótese da descrioulização alimentada por Guy. Mais importante ainda, a história do PB não é assim tão clara e transparente, como quer Guy. Na verdade, do ponto de vista da história social, o ônus da prova cabe ao defensor da origem crioula do PB, e não ao defensor de uma evolução linguística natural para o PB popular. Por isso, deixarei de lado a história social neste artigo e concentrarei meus esforços na apresentação de evidências de que seria muito improvável e nada natural que o PE e o PB viessem a se encontrar de novo sintaticamente.

Meus objetivos principais neste artigo são duplos: de um lado, apresentar duas mudanças em progresso inter-relacionadas no PB, predizendo, ao mesmo tempo, as direções futuras que elas provavelmente poderão assumir, e, em assim fazendo, entender a gramática contemporânea de uma língua que se alega crioula; de outro lado, apresentar evidência crucial contra a hipótese da descrioulização. Para atingir esse fim, perseguirei a seguinte linha de argumentação: especial atenção será devotada à questão de determinar se a feição sintática do PB é uma consequência direta do latim (como o PE), ou se, contrariamente, é resultado do fato de que em nosso território nacional o PE foi misturado com línguas africanas nos anos de 1600.

Antes de prosseguir, deixe-me apresentar o que entendo por mudanças sintáticas com (ou sem) alvo.* Para os propósitos de minha discussão aqui, mudança direcionada é aquela que pode se reverter na direção da língua-alvo original (PE) ou aquela que seguiu, *ceteris paribus*, passos similares aos das mudanças sofridas pela própria língua-alvo. A hipótese da descrioulização de Guy presume principalmente a possibilidade de reversibilidade de mudanças. Uma mudança

* N.T.: Os termos *targeted* e *untargeted* como qualificadores de dois tipos de mudança linguística foram traduzidos por *direcionada* e *aleatória* respectivamente; assim a oposição *mudança aleatória/mudança direcionada* corresponde, no original, a *untargeted change/targeted change*.

sem alvo, por outro lado, reforça a deriva e separa os dois dialetos. A possibilidade, por exemplo, de uma fusão sintática entre os dois dialetos é remota, mas não impossível.

Mudanças direcionadas podem muito bem ter sido causadas pela crioulização do PB; como demonstrarei na terceira seção deste artigo, similaridades encontradas no sistema anafórico do PB e outros crioulos autênticos poderiam ser usadas como evidência positiva a favor da hipótese crioula. Entretanto, dado que se conheça tão pouco sobre a história externa do PB, a hipótese crioula não pode ser resolvida. A hipótese crioula de Guy, todavia, pressupõe uma crioulização prévia do PB. Com base na feição sintática do PB, este artigo demonstrará que as mudanças sintáticas em discussão são aleatórias e que a possibilidade de elas reverterem para o PE (i.e., descrioulização) é muito remota.

A seção seguinte descreverá brevemente os fatos linguísticos a serem discutidos neste trabalho. A terceira seção comparará o comportamento sintático do PB com algumas línguas crioulas. Finalmente, a quarta seção apresentará um retrato da distância sintática entre o PB e a língua-alvo, o PE. Meus resultados e conclusões derivarão das seguintes fontes: Coelho (1880, 1882, 1886); Guy (1981a, 1981b); Terrell (1981); Tarallo (1983); Galves (1983, 1984, 1986a, 1986b); Sankoff e Brown (1976); Sankoff e Tarallo (1984), entre outras.

OS FATOS SINTÁTICOS DO PB FALADO MODERNO

Os traços sintáticos que serão discutidos fazem parte do sistema anafórico geral, presentes tanto no nível sentencial (não só em cláusulas relativas) como no nível extrassentencial, i.e., pronomes e anáforas enquanto variáveis sentenciais e discursivas.

Tarallo (1983) investiga estratégias de relativização em PB na variedade falada na área urbana de São Paulo. A análise mostrou três tipos diferentes de cláusula relativa:

1. O primeiro tipo é, ao menos superficialmente, idêntico a cláusulas relativas encontradas na língua escrita padrão. Nesse tipo, ilustrado na sequência (1) abaixo, há uma lacuna na cláusula relativa na posição original do SN-Q. Referiu-se a ele, pois, como a *variante com lacuna*.

(1) Tem as_i *que* (e_i) não estão nem aí, não é?

2. O segundo tipo encontrado nos dados não envolve lacuna. O que se tem é a posição da lacuna preenchida por uma forma pronominal correferente com o SN núcleo da relativa. A sequência (2) é um exemplo desse tipo de relativa, ao qual se referiu como estratégia do *pronome resumptivo*.

(2) Você acredita que um dia teve uma mulher$_i$ *que ela*$_i$ queria que a gente entrevistasse ela pelo interfone?

A estratégia do pronome resumptivo ocorre na escala sintática inteira; o primeiro tipo, ao contrário, ocorre somente nas posições de sujeito e de objeto direto. Para as posições sintáticas mais baixas (i.e., objetos indiretos, objetos de preposição (oblíquos) e genitivos), a gramática padrão prescreve o uso de relativas *piedpiped*, como exemplificado em (3):

(3) E um deles foi esse fulano$_i$ aí, *com quem*$_i$ eu nunca tive aula.

Como demonstrado por Tarallo (capítulo "Diagnosticando uma gramática brasileira"), *piedpiping* não ocorre na fala, i.e., na língua vernácula; ou a estratégia do pronome resumptivo ou o terceiro tipo (a ser introduzido abaixo) realizam o papel sintático desempenhado na língua escrita padrão por *piedpiping*.

3. O terceiro tipo ocorre somente quando o SN relativizado é o objeto de uma preposição. Nesse tipo, denominado *relativa cortadora*, estão ausentes a preposição regente e o SN relativizado, i.e., é também uma variante com lacuna. Os exemplos (4) e (5) são versões não padrão do exemplo (3) com a aplicação das estratégias do pronome resumptivo e da relativa cortadora:

(4) E um deles foi esse fulano$_i$ aí, *que* eu nunca tive aula *com ele*.
(5) E um deles foi esse fulano$_i$ aí, que eu nunca tive aula (com e).

Uma questão fundamental abordada por Tarallo (1983) é a análise gramatical da relativização em PB, i.e., se envolve movimento ou apagamento. A língua padrão, ele argumenta, é mais apropriadamente tratada como envolvendo movimento, i.e., o sintagma -Q na cláusula relativa é movido para a posição COMP, deixando um traço que é ligado ao Q em COMP (cf. Chomsky, 1977). Na língua falada, entretanto, a não ocorrência de *piedpiping* tornou a evidência para uma análise que contemple movimento muito fraca. Por isso, restaram apenas duas análises possíveis para a relativa vernácula com lacuna:

1. Movimento -Q seguido pelo apagamento do Q em COMP[2]
2. Lacunas são derivadas do apagamento do pronome resumptivo na cláusula relativa. Nessa segunda análise, o apagamento da preposição nas relativas cortadoras ocorre não em COMP, mas *in situ*.

Tarallo argumenta a favor da segunda análise, declarando que a hipótese de apagamento na relativização no PB não requer a postulação de uma nova regra na gramática além da regra de movimento -Q, que é independentemente requerida para interrogativas. Na verdade, ele deriva seu argumento do simples fato de que nesse dialeto do português existe uma regra de *pro-drop* independentemente requerida. Ademais, diferentemente da regra de *pro-drop* em outras línguas e dialetos românicos, incluindo o português padrão escrito, essa regra, em PB falado, se aplica em todas as posições sintáticas. E isso nos leva ao segundo fato do moderno PB falado: a pronominalização.

Sintagmas não -Q em PB podem ser mantidos (anáfora pronominal) ou apagados (anáfora zero) em cláusulas principais e subordinadas não relativas. Isto é, o comportamento de sintagmas não -Q na fala é também um processo variável cuja natureza é, pelo menos em superfície, similar ao preenchimento variável da lacuna em cláusulas principais e em relativas. Na sequência (6), por exemplo, o falante não pronominaliza o SN objeto direto da segunda cláusula independente. O (6) é, pois, um exemplo do apagamento pronominal (também conhecido como anáfora zero):

(6) O café$_i$ de lá é tão ruim. Eu não consegui tomar (e$_i$).

No exemplo (7), a lacuna está dentro da cláusula relativa: o referente *café* é estabelecido como o SN núcleo, mas não é mantido na cláusula relativa.

(7) Eu não gosto daquele café$_i$ de lá, *que* (e$_i$) tem um gosto horroroso.

Assim, as sequências (6) e (7) são exemplos de não redundância, fora da cláusula relativa (6) e dentro dela (7). A sequência (8) é um exemplo de retenção pronominal em cláusulas principais; (9) mostra o mesmo tipo de fenômeno ocorrendo dentro de uma cláusula relativa (i.e., pronome resumptivo).

(8) Eu tenho uma amiga$_i$. Ela$_i$ é toda cheia das frescuras.
(9) Aí esse rapaz$_i$ aí *que* eu conheci ele$_i$, ele estava lá na festa também.

A sequência (8) mostra, pois, que o referente *amiga* é mantido na posição sujeito na cláusula independente seguinte; (9), por seu turno, mostra que o SN núcleo *rapaz* preenche a lacuna de objeto direto na cláusula relativa. Dessarte, a sequência (8) é um exemplo de redundância pronominal fora das relativas, e (9) exemplifica redundância pronominal dentro de uma relativa.

Esses dois fatos sintáticos do PB falado moderno, relativização e pronominalização, constituem a base da discussão a ser desenvolvida nas duas seções seguintes. Essas duas partes da gramática falada do PB moderno, que Tarallo demonstrou estarem inter-relacionadas, são na verdade dois exemplos de mudanças aleatórias: todas as duas distanciam os dois dialetos do português. A seção "PE *vs.* PB: diferenças sintáticas" apreciará a questão da distância sintática entre os dois dialetos.

LÍNGUAS CRIOULAS LEGÍTIMAS *VS.* SUPOSTAS: SIMILARIDADES SINTÁTICAS

Os pronomes resumptivos têm sua presença relatada numa variedade de crioulos (Sankoff e Brown, 1980 [1976]); Dreyfuss, 1977, entre outros). Sankoff e Brown, por exemplo, mostram que um adverbial locativo, o dêitico *ia*, assumiu função de relativizador na história de Tok Pisin. Mais interessante ainda, essa partícula *ia*, como esperado, não apresenta marca de caso, e consequentemente se comporta como um complementizador invariável. Assim, prevê-se uma alta frequência de pronomes resumptivos nas cláusulas relativas como um meio de estabelecer correferência entre o SN na cláusula relativa e o SN núcleo na matriz. De modo similar, Dreyfuss relata que os pronomes resumptivos podem ser encontrados no crioulo haitiano, no sango e no sranan.

As posições nas quais os pronomes resumptivos ocorrem variam de crioulo para crioulo, mas eles são categóricos em relativas genitivas e oblíquas. Sankoff e Brown esquematizam as duas estratégias de relativização em Tok Pisin como segue:

a. N that $_{S}$(...0...)
b. N that $_{S}$(...Pro...)

Em outras palavras, tem-se uma estratégia de relativização que envolve uma lacuna (variante (a)), e o uso do pronome resumptivo na variante (b). Os resultados de Sankoff e Brown mostram que a variante (b) é categórica em relativas oblíquas (i.e., posições de relativização mais baixas); a variante (a) é quase categórica em relativas de objeto direto; relativas de sujeito, todavia, favorecem (b) mais que (a), e constituem o ambiente mais variável. Assim, "surface subject pronouns are more common in relative clauses than accusative pronouns"; e "surface pronouns are obligatory in oblique cases"* (Sankoff e Brown,1980: 215).

Dreyfuss (1977: 170) relata que, similarmente ao que ocorre com o Tok Pisin, o crioulo haitiano, o sango e o sranan têm nos pronomes resumptivos a única estratégia de relativização com os casos oblíquos. Em objetos diretos, pronomes resumptivos não ocorrem em sranan ou no crioulo haitiano; em sango eles alternam com o processo de apagamento (i.e., lacuna não preenchida). Em relativas de sujeito, por outro lado, o crioulo haitiano apresenta codificação de caso no marcador relativo, ao passo que o sango alterna entre a não marcação de caso no relativizador e (+) ou (-) pronome resumptivo; o sranan não apresenta marcação de caso no relativizador nem pronome resumptivo em relativas de sujeito. O Tok Pisin, conforme demonstrado tanto por Sankoff e Brown quanto por Dreyfuss, apresenta uso obrigatório de pronome resumptivo em relativas oblíquas, e variabilidade em relativas de sujeito e de objeto direto. Dos quatro crioulos listados ateriormente, o crioulo haitiano é o único que apresenta codificação de caso no marcador relativo. No PB, o relativizador foi reduzido ao subordinante principal da língua: o complementizador invariável *que*. A marcação de caso é mais transparente em relativas *piedpiping*; a análise de Tarallo (1983) mostra, entretanto, que *piedpiping* é quase inexistente na fala e que as duas estratégias de relativização em competição – com pronomes resumptivos e relativa cortadora – são ambas processos de apagamento, i.e., a cláusula relativa é introduzida por um complementizador invariável *que*, e a variável – o SN correferente – ou é apagada *in situ* (variante cortadora ou com lacuna) ou é retida na forma de um pronome (pronome resumptivo).

A situação do PB falado é, pois, muito similar às encontradas em alguns crioulos legítimos. A partir dessas similaridades sintáticas, Sankoff e Tarallo (1984)[3] buscaram descrever mais extensivamente os sistemas sintáticos do Tok Pisin e PB, duas línguas não relacionadas historicamente. Dois argumentos principais explicam a similaridade encontrada nas duas línguas:

1. A explicação dos sistemas de relativização similares depende crucialmente do modo como as duas línguas tratam da anáfora em cláusulas principais; e

* N.T. "nas cláusulas relativas, a superficialização de pronomes sujeito é mais comum do que a de pronomes acusativos"; "a superficialização dos pronomes é obrigatória nos casos oblíquos".

2. A evolução histórica (i.e., a história linguística interna) do modo como as duas línguas representam os argumentos de cláusulas principais determina em larga escala os padrões contemporâneos da cláusula relativa.

Em PB falado, a probabilidade de pronomes resumptivos decresce de uma frequência muito alta com os genitivos, para razoavelmente alta com objetos indiretos e oblíquos, para um pouco mais baixa com sujeitos, e para muito baixa com objetos diretos, conforme mostrado nas tabelas 1 e 2.

Tabela 1 – Frequência e probabilidade de uso de pronomes resumptivos em cinco ambientes sintáticos para 20 falantes do português brasileiro da classe média e alta

	N=PRs	N=cláusulas	%	PROB.
Genitivo	2	10	20,0	.73
Objeto indireto	4	29	13,8	.70
Oblíquo	10	128	7,8	.55
Sujeito	35	388	9,0	.40
Objeto direto	2	161	1,2	.16

Tabela 2 – Frequência e probabilidade de uso de pronome resumptivo em cinco ambientes sintáticos para 20 falantes do português brasileiro da classe baixa

	N=PRs	N=cláusulas	%	PROB.
Genitivo	7	7	100,0	1.00
Objeto indireto	12	47	25,5	.74
Oblíquo	14	103	13,6	.64
Sujeito	68	604	11,3	.34
Objeto direto	8	223	3.6	.28

Os fatos de redundância atestados na cláusula relativa em PB são espelhados nos dados do Tok Pisin coletados e analisados por Sankoff e Brown (1980 [1976]) e reanalisados por Sankoff em Sankoff e Tarallo (1984), conforme mostra a tabela seguinte:

Tabela 3 – Frequência de uso de pronome resumptivo em quatro ambientes sintáticos em Tok Pisin

	N=PRs	N=cláusulas	%
Genitivo	2	2	100,0
Oblíquo	14	27	51,8
Sujeito	24	76	31,6
Objeto direto	3	22	13,6

A hipótese original formulada por Sankoff e Brown sobre o Tok Pisin era que o padrão de pronomes resumptivos a ser encontrado nas relativas deveria ser explicado em termos das regras ou processos que estivessem controlando o aparecimento ou apagamento de pronomes em todos os tipos de cláusulas na língua, e não em termos de regras ou processos específicos à relativização.[4] Essa hipótese é inteiramente corroborada pelo PB, como demonstrado por Tarallo (1983) dentro do paradigma quantitativo laboviano, e por Galves (1984) dentro do arcabouço da regência e ligação.

Nas tabelas 1, 2 e 3, estabelece-se um paralelismo entre os sistemas de relativização do Tok Pisin e do PB, mostrando que há uma hierarquia de funções sintáticas e uso da cópia pronominal dentro do nível -S'. Note-se que, nas duas línguas, genitivos favorecem pronomes resumptivos, e objetos diretos desfavorecem-nos. A mesma hierarquia pode ser atestada quando são comparados dados das duas línguas relativos à retenção pronominal *vs.* apagamento pronominal em cláusulas principais e subordinadas (não relativas). A tabela 4 compara os resultados de Tarallo relativos à distribuição de pronomes em cinco tipos de cláusulas com os cálculos iniciais realizados por Sankoff referentes a dados do Tok Pisin.

Tabela 4 – Retenção pronominal em cláusula matriz e subordinada (não relativa) em PB e Tok Pisin

	PB		Tok Pisin[5]	
	%	N	%	N
Genitivo	79,3	58	-	-
Objeto indireto	40,8	142	-	-
Oblíquo	36,1	166	-	-
Sujeito	65,6	780	79,7	380
Objeto direto	18,2	396	28,7	80

A tabela 4, pois, confirma o primeiro argumento apresentado por Sankoff e Tarallo, ou seja, o de que os sistemas de relativização em PB e Tok Pisin são determinados por processos anafóricos similares aos encontrados em outras partes de suas gramáticas (i.e., cláusulas principais). O segundo argumento, entretanto, requer atenção à história interna de cada um dos sistemas: dados históricos longitudinais, diacrônicos do PB e do Tok Pisin mostram o mesmo grau de reorganização na representação dos argumentos constituídos por sintagmas nominais?

O paradigma pronominal da cláusula matriz no PB falado moderno não é o mesmo encontrado nas gramáticas do português padrão. Os dados históricos coletados por Tarallo abrangendo a gramática do PB nos últimos 250 anos mostraram que a reorganização foi maciça. Particularmente importante foi a inversão entre as posições de sujeito e de objeto direto por volta da segunda metade do século XIX. As curvas subjacentes à inversão repentina entre sujeitos e outros argumentos continuam até o presente século, quando os sujeitos são representados por pronomes em dois terços do tempo, e os objetos diminuíram para apenas 1 em cada 5, com correspondente diminuição dramática nos oblíquos, como demonstrado na tabela 5.

Tabela 5 – Uso pronominal em três tipos de constituintes em cláusulas matrizes entre 1725 e 1982 no PB

	Sujeitos		Objetos diretos		PPs	
Datas	%	N	%	N	%	N
1725	23,3	120	89,2	93	96,5	87
1775	26,6	154	96,2	53	98,9	94
1825	16,4	152	83,7	43	91,3	104
1875	32,7	174	60,2	98	72,9	148
1982	65,6	780	18,2	396	44,8	366

Com respeito ao Tok Pisin, embora a análise do preenchimento *vs.* não preenchimento de argumentos constituídos por SN tenha apenas começado, dados sobre o aumento de pronomes sujeitos, conforme documentado em Sankoff (1977), mostram um paralelo admirável com o PB. A tabela 6 mostra os resultados de sujeitos-SN preenchidos em Tok Pisin entre 1885 e 1971.

Tabela 6 – Uso do pronome sujeito em Tok Pisin entre 1885 e 1971

Sujeitos		
Datas	**%**	**N**
1885	0	124
1910	15,7	51
1930	37,5	64
1971	79,7	380

Assim, as tabelas 5 e 6 confirmam o segundo argumento apresentado em Sankoff e Tarallo (1984): a história interna de cada sistema explica sozinha a reestruturação na representação de argumentos SN em cláusulas matrizes e em relativas nas gramáticas contemporâneas. Podemos, por isso, com base nas similaridades sintáticas encontradas entre uma língua crioula legítima (Tok Pisin) e uma suposta língua crioula (PB) advogar a hipótese crioula para essa última? Sankoff e Tarallo nem mesmo levantam a questão da crioulização no artigo de 1984; muito pelo contrário, como escrevem na conclusão:

> Em muitos outros aspectos, incluindo fatos muito relacionados aos que temos apresentado, as duas línguas diferem. À semelhança das outras línguas românicas contemporâneas, excluindo o francês, os pronomes de primeira e segunda pessoas do PB têm comportamento similar ao dos pronomes de terceira pessoa. Ou seja, enquanto o ancestral latino dessas línguas marcava pessoa na morfologia do verbo, as línguas modernas desenvolveram todas pronomes pessoais, e todas elas, exceto o francês, ainda usam pronomes sujeitos opcionalmente. O Tok Pisin, por outro lado, mostra o uso virtualmente compulsório de pronomes da primeira e da segunda pessoa, não codificando nenhuma marcação de pessoa ou de número na morfologia do verbo. Com respeito aos pronomes de terceira pessoa, no entanto, as duas línguas são marcadamente similares. Sujeitos são comumente expressos por pronomes, embora possam ser apagados, e os objetos são comumente apagados, embora ocasionalmente se superficializem como pronomes, e isso é válido para todos os tipos de cláusulas nas duas línguas. O uso de pronomes em cláusulas relativas parece, assim, seguir os processos gerais de anáfora na língua como um todo.[6] (Sankoff e Tarallo, 1984: 11. Tradução nossa.)

Como argumentamos em todo o texto, o PB pode ter-se crioulizado a qualquer momento de sua história. Sua feição sintática moderna tem muitos aspectos paralelos à gramática de crioulos legítimos. Meu interesse, mais uma vez, não é negar a possível história crioula do PB. Isso poderia ser feito se conhecêssemos mais tanto da história interna quanto externa do dialeto usado no Brasil. Considerando, todavia, o estágio contemporâneo da gramática do PB, poderíamos defender a hipótese crioula da origem do PB, supondo que, tendo sido crioulo, como argumenta Guy (1981a e 1981b), esse dialeto estaria agora se descrioulizando em direção do seu alvo original: o PE? A próxima seção vai demonstrar que esse não é o processo. Os dois dialetos se encontram, na verdade, a tal distância sintática que seria muito incomum se seus caminhos tornassem a se cruzar.

PE *VS*. PB: DIFERENÇAS SINTÁTICAS

Para a discussão a seguir, isolemos uma das muitas propriedades crioulas listadas por Bickerton (1984: 19) e tida como "[...] encontrada nos crioulos mais radicais e [...] compartilhada, em grau menor, por crioulos menos radicais", nomeadamente, a propriedade 4: "Não há assimetrias sujeito/objeto".[7]

Não há, ao que eu saiba, estudo tratando das diferenças gramaticais entre o PE e o PB dentro do modelo quantitativo. A análise apresentada a seguir não pode, pois, ser estritamente comparada àquela apresentada na seção precedente.

Sobre o PB a literatura reporta vários estudos segundo o paradigma quantitativo, cobrindo uma variedade de aspectos da gramática do PB: da fonologia à sintaxe e ao discurso.[8] Para o PE, contudo, a análise tomou uma abordagem distinta. O trabalho de Galves (especificamente, 1983 e 1984) nos oferece achados, de rara contribuição, sobre as diferenças entre os dois dialetos. Seu trabalho segue o modelo da regência e ligação, conforme desenvolvido por Chomsky (1981 e 1982) e, embora ela mesma não trabalhe com dados quantitativos, os resultados obtidos em análises quantitativas do PB são incorporados em sua própria análise da sintaxe dos dois dialetos. Note-se, em particular, seu artigo de 1984 sobre as categorias vazias *vs.* preenchidas em PB, que retoma os dados empíricos analisados em Mollica (1977) e Tarallo (1983). Por conseguinte, seus resultados e propostas serão usados nesta parte de maneira determinante.

Mas voltemos agora à propriedade crioula destacada por Bickerton (1984): a simetria *vs.* assimetria sujeito/objeto. A comparação entre o Tok Pisin e o PB na seção anterior mostrou, entre outras coisas, que há uma clara assimetria entre sujeito e objeto nas duas línguas. O preenchimento *vs.* o não preenchimento de argumentos SN nas posições de sujeito e objeto seguem, entretanto, caminhos similares, i.e., argumentos sujeito são preenchidos mais frequentemente do que argumentos objeto direto. O PE também apresenta assimetria no preenchimento dessas duas posições argumentais. O que separa, de início, os dois dialetos do português não é apenas a assimetria encontrada nos dois sistemas (ambos exibem assimetria e por isso poderiam ser equiparados nessa parte da gramática, à semelhança entre o PB e o Tok Pisin), mas o fato de que o preenchimento *vs.* o não preenchimento das duas posições argumentais são totalmente assimétricos. Enquanto o PB favorece o preenchimento da posição de sujeito em detrimento da posição de objeto, o PE favorece a retenção dos clíticos (objetos diretos preenchidos) às expensas dos sujeitos. Em outras palavras, uma pergunta como (10) abaixo, na qual dois tópicos conversacionais são introduzidos em sequência, um na posição de sujeito e o outro na posição de objeto, seria respondida diferentemente por falantes dos dois dialetos. O falante do PB muito provavelmente reteria uma forma pronominal na posição de sujeito e apagaria o objeto; em oposição, o falante do PE muito provavelmente deixaria o sujeito vazio e preencheria a posição de objeto. Compare as respostas (11) e (12), respectivamente:

(10) Paulo viu Maria ontem?

(11) Sim, *ele* viu (e). SUJEITO PREENCHIDO/OBJETO VAZIO=PB

(12) Sim, (e) *a* viu. SUJEITO VAZIO/OBJETO PREENCHIDO=PE

Os exemplos (11) e (12) mostram por si sós uma distância sintática dramática entre o PB e o PE. Todavia, o distanciamento entre os dois dialetos se torna mais transparente quando se busca o entendimento sintático da diferença entre os dois sistemas. E é precisamente isso o que faz Galves em dois artigos distintos, mas relacionados: em Galves (1983), a autora busca explicar a diferença entre a interpretação dos pronomes sujeitos nos dois dialetos; o artigo de 1984 oferece os argumentos sintáticos que explicam o comportamento diferente dos objetos preenchidos *vs.* vazios. A seguir, listarei as conclusões mais importantes de Galves sobre essas duas questões.

Sujeitos preenchidos *vs.* vazios

1. O pronome de terceira pessoa do singular *ele* é enfático em PE, i.e., comporta-se como o *lui* em francês; em PB *ele* não desempenha papel contrastivo, comportando-se como *il* em francês.
2. O PB, diferentemente do PE, é fortemente marcado pelo uso de pronome resumptivo em cláusulas principais, como exemplificado em (13) e (14).

(13) PB: Os linguistas *eles* são chatos.
(14) PE: *Os linguistas* (e) são chatos.

O pronome resumptivo *eles* em (13), sendo (+pronominal) e (-anáforico), para poder ser interpretado como tal, deve obedecer a condição (B) de ligação de Chomsky, segundo a qual "um NP pronominal deve estar livre na sua categoria de regência, se ele tem".[9] Segundo Galves, (15) abaixo, ou seja, a derivação de (13) por topicalização (cf. Chomsky, 1977) poderia ser uma solução, mas nesse caso a correferência obrigatória é bloqueada e tem que ser resolvida mediante uma regra de predicação, notadamente, uma regra de discurso no sentido de Chomsky (1977).

(15) $_{S''}(_{TOP}$(os linguistas) $_{S'}(\ _{COMP}(\ )\ _{S}$(eles...)

3. No PB, cláusulas relativas são derivadas sem movimento, ao contrário do PE. Nesse caso particular, não há necessidade de invocar-se um nódulo S", diferentemente do que ocorre em (15), de vez que o SN cabeça fora da relativa e o pronome resumptivo dentro da relativa não se encontram dentro do mesmo S', obedecendo, assim, à condição (B) de ligação; a regra de predicação entra em cena aí para estabelecer a correferência obrigatória entre eles.

4. O âmago da questão se encontra na diferença da natureza de INFL nos dois dialetos. De acordo com Galves, há um empobrecimento crescente de INFL no PB, isto é, o PB é uma língua menos *pro-drop* do que o PE. Como motivação independente para o processo de não apagamento do sujeito que está ocorrendo no PB, Galves cita o uso cada vez mais raro do infinitivo flexionado e o uso da terceira pessoa do singular sem um sujeito lexical para expressar generalidade e indeterminação. A possibilidade de inversão sujeito-verbo, todavia, está ainda presente no sistema. Com base nesses fatos, Galves propõe as seguintes regras de base para a derivação de sentenças canônicas nos dois dialetos:

Sujeitos preenchidos: (16) PB: S --- NP ${}_{\text{INFL}}$(ele) VP
(17) PE: S --- NP ${}_{\text{INFL}}$(pro) VP

Sujeitos vazios: (18) PB: S --- ${}_{\text{NP}}$(PRO) ${}_{\text{INFL}}$(PRO) VP
(19) PE: S --- ${}_{\text{NP}}$( ) ${}_{\text{INFL}}$(pro) VP

Isto é, INFL no PE funciona como um pronome; um pronome pleno em (19), *pro* é gerado com um índice referencial. Em PB, INFL não tem referência; assim, dois PROs são mutuamente governados e um está ligado ao outro; eles estão livres e não têm um índice referencial; sua interpretação é, por conseguinte, arbitrária. Mais uma vez, uma regra de predicação garantirá que os índices referenciais dos NPs mutuamente regidos sejam interpretados como idênticos. Em (17), a situação é exatamente a mesma daquela em (19): a regra de predicação vai estabelecer a identidade dos índices entre NP e INFL. Em (16), diferentemente de (18), PRO não constitui mais uma opção sob INFL: violaria a condição (A) de ligação de vez que é regido por um NP referencial em posição de sujeito, e o PB não parece interpretar INFL como um elemento referencial. Assim, um exemplo como 20 ([6] em Galves, 1983) não teria referência determinada no PB; no PE, um sujeito vazio provavelmente recuperaria sua referência no discurso, i.e., não seria genérico.

(20) Diz que Reagan vai mudar de estratégia.

Por outro lado, uma leve alteração da regra de predicação dá a Galves a possibilidade de estender sua análise de cláusulas principais à presença de *ele* em INFL de cláusulas relativas: "dada a configuração:

o índice referencial de um pronome dominado por X é interpretado como idêntico ao índice referencial de NP" (Galves, 1983: 7).

5. A diferença fundamental, então, entre o PB e o PE é que no primeiro (mas de modo algum no segundo) o pronome lexical *ele* é acessível à regra de predicação. Essa regra só será aplicada a categorias vazias no PE: *pro* com elementos de concordância; e traços no caso da relativização (a qual, conforme sugerido neste artigo, envolve movimento).

No geral, a análise de Galves sobre pronomes sujeitos nos dois dialetos leva ao pensamento de que, no caso de argumentos NP em posição de sujeito, a sintaxe do PB é mais rígida, mais orientada para a sentença, configuracionalmente introvertida, ao passo que a sintaxe do PE é mais frouxa, mais orientada para o discurso e configuracionalmente extrovertida. A diferença entre os dois dialetos vai se tornar mais clara quando forem considerados os argumentos NP preenchidos *vs.* vazios na posição de objeto direto. Passemos agora para o outro lado do verbo: o objeto.

Objetos preenchidos *vs.* vazios

1. Uma diferença fundamental entre o PB e o PE é a alta frequência de pronomes resumptivos e categorias vazias na posição de objeto direto, que estão presentes somente no primeiro. Assim, enquanto o PE pode provisoriamente ser descrito como (21), o PB apresenta um processo variável em ambos os ambientes, conforme delineado em (22).

(21)	PE: cláusula relativa	=	categoria vazia
			*pronome lexical
	cláusula principal	=	*categoria vazia
			pronome lexical
(22)	PB: cláusula relativa	=	categoria vazia
			pronome lexical
	cláusula principal	=	categoria vazia
			pronome lexical

2. Uma segunda diferença distanciando os dois dialetos é a possibilidade de ocorrência, no PB, do pronome sujeito tônico nominativo *ele* ocupando a posição de objeto direto, tanto em cláusulas relativas quanto em principais, como exemplificado em (23) e (24), respectivamente:

(23) Esse moço aí que vi *ele* ontem ... (exemplo [10] de Galves, 1984)
(24) encontrei *ele* ontem. (exemplo [9] de Galves, 1984)

3. No PB, como no chinês (cf. Huang, 1984), categorias vazias na posição de objeto direto não podem ser ligadas a um SN dentro da mesma cláusula, ao contrário de categorias vazias na posição de sujeito.

(25) João; disse que (e); viu Pedro. (exemplo [11] de Galves, 1984)
(26) *João; disse que Pedro viu (e). (exemplo [12] de Galves, 1984)

A categoria vazia em (26) pode, no entanto, ser interpretada quando está ligada a um SN no discurso, i.e., sua referência pode ser um tópico discursivo, como ilustrado no exemplo (27):

(27) Paulo, João disse que Pedro encontrou (e) ontem. (exemplo [17] em Galves, 1984)

Conforme explicado por Galves (1984: 113), um tópico discursivo no PB pode ligar diretamente uma categoria vazia na posição de objeto direto. As línguas que não permitem tais categorias vazias preenchem a posição de objeto ou com um pronome tônico (eg. inglês) ou com um pronome clítico (eg. PE), como em (28):

(28) PE: João; disse que Pedro *o* viu.

Em termos sintáticos, isso significa que, com relação a objetos diretos, há no PB uma relação mais próxima entre a sentença e o discurso, i.e., nesse caso particular, o PB é mais orientado para o discurso, e o PE é mais orientado para a sentença.

4. Com base nessas diferenças, Galves conclui que a categoria vazia na posição de objeto direto no PB é uma variável no sentido de Chomsky (1982: 34), i.e., "[...] uma categoria é uma variável se está numa posição-A e é localmente ligada-A'".[10] Como as condições de ligação são reguladas pela noção de regência, o exemplo (29) ([22] de Galves, 1984), que poderia contrariar a análise tópico/variável para o PB (exemplos [25] e [27] acima), tem, na proposta da autora, uma derivação diferente da de (26), reforçando, assim, a análise dentro do modelo da regência e ligação.

(29) Eles fabricaram camisetas e venderam (e) no Brasil inteiro.

Os exemplos (26) e (29) estão diagramados em (31) e (30), respectivamente:

(30)

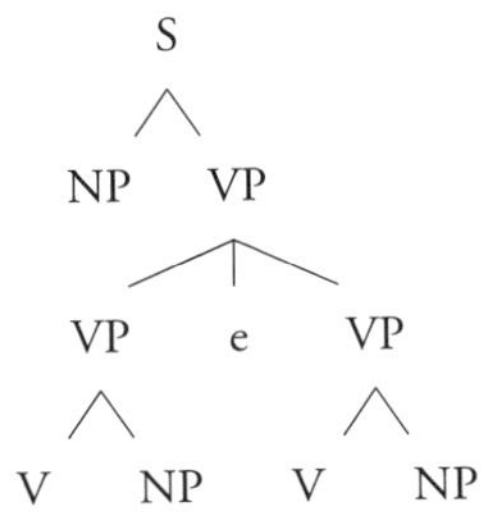

(31)

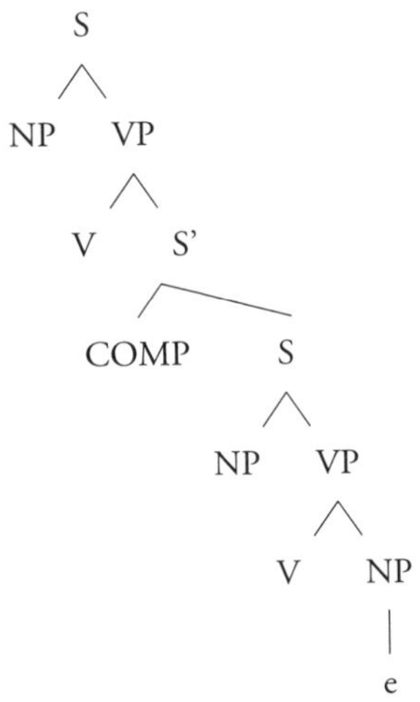

Isto é, em (31) o primeiro nódulo ramificante dominando o SN (João) também c-comanda a variável (e), e a condição de ligação resultante é do tipo-A, que bloqueia a interpretação tópico/variável. Já em (30), a condição de ligação entre tópico e variável é permitida precisamente porque não há relação de c-comando entre os dois. Esse fenômeno, "típico do português do Brasil" (Galves, 1984: 117), exige uma expansão da noção chomskiana de ligação, em termos de (32) (condição [28] em Galves, 1984):

(32) Uma posição argumental X pode vincular-A' uma outra posição argumental numa frase, se X não c-comanda Y.

5. Um fato último merece menção: o pronome sujeito, nominativo *ele* (que vimos sob INFL na subseção anterior deste artigo) ocupando a posição de objeto direto. De acordo com a análise de Galves, no PE (e, por extensão, nas outras línguas românicas, exceto o PB) a posição de objeto não é ligada por uma posição argumental, motivando, por isso, a presença do pronome clítico que, por sua vez, liga, a partir de uma posição não argumental, a posição de objeto vazia. No PB, ao contrário, a possibilidade de ligação-A' (tópico/variável) explica a ocorrência de *ele* na posição de objeto direto. Assim, a posição de objeto no PB, quer vazia quer preenchida por *ele*, é explicada pelo mesmo princípio de ligação.

Em termos gerais, mais uma vez, a análise de Galves da posição do objeto nos dois dialetos abre espaço para uma interpretação radicalmente diferente das suas sintaxes. A sintaxe do PE neste caso é configuracionalmente introvertida, mais rígida e mais orientada para a sentença. Assim, ao tomarmos o lado direito e o lado esquerdo do verbo nos dois dialetos, vemos que a organização é totalmente diferente, confirmando o fato de que a distância sintática entre eles dificilmente pode ser desprezada.

(33)

SUJEITO	VERBO	OBJETO
PB= preenchido por ele sob IFL (i.e., interpretação dentro ou fora do nível da sentença)		categoria vazia ele *pronome clítico (i.e., ligação no discurso)
PE=vazio (i.e., interpretação fora do nível da sentença, no discurso)		*categoria vazia *ele pronome clítico (i.e., ligação dentro de S)

E POR FIM ...

Enfatizei repetidamente por todo o artigo quão pouco conhecemos da história do PB. Nas observações finais, contudo, não quero deixar a história à parte, não a história do PB, mas a própria história externa do campo de estudos sobre *pidgin* e crioulo. Para esse efeito, acredito já ser mais que a hora de começarmos a olhar, com mais critério e apreciação, as posições de Coelho sobre crioulização *vs.* formação de dialeto. Fiquei realmente surpreso por não encontrar qualquer menção ao trabalho de Coelho na dissertação de Guy. De fato, um infortúnio!

Tivesse Guy, ao menos superficialmente, tocado na obra de Coelho, seu próprio trabalho, e particularmente seu capítulo 7 (Guy, 1981a) sobre a possível origem crioula do PB, teria sido totalmente diferente.

Exatamente cem anos se passaram desde a última grande contribuição de Coelho ao então emergente campo. Já em 1886, é o próprio Coelho quem observa que seu trabalho não estava sendo nem considerado com propriedade nem reconhecido:

> Como disse acima, até entre nós se fala já em dialetos crioulos, e, conquanto, *por via de regra não se mencione o meu nome, servem-se do que eu fiz, aproveitam os meus extractos sem dizer nada, reproduzem a terminologia que adoptei*, significando assim que os frutos da minha investigação se tornaram bem comum. (Coelho, 1886: 234. Grifos nossos.)

Agora, em 1986, quero fazer-lhe justiça, e justiça pode ser feita facilmente através da simples enumeração de algumas ideias que ele tinha sobre o PB, i.e., o que aconteceu ao PE fora de Portugal?

Antes de mais nada, embora Coelho, conforme citado na introdução deste artigo, agrupe o PB com os crioulos afro-portugueses em seu primeiro artigo (Coelho, 1880), a sua obra como um todo (Coelho, 1880, 1882, 1886) não pretende ser uma apreciação geral apenas sobre línguas e dialetos crioulos (i.e., sobre crioulização em si), mas antes uma apreciação sobre o estado geral das línguas românicas fora da Europa (cf. Coelho,1882: 109, e Coelho,1886: 153). Assim, o Brasil é visto como um campo vasto e fértil para a alteração do PE: "O Brasil com suas 873.000 mil milhas quadradas, povoadas, é verdade, por enquanto apenas por uns 10 milhões de habitantes, oferece um campo vasto à alteração do português..." (cf. Coelho, 1880: 37). O PB é, pois, o resultado da alteração do PE em contato (e esta palavra é crucial aqui) com diferentes grupos étnicos e diferentes línguas, uma situação que não leva necessariamente à crioulização, mas simplesmente à diferenciação dialetal:

> [...] as línguas africanas ainda chamam a atenção e não se diga por baixo, se por cima de tudo isso, aparece a linguagem peculiar dos cidadãos brasileiros, o dialeto brasileiro, se assim lhe quer chamar, o português alterado no Brasil pela ação de causas tão complicadas como são a mistura étnica, o contato com línguas diversas que persistem ou desaparecem (como é o caso com os dialetos do elemento negro da população). (Coelho, 1886: 160)

Em segundo lugar, mesmo depois da queda do Império português (1822), o Brasil continuou sob o domínio da tradição literária de Portugal. Assim, na língua escrita (cf. Coelho, 1880: 37) o português permaneceu extremamente próximo do Brasil. A proximidade da língua escrita poderia talvez justificar o pensamento de Guy. Contudo, sua hipótese da descrioulização propõe que o PB falado (em oposição ao escrito) está retornando vagarosamente ao seu alvo original. Coelho (1882: 119) já então aludia ao fato natural (e mesmo esperado) de que, depois que o PE fora trazido para o Brasil nos anos de 1600, os dois dialetos tomaram rumos diferentes e separados: "Como as línguas são organismos que se desenvolvem e transformam, esse facto foi-se dando no Brasil e em Portugal ao mesmo tempo, isto é, tanto aqui como lá a língua se foi desenvolvendo, ou alterando, como quiserem".

Em terceiro lugar, Coelho invoca na monografia de 1886 a necessidade premente de estudos extensivos sobre o PB. Na página 161, Coelho escreve que as evidências atestadas para o PB como um crioulo legítimo mostram apenas influência lexical, i.e., muito haveria que ser feito para coletar evidência de que a influência negra sobre o PB tivesse ultrapassado o léxico e atingido a configuração da sua gramática. Em 1981, Guy levanta de novo a questão, afirmando que as variáveis morfossintáticas por ele estudadas iriam finalmente resolver essa questão (não completamente, mas ele certamente empresta-lhe muito empenho). Os resultados apresentados nas seções 3 e 4 deste artigo demonstram, todavia, que o argumento pode tomar uma direção, ou a outra. O trabalho de Galves, por exemplo, fornece resultados que, ao menos no nível sintático, colocam uma convergência dialetal fora de questão.

Tomemos agora, para um breve olhar, a assimetria sujeito-objeto nos dois dialetos: o que seria necessário para o PB descrioulizar-se na direção do PE? Nem mais nem menos do que o seguinte: o PB teria literalmente que se virar pelo avesso e de ponta cabeça. Sujeitos teriam que começar a ser nulos outra vez (isto é, o PB teria que começar a readquirir suas características *pro-drop* perdidas), enquanto objetos teriam que começar a receber pronomes clíticos outra vez. No caso dos sujeitos, a gramática do PB teria que deixar sua configuração sintática e começar a ser mais orientada para o discurso; com respeito aos objetos, a variável discursiva teria que ser substituída por uma orientação mais sintática na sua derivação. Mesmo se isso fosse possível, i.e., se a posição e também o peso da sintaxe ou do discurso de uma língua pudessem ser naturalmente revertidos, iria a fonologia abrir espaço para mudanças tão dramáticas? Isto é, iriam os padrões de acento e ritmo favorecer o apagamento em superfície de pronomes sujeitos, ou mais improvável ainda, transformar a forma tônica do pronome nominativo *ele* usado na posição de objeto (em função acusativa) em um pronome clítico?

Os dados históricos sobre o PB apresentados na tabela 5, mostraram que a reversão da posição assimétrica de sujeitos e objetos foi muito lenta; pelo menos um século foi necessário para que a mudança ocorresse (1875-1982). Se a crioulização aconteceu no Brasil, teria levado 350 anos para que tivesse ocorrido alguma simetria entre as posições de sujeito e de objeto (segundo a tabela 5, somente após 1875 deve ter havido um período em que sujeitos e objetos mostravam um equilíbrio em termos de frequência das categorias preenchidas *vs.* vazias)? E mesmo se isso acontecera, e a descrioulização tivesse começado (digamos por volta de 1885), por que o PB teria começado a mudar na direção oposta ao PE?

Para concluir: a presença contínua e duradoura da tradição literária portuguesa no Brasil e a rigidez da língua escrita padrão têm mantido os dois dialetos muito próximos por todos esses séculos. As gramáticas faladas de cada dialeto, contudo, tomaram diferentes rumos. Temos trabalhado em busca de uma melhor compreensão do grau de diferença entre as duas gramáticas faladas. Deveria, então, a questão crioula da suposta origem crioula do PB continuar na nossa agenda por mais cem anos?

NOTAS

1 Gostaria de agradecer a minha colega Eleonora Albano Mota Maia por ter lido uma versão anterior deste artigo e me ter dado algumas sugestões para melhorá-lo. Em particular, ela alertou-me sobre os perigos de não incluir aspectos fonológicos em minha análise, com o que concordo inteiramente. Todavia, não consegui formular uma ideia sistemática de como perseguir suas sugestões. Erros eventuais são, pois, unicamente meus.

2 Wheeler (1982) procura explicar as relativas cortadoras de sintagmas preposicionais segundo a primeira análise, assumindo que a preposição é apagada em COMP.

3 Sankoff e Tarallo (1984) é parte de um projeto maior, cuja linha mestra é mais tipológica do que centrada em uma língua específica, mais histórica do que sociolinguística. É concebido para cobrir várias línguas historicamente relacionadas e/ou não. O objetivo principal do projeto é retirar observações tipológicas sobre a relação entre relativização e anáfora.

4 Cf. Sankoff e Brown (1976/1980: 215): "o fato de que muito poucos pronomes acusativos aparecem em relativas *não é o resultado de nenhuma regra específica de relativização em especial"* (ênfase acrescida).

5 Uma distinção clara entre oblíquos e objetos indiretos em Tok Pisin depende de uma análise definitiva da estrutura de complementação dos verbos, sendo essa a razão por que apenas dados sobre sujeitos e objetos diretos foram incluídos nesta tabela.

6 "In many other regards, including facts closely related to those we have presented, the two languages differ. As in the rest of the contemporary Romance languages other than French, BP first and second person pronouns behave similarly to the third person ones. That is, whereas their Latin ancestor marked person in the verb morphology, the modern languages have all evolved personal pronouns and all except French still use subject pronouns variably. Tok Pisin, on the other hand, shows virtually compulsory use of first and second person pronouns, with no person or number marking encoding in the verb morphology. With respect to third persons, however, the two languages are remarkably similar. Subjects are usually expressed by pronouns, although they may be deleted, and objects are usually deleted, though they occasionally surface as pronouns, and this is true of all clause types in both languages. Pronominal usage in relative clauses thus appears to follow the general processes of anaphora in the language as a whole."

7 "[...] found in the most radical creoles and [...] shared to a diminishing extent by less radical creoles. [...] There are no subject-object asymmetries".

8 Ver entre outros, Braga (1977); Lemle e Naro (1977); Naro e Lemle (1976); Omena (1981); Scherre (1978); Votre (1978), etc.

9 "[...] a pronominal NP must be free in its governing category if it has one".

10 "[...] a category is a variable if it is in an A-position and is locally A'-bound".

REFERÊNCIAS BIBLIOGRÁFICAS

ALMADA, M. D. de O. *Cabo Verde*: contribuição para o estudo do dialeto falado no seu arquipélago. Lisboa: Junta de Investigação do Ultramar/Centro de Estudos Políticos e Sociais, 1961.

BICKERTON, D. "Creoles and Universal Grammar: the Unmarked Case?" Paper presented at the LSA Winter Meeting, Baltimore, Maryland, December 30, 1984.

BOTELHO DA COSTA, J. V.; DUARTE, C. J. "O crioulo do Cabo Verde. Breves estudos sobre o crioulo das ilhas de Cabo Verde oferecidos ao dr. Hugo Schuchardt". *Boletim da Sociedade de Geographia de Lisboa*. 6, 1886, pp. 325-88.

BRAGA, M. L. *A concordância de número no sintagma nominal no Triângulo Mineiro*. Rio de Janeiro, 1977. Dissertação (Mestrado em Letras) – Pontifícia Universidade Católica do Rio de Janeiro.

CHOMSKY, N. On WH-Movement. In: CULICOVER, P.; WASOW, T.; AKMAJIAN, A. (eds.) *Formal Syntax*. New York: Academic Press, 1977.

______. *Lectures on Government and Binding*. Foris: Dordrecht, 1981.

______. *Some Concepts and Consequences of the Theory of Government and Binding*. Cambridge, Mass.: The MIT Press, 1982.

COELHO, F. A. "Os dialectos românicos ou neo-latinos na África". *Boletim da Sociedade de Geographia de Lisboa*. Lisboa, 1880. Reproduzido em: *Estudos lingüísticos crioulos*. Lisboa, 1967, pp. 129-96.

______. "Notas complementares". *Boletim da Sociedade de Geographia de Lisboa*. Lisboa, 1882. Reproduzido em: *Estudos lingüísticos crioulos*. Lisboa, 1967, pp. 451-78.

______. "Novas notas suplementares". *Boletim da Sociedade de Geographia de Lisboa*. Lisboa, 1886. Reproduzido em: *Estudos lingüísticos crioulos*. Lisboa, 1967, pp. 705-55.

______. *Os ciganos de Portugal com um estudo sobre o calão*. Lisboa: Imprensa Nacional, 1892.

MELO, G. Ch. *A língua no Brasil*. Rio de Janeiro, 1946.

DREYFUSS, G. *Relative Clause Structure in Four Creole Languages*. Ann Arbor, 1977. Tese (Doutorado) – University of Michigan.

ELIA, S. *O problema da língua brasileira*. Rio de Janeiro: Instituto Nacional do Livro, 1961.

GALVES, C. "Algumas diferenças entre o português de Portugal e português do Brasil e a teoria de regência e vinculação". *Anais do Congresso sobre a Situação Atual da Língua Portuguesa no Mundo*. Lisboa: ICALP, v. II, 1. ver., 1983, pp. 56-65.

______. "Pronomes e categorias vazias em Português do Brasil". *Cadernos de Estudos Linguísticos*. n. 7. Campinas: IEL/Unicamp, 1984, pp. 107-36.

______. "Aluga-(se) casas: Um problema de sintaxe portuguesa na teoria da regência e vinculação". *Preedição*. v. 2. Campinas: Unicamp, 1986a.

______. "A interpretação 'reflexiva' do pronome no português do Brasil". D.E.L.T.A. n. 2, 1986b, pp. 249-64.

GUY, G. *Linguistic Variation in Brazilian Portuguese. Aspects of the Phonology, Syntax and Language History*. Philadelphia, 1981a. Tese (Doutorado em Linguística) –University of Pennsylvania.

______. Parallel Variability in American Dialects of Spanish and Portuguese. In: SANKOFF, D.; CEDERGREN, H. (eds.) *Variation Omnibus*. Edmonton: Linguistic Research Inc, 1981b.

HUANG, C-T. J. "On the Distribution and Reference of Empty Pronouns". *Linguistic Inquiry*. v. 15, 1984, pp. 531-74.

LAURENCE, K. M. "Is Caribbean Spanish a Case of Decreolization?". *Orbis*. v. 23, 1974, pp. 484-99.

LEMLE, M.; NARO, A.J. *Competências básicas do português*. Rio de Janeiro: Mobral, 1977.

LOPES, E. C. "Dialetos crioulos e etnografia crioula". *Boletim da Sociedade de Geografia de Lisboa*. Lisboa: 59ª série, n. 9-10, 1941.

MENDONÇA, R. *A influência africana no português do Brasil*. São Paulo: Cia. Editora Nacional, 1935.

MOLLICA, M. C. *Estudos da cópia nas construções relativas em português*. Rio de Janeiro, 1977. Dissertação (Mestrado) – Pontifícia Universidade Católica do Rio de Janeiro.

MONTEIRO, C. *Português da Europa e português da América*: aspectos da evolução do nosso idioma. Rio de Janeiro: Livraria Acadênica, 1931.

NARO, A. J. Morphological Constraints on Subject Deletion. In: SANKOFF, D.; CEDERGREN, H. (eds.) *Variation Omnibus*. Edmonton: Linguistic Research Inc., 1981.

______; LEMLE, M. Syntactic Diffusion. In: STEEVER, S.B. et al. (orgs.) *Papers from the Parasession on Diachronic Syntax*. Chicago: CLS, 1976, pp. 221-41.

NETO, S. da S. *Introdução ao estudo da língua portuguesa no Brasil.* Rio de Janeiro: Presença, 1951.

OMENA, N. Pronom personnel de la troisième personne: ses formes variantes en fonction accusative. In: SANKOFF, D.; CEDERGREN, H. (eds.) *Variation Omnibus.* Edmonton: Linguistic Research Inc, 1981.

PAULA BRITO, A. de. "Dialectos crioulos-portugueses. Apontamentos para a Gramática do Crioulo que se fala na Ilha de Santiago de Cabo Verde". *Boletim da Sociedade de Geographia de Lisboa.* Lisboa, 1885, 7ª série, n. 10.

POPLACK, S.; SANKOFF, D. "El ingles de Samana y la hipótese del origen criollo". *Boletin de la Academia Puertorriquea de la Lengua Espanola.* San Juan, 1980, v. VIII, n. 2.

SANKOFF, G. Creolization and Syntactic Change in New Guinea Tok Pisin. In: BLOUNT, B.; SANCHES, M. (eds.) *Sociocultural Dimensions of Language Change.* London/New York: Academic Press, 1977.

______; BROWN, P. "The Origins of Syntax in Discourse". *Language.* v. 52, 1976. Reproduzido em: SANKOFF, G. *The Social Life of Language.* Philadelphia: University of Pennsylvania Press, 1980.

______; TARALLO, F. "Relativization and Anaphora in Speech". Paper presented at the 14th NWAVE Meeting, Philadelphia, University of Pennsylvania, 1984.

SCHERRE, M. M. P. *A regra de concordância de número no sintagma nominal.* Rio de Janeiro, 1978. Dissertação (Mestrado) – Pontifícia Universidade Católica do Rio de Janeiro.

TARALLO, F. *Relativization Strategies in Brazilian Portuguese.* Philadelphia, 1983. Tese (Doutorado em Linguística) – Universidade da Pennsylvania.

TERRELL, T. D. "Diachronic Reconstruction by Dialect Comparison of Variable Constraints: s–Aspiration and Deletion in Spanish". In: SANKOFF, D.; CEDERGREN, H. (eds.) *Variation Omnibus.* Edmonton: Linguistic Research Inc, 1981.

VOTRE, S. *Aspectos da variação fonológica na fala do Rio de Janeiro.* Rio de Janeiro, 1978. Tese (Doutorado) – Pontifícia Universidade Católica do Rio de Janeiro.

WHEELER, D. "Portuguese Pseudo Clefts. Evidence for Free Relatives". *CLS.* n. 18, 1982, pp. 507-20.

(Trad. por Vicente C. Cerqueira)

DIAGNOSTICANDO UMA GRAMÁTICA BRASILEIRA: O PORTUGUÊS D'AQUÉM E D'ALÉM-MAR AO FINAL DO SÉCULO XIX

Fernando Tarallo

Já muito se escreveu sobre a emergência de uma língua brasileira em oposição à tradicional língua portuguesa.[1] Fortes e contundentes argumentos já foram erigidos em defesa de uma e outra tendência, a saber: se a língua permanece unicamente lusitana ou se, ao contrário, já teria transpirado, há algum tempo, certo ar de brasilidade. Grande parte dessa discussão, entretanto, aparece enredada em sentimentos de exacerbado orgulho nacionalista, sem que se dê a devida atenção a possíveis diferenças estritamente sociolinguísticas que poderiam estar diferenciando os dois sistemas: o português e o brasileiro. Apesar das diferenças estruturais a serem apresentadas neste trabalho,[2] o perfil da nossa gramática brasileira (no sentido de gramática normativa) tem sido ditado pela tradição portuguesa e só esse fato torna o vácuo entre língua oral e escrita muito mais profundo no Brasil do que em Portugal.

O principal objetivo deste capítulo é delinear algumas bases sociolinguísticas em torno das quais se centrava toda a discussão na virada do século, isto é: esboçar a emergência de uma gramática brasileira que, ao final do século XIX, mostrava claras diferenças estruturais em relação à gramática portuguesa. Tais diferenças, conforme bem o atestam os trabalhos de Galves (1987, 1990, entre outros tantos), tornaram-se ainda mais acentuadas neste final de século XX. Quatro grandes mudanças sintáticas serão aqui apresentadas:

1. a reorganização do sistema pronominal que teve como consequências mais importantes a implementação de objetos nulos no sistema brasileiro de um lado, e sujeitos lexicais mais frequentes de outro (cf. Tarallo, 1983, 1985);
2. a mudança sintática ocorrida nas estratégias de relativização como consequência direta da mudança no sistema pronominal (cf. Tarallo, 1983, 1985);
3. a reorganização dos padrões sentenciais básicos (cf. Berlink, 1988, 1989) e, diretamente relacionado a esta ordem SVO rígida em estado de emergência à época, o enrijecimento do princípio de adjacência na marcação de acusativo (cf. Ramos, 1989, 1992);
4. e, finalmente, uma quarta mudança no sistema brasileiro, diretamente ligada às três anteriores, será apresentada como evidência cabal de que os dois sistemas continuam a se distanciar um do outro: os padrões sentenciais em perguntas diretas e indiretas (cf. Duarte, 1992).

O capítulo está dividido em três seções, além da introdução e das considerações finais. A seção "Algumas considerações teórico-metodológicas" apresenta algumas considerações teóricas e metodológicas de maneira a reforçar a possibilidade de uma abordagem interdisciplinar à questão da cidadania no final do século XIX, se sociolinguística, discursiva ou ambas. Na terceira seção alguns testemunhos de autores brasileiros e portugueses são retomados a fim de ilustrar o lado emocional das discussões. Finalmente, na seção "E finalmente: o diagnóstico de uma gramática brasileira" serão apresentadas as quatro mudanças sintáticas atestadas na literatura brasileira de Sociolinguística, argumentando-se que a variedade portuguesa falada no Brasil já desenvolveu um número de traços sintáticos discerníveis o suficiente para possibilitar uma descrição de seu sistema no sentido de uma gramática brasileira. A quinta seção fecha o capítulo retomando conclusões presentes nas seções anteriores.

ALGUMAS CONSIDERAÇÕES TEÓRICO-METODOLÓGICAS

A apresentação e discussão das quatro mudanças sintáticas são feitas a partir do quadro teórico desenvolvido por Weinreich, Labov e Herzog (1968) e as linhas mestras são a noção de encaixamento linguístico das mudanças sintáticas a serem examinadas, assim como o princípio da uniformidade de acordo com o qual as forças que operam no presente são as mesmas que teriam operado no passado.

O referencial teórico adotado é conhecido na literatura linguística através de vários rótulos: paradigma quantitativo para o estudo da competência comunicativa (cf. Sankoff, 1974), variação e mudança sociolinguísticas, ou simplesmente Sociolinguística (cf. Labov, 1972). Os pressupostos teóricos subjacentes a esse quadro podem ser localizados no trabalho, agora clássico, de 1968 de Weinreich, Labov e Herzog (doravante WLH).

Um dos pontos centrais levantados no trabalho de 1968 era a tentativa de romper o paralelismo entre a noção de estrutura e o conceito de homogeneidade. Ou conforme referendado no texto nos "Comentários finais":

> Antes que teorias preditivas sobre a mudança linguística sejam testadas, será necessário aprender a ver a língua – seja do ponto de vista diacrônico ou sincrônico – *como um objeto que possui heterogeneidade ordenada* [...] Quanto mais os linguistas se impressionaram com a existência da estrutura da língua e mais sustentaram essa observação com argumentos dedutivos sobre as vantagens funcionais das estruturas, mais misteriosa se tornou a transição de uma língua de um estado a outro. *Afinal de contas, se uma língua tem de ser estruturada para funcionar eficientemente, como as pessoas continuam a falar enquanto a língua muda, isto é, enquanto ela passa por períodos de menor sistematicidade?*[3] (grifos nossos).

Após terem sido tão produtivas na análise de dados sincrônicos, teorias estruturalistas da linguagem causaram uma série de paradoxos no estudo da mudança linguística que precisavam ser neutralizados de uma forma ou de outra. A saída, segundo WLH, seria assumir que

> [...] um modelo de língua que acomoda os fatos do uso variável e seus determinantes sociais e estilísticos, não só conduz a descrições mais adequadas da competência linguística, mas também produz uma teoria da mudança linguística que supera os paradoxos infrutíferos com os quais a Linguística Histórica tem lutado por mais de meio século.[4] (WLH: 99)

Um programa de pesquisa foi então montado a fim de dar conta de todos os ângulos e diferentes faces dos fenômenos de variação e de mudança sociolinguísticas. Tal paradigma quantitativo procura, pois, contemplar cinco questões centrais de pesquisa: 1. a questão das restrições/condicionamentos, ou "o conjunto de mudanças possíveis e as possíveis condições para mudanças que podem ocorrer numa estrutura de determinado tipo"[5] (WLH: 101); 2. a questão do encaixamento: "Como as mudanças observadas estão encaixadas na matriz de concomitantes linguísticos e extralinguísticos das formas em questão? Que outras mudanças são associadas a uma dada mudança de forma não acidental, casual?"[6] (WHL: 101); 3. a questão da avaliação: "Como as mudanças observadas são avaliadas – em relação a seus efeitos sobre a estrutura linguística. Sobre a eficiência comunicativa (em relação, por exemplo, à carga funcional), e sobre o amplo leque de fatores não representacionais envolvidos na fala"[7] (WHL: 101); 4. o problema da transição, ou "estágios intervenientes que podem ser observados, ou que devem ser postulados, entre quaisquer duas formas de uma língua definida por uma comunidade de fala em momentos distintos"[8] (WHL: 101); e, finalmente, 5, a questão da implementação, "talvez a mais básica: que fatores podem explicar a implementação das mudanças? Por que mudanças num traço estrutural ocorrem numa dada língua num determinado momento, mas não em outras línguas com o mesmo traço, ou na mesma língua em outros momentos?"[9] (WHL: 102).

Outros postulados feitos no texto de 1968 e que permanecem intactos na literatura sociolinguística de hoje são:

> A generalização da mudança linguística por toda a estrutura linguística não é uniforme nem instantânea: ela envolve a covariação de mudanças associadas durante substanciais períodos de tempo e se reflete na difusão de isoglossas sobre áreas do espaço geográfico; [...] As gramáticas em que a mudança linguística ocorre são gramáticas da comunidade de fala. E, como as estruturas contidas numa língua são determinadas por funções sociais, os idioletos não fornecem a base para gramáticas autônomas ou internamente consistentes; [...] Fatores linguísticos e sociais estão intimamente inter-relacionados no desenvolvimento da mudança linguística. Explicações restritas a um ou outro aspecto, por mais bem construídas que sejam, serão incapazes de dar conta do rico conjunto de regularidades que pode ser observado nos estudos empíricos do comportamento linguístico[10] (WLH: 187-8).

Depois dessa breve introdução ao quadro teórico a partir do qual as mudanças sintáticas da seção "E finalmente: o diagnóstico de uma gramática brasileira" a seguir foram atestadas, dois pontos merecem destaque. Em primeiro lugar: embora se pressuponha no quadro teórico que fatores linguísticos e sociais estejam intimamente relacionados no desenvolvimento da mudança linguística, assumimos no presente capítulo a possibilidade teórica de contemplar somente o lado linguístico das variáveis em estudo. Duas razões principais explicam tal possibilidade: de um lado, o aparato analítico é sociolinguístico em concepção e orientação, mas a motivação teórica para o estudo das variáveis é derivada do modelo gerativo; a segunda razão, e esta é crucial, é a distinção assumida no trabalho entre origem e propagação da mudança linguística. Ao nos limitarmos exclusivamente ao lado linguístico/sintático da questão, não estaremos contemplando a questão da propagação. A origem, por outro lado, somente pode ser apreciada no seu lado estritamente linguístico, isto é: no sentido de ser o sistema retratado de tal maneira a responder às questões referentes às restrições e ao encaixamento linguístico.

O segundo ponto remete à hipótese central subjacente à análise dos dados a ser apresentada na mesma seção: a questão do encaixamento. Assumimos, na linha proposta por WHL (1968: 101), que as mudanças observadas são necessariamente encaixadas na matriz dos concomitantes linguísticos das formas em questão e que outras mudanças são associadas às dadas mudanças de maneira não acidental. Em outras palavras, as mudanças acontecem em teias e ecoam umas nas outras. Tal eco sintático de um processo de mudança a outro – e que não necessariamente forma uma linha reta – é teoricamente previsível a partir de um paradigma sintático forte para a análise linguística: o modelo chomskiano (cf. Tarallo e Kato, 1989[11]).

Tendo assumido tal perspectiva teórica pode-se então questionar o seguinte ponto: como essa perspectiva teórico-metodológica pode ser relacionada ao quadro teórico da Análise do Discurso. Do lado teórico a Análise do Discurso, tal qual proposta por Orlandi, por exemplo, procura dar conta dos processos de produção e significação da linguagem, mas não dos produtos linguísticos.[12] As mudanças sintáticas a serem apresentadas neste trabalho, entretanto, são derivadas de um tipo de análise que assume, acima de qualquer coisa, que a linguagem não somente reflete normas sociais, como também as reforça. Além disso, o referencial teórico do presente trabalho diferentemente concebe o objeto a ser estudado: trabalha-se com produtos linguísticos com atenção especial à questão da representatividade do *corpus*. Novamente, os dois quadros teóricos se diferenciam, pois a análise do discurso concentra sua atenção em recortes do texto em oposição a segmentos.[13] A motivação para análises, com base em *corpora*, é também diferenciada nos dois referenciais: para a Análise do Discurso a motivação é claramente teórica,[14] enquanto para a Sociolinguística a análise de dados simplesmente reflete a necessidade de trabalho empírico concebido como um retrato exaustivo dos fenômenos em estudo. Isto é: o trabalho empírico realizado pela Sociolinguística ilustra o postulado segundo o qual as leis científicas, a fim de serem consideradas como tal, precisam ser recorrentes e frequentes.

A Análise do Discurso ainda estabelece a inexistência de uma relação mecânica entre marcadores formais (no sentido de marcas sociolinguísticas) e aquilo que representam nos processos discursivos. O modelo sociolinguístico não pressupõe tal relação, embora o resultado de análise seja centrado nas marcas/variáveis sociolinguísticas e em sua correlação com os determinantes sociais da linguagem. Mas precisamente neste ponto há algo comum entre os dois quadros teóricos que pode ser resgatado: o reflexo e o reforço de normas sociais através da variação linguística no paradigma laboviano de um lado, e a relação entre condições materiais de base linguística e a compreensão dos mecanismos subjacentes à produção da significação dentro da Análise do Discurso, de outro.[15] Assumimos, pois, que, apesar das diferenças teóricas e metodológicas atestadas, os dois referenciais podem, cada um de sua perspectiva e segundo sua própria abordagem, obter resultados de análise extremamente interessantes para o atendimento da emergência da noção de cidadania ao final do século XIX (consulte-se Orlandi, Guimarães e Tarallo, 1989, para uma explicitação de como se obter resultados a partir de tal abordagem interdisciplinar).

A LÍNGUA COMO PRODUTO IMAGINÁRIO

A presente seção pode parecer estranha ou mesmo anedótica: por que levantar argumentos emocionais sobre a língua como produto imaginário quando o ponto em discussão é a emergência da noção de cidadania ao final do século XIX? A resposta é óbvia: o sentido de nacionalismo relacionado à noção de orgulho tem sido um forte gerador de debates emocionados entre linguistas e filólogos. Obviamente, argumentos moderados podem ser localizados no meio de discursos irracionais e exacerbados. Vejamos alguns desses testemunhos sobre as duas variedades de língua, a portuguesa e a brasileira.

Mattoso Câmara (1976: nota 2, 30-1) ilustra o que poderíamos chamar de uma posição moderada. O autor aponta no texto a seguir que as diferenças na língua padrão entre o Brasil e Portugal não deveriam ser explicadas nem a partir da possível interferência de um substrato tupi e tampouco a partir da influência africana supostamente profunda, como tem sido o caso, aliás. Segundo o autor, as diferenças essencialmente refletem a existência de dois sistemas linguísticos em dois territórios distintos e geograficamente distantes. Igualmente importante é o fato de, após a variedade portuguesa ter sido trazida ao Brasil, cada sistema ter continuado sua própria evolução nem sempre coincidente um com o outro apesar dos laços sociais e culturais que unem os dois grupos. Ainda segundo o autor, a variedade brasileira pode ter sofrido influência indígena e africana aos níveis fonológico e gramatical, além de formas residuais do português arcaico que permaneceram no sistema americano. O último fator apontado por Mattoso Câmara é a dimensão geográfica brasileira que por si só teria provocado formação e diferenciação dialetal.

> Como quer que seja, as discrepâncias de língua padrão entre Brasil e Portugal não devem ser explicadas por um suposto substrato tupi ou por uma suposta profunda influência africana, como se tem feito às vezes. Resultam essencialmente de se achar a língua em dois territórios nacionais distintos e separados. A partir do período clássico, em que o português se implantou no Brasil, cada país teve a sua evolução linguística, nem sempre coincidente uma com a outra apesar das estreitas relações de vida social e cultura. [...] O problema do português popular e dialetal do Brasil é, naturalmente, outro. Nele podem ter

> atuado substratos indígenas, não necessariamente, tupi, e os falares africanos, na estrutura fonológica e gramatical. Também se verificaram, por outro lado, sobrevivências de traços portugueses arcaicos, que não se eliminaram de áreas isoladas ou laterais em relação às grandes correntes de comunicação da vida colonial. A imensa vastidão do território brasileiro e as modalidades de uma exploração intermitente e caprichosa já propiciavam, aliás, por si sós, uma complexa dialetação, que ainda está por estudar cabalmente.

Outra posição moderada semelhante é a encontrada na entrevista feita com Souza da Silveira em 1952. No segmento a seguir, Homero Senna (HS, 1952: 24-6) discute os seguintes pontos com o entrevistado (SdS): a. a existência de uma língua brasileira; b. a comparação entre o processo de formação românica e a formação da língua brasileira; e c. atitudes sociolinguísticas a serem obedecidas pelos escritores brasileiros.

> HS: Existe uma língua brasileira?
>
> SdS: Não: o que existe é a modalidade brasileira da língua portuguesa.
>
> HS: Mas não há probabilidade de que venha a formar-se, à semelhança do que aconteceu com as línguas românicas derivadas do latim?
>
> SdS: Não se pode comparar o processo de diferenciação do latim vulgar em línguas românicas com o de evolução da língua portuguesa no Brasil. Estamos diante de fenômenos diversos. O que se deu com as línguas românicas foi o seguinte: desaparecido o poder central no Império Romano do Ocidente, o latim vulgar dos territórios romanizados ficou sem o freio da antiga unidade e as forças diferenciadoras puderam, então, atuar livremente. Note que esse latim não se escrevia, era apenas falado, e que à centralização do poder sucedeu a descentralização ocorrida, sobretudo, com o aparecimento de vários reinos bárbaros, alguns de efêmera duração. O caso do Brasil é outro: desde os nossos primeiros tempos, a língua portuguesa aqui se ensinava e se escrevia; no século XVII o Padre Vieira pregava e escrevia, entre nós, sermões numa prosa das mais vigorosas e vernáculas; em português escreveram os nossos grandes épicos do século XVIII (Durão e Basílio da Gama), bem como os poetas do grupo mineiro, um dos quais, Cláudio Manuel da Costa, teve declaradas clássicas pela Academia de Lisboa as suas obras. Os nossos poetas do romantismo também escreviam em bom idioma português, embora com alguma liberdade em relação às normas de além-mar. Acresce que hoje há outros elementos que favorecem a união e, portanto, a unidade linguística. Quem poderá prever qual será neste sentido o papel da aviação, do rádio e da gravação da fala em disco? Eu, por mim, nada prevejo.
>
> HS: Que atitude devem a esse respeito adotar os escritores: trabalhar para que cada vez mais se acentue a diferença entre o português daquém e o dalém-mar, ou, ao contrário, procurar fazer com que o idioma se mantenha um só? Adiantará alguma coisa a posição que a propósito tomem os escritores?

> SdS: Penso que os escritores nossos devem cultivar a modalidade brasileira da língua portuguesa, sem procurarem afastar-nos, de propósito, da literatura portuguesa. Isso seria empobrecer-nos. Se já se tem dito que a grande força de ingleses e norte-americanos se deve, em parte, a falarem a mesma língua, e se já se tem pensado num imperialismo espiritual por meio da difusão do idioma inglês pelo mundo, não é diminuir consideravelmente a nossa capacidade de resistência o separar-nos de Portugal? E não será um desatino esforçarmo-nos para que se deixe de ser também nossa a riquíssima literatura portuguesa e para que se nos torne arcaica a apreciável literatura que já temos?

Nem todas as opiniões e testemunhos, entretanto, são tão claros e tão otimistas em relação aos dois lados do oceano. Ribeiro (1933, apud Elia, 1961: 8-10) ilustra o que poderíamos chamar de quase que um ultimato à liberdade de expressão em língua brasileira. Segundo Ribeiro, é praticamente inconcebível que, mesmo após a independência de Portugal, o Brasil continue algemado por palavras de uma língua diferente:

> Parece todavia incrível que a nossa Independência ainda conserve essa algema nos pulsos, e que a personalidade de americanos pague tributo à submissão das palavras. [...]
> A nossa gramática não pode ser inteiramente a mesma dos portugueses. As diferenciações regionais reclamam estilo e método diversos.
> A verdade é que, corrigindo-nos, estamos de fato a mutilar ideias e sentimentos que nos são pessoais.
> Já não é a língua que apuramos, é o nosso espírito que sujeitamos a servilismo inexplicável.
> Falar diferentemente não é falar errado. [...]
> Na linguagem como na natureza, não há igualdades absolutas; não há, pois, expressões diferentes que não correspondam também a ideias ou a sentimentos diferentes.
> Trocar um vocábulo, uma inflexão nossa, por outra de Coimbra, é alterar o valor de ambos a preço de uniformidades artificiosas e enganadoras. [...]
> Não podemos, sem mentira e sem mutilação perniciosa, sacrificar a consciência das nossas próprias expressões.
> Corrigi-las pode ser um abuso que afete e comprometa a sensibilidade imanente a todas elas.
> Os nossos modos de dizer são diferentes e legítimos e, o que é melhor, são imediatos e conservam, pois, o perfume do espírito que os dita.

O texto de Machado a seguir representa o outro lado da moeda. Trata-se de uma réplica zangada a um discurso proferido por Cassiano Ricardo frente à Academia Brasileira de Letras em 30 de janeiro de 1941. Em seu discurso o poeta brasileiro fundamentalmente alerta para a impossibilidade de se ignorar o fenômeno linguístico brasileiro. O texto do poeta diz o seguinte:

> A glória de Portugal nada tem que ver com a língua falada pelo povo brasileiro. Muito ao contrário, é na língua falada pelo brasileiro que melhor havemos de celebrar a glória de Portugal. [...]
> Se os filólogos portugueses são os primeiros a reconhecer, com absoluta lealdade, que falamos um dialeto do português e, portanto, uma língua que se destacou de sua origem peninsular, não poderemos nós ser mais realistas do que o rei, ou, no caso, do que os reis da linguística portuguesa. [...]
> O que me parece é que devemos ser sinceros e independentes em nosso modo de falar e de escrever – como em todos os actos da nossa vida – a fim de que o grande povo português melhor acredite na sinceridade com que lhe queremos bem.
> Glorifiquemos, assim, as duas línguas e não somente a portuguesa, criando direitos e obrigações recíprocas.
> Não é possível anular o fenômeno linguístico no Brasil; muito menos transigir num assunto que tanto interessa à formação nacional.

E então a réplica de Machado (s.d: 23-8):

> Não foi pequeno o eco do discurso do sr. Cassiano Ricardo. Os jornais publicaram-no integralmente e até o *Estado de São Paulo* procedeu a um inquérito entre alguns publicistas e intelectuais brasileiros.
> Como tem sucedido várias vezes, também aqui as opiniões se dividiram: para um lado os defensores do *idioma brasileiro*, para o outro, seus adversários.
> Infelizmente não se lembraram de tomar aquela atitude [...] que, afinal, parece tão evidente, tão lógica, que muito surpreende não ter sido a adoptada: em vez de se ouvirem pessoas, com certeza distintas nas suas especialidades, mas pouco versadas nesta, porque não se pediu a opinião dos filólogos?
> Quando estamos doentes não recorremos ao advogado, assim como não é o médico quem está em condições de poder falar sobre problemas de engenharia.
> [...] Do discurso a que mais acima me referi, concluo ainda que há quem se julgue deslustrado pelo facto de falar um *dialecto*!
> Mais adiante direi a razão disso, embora desde já me ocorra fazer estas duas perguntas: Que língua existe que não tenha dialectos? Quem é que não fala um dialecto? [...]
> O facto de não considerar *língua brasileira*, mas dialectos brasileiros, não quer dizer que eu ponha em dúvida a justiça da independência brasileira (o que seria estupidamente absurdo), nem tão-pouco ofender os brios patrióticos dos nossos irmãos de além-Atlântico. Devemos, no entanto, afastar todos os sentimentalismos para alcançar um objectivo que, sem essa medida prévia, aparecerá diante dos nossos olhos rodeado de espessas névoas ou deturpado.
> Os patrioteirismos, sempre deslocados, devem ser postos de parte, assim como os brasileiros lusófilos em excesso e os portugueses de espírito dissolvente, enfim, afastemos todos os que não tenham condições para meditar a frio.
> Eu sou da opinião de Sílvio Elia: "A fuga para a Europa ou o recolhimento na taba do índio são duas soluções cômodas, mas em desacordo com o ser nacional". (Grifos nossos)

O debate sobre a essência da língua portuguesa em oposição à modalidade brasileira ainda continua. Em um editorial do jornal *Folha de S.Paulo* de 18 de novembro de 1982, à página 42, Helena da Silveira escreve sobre a influência linguística das novelas brasileiras sobre o uso do português d'além-mar. Tal fato pode ser uma indicação da força das novelas na estandardização das duas modalidades, mas em direção oposta, entretanto, da ex-colônia para o ex-império.

> Em minhas estadas em Portugal li nos jornais polêmicas entre adeptos e contrários à influência da fala brasileira, através das novelas da Globo. [...]. É lindo, eu acho, este refluxo da língua para a Mãe-Pátria. Ela chega lá, modificada por nossas vivências, nossas peculiaridades. E, como muitos jornalistas portugueses, penso que nossa novelística televisiva é elemento de enriquecer, não de conspurcar o idioma. *Talvez um dia, graças aos meios de comunicação, a língua portuguesa se unifique.* (Grifos nossos)

E FINALMENTE: O DIAGNÓSTICO DE UMA GRAMÁTICA BRASILEIRA

Comecemos com dois casos de diferenciação dialetal entre o português europeu e o brasileiro: objetos nulos e sujeitos lexicais. O seguinte segmento extraído de uma série de entrevistas sociolinguísticas realizadas com paulistanos e, referidas neste trabalho como o *corpus* de 1981, ilustra os fenômenos de retenção pronominal em várias categorias sintáticas.

(1) Eu não sei como as pessoas conseguem ouvir *o João* no telefone. Às vezes eu estou do lado *dele* e não estou escutando (Ø). Parece que *ele* não está falando. (SP81-1-K-9/10)[16]

Nesta passagem o primeiro referente é *João* que é repetido na principal seguinte em posição genitiva e apagado em posição de objeto direto. A seguir, é novamente retido na posição de sujeito da subordinada. A tabela 1 abaixo, adaptada da tabela 2 em Tarallo (1985: 360), apresenta os resultados para retenção *vs.* apagamento pronominal em várias categorias sintáticas nos dados de 1981. A diferença entre frequência de retenção *vs.* apagamento no contraste entre principais e subordinadas não é feita por não ser pertinente aos argumentos do presente trabalho.

Tabela 1 – Retenção *vs.* apagamento pronominal em várias categorias sintáticas: *corpus* de 1981

POSIÇÃO	Sujeito	Objeto direto	Objeto indireto	Oblíquo	Genitivo
Retenção	572	72	58	60	46
%	79,4	18,2	40,8	36,1	79,3
Apagamento	148	324	84	106	12
Total	720	396	142	166	58

Contrastemos agora os resultados apresentados na tabela 1 com os resultados obtidos no estudo diacrônico. O português do Brasil existe como língua literária somente a partir dos anos 1700. Qualquer material anterior àquela data revelaria, pois, traços do português europeu e enviesaria os dados. Os escritores usados na análise são brasileiros; os consistem de cartas, diários e peças teatrais.[17] Para os objetivos de nosso estudo os séculos XVIII e XIX foram divididos em 4 períodos de 50 anos, a que se refere a partir de agora como tempo I (*circa* 1725), tempo II (*circa* 1775), tempo III (*circa* 1825) e tempo IV (*circa* 1880).

Observemos primeiramente como eram as regras pronominais em função de categorias sintáticas nos quatro períodos analisados. A tabela 2 (adaptada da tabela 4 de Tarallo, 1985: 368) apresenta a percentagem de retenção pronominal para cada categoria sintática em cada período de tempo analisado. A tabela mostra, por exemplo, que, enquanto a regra de retenção pronominal é quase que categórica nos sintagmas preposicionais nos tempos I e II, começa a haver um decréscimo depois do tempo III. Mais interessante ainda é o fato de que, quando as percentagens para objetos diretos e sintagmas preposicionais diminuem, aumenta a proporção de retenção pronominal nos sujeitos, sugerindo assim que a perda da referência pronominal faz com que o sistema se rearranje, marcando outros argumentos sentenciais mais frequentemente. Observe-se que os sujeitos demonstram alta taxa de retenção nos dados sincrônicos de 1981, conforme indicado na tabela 1.

Tabela 2 – Retenção pronominal segundo função sintática e período de tempo (dados de 1725 a 1880)

	I	II	III	IV
Circa	1725	1775	1825	1880
Sujeito	28/120	41/154	25/152	57/174
%	23,3	26,6	16,4	32,7
Objeto direto	83/93	51/53	36/43	59/98
%	89,2	96,2	83,7	60,2
Objeto indireto	49/49	41/41	48/49	49/62
%	100,0	100,0	97,9	79,0
Oblíquo	18/20	25/25	4/4	24/43
%	90,0	100,0	100,0	55,8
Genitivo	17/18	27/28	43/51	35/43
%	94,4	96,4	84,3	81,4

Com base nos resultados apresentados nas tabelas 1 e 2, resumamos brevemente as principais conclusões para as três posições principais: sujeitos, objetos diretos e sintagmas preposicionais (nestes últimos encontram-se incluídos objeto indireto, oblíquo e genitivo).

Tabela 3 – Resumo da porcentagem de retenção pronominal

FUNÇÃO / TEMPO	1725	1775	1825	1880	1981
Sujeito	23,3	26,6	16,4	32,7	79,4
Objeto direto	89,2	96,2	83,7	60,2	18,2
(SPs)	96,5	98,9	91,3	72,9	44,8

Assim, enquanto a hierarquia para retenção pronominal era

SPs > objetos diretos > sujeitos

no conjunto de dados diacrônicos, por volta de 1880 acontece uma mudança no sistema pronominal segundo a qual a frequência de retenção começa a decrescer para SPs (em menor escala) e para objetos diretos (em maior escala) enquanto a percentagem para sujeitos começa a crescer. O resultado é uma hierarquia diferenciada para os dados de 1981, a saber:

sujeitos → SPs → objetos diretos

Teria a mesma mudança acontecido no português europeu? Não podemos dizer um NÃO no sentido quantitativo da resposta uma vez que a maioria dos estudos sobre o português europeu segue um diferente referencial teórico de análise. A partir dos trabalhos de Galves referidos anteriormente, entretanto, fica claro que os dois dialetos se comportam diferentemente em relação às regras pronominais. Galves aponta em seus estudos que clíticos acusativos são ainda bastante frequentes na modalidade portuguesa e, mais importante ainda, que o apagamento do sujeito naquele dialeto não o isenta de referência inerente. Assim, uma sentença como

(2) "Não usa mais saia"
Português do Brasil: Não se usa mais saia.
Português de Portugal: Alguém não usa mais saia.

é interpretada como tendo um pronome referencial pleno, por exemplo: Maria. No português brasileiro, entretanto, uma vez que o uso de sujeito pronominal alcançou alta frequência de uso, o sistema já abriu espaço para uma interpretação indeterminada da categoria vazia. No Brasil, portanto, uma sentença como "Não usa mais saia" forçosamente recebe uma interpretação indeterminada, no sentido de "se". Com referência aos pronomes clíticos, o sistema brasileiro já não os emprega há algum tempo. Na variedade portuguesa, entretanto, pronomes clíticos são frequentes no uso e ocorrem, conforme o esperado, em posição enclítica. Também o fenômeno do objeto nulo pode ocorrer no português europeu, mas o comportamento dessa categoria vazia é totalmente diferente nos dois dialetos: uma variável no caso lusitano, e um **pro** pequeno no dialeto brasileiro.

Esta mudança no sistema pronominal está relacionada com uma diferenciação geral entre os dois dialetos: o português europeu é fortemente marcado por regras de movimento enquanto na modalidade brasileira regras são geralmente derivadas via apagamento de constituintes *in situ*. Consideremos o fenômeno da relativização por um momento e verifiquemos a segunda mudança a ser atestada neste trabalho.

No uso moderno brasileiro há três estratégias típicas de relativização. O primeiro tipo é, ao menos na superfície, idêntico às relativas encontradas na norma padrão. Este tipo de relativa, ilustrada na sentença (3), existe em outras línguas indo-europeias e tem sido amplamente discutida na literatura.

(3) Tem as que (e) não estão nem aí, não é? (SP81-1-J-292)

O primeiro tipo de relativa apresenta, pois, uma lacuna na relativa na posição original do sintagma-QU e foi por mim rotulada de relativa com lacuna (Tarallo, 1983).

O segundo tipo de estratégia de relativização não apresenta lacuna. Ao contrário, a posição da lacuna é preenchida por uma forma pronominal correferente com o sintagma nominal cabeça da relativa. A sentença (4) é um exemplo de tal tipo que é rotulada de estratégia do pronome lembrete.

(4) Você acredita que um dia teve uma mulher que ela queria que a gente entrevistasse ela pelo interfone. (SP81-J-293)

Esse segundo tipo de relativa percola todas as funções sintáticas; o primeiro tipo, ao contrário, somente ocorre em posições de sujeito e de objeto direto. Para as posições sintáticas mais baixas (objetos indiretos, oblíquos, genitivos), a norma padrão prescreve o uso de *piedpiping*, conforme exemplificado em (5). Uma vez que *piedpiping* praticamente não ocorre nos dados de 1981, a sentença (5) é um exemplo criado a partir do exemplo ocorrido com pronome lembrete.

(5) E um deles foi esse fulano aí, que eu nunca tive aula com ele. (SP81-2-E-378)

e a versão *piedpiping* de (5):

(5) 'E um deles foi esse fulano aí, com quem eu nunca tive aula (e). (e='empty')

O terceiro tipo de estratégia de relativização ocorre quando o sintagma nominal relativizado é objeto de preposição. Neste tipo, a partir de agora rotulado de relativa cortadora, tanto a preposição governante quanto o sintagma relativizado estão ausentes, isto é: trata-se também neste caso de uma relativa com lacuna. A sentença (6) ilustra tal estratégia na posição de objeto indireto.

(6) E uma pessoa que essas besteiras que a gente fica se preocupando (com) (e), ela não fica esquentando a cabeça. (SP81-2-6-129)

Mencionamos anteriormente que os dois dialetos se diferenciam com relação à questão de regras de movimento ou de apagamento na derivação de certas estruturas. Certamente, a estratégia com pronome lembrete não é derivada por movimento uma vez que o sintagma correferencial permanece *in situ* e um complementizador *que* (não um pronome relativo) aparece na cabeça da relativa. Coloque-se então a seguinte questão: são as demais variantes derivadas por movimento ou por apagamento? Nos dois casos há uma lacuna e esta poderia resultar ou de uma regra de apagamento ou de uma de movimento. Tarallo (1983, 1985) convicentemente demonstra que as duas estratégias de relativização são derivadas por apagamento do sintagma-Q *in situ*, assim espelhando o comportamento de sintagmas não-Q fora da configuração de relativas: em outras palavras, uma imagem de espelho às estratégias de pronominalização apresentadas na tabela 1 para os dados de 1981. Não entraremos na evidência estatística para os dados sincrônicos neste capítulo, mas os resultados diacrônicos serão apresentados uma vez que deve ser esclarecido quando a estratégia com pronome lembrete e a relativa cortadora (a qual, aliás, pouco ocorre no sistema lusitano) entraram no sistema em substituição à moribunda estratégia *piedpiping*.

A tabela 4, adaptada da tabela 1 de Tarallo (1985: 359), mostra a frequência para cada estratégia de relativização nos dados de 1981.

Tabela 4 – Percentagem de relativas de acordo com estratégia em cinco funções sintáticas (dados de 1981)

ESTRATÉGIA	Genitivo	Sujeito	Objeto direto	Objeto indireto	Oblíquo
Com lacuna	890	374	-	-	-
%	89,7	97,4	-	-	-
Piedpiping	-	-	3	17	1
%	-	-	3,9	7,4	5,9
Pronome lembrete	102	10	16	24	9
%	10,3	2,6	21,1	10,4	52,9
Cortadora	-	-	57	190	7
%	-	-	75,0	82,2	41,2
Total	992	384	76	231	17

Assim, nos dados de 1981 há somente 21 casos de *piedpiping*, ou seja: precisamente aquelas estruturas em que a hipótese do movimento é transparente. E, entretanto, muito pouco quando e se comparados aos 49 casos de pronome lembrete para as posições sintáticas mais baixas e aos 254 casos de relativa cortadora. Vejamos agora os resultados para o *corpus* diacrônico. A tabela 5, adaptada da tabela 6 de Tarallo (1985: 371), apresenta a frequência de uso para três estratégias de relativização em quatro períodos de tempo.

Tabela 5 – Percentagem de uso de *piedpiping*, pronome lembrete e relativa cortadora através do tempo

	I	II	III	IV
Circa	1725	1775	1825	1880
Piedpiping	99	89	73	63
%	89,2	88,1	91,3	35,4
Pronome lembrete	1	8	1	9
%	9,9	7,9	1,3	5,1
Cortadora	1	4	6	106
%	0,9	4,0	7,5	59,5

A partir dos resultados apresentados na tabela 4 fica claro que por volta do tempo IV, ou seja: por volta de 1880, a relativa cortadora já havia iniciado seu papel sintático no sistema: competir contra a estratégia do pronome lembrete em substituição à relativa *piedpiping*. Observe-se que a estratégia com pronome lembrete mantém um papel balanceado, embora marginal, no sistema sintático. A relativa cortadora, entretanto, começa a florescer precisamente por volta de 1880 momento em que também as estratégias de pronominalização estavam revertendo a hierarquia de uso válida até então. O gráfico 1 (adaptado do gráfico 5 em Tarallo, 1985: 373) revela o encaixamento das duas mudanças: a reestruturação no sistema pronominal e a emergência da relativa cortadora.

Gráfico 1 – Percentagem do uso de três estratégias de relativização comparado à retenção pronominal em orações principais através do tempo

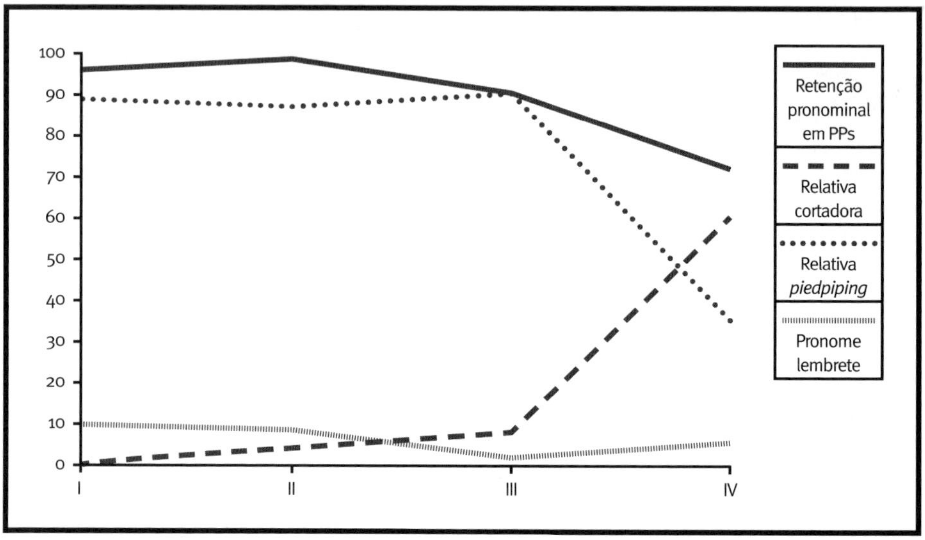

A fim de concluir nossa discussão desta segunda mudança, que dissemos estar relacionada com a primeira, os resultados até o momento indicam que no tempo III a regra de apagamento pronominal, até então somente aplicável a sujeitos, e variavelmente, embora menos frequentemente, a objetos diretos, começa a afetar as posições sintáticas mais baixas (isto é, os sintagmas preposicionais). Fica claro, então, que a relativa cortadora surgiu no sistema a partir da mudança sintática nas estratégias de pronominalização. Em outras palavras, a substituição da anáfora pronominal pela anáfora zero gerou, por assim dizer, um novo tipo de relativa: um que se parece exatamente com uma oração declarativa matriz a não ser pelo complementizador invariável que a introduz. Nesse sentido, a análise defendida aqui sugere que a antiga competição entre dois tipos de relativas – uma claramente envolvendo movimento (relativa padrão) e a outra, um processo de apagamento (pronomes lembretes) – somente produziu um segundo paradigma, mas os dois processos em competição permaneceram os mesmos: movimento (*piedpiping*) *vs.* apagamento (relativa cortadora).

Um terceiro processo de mudança relacionado aos dois primeiros é o estudado por Berlinck (1988, 1989). Com base nos resultados obtidos em

Tarallo (1983, 1985) que atestavam o crescimento de sujeitos lexicais acompanhado de um decréscimo no objeto direto anafórico, um argumento forte pode ser feito em relação à modalidade brasileira como um sistema em fase de transição de língua "*pro-drop*" para "não *pro-drop*", isto é, uma mudança paramétrica. Conforme definida na literatura chomskiana, uma língua "*pro-drop*", como o italiano, o espanhol e o português europeu, é caracterizada por uma série de propriedades, as duas mais importantes sendo a possibilidade de sujeitos nulos de um lado, e de inversão de sujeito, de outro. Em suma: uma língua "*pro-drop*" pode apresentar as seguintes duas ordens: (S)V e VS, ao lado da canônica SVO.

Os resultados apresentados até o momento no presente trabalho apontam que, diferentemente do português europeu, o português brasileiro sofreu uma grande reversão em suas estratégias de pronominalização ao final do último século, abrindo espaço para sujeitos lexicais e objetos nulos. Se tais resultados convergirem, então como terceira instanciação de nossa hipótese do encaixamento sintático deveríamos esperar um enrijecimento no padrão canônico de ordem de palavras em direção a SV, com uma proporção decrescente para sujeitos invertidos. E isto é exatamente o que Berlinck constatou em seu estudo diacrônico sobre a ordem do sujeito em relação ao verbo na modalidade brasileira. A tabela 6, adaptada de Berlinck (1989: 97), indica a proporção decrescente para a ordem VS em três conjuntos de dados, 1750, 1850 e 1987.

Tabela 6 – Frequência de uso da ordem verbo-sujeito, VS

Dados	%	N
Século XVIII (1750)	42,0	203/486
Século XIX (1850)	31,0	144/469
Século XX (1987)	21,0	263/1262

Ainda mais importante é o tratamento quantitativo que Berlinck aplicou em seus três conjuntos de dados. Os três *corpora* foram submetidos a uma análise quantitativa, tendo sido usados exatamente os mesmos fatores condicionadores como hipóteses, tendo-se assumido que a motivação para a ordem VS deveria ser diferente em cada *corpus*. Assim, antes da reversão das estratégias de pronominalização uma diferente gramática deveria explicar a ordem VS, enquanto, após a mesma, a explicação deveria residir nas propriedades transitivas do verbo. Em outras palavras: antes da reversão a transitividade não deveria desempenhar papel algum uma vez que a presença de pronomes clíticos garantiria a interpretação discreta dos papéis temáticos dos sintagmas nominais envolvidos no enunciado, isto é: o uso efetivo de pronomes clíticos tornaria visíveis os papéis temáticos. Após a reversão no paradigma de pronominalização a tendência crescente de ocorrência de objetos nulos deveria, em princípio e por definição, transformar a transitividade do verbo em um obstáculo à ordem *Vs*. Veja-se o quadro a seguir em que Berlinck indica, em ordem hierárquica, os fatores considerados significativos na explicação da ordem VS em cada conjunto de dados. O tipo de verbo, colocado na quarta posição no século XVIII, lidera no século XIX, abrindo espaço para a transitividade nos dados de 1987. Tal fato explica a existência de duas gramáticas, uma na qual as ocorrências de VS são explicadas via fatores funcionais, tais como o estatuto informacional do sintagma nominal sujeito (por exemplo, o século XVIII), e outra em que a transitividade do verbo bloqueia a possibilidade de inversão do sujeito.

- Século XVIII
    1. Estatuto informacional do sintagma nominal sujeito;
    2. forma do sintagma nominal sujeito;
    3. distinção aspectual;
    4. tipo de verbo.

- Século XIX
    1. Tipo de verbo;
    2. forma do sintagma nominal sujeito;
    3. forma sentencial.

- Século XX
    1. Transitividade;
    2. forma do sintagma nominal sujeito;
    3. animacidade do sintagma nominal sujeito;
    4. distinção aspectual;
    5. concordância verbal.

O gráfico 2, adaptado da figura 1 de Berlinck (1989: 102), revela o efeito da transitividade nos três conjuntos de dados. Observe-se que, enquanto os verbos intransitivos não separam os três *corpora*, os verbos transitivos largamente os distanciam um do outro. Isto simplesmente significa que, desde que os objetos nulos se tornaram um traço sintático dessa emergente gramática brasileira, a ordem VS deveria ser bloqueada com verbos transitivos a fim de não colidir com o papel temático a ser atribuído ao sintagma nominal ao redor do verbo.

Gráfico 2 – Frequência de V SN segundo a transitividade, nos três *corpora*

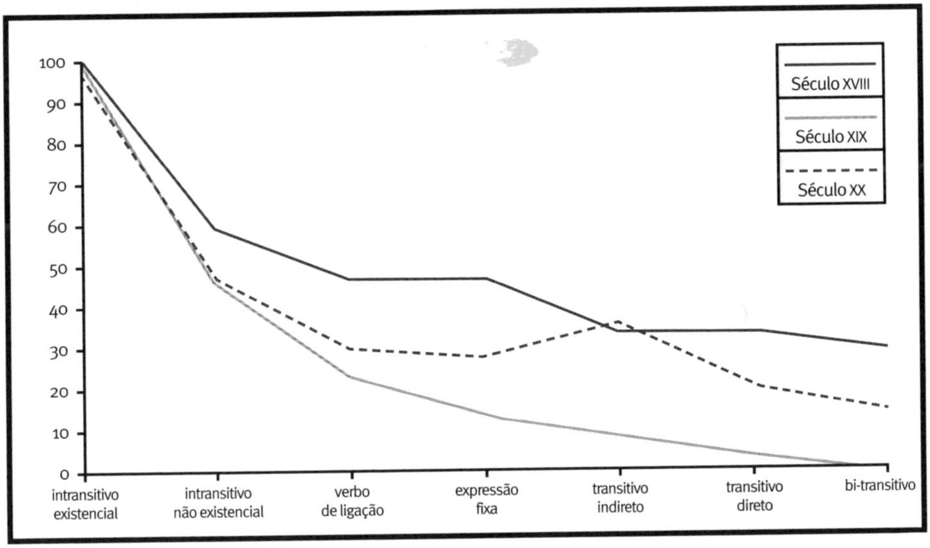

A tabela 7, adaptada de Berlinck (1989: 105), e o gráfico 3, originalmente figura 2 em Berlinck (1989: 106), revelam o encaixamento sintático de que temos nos valido como hipótese norteadora ao longo do presente trabalho: a convergência entre os resultados de Tarallo sobre a emergência de objetos nulos no português brasileiro e seu reflexo no enrijecimento do padrão de ordem de constituintes, SV(O).

Tabela 7 – Frequência de retenção pronominal na posição de objeto direto em cinco períodos de tempo (adaptado de Tarallo, 1983: 166, 193)

Dados	%
Tempo I – primeira metade do século XVIII	89,2
Tempo II – segunda metade do século XVIII	96,2
Tempo III – primeira metade do século XIX	83,7
Tempo IV – segunda metade do século XIX	60,2
Tempo V – dados de 1981	18,0

Observe-se no gráfico 3 que, ao caírem as percentagens para a retenção pronominal na posição de objeto direto por volta do tempo III, e ao se tornar tal decréscimo ainda mais forte nos tempos IV e V (linha pontilhada), também cai a frequência de ocorrências de VS tanto com transitivos (linha cheia) como com bitransitivos (linha hifenada).

Gráfico 3 – Frequência de retenção pronominal em função de objeto direto comparada à frequência de V SN com verbos transitivos, ao longo de cinco momentos históricos

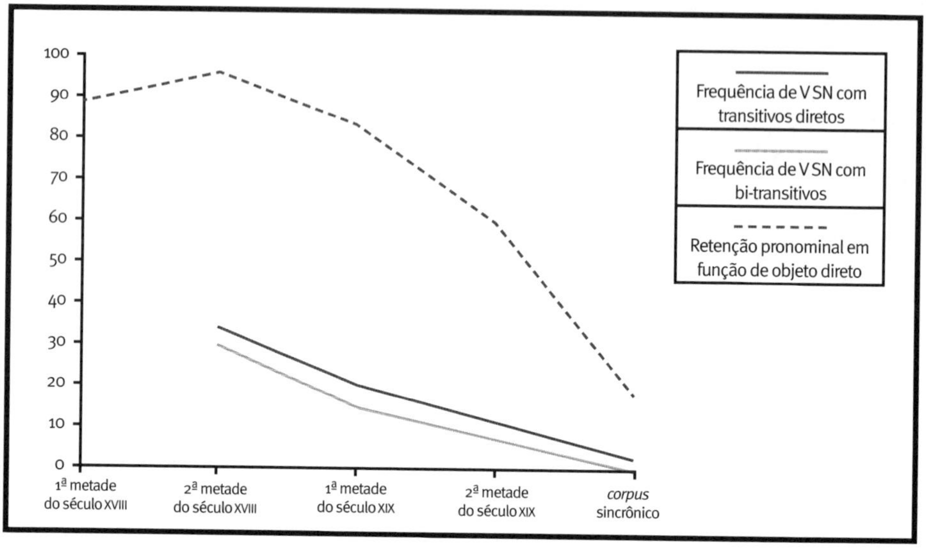

O enrijecimento do princípio da adjacência está também intimamente relacionado ao enrijecimento no padrão da ordem dos constituintes que acabamos de apresentar e discutir. Segundo Ramos (1989), os resultados sobre marcação de acusativo já obtidos na literatura (cf. Omena, 1978; Pereira, 1981; Tarallo, 1983; Duarte, 1986, 1989) atestam, entre outras coisas: a. o não uso de pronomes clíticos acusativos; b. uma tendência crescente ao uso do objeto nulo; e c. uma baixa frequência, embora relativamente estável, de pronomes lembretes. Além dessas características, Ramos (1989) atestou uma frequência muito baixa de 0.7% de marcação de acusativo com a preposição a em seu estudo sincrônico, embora em seus dados diacrônicos a marcação com a mesma preposição aparecesse com frequência mais alta (aproximadamente 12% no século XVIII). Vejamos alguns exemplos do fenômeno.

(7) Irmã Dulce surpreendeu *a todos* (reportagem de TV)
(8) Estou acompanhando *ao Delegado Regional do Trabalho* (entrevista de TV)
(9) Ele não respeita *a ninguém* (entrevista sociolinguística)
(10) ensinando e doutrinando *aos meninos* (século XVI)

A tabela 8, adaptada da tabela 1 de Ramos (1989: 87), indica que os acusativos marcados com a mostravam uma percentagem de ocorrência de 12,4% no século XVIII, tal percentagem decrescendo para 5,8% no século seguinte.

Tabela 8 – Distribuição das variantes (+a) e (-a)

	Século XVIII	Século XIX
(+a)	39 12,4%	18 5,8%
(-a)	265	288
Total	304	306

O gráfico 4 a seguir, originalmente diagrama 1 em Ramos (1989: 87), desvenda a mudança sintática ocorrida.

Gráfico 4

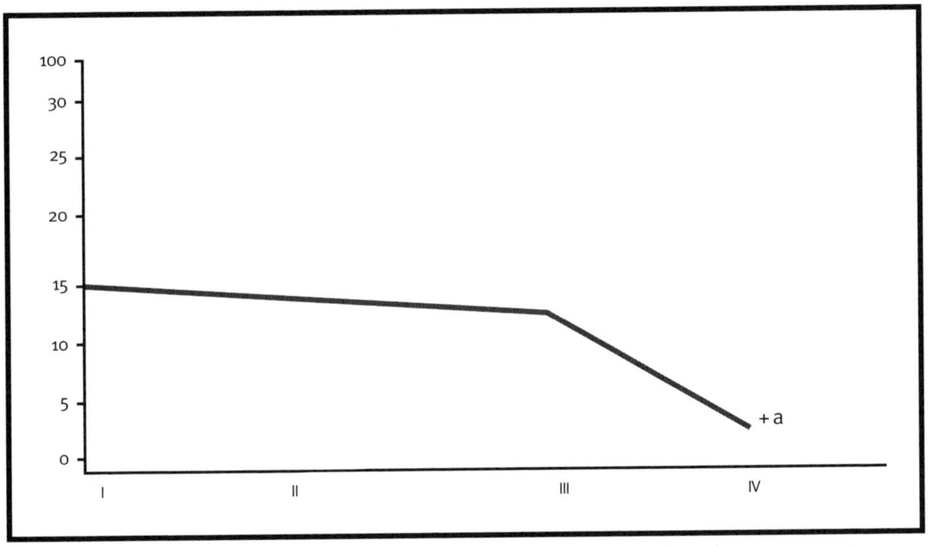

Na tabela 9, adaptada da tabela 2 de Ramos (1989: 87), a autora mostra que o decréscimo na marcação do acusativo com a se relaciona ao fato de o objeto estar ou não adjacente ao verbo, ou seja: os objetos diretos adjacentes ao verbo apresentam menor ocorrência da preposição (9.1%) enquanto objetos não adjacentes demonstram uma alta taxa de uso da preposição (21.2%).

Tabela 9 – Frequência de uso de (+a) com relação à adjacência entre V e objeto direto através do tempo

	N	Total	%
Adjacência	85	931	9,1
Não adjacência	61	287	21,2

Finalmente, o gráfico 5, originalmente diagrama 2 em Ramos (1989: 89), demostra o encaixamento linguístico da mudança sintática em questão: o enrijecimento da relação entre verbo e objeto direto (observe-se no gráfico que a possibilidade de qualquer material (X no gráfico) intervir entre o verbo e o objeto direto diminuiu exatamente no tempo IV) e a baixa percentagem de inversão de sujeito. Tudo isso para indicar que, por volta do tempo IV, o português do Brasil apresentava uma ordem canônica do tipo SVO (ou melhor, SV(O), uma vez que sujeitos se tornaram lexicalizados mais frequentemente e objetos diretos iniciaram sua caminhada rumo ao objeto nulo).

Gráfico 5

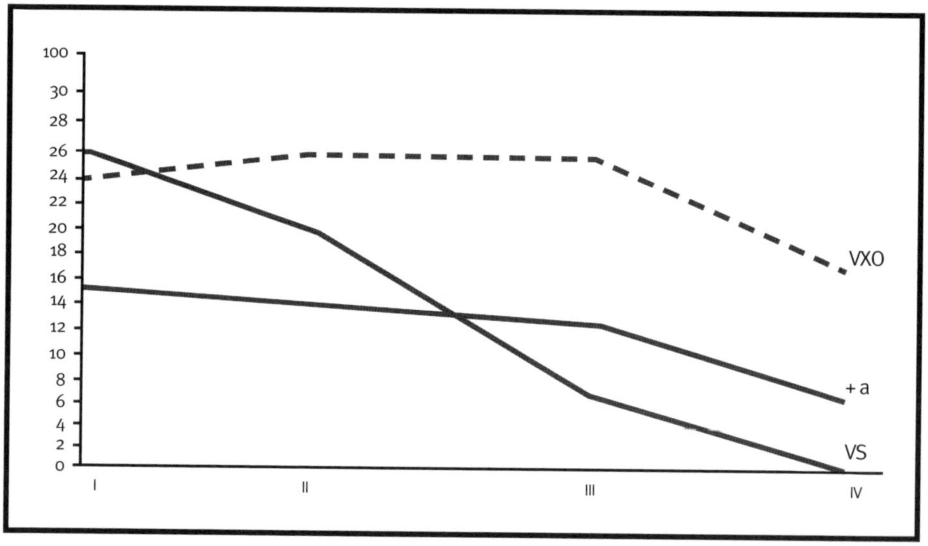

A quarta e última mudança a ser apresentada – e sintaticamente encaixada nas precedentes – é a mudança no padrão da ordem de palavras em perguntas diretas (e até certo ponto também nas indiretas) atestada por Duarte (1992). O gráfico 6, originalmente gráfico 1 em Duarte (1992: 6) indica que a mudança na ordem VS para SV em perguntas diretas aconteceu por volta dos anos 1930. Observe-se no gráfico que em 1734 a ordem nas perguntas diretas era categoricamente VS. Note-se também que os padrões de ordem entre os dois tipos de interrogativas começa a fundir por volta da década de 1930, tal mudança chegando a sua completude nos dados contemporâneos.

Gráfico 6

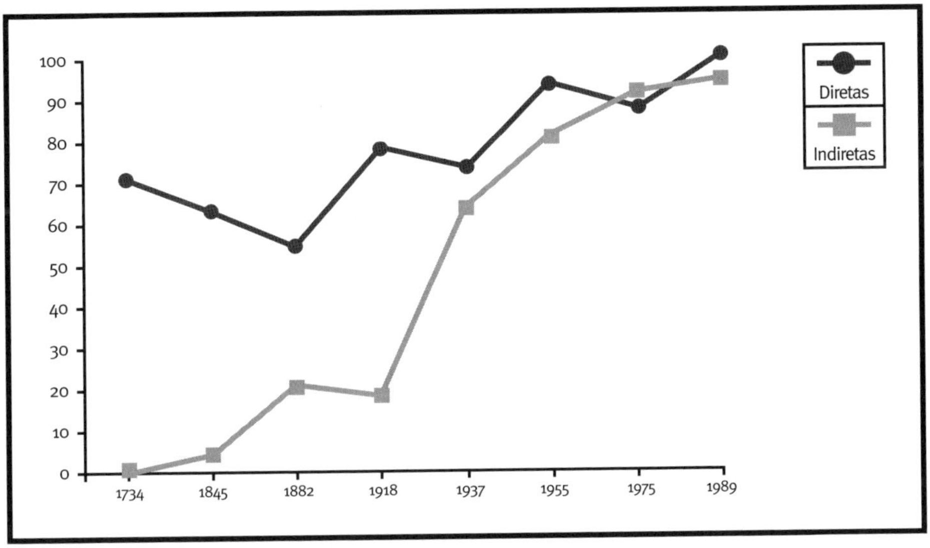

Quão previsível é esta quarta mudança considerando-se os traços sintáticos já apresentados até o momento no presente trabalho? De um lado, há forte evidência (mas de novo não de natureza quantitativa) que os padrões de ordem nas perguntas diretas na modalidade lusitana são bastante diferentes (cf. Ambar, 1987). De outro, não há razão nenhuma para não se acreditar que uma língua que sofre um enrijecimento nos padrões canônicos de ordem nas declarativas, não deveria nivelar todos os tipos de estruturas, assim ecoando o mesmo padrão pelo sistema como um todo. E ainda, apontamos anteriormente para uma distinção drástica entre as duas variedades do português: regras de movimento para a modalidade lusitana e regras de apagamento para o dialeto brasileiro para a derivação de certas estruturas. Certamente, a derivação de perguntas diretas envolve movimento, mas em um sistema fortemente marcado por regras de apagamento, deve-se na realidade esperar que mesmo na configuração das perguntas diretas as estratégias de movimento deveriam, pouco a pouco, começar a ser deixadas de lado. E isso é exatamente o que Duarte (1991) atestou em seus dados: um decréscimo da ordem VS, isto é: um decréscimo da regra de fronteamento ou subida do verbo nas perguntas diretas a partir de 1937 na modalidade brasileira.

Um último comentário com relação aos resultados obtidos por Duarte deve ainda ser mencionado: a emergência da clivagem *é que* (colocada na gramática padrão como forma expletiva) no curso da mudança de VS para SV nas perguntas diretas. A tabela 10, adaptada da tabela 2 de Duarte (1992: 42), mostra que a implementação da ordem SV em perguntas diretas coincide com o surgimento da clivagem *é que* em 1882, embora dois casos de SV sem a mesma e um caso de VS com a clivagem tenham ocorrido nos dados. Tal instabilidade, que é típica de fenômenos de mudança, cessa de existir em 1937 quando todas as ocorrências de SV aparecem com a partícula, que por sua vez não surge com a ordem VS nos dados. Ao se tornar, pois, estabelecida no sistema a mudança de VS para SV, o próprio sistema luta pela nova ordem, aos poucos deixando de lado o uso da partícula *é que*, enquanto os casos relatados de uso da partícula não mais podem ser explicados através de seu papel engatilhador à ordem SV, presente até então no sistema. E então o sistema, dependendo de sua configuração estrutural, encontrará seu próprio caminho para condicionar e restringir as formas em uso. A gramática e o uso linguístico coexistem, pois, pacificamente, lado a lado, independentemente do estado do sistema no momento: se em fase de mudança ou não.

Tabela 10 – Distribuição de interrogativas diretas de acordo com período de tempo, ordem sentencial (SV *vs.* VS) e presença de *é que*

	Ordem VS		Ordem SV		
Tempo	*-é que*	*+é que*	*-é que*	*+é que*	Total
1734	30/100,0%	-/-	-/-	-/-	30
1845	27/96,0%	-/-	1/4,0%	-/-	28
1882	23/77,0%	1/3,0%	2/7,0%	4/13,0%	30
1918	26/81,0%	-/-	3/9,5%	3/9,5%	32
1937	17/37,0%	-/-	-/-	29/63,0%	46
1955	6/20,0%	-/-	7/23,0%	17/57,0%	30
1975	1/2,0%	3/8,0%	12/29,0%	25/61,0%	41
1989	-/-	2/6,0%	2/6,0%	30/88,0%	34

COMENTÁRIOS FINAIS

Os quatro casos sintáticos apresentados na seção anterior devem ser tomados como evidência quantitativa de que mudanças dramáticas aconteceram na passagem do século XIX para o XX. Fica claro a partir do retrato oferecido que um novo sistema gramatical – chame-se-o de gramática brasileira ou de dialeto com sua própria configuração uma vez se tratar de uma questão meramente ideológica – emergiu ao final do século XIX, estabelecendo uma nova gramática radicalmente diferente da modalidade lusitana, conforme já havia sido testemunhado, a partir de um diferente referencial teórico, nos trabalhos de Galves entre outros.

Certamente, estes novos traços gramaticais entraram na língua no final dos anos 1800 porque circunstâncias sociais especiais aconteciam naquele momento da história externa. Isso significa que não descartamos a hipótese que essas mudanças poderiam ter ocorrido antes da virada do século. E isto também não significa que nossa evidência se encontra enviesada pelos dados. Certamente que não! Nosso argumento é que as circunstâncias sociais antes da virada do século podem não ter sido suficientemente satisfatórias para que a pena brasileira começasse a escorrer sua própria tinta. E neste sentido fica comprovado quão importante é o exame de dados linguísticos à luz de evidências sociais. Sem vias de dúvidas, entretanto, pode ser afirmado que o cidadão brasileiro já estava de posse, ao final do século XIX, de sua própria língua/gramática.

Nossa hipótese de trabalho, ao longo do estudo, foi a noção de encaixamento linguístico tal qual postulado por WLH (1968). A motivação teórica para as variáveis em estudo segue o modelo paramétrico chomskiano (1981, 1982, e especialmente, 1986). Os quatro casos relatados clara e elegantemente demonstram como cada mudança se encontra relacionada a outra, e como, em verdade, cada mudança cria as condições sociolinguísticas corretas e necessárias para que as outras se efetivem. Isso não significa, entretanto, que todos os processos de mudança são previsíveis: isso somente confirma nosso pressuposto principal de que elas formam uma espécie de cadeia de fenômenos de mudança.

Não foi investigada neste trabalho a relação entre estes quatro casos de mudança sintática e a produção da significação nos textos analisados. Fica para ser investigado, portanto, como a nova estratégia de relativização abre espaço para a enunciação de referentes, ou como a colocação da redundância pronominal em função de sujeito coincide ou não com as novas e emergentes condições para a produção do sentido. Tal linha de pesquisa somente pode ser atingida através de trabalho interdisciplinar entre o analista de discurso, o variacionista, e o linguista histórico, e por que não, o próprio historiador?

NOTAS

1 Ver, por exemplo, entre outras tantas referências, João Ribeiro, *Páginas de estética*, s.l., 1905 e João Ribeiro, *A língua nacional: notas aproveitáveis*; José Pedro Machado, *O português do Brasil* e H. Senna, *O problema da língua brasileira*, citados na bibliografia.

2 Este artigo é a versão integral em português do original em inglês apresentado durante o colóquio sobre "La Citoyenneté au XIXe Siecle au Brésil et en France", Paris, Universidade de Paris VII, Unidade de Formação e de Pesquisa, Geografia, História e Ciências da Sociedade, de 25 a 27 de fevereiro de 1991. A versão final em inglês foi escrita durante o estágio de pós-doutorado do autor junto ao Romanisches Seminar da Universidade de Hamburgo, Alemanha, patrocinado pela Fundação Alexander von Humboldt. A ajuda financeira e acadêmica da Fundação são profundamente reconhecidas.

3 "Long before predictive theories of language change can be attempted, it will be necessary to learn to see language – whether from a diachronic or a synchronic vantage – as an object possessing orderly heterogeneity [...] The more linguists became impressed with the existence of structure of language, and the more they bolstered this observation with deductive arguments about the functional advantages of structures, the more mysterious became the transition of a language from state to state. After all, if a language has to be structured in order to function efficiently, how do people continue to talk while the language changes, that is, while it passes through periods of lessened systematicity?"

4 "[...] a model of language which accommodates the facts of variable usage and its social and stylistic determinants not only leads to more adequate descriptions of linguistic competence, but also naturally yields a theory of language change that bypasses the fruitless paradoxes with which historical linguistics has been struggling for over half a century".

5 "the set of possible changes and possible conditions for changes which can take place in a structure of a given type".

6 "How are the observed changes embedded in the matrix of linguistic and extralinguistic concomitants of the forms in question? What other changes are associated with the given change in a manner that cannot be attributed to chance?"

7 "How can the observed changes be evaluated – in terms of their effects upon linguistic structure, upon communicative efficiency (as related, e.g., to functional load), and on the wide range of nonrepresentational factors involved in speaking".

8 "[...] intervening stages which can be observed, or which must be posited, between any two forms of a language defined for a language community at different times".

9 "[...] perhaps the most basic: what factors can account for the actuation of changes? Why do changes in a structural feature take place in a particular language at a given time, but not in other languages with the same feature, or in the same language at other times?"

10 "The generalization of linguistic change throughout linguistic structure is neither uniform nor instantaneous; it involves the covariation of associated changes over substantial periods of time, and is reflected in the diffusion of isoglosses over areas of geographical space; [...] The grammars in which linguistic change occurs are grammars of the speech community. Because the variable structures contained in language are determined by social functions, idiolects do not provide the basis for self-contained or internally contained grammars"; [...] Linguistic and social factors are closely interrelated in the development of language change. Explanations which are confined to one or the other aspect, no matter how well constructed, will fail to account for the rich body of regularities that can be observed in empirical studies of language behavior".

11 Este artigo clássico de Tarallo e Kato foi reeditado pela Diadorim – Revista de Estudos Linguísticos e Literários do Programa de Pós-Graduação em Letras Vernáculas da UFRJ, em 2007.

12 Cf. E. Orlandi, *Discurso, significação, brasilidade*, citado na bibliografia, p. 6: "Diferentemente da Sociolinguística – que a Análise do Discurso pressupõe mas reavalia criticamente – trata-se de dar conta de *processos* de produção da linguagem e não de seus *produtos*. Para isso se faz necessária a remissão da linguagem à sua exterioridade, na medida em que esses processos são de natureza social, institucional, logo regulados (e reguladores)".

13 Cf. E. Orlandi, citado na nota 2, pp. 7-8: "Em termos de técnicas de análise não trabalharemos com segmentos, mas com *recortes* de linguagem. Esses recortes têm de particular o fato de se constituírem de fragmentos de linguagem-em-situação. Não obedecem, pois, em sua delimitação, apenas a determinações sociolinguísticas estritas (imanentes) mas incluem a relação do linguístico com sua exterioridade".

14 Cf E. Orlandi., citado na nota 2, p. 9: "A delimitação do "*corpus*" não segue critérios *empíricos* (positivistas) mas *teóricos*. Desse modo, a questão da exaustividade deve ser considerada em relação aos objetivos e à temática e não em relação ao material linguístico empírico (textos) em si. Esse material se organiza em função de um princípio teórico, segundo o qual a relação entre o linguístico e o discursivo não é automática, não havendo biunivocidade entre marcas sociolinguísticas e os processos discursivos de que são o traço (as pistas)".

15 Cf. E. Orlandi, citado na nota 2, p. 8: "Considerando, então, que não há uma relação mecânica entre as marcas formais e o que elas representam nos processos discursivos, procuraremos – pela explicitação das condições materiais de base sociolinguística – chegar à compreensão dos mecanismos particulares aos discursos que serão objeto de nossa análise. Para tal, os relacionaremos às formações discursivas que os presidem. Compreender um discurso é apreender a sua relação com a formação discursiva que regula seu funcionamento. E explicitar seu modo de existência institucional".

16 Assim lê-se a convenção para marcação dos exemplos: SP = São Paulo; 81 = ano da gravação; 1/2 = lado da fita; 1/A = número ou letra do falante; 000/001 = marcador numérico do gravador.

17 É óbvia, segundo Ellegard (1953, p.146), a utilização de textos em prosa: "Meu propósito é trazer uma melhor compreensão sobre o desenvolvimento da língua espontânea, usual, e dos fatores que contribuíram para sua transformação no que ela é hoje [...] Naturalmente, eu não pretendo sugerir que textos em prosa reflitam com exatidão a fala natural, ou para usar jargão estatístico, compor uma amostra fiel dos atos de fala de uma comunidade. Mas eles são a melhor amostra que nós podemos conseguir" ["My purpose is to shed light on the development of the everyday language, and the factors that have contributed to forming it into what it is today. [...] I do not of course mean to imply that prose texts give an exact reflection of natural speech, or to use statistical jargon, form a fair sample of the universe of speech events in a community. But they are the best sample that we can get"].

REFERÊNCIAS BIBLIOGRÁFICAS

ÂMBAR, M. "Gouvernment et inversion dans les interrogarives QU- en portugais". *Recherches linguistiques*. Paris, n. 16, 1987, pp. 5-51.

BERLINCK, R. de A. *A ordem V SN no português do Brasil*: Sincronia e diacronia. Campinas, 1988. Dissertação (Mestrado em Linguística) – Instituto de Estudos da Linguagem/Universidade Estadual de Campinas.

______. A construção V SN no português do Brasil: uma visão diacrônica do fenômeno da ordem. In: TARALLO, F. (org.) *Fotografias sociolinguísticas*. Campinas: Pontes Editores, 1989, pp. 95-112.

CHOMSKY, N. *Lectures on Government and Binding*. Dordrecht: Foris, 1981.

______. *Some Concepts and Consequences of the Theory of Government and Binding*. Cambridge: MIT Press, 1982.

______. *Knowledge of Language*: Its Nature, Origin, and Use. New York: Praeger, 1986.

DUARTE, M. E. L. *Clítico acusativo, pronome lexical e categoria vazia no Português do Brasil*. São Paulo, 1986. Dissertação (Mestrado em Linguística Aplicada) – Pontifícia Universidade Católica de São Paulo.

______. Clítico acusativo, pronome lexical e categoria vazia no português do Brasil. In: TARALLO, F. (org.) *Fotografias sociolinguísticas*. Campinas: Pontes, 1989, pp. 19-34.

______. "A perda da ordem V(verbo) S(sujeito) em interrogativas QU- no português do Brasil". *D.E.L.T.A.* São Paulo, v. 8, 1992, pp. 37-52.

ELIA, S. *O problema da língua brasileira*. Rio de Janeiro: Instituto Nacional do Livro/Ministério da Educação e Cultura, 1961.

ELLEGARD, A. *The Auxiliary 'do'*: The establishment and Regulation of its Use in English. Stockholm: Almquist & Wiksell, 1953.

GALVES, C. M. C. "A sintaxe do português brasileiro". *Ensaios de Linguística*. n. 13, 1987, pp. 31-50.

______. V-Movement, Levels of Representation and the Structure of "S". In: CHAO, W.; HORROCKS, G. (org.) *Levels of Representation*. Dordrecht: Foris, 1990.

KATO, M. A. "Inversão da ordem SV em interrogativas no português: uma questão sintática ou estilística?" *D.E.L.T.A.* São Paulo, v. 3, 1987, pp. 243-52.

LABOV, W. *Sociolinguistic Patterns*. Philadelphia: University of Pennsylvania Press, 1972.

______. "On the Use of the Present to Explain the Past". *Estratto de Linguistics at the Crossroads*. Liviana Editrice-Jupiter Press, 1975.

______. "Building on Empirical Foundations". In: LEHMANN, W. P.; MALKIEL, Y. (eds.) *Perspectives in Historical Linguistics*. Amsterdam/Philadelphia: John Benjamins Publishing Company, 1982.

______. "The Overestimation of Functionalism". In: DIRVEN, R.; FRIED, V. (eds.) *Functionalism in Linguistics*. Amsterdam/Philadelphia: John Benjamins Publishing Co., 1987, pp. 311-32.

______. "The Limitations of Context. Evidence from Misunderstanding in Chicago". 1989. Mimeografado.

MACHADO, José Pedro. *O português no Brasil*. Coimbra: Coimbra Editora, s.d. (Coleção Universitas).

MATTOSO CAMARA, J. *História e estrutura da língua portuguesa*. Rio de Janeiro: Instituto Nacional do Livro/ Ministério da Educação e Cultura, 1976.

OMENA, N. P. de. *Pronome pessoal de terceira pessoa*: Suas formas variantes em função acusativa. 1978. Dissertação (Mestrado em Letras) – Pontifícia Universidade Católica do Rio de Janeiro.

ORLANDI, E. *Discurso, significação, brasilidade*. Campinas: Unicamp, 1987, pp. 21. Projeto da Área de Análise de Discurso do DL - IEL. Manuscrito.

______; GUIMARÃES, E.; TARALLO, F. *Vozes e contrastes*: Discurso no campo e na cidade. São Paulo: Cortez, 1989.

PEREIRA, M. G. 1 *A variação na colocação de pronomes átonos no português do Brasil*. Rio de Janeiro, 1981. Dissertação (Mestrado em Letras) – Pontifícia Universidade Católica do Rio de Janeiro.
RAMOS, J. O emprego de preposições no português do Brasil. In: TARALLO, F. (org.) *Fotografias sociolinguísticas*. Campinas: Pontes, 1989, pp. 83-93.
______. *Teoria do caso e mudança linguística*: Uma abordagem gerativo-variacionista. Campinas, 1992. Tese (Doutorado em Linguística) – Universidade Estadual de Campinas.
RIBEIRO, J. *A língua nacional*: notas aproveitáveis. 2. ed. São Paulo: Companhia Editora Nacional, 1933.
SANKOFF, G. "A Quantitative Paradigm for the Study of Communicative Competence". In: BAUMAN, R.; SHERZER, J. (eds.) *Explorations in the Ethnography of Speaking*. Cambridge: Cambridge University Press, 1974.
SENNA, H. *O problema da língua brasileira*: Entrevista com o prof. Souza da Silveira. Rio de Janeiro, Ministério da Educação e Cultura/Serviço de Documentação, 1952.
TARALLO, F. *Relativization Strategies in Brazilian Portuguese*. Philadelphia, 1983. Tese (Ph.D) – University of Pennsylvania.
______. "The Filling of the Gap: Pro-Drop Rules in Brazilian Portuguese". In: KING, L. D.; C. A. MALEY, C. A. (eds.) *Selected Papers from the XIII Linguistic Symposium on Romance Languages*. Amsterdam/Philadelphia: John Benjamins Publishing Co., 1985, pp. 354-75.
______. (org.). *Fotografias sociolinguísticas*. Campinas: Pontes, 1989.
______. *Tempos linguísticos*: itinerário histórico da Língua Portuguesa. São Paulo: Ática, 1990.
TARALLO, F.; KATO, M. A. "Harmonia Trans-sistêmica: Variação intra- e inter-sociolinguísticas". *Preedição*. São Paulo, n. 5, 1989. Reedição: *Diadorim – Revista de Estudos Linguísticos e Literários do Programa de Pós-Graduação em Letras Vernáculas da* UFRJ. Rio de Janeiro, n. 2, 2007, pp. 13-42.
WEINREICH, U.; LABOV, W.; HERZOG, M. Empirical Foundations for a Theory of Language Change. In: LEHMANN, W. P.; MALKIEL, Y. (eds.) *Directions for Historical Linguistics*. Austin: University of Texas Press, 1968.

DO PRONOME NULO AO PRONOME PLENO: A TRAJETÓRIA DO SUJEITO NO PORTUGUÊS DO BRASIL

Maria Eugênia Duarte

Um dos temas mais discutidos e que mais contribuições tem recebido dentro do quadro de estudos da Teoria Gerativa é a relação direta entre a riqueza flexional dos paradigmas verbais de uma língua e a possibilidade de omissão do sujeito em sentenças finitas, pelo menos no que diz respeito às línguas ocidentais. De fato, a mudança que se observa no português do Brasil, que parece estar evoluindo de uma marcação positiva para uma marcação negativa em relação ao Parâmetro do Sujeito Nulo (Chomsky, 1981), coincide com significativa redução ou simplificação nos paradigmas flexionais.

Este capítulo[1] procura observar a evolução na expressão do sujeito pronominal no português do Brasil, buscando evidências que atestem ou não a relação entre a crescente preferência pelo sujeito pronominal expresso e a redução nos paradigmas flexionais. Na tentativa de demonstrar que uma abordagem variacionista pode contribuir para o tratamento formal das questões linguísticas, a pesquisa utiliza trechos de peças de teatro[2] de cunho eminentemente popular, escritas nos séculos XIX e XX, mais precisamente entre 1845 e 1992. Como será considerado apenas um autor por período – e estes desenvolveram suas atividades literárias no Rio de Janeiro –, os resultados não serão tomados como absolutos, mas servirão para indicar uma tendência de uso de cada época, dada a popularidade dos autores dos textos analisados, todos tendo na dramaturgia sua principal atividade literária.[3]

A seção seguinte traz um breve resumo da evolução na caracterização do parâmetro *pro-drop* e suas implicações para o português do Brasil. A terceira seção apresenta a amostra analisada e as restrições testadas. Na seção seguinte, são apresentados e discutidos os resultados da pesquisa. Finalmente, a última seção traz algumas considerações a que os resultados nos levam.

O PARÂMETRO *PRO-DROP*

Da riqueza formal à riqueza funcional

Oficialmente formulado por Chomsky (1981), o estabelecimento do parâmetro *pro-drop* foi o primeiro passo no sentido de buscar explicar diferenças entre línguas no tocante à possibilidade de apresentarem ou não um sujeito nulo. O ponto crucial a distinguir as línguas nesse particular seria o elemento de concordância – AGR – a um só tempo capaz de licenciar e permitir a recuperação do sujeito nulo em línguas com um sistema flexional rico, como o italiano, por exemplo.

A ênfase na riqueza flexional como responsável pela possibilidade de ocorrência do sujeito nulo perde, entretanto, seu caráter de exclusividade na caracterização do parâmetro com a publicação de Huang (1984) sobre a distribuição de pronomes nulos no chinês, uma língua que, a despeito de apresentar um paradigma verbal sem flexões, exibe o sujeito nulo.

A repercussão do trabalho de Huang não demora muito a aparecer numa nova abordagem do parâmetro, oferecida por Jaeggli e Safir (1987), segundo a qual a condição que licencia o sujeito nulo não seria exatamente a riqueza do elemento AGR, mas a uniformidade morfológica dos paradigmas verbais de uma língua. Um paradigma é considerado *morfologicamente uniforme* se se constitui ou de formas derivadas (que podem incluir desinências de número, pessoa, tempo, modo, aspecto etc., variando de língua para língua) ou de formas não derivadas (sem qualquer flexão). A identificação do sujeito nulo se faria, no primeiro caso, pela presença de AGR, e, no segundo, pela correferência com um elemento nominal em posição A (argumental), c-comandando o sujeito, ou A' (não argumental), um elemento saliente no contexto discursivo. Se, entretanto, um paradigma é misto, ou seja, apresenta formas morfologicamente complexas (divisíveis em radical e afixo) e formas simples, o sujeito nulo não seria licenciado.

Uma nova contribuição para a discussão relacionada ao paradigma flexional dos verbos seria oferecida por Roberts (1993), para quem não apenas um paradigma *formalmente rico*, como o do italiano, licenciaria o sujeito nulo; para o autor, um paradigma com uma desinência zero e um sincretismo, i. e., duas formas idênticas, que podem coincidir com a própria desinência zero, se todas as outras pessoas forem distintas, pode igualmente licenciar e identificar um sujeito nulo. Como será mostrado na seção seguinte, os paradigmas flexionais do português que aparecem nas peças de teatro aqui analisadas evoluem de um paradigma "formalmente" rico, que certamente reflete o português europeu, o modelo ainda adotado no ensino da escrita, para um paradigma "funcionalmente" rico, e, finalmente, ultrapassa os limites apontados por Roberts, tornando-se um paradigma pobre, i. e., incapaz de licenciar e identificar o sujeito nulo.

O português do Brasil à luz do parâmetro *pro-drop*

O Quadro 1 mostra a crescente simplificação nos paradigmas flexionais do português do Brasil, relacionada a significativas alterações no quadro de pronomes nominativos:

Quadro 1 – Evolução nos paradigmas flexionais do português do Brasil

	PRONOMES NOMINATIVOS	PARADIGMA 1 SÉCULO XIX	PARADIGMA 2 SÉCULO XX/1	PARADIGMA 3 SÉCULO XX/2
1PS	eu	cant*o*	cant*o*	cant*o*
1PP	nós *a gente*	cant*amos* -	cant*amos* cantaØ	cant*amos* cantaØ
2PS	tu *você*	cant*as* -	cant*as* cantaØ	canta(*s*) cantaØ
2PP	vós *vocês*	cant*ais* cant*am*	- cant*am*	- canta(*m*)
3PS	ele, ela	cantaØ	cantaØ	cantaØ
3PP	eles, elas	cant*am*	cant*am*	canta(*m*)

Como se vê, o sistema pronominal que aparece nas peças analisadas evoluiu de um sistema com seis formas distintivas, mais dois sincretismos – se considerarmos o que a tradição chama *segunda pessoa indireta* (*o senhor, a senhora e Vossa Mercê*), formas de tratamento, que se combinam com as formas verbais de terceira pessoa (Paradigma 1) – para um paradigma que apresenta quatro (e, às vezes, cinco) formas, graças à introdução de duas formas nominais que acabam por se gramaticalizar como pronomes: o Sintagma Nominal *a gente* e a forma de tratamento *Vossa Mercê* > *você*, ambas combinando-se com o verbo na terceira pessoa do singular (Paradigma 2). Este paradigma começa, já nas peças dos anos 1930, a mostrar o início da neutralização entre os pronomes *tu* e *você*, quando este perde o caráter de forma de tratamento cortês, que tinha inicialmente. Prova dessa neutralização é a mistura de tratamento que já se observa em peças escritas a partir dessa década, havendo autores que acabam por abandonar o tratamento com *tu*, restringindo-se ao uso de *você*. Isso concorre para mais uma redução no paradigma flexional.

Já se anuncia também forte competição entre os pronomes *nós* e *a gente*, uma competição que vai se resolver em favor de *a gente* a partir dos anos 1970 (Paradigma 3), quando passamos a ter, para a referência à primeira pessoa do plural, o predomínio de *a gente* e um uso muito parcimonioso de *nós*; o retorno de *tu* às peças aqui analisadas, no último quartel do século XX, já apresenta a forma verbal sem a desinência marcada, estando em perfeita variação com *você*, o que nos leva a três ou quarto formas distintivas. Na realidade, o Paradigma 2 está hoje restrito à língua escrita e à fala de uma geração situada numa faixa etária mais alta, que ainda faz uso de *nós*, embora já prefira *a gente*.[4]

Para Galves (1990, 1991 e neste volume),[5] tal redução acaba por provocar a perda do traço *semântico* – que distingue as três pessoas do discurso – na categoria gramatical de *pessoa*, restando apenas o traço *sintático*, com um valor positivo e um valor negativo. Associados ao traço de *número*, teríamos apenas quatro combinações possíveis:

(1) +pessoa / -plural → -o
+pessoa / +plural → -mos
-pessoa / +plural → -m
-pessoa / -plural → -Ø

Ora, com um paradigma de tal forma *empobrecido* ou *enfraquecido*, nada mais natural do que esperar alterações profundas na representação do sujeito pronominal. E é com esse quadro em mente que a presente pesquisa foi desenvolvida, examinando os efeitos dessa simplificação do sistema flexional na opção pelo sujeito pronominal nulo ou pleno.

A AMOSTRA E AS RESTRIÇÕES TESTADAS

O Quadro 2 apresenta as peças analisadas com o total de dados levantados para cada uma delas:

Quadro 2 – Procedência e total dos dados analisados

ANO	PEÇA	AUTOR	DADOS
1845	*O noviço*	Martins Pena	150
1882	*Como se fazia um deputado/Caiu o ministério*	França Jr.	150
1918	*O simpático Jeremias*	Gastão Tojeiro	150
1937	*O hóspede do quarto n. 2*	Armando Gonzaga	150
1955	*Um elefante no caos*	Millôr Fernandes	150
1975	*A mulher integral*	Carlos E. Novaes	150
1992	*No coração do Brasil*	Miguel Falabella	200

A seleção de dados só levou em conta sujeitos pronominais (nulos ou plenos) com referência definida; foram excluídos, nas construções coordenadas, o segundo e outros possíveis membros com sujeitos correferentes, que parecem constituir um contexto mais geral para a ocorrência do sujeito nulo.

A ocorrência de um pronome expresso ou nulo foi analisada levando em conta os seguintes fatores de natureza morfossintática:[6]

1. O traço sintático de número e pessoa em relação ao traço semântico designado (pessoa do discurso).
2. O tempo e a forma verbal (simples ou composta).
3. A presença de elementos antes do sujeito ou entre o sujeito e o verbo.
4. O tipo sintático da oração.
5. A existência de correferência entre o sujeito da principal e o da subordinada.
6. A função do antecedente do sujeito de 3ª pessoa.
7. O traço semântico do referente do sujeito de 3ª pessoa.

O período de tempo, que contempla sete sincronias e corresponde aos três paradigmas ilustrados no Quadro 1, corresponde ao fator extralinguístico considerado na análise.

OS RESULTADOS

O número e a pessoa gramaticais

A Figura 1 mostra a evolução na ocorrência do sujeito nulo através dos períodos analisados.

Figura 1 – Sujeitos nulos (*vs.* pronomes expressos) nas três pessoas do discurso

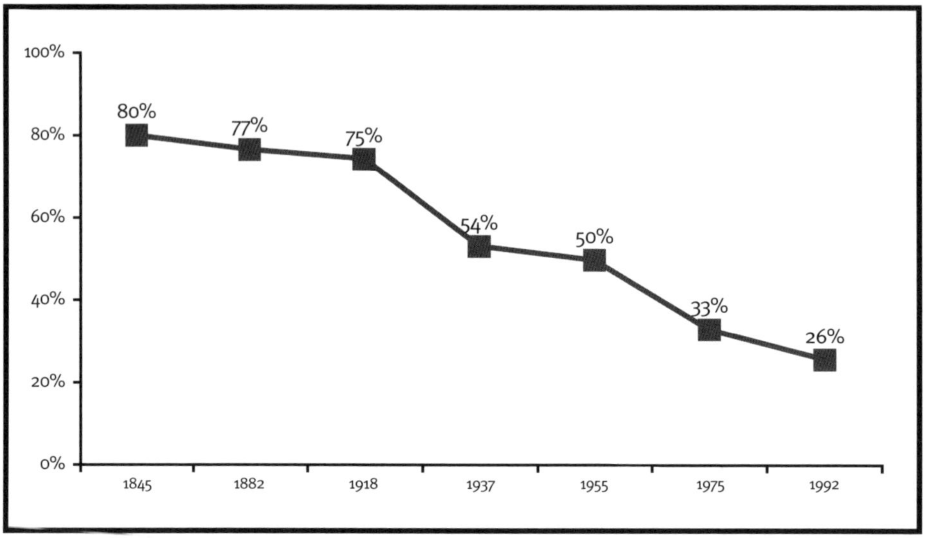

Nos três primeiros períodos examinados, quando o Paradigma 1 está em vigor, vemos nítida preferência pelo sujeito nulo, com índices de ocorrência acima dos 75%. Este mesmo paradigma, ainda em vigor no português europeu, com exceção do uso de *vós*, que, embora não extinto completamente como pronome nominativo, ainda subsiste no uso de funções oblíquas e no sistema de possessivos, é responsável pela opção pelo sujeito nulo (sempre em índices superiores a 60%) em todas as pessoas na fala coloquial (cf. Duarte, 1990).[7] Nas peças escritas em 1937 e 1955, quando está em funcionamento o Paradigma 2, nota-se uma queda significativa no índice de sujeitos nulos, o que nos permite localizar um período de transição no processo de mudança. Outro momento nessa transição é verificado nas peças escritas em 1975 e 1992, quando o uso de *a gente* supera amplamente o uso de *nós* e o pronome *tu* retorna ao texto de 1992, sem a marca canônica de concordância verbal, em variação com *você*, uma simplificação que caracteriza o Paradigma 3.

Examinemos agora como se dá a representação do sujeito, considerando separadamente as três pessoas do discurso. O escasso número de ocorrências de plural nos leva a mantê-las juntamente com o singular, mas, sempre que relevante, a distinção será feita. Adiantamos, entretanto, que a exclusão dos dados no plural não altera os resultados. Comecemos pelos resultados obtidos para a segunda pessoa, mostrados na Figura 2, que é aquela que lidera a mudança na amostra examinada. Conforme observado, o tratamento com *tu* ocorre apenas nas peças representativas dos três primeiros períodos; nas peças relativas aos anos de 1937, 1955 e 1975, o pronome *tu* não é utilizado, só retornando no texto de 1992, mas sem a marca de concordância verbal e, portanto, já se encontra em variação com *você*, plenamente gramaticalizado como um pronome pessoal. A outra linha representa as ocorrências de formas de tratamento juntamente com o uso de *você(s)*, que exibem a forma verbal com a desinência zero.

Figura 2 – Sujeitos nulos (*vs.* pronomes expressos) de segunda pessoa

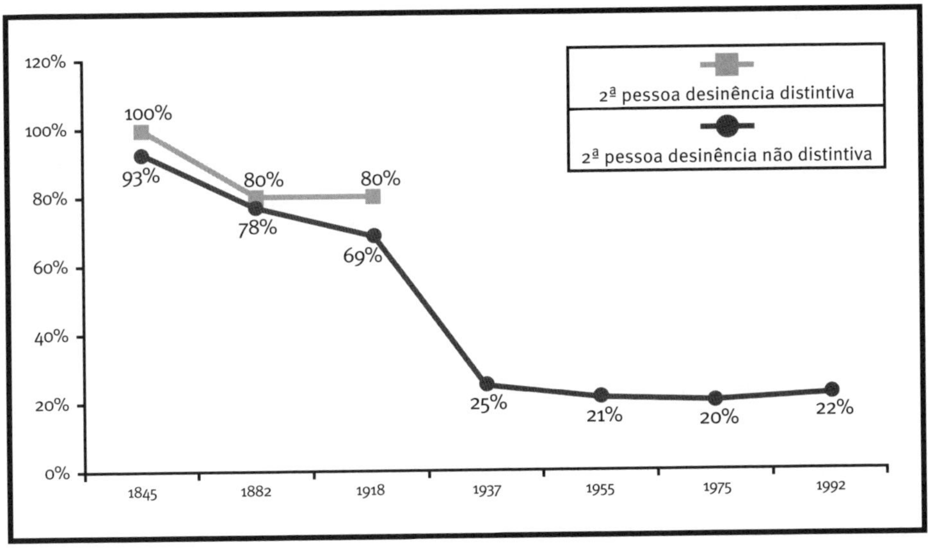

Enquanto funciona o Paradigma 1, prevalece o uso do sujeito nulo, tanto com as formas *tu* e *vós* (tradicionalmente referidas como 2ª pessoa direta), com sua morfologia distintiva e exclusiva, quanto com as formas de tratamento, sem desinência distintiva (referidas como 2ª pessoa indireta), que tomam as formas verbais de 3ª pessoa. Vemos, portanto, que uma forma verbal com desinência zero ou de 3ª pessoa do plural – que constituem sincretismos – não afeta a identificação do sujeito nulo de segunda pessoa. A súbita queda, de 69% de sujeitos nulos de 2ª pessoa em 1918 para 25% em 1937, coincide com a opção pela forma já pronominalizada *você(s)*.[8] Daí em diante, os índices se mantêm no mesmo patamar, oscilando entre 25% e 22%:

(2) a. Acalme-se, ["miss"], que tudo se há de arranjar. $\emptyset_{2ps}$ Terá o cavalo que $\emptyset_{2ps}$ deseja. (*O simpático Jeremias*, Gastão Tojeito, 1918)
b. *Você* não entende meu coração porque *você* 'tá sempre olhando pro céu e procurando chuva. (*No coração do Brasil*, Miguel Falabella, 1992)
c. Por falar nisso, como é que *tu* tá coçando o pé com o braço desse jeito? (*No coração do Brasil*, Miguel Falabella, 1992)

O fato de o tratamento com *tu* não ser mais usado na peça de 1937 e a queda tão brusca no percentual de sujeitos nulos motivaram a busca de outras peças da época, na tentativa de verificar se, de fato, o Paradigma 1 tinha sido abandonado por completo àquela altura no Rio de Janeiro e se a implementação do Paradigma 2 provocava o mesmo efeito em outros textos. Outras peças de Armando Gonzaga foram examinadas, revelando as mesmas tendências do texto de 1937. Foi, entretanto, encontrada uma peça de 1938, escrita por Humberto Couto, autor muito menos popular e produtivo do que Armando Gonzaga – *A vida tem três andares* – em que os pronomes *tu* e *você* são usados. Nesse texto, o percentual geral de sujeitos nulos (foi levantado o mesmo número de dados) é de 63%, situando-se entre o texto de 1918 e o de 1937. Na 2ª pessoa (*tu*), temos um elevado índice de sujeitos nulos – 89% –, enquanto com o pronome *você*, o percentual é bem mais baixo: 45%. Vê-se, então, que a manutenção de *tu* com a desinência canônica concorre para a ocorrência do sujeito nulo, enquanto *você* já tende a ser expresso.

A importância do texto de 1938 está principalmente no fato de que ele nos permite observar a interferência do Paradigma 2 no uso do Paradigma 1, ilustrando muito bem um período de mudança. Além do uso mais restrito de *tu*, nota-se com frequência uma mistura de formas de tratamento, o que não se observou uma só vez nos textos dos períodos anteriores. Observe-se o diálogo em (3):

(3) Carolice – Não *digas* tolices, menino! (observando) Onde andará esta gente?
Formosinho – (sempre muito tímido) Vamos embora, mamãe!
Carolice – Não *seja* bobo, menino! *Sabe* que dia é hoje?
Formosinho – Sexta-feira, treze de janeiro.
Carolice – Isso mesmo. Daqui a cinco dias *você completa* vinte e dois anos.

(Humberto Couto, *A vida tem três andares*, 1938: 74)

Em primeiro lugar, fica evidente que ambos os pronomes já são intercambiáveis – a mãe se dirige ao filho com ambas as formas no imperativo (*não digas, não seja*) e no presente (*sabe, você completa*). Confusões como essas, além de frequentes no texto de 1938, operam na mesma direção. Note-se, entretanto, que o pronome *tu* não desaparece da fala carioca, mas passa a se intercambiar com *você*.[9]

A Figura 3 mostra que a redução no sistema flexional afeta igualmente a 1ª pessoa, mas de forma menos brusca.

Figura 3 – Sujeitos nulos (*vs.* pronomes expressos) de primeira pessoa

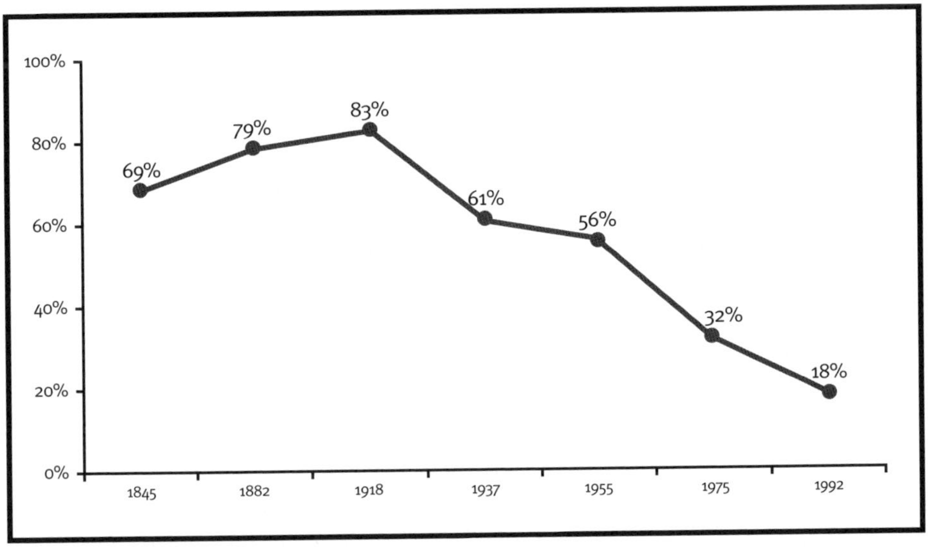

Embora a curva descendente se inicie a partir de 1918, só no ultimo quartel do século XX o sujeito pronominal pleno de 1ª pessoa supera o sujeito nulo nas peças analisadas. Novamente vemos um período de transição entre 1937 e 1955, para chegarmos à nítida preferência pelo pronome expresso nas peças de 1975 e 1992. No texto de 1992, o pronome expresso de primeira pessoa é ainda mais frequente do que o de segunda. O fato de a 1ª pessoa, tanto no singular quanto no plural (*nós*), ser a única que mantém desinências exclusivas no Paradigma 2 já não é suficiente para favorecer o sujeito nulo, o que, sem dúvida, corrobora a tese de Roberts, segundo a qual quatro formas distintivas comprometem definitivamente a riqueza *funcional* de um paradigma flexional no licenciamento e identificação do sujeito nulo. Compreensivelmente, mais baixo ainda é o índice obtido em 1992, em que o Paradigma 3 está plenamente implementado. O exemplo em (4) mostra como se comporta uma língua de sujeito nulo *pro-drop* com sujeitos de 1ª e 2ª pessoas nas três primeiras sincronias analisadas:

(4) Quando $\emptyset_{1ps}$ te **vi** pela primeira vez, $\emptyset_{1ps}$ não sabia que $\emptyset_{2ps}$ eras viúva e rica. $\emptyset_{1ps}$ Amei-te por simpatia. (*O noviço,* Martins Pena, 1845)

Se considerarmos separadamente, apesar da baixa ocorrência, a 1ª pessoa do plural, veremos o efeito do Paradigma 3, que conta com os pronomes *nós* e *a gente*. De um índice de 100% de sujeitos nulos nos três primeiros períodos, chegamos, na peça de 1975, a 7% (uma ocorrência de sujeito nulo de 1ª pessoa do plural com a desinência <-mos> em 15 dados) e nenhum nulo no texto de 1992; todos os 10 sujeitos de 1ª pessoa do plural que aparecem nesta última peça são representados por pronomes expressos: em três casos foi usado o pronome *nós* (pela única personagem mais velha) e em sete, o novo pronome *a gente* (pelos mais jovens). Alguns exemplos dessa evolução aparecem em (4):

(4) a. $\emptyset_{1pp}$ Passaremos aqui a nossa lua de mel e depois iremos para o Rio de Janeiro. (*Como se fazia um deputado*, França Jr., 1882)
b. Amanhã *nós* vamos promover uma passeata que *nós* contratamos. (*A mulher integral*, Carlos E. Novaes, 1975)
c. E *nós* vamos ter um curso aqui. (*No coração do Brasil*, Miguel Falabella, 1992)
d. *A gente* tava falando disso, Nilson. (*No coração do Brasil*, Miguel Falabella, 1992)

A 3ª pessoa, como mostra a Figura 4, é a única que não revela uma curva de mudança tão significativa, partindo de 83% de sujeitos nulos para alcançar 55% na peça de 1992:

Figura 4 – Sujeitos nulos (*vs*. pronomes expressos) de terceira pessoa

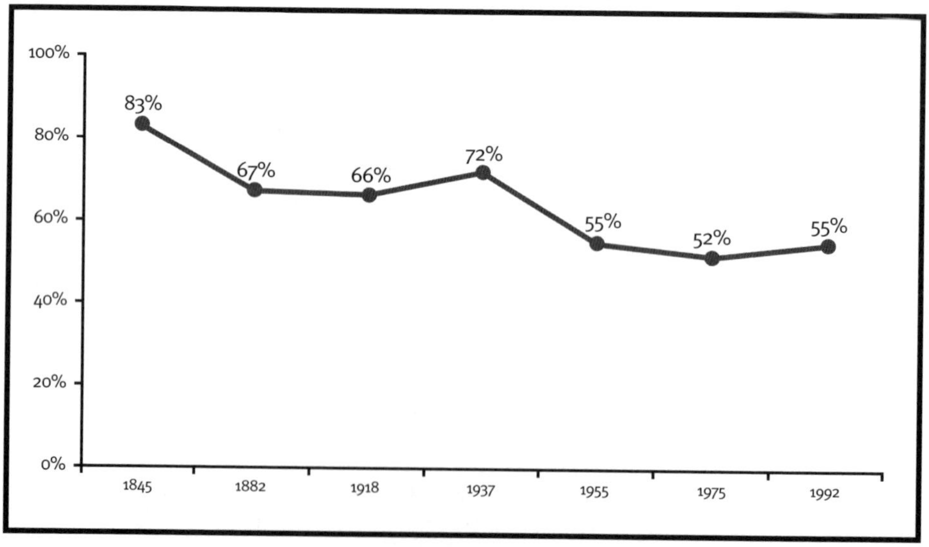

Há uma tendência de queda a partir de 1930, mas o sujeito nulo continua superar o pronome expresso, o que nos coloca diante de uma assimetria: de um lado temos os sujeitos de 1ª e 2ª pessoas representados, cada vez mais frequentemente pelo pronome expresso, e, de outro, o sujeito de 3ª pessoa, apresentando-se como um contexto de resistência à implementação da mudança em direção ao preenchimento. Como a maioria dos dados de 3ª pessoa apresenta sujeito com o referente [+humano], é possível dizer que a terceira pessoa licencia sujeitos nulos de forma diferente da primeira e segunda. No entanto, ainda que contando com apenas 20 dados de sujeitos com o traço [-humano] na amostra (8,4% de 238 dados de 3ª pessoa), já podemos dizer que este, de fato, é igualmente importante na resistência do sujeito nulo, porque desses 20 dados, apenas três aparecem com o pronome expresso a partir do século XX: um na peça de 1918 e dois na peça de 1975, como se vê em (5). O exemplo em (5a) veicula uma ironia e parece personificar o referente [-humano]:

(5) a. – Como apanhou [esse reumatismo]$_i$?
– Não *o*$_i$ apanhei. *Ele*$_i$ veio por si. (*O simpático Jeremias*, Gastão Tojeiro, 1918)
b. – Por que você não aprontou [o almoço]$_i$ na hora?
– *Ele*$_i$ tá pronto. Só que eu não vou botá-lo na mesa. (*A mulher integral*, Carlos E. Novaes, 1975)
c. Quero parar com [essas aventuras]$_i$. *Elas*$_i$ não me levam a nada. (*A mulher integral*, Carlos E. Novaes, 1975)

Os demais 17 dados, em boa parte concentrados nas peças do século XIX, apresentam sujeitos nulos, independentemente da função do antecedente, que, como veremos na subseção que segue, é relevante para a realização do sujeito nulo. O exemplo (6) ilustra o sujeito nulo com o traço [-humano]:

(6) – Como estás galante! Juquinha, gostas [desta roupa]$_i$? (= um hábito de frade)
– Não! Ø$_i$ Não me deixa correr; é preciso levantar assim... (*O noviço*, Martins Pena, 1845)

Isso sugere que o traço semântico do referente seja investigado numa amostra ampliada.[10] Sabemos que numa língua românica *pro-drop* esses sujeitos são categoricamente nulos e o fato de pronomes com esse traço só aparecerem nas peças do século XX pode sinalizar importantes mudanças na caracterização do português brasileiro à luz do Parâmetro do Sujeito Nulo.

A identificação do sujeito nulo de terceira pessoa

Além de restrições ao uso de pronomes pessoais expressos com o traço [-humano], sabemos que há restrições estruturais à expressão dos pronomes nas línguas românicas do grupo *pro-drop*. Excetuando-se os casos de ênfase ou contraste, que não se faz sem um pronome expresso, esse uso não está em variação com o sujeito nulo em contextos neutros. Há, ao contrário, uma complementaridade entre eles (Calabrese, 1986). Quando o antecedente é esperado, o sujeito é necessariamente nulo, como mostra Calabrese para o italiano; caso contrário, o pronome pode ser expresso e deve ser, no caso de ambiguidade.[11] E o que faz um referente ser fortemente esperado é o fato de ele ser o sujeito de uma oração precedente, seja ela uma matriz ou uma subordinada (não havendo, pois, necessidade de c-comando). Nas cinco primeiras sincronias, o sujeito é categoricamente nulo nos contextos em que há correferência entre os sujeitos de uma principal e uma subordinada (7a). Só nas duas últimas, já se encontra um percentual de preenchimento que supera o sujeito nulo em tais contextos (66% e 71%, respectivamente), como mostra (7b):

(7) a. Diz [d. Zélia]$_i$ que, depois de sua série de banhos de mar em Copacabana, talvez $\emptyset_i$ volte novamente para aqui. (*O hóspede do quarto n. 2*, Armando Gonzaga 1937)
b. Está provado que, se [a criança]$_i$ não recebe uma alimentação eficaz, *ela*$_i$ fica em desvantagem para o resto da vida. (*No coração do Brasil*, Miguel Falabella, 1992)

A mesma acessibilidade sintática opera quando o antecedente do sujeito se encontra na mesma função em sentença adjacente (8a) ou é um elemento saliente no contexto discursivo (8b):

(8) a. [Tua filha]$_i$ está moça e em idade de casar-se. $\emptyset_i$ Casar-se-á, e terás um genro que exigirá a legítima de sua mulher. (*O Noviço*, Marins Pena, 1845)
b. – O que é que [o nosso anjo]$_i$ tem hoje?
– $\emptyset_i$ Tá com essa cara desde que $\emptyset_i$ chegou do ginásio. $\emptyset_i$ Nem foi em casa almoçar.
– Com certeza $\emptyset_i$ vai ficar novamente em segunda época. Desde que $\emptyset_i$ chegou que $\emptyset_i$ não para de olhar a caderneta. (*No coração do Brasil*, Miguel Falabella, 1992)

Da mesma forma que vimos nas estruturas em (7), o pronome expresso já começa a superar os nulos no último quartel do século XX:

(9) – Deixe que *ele*$_i$ lhe conduza.
– E se *ele*$_i$ me conduzir para um psiquiatra? (*A mulher integral*, Carlos E. Novaes, 1975)

Se, entretanto, o antecedente está em outra função sintática, e, portanto, menos acessível sintaticamente, o pronome é opcionalmente expresso, devendo ser obrigatoriamente pleno se sua omissão provocar ambiguidade na interpretação do referente. Na amostra analisada, observamos, até o primeiro quartel do século XX, que, mesmo tendo um antecedente em outra função, um sistema de sujeitos nulos prefere a não expressão do pronome, como mostra (10a), em que o antecedente do sujeito da oração destacada aparece três vezes em função de complemento. Entretanto, um pronome expresso, nesse mesmo contexto já aparece em sincronias mais antigas (10b) e passa a ser quase categórico nas mais recentes (10c,d):

(10) a. Se o$_i$ encontrarem, deem-lhe$_i$ uma boa arrochada e levem-no$_i$ preso. [Ø$_i$ Há de me pagar]. (*O noviço*, Marins Pena, 1845)
b. Falei ontem [com [seu tenente-coroné]]$_i$, e [*ele*$_i$ disse-me] que Ø$_i$ havia de vir com sinhá Dona Perpétua e com sinhá moça Rosinha. (*Como se fazia um deputado*, França Júnior, 1882)
c. Dancei [com [ela]]$_i$ naquele giro de loucura, da alegria máxima, de um povo genialmente triste. *Ela*$_i$ me amou como se eu fosse o último homem sobre a terra. (*Um elefante no caos*, Millôr Fernandes, 1955)
d. Você podia estudar [com [o Nilson]]$_i$, [agora que *ele*$_i$ tá fazendo o supletivo]. (*No coração do Brasil*, Miguel Falabella, 1992)

Isso explica a queda que os índices de sujeitos nulos apresentam nas peças escritas na segunda metade do século XX (cf. Figura 4); é, contudo, inegável que o mesmo procedimento de mais de um século atrás, ainda que com menor frequência, continua a ser observado em 1992, pelo menos no texto escrito das peças de teatro, no que se refere à representação do sujeito de 3ª pessoa, ao contrário do que ocorre na 1ª e na 2ª pessoas. Isso atesta a hipótese da perda da funcionalidade de AGR, que, já debilitado, não pode, por si só, identificar o sujeito nulo, a menos que algum elemento na mesma função sintática ou com saliência no contexto precedente, no caso da 3ª pessoa, venha facilitar sua identificação.[12]

Os contextos de resistência

Todos os fatores linguísticos testados favorecem amplamente o uso crescente do pronome pleno na 1ª e 2ª pessoas. Os 20% de sujeitos nulos na 1ª pessoa do singular, encontrados no texto de 1992, correspondem, em geral, a orações independentes com verbos simples no presente ou passado, quase sempre precedidos por uma negação, ou com uma locução verbal, como em (11a), ou ainda, mais raramente, em estruturas em que o sujeito anafórico tenha seu correferente na função de sujeito da principal ou subordinada antepostas (11b,c):

(11) a. $\emptyset_i$ Não posso mais ficar aqui a tarde toda, não. $\emptyset_i$ Tirei quatro notas vermelhas. $\emptyset_i$ Preciso dar um jeito na minha vida. (*No coração do Brasil*, Miguel Falabella, 1992)
b. Eu não sei [se $\emptyset_i$ vou conseguir numa sessão só]. (*No coração do Brasil*, Miguel Falabella, 1992)
c. Se eu pudesse, [$\emptyset$ também arrumava minhas trouxas e $\emptyset_i$ me mandava pra Paris]. (*No coração do Brasil*, Miguel Falabella, 1992)

O sujeito expresso prevalece em todos os contextos, particularmente nas relativas, em que já não aparecem sujeitos nulos em quaisquer das pessoas gramaticais:

(12) *Eu* já te contei sobre a foto [que *eu* vi uma vez]? (*No coração do Brasil*, Miguel Falabella, 1992)

Na 2ª pessoa os contextos que ainda resistem ao sujeito pronominal pleno são umas poucas interrogativas globais (sim/não), em que o sujeito é pragmaticamente identificado (13a,b) e sentenças com auxiliar modal *precisar* na negativa, semelhante a uma estrutura imperativa:

(13) a. $\emptyset_{2ps}$ Já se esqueceu? (*No coração do Brasil*, Miguel Falabella, 1992)
b. $\emptyset_{2ps}$ Falou com ele? (*No coração do Brasil*, Miguel Falabella, 1992)
c. Nilson, $\emptyset_{2ps}$ não precisa ficar nervoso. (*No coração do Brasil*, Miguel Falabella, 1992)

São muito raras as ocorrências de nulos como em (14a), com subordinadas condicionais antepostas à matriz, sendo preferíveis os pronomes expressos em (14b):

(14) a. Se $\varnothing_{2ps}$ não conseguir, é melhor $\varnothing_{2ps}$ largar de vez esse curso de inglês. Senão $\varnothing_{2ps}$ acaba igual a Margareth.
b. Quem sabe se *você* tomar umas pílulas de vitamina, Nilson, *você* não consegue o diploma?

O exame dessas estruturas levanta, sem dúvida, importantes questões relativas à aquisição e, consequentemente, ao futuro da marcação do valor do parâmetro *pro-drop* no português do Brasil. Lightfoot (1991) afirma que a fixação de um parâmetro não é sensível a material encaixado (exceto, talvez, CP e algumas propriedades de INFL), dependendo apenas de dados robustos, estruturalmente simples (*Degree-0 Learnability*), e que tal "robustez é presumivelmente uma função de *saliência* e *frequência*" (p. 19, ênfase acrescida).

Ora, se considerarmos (a) que o *corpus* analisado parte de uma ocorrência expressiva de sujeitos nulos em independentes (79%) e principais (72%) em 1845 e chega a 29% nas independentes e 13% nas principais em 1992, e (b) que existe hoje na língua coloquial um uso cada vez mais frequente do sujeito duplamente preenchido, referido como construção de deslocamento à esquerda (cf. Galves, neste volume),[13] teremos elementos para supor que a tendência é, de fato, uma redução ainda mais significativa de ocorrências de sujeito nulo. Dificilmente a criança encontrará nos dados linguísticos a que é exposta evidências suficientemente robustas de *opcionalidade* na representação fonética do sujeito. Considerando a hipótese de que a mudança se implementa a partir dos contextos-raiz, não é de estranhar que os dados ainda revelem uma ocorrência mais expressiva de sujeitos nulos nas subordinadas. A maior resistência desses contextos reside exatamente na correferência com o sujeito da matriz. Mas lembramos que a implementação já atinge o sujeito com um antecedente acessível na principal.

Da escrita para a fala

Com o objetivo de observar a passagem do texto escrito para a língua falada, foi feita uma gravação da peça de 1992, durante uma de suas primeiras apresentações no teatro.[14] A hipótese era a de que os índices de sujeitos nulos poderiam cair ainda mais, refletindo uma tendência encontrada na fala coloquial por Duarte (em preparação).[15] A comparação do trecho analisado com o texto oral, representada na Figura 5, confirma nossas expectativas.

Figura 5 – Sujeitos nulos (*vs.* expressos) no texto representado e no texto escrito da peça de 1992

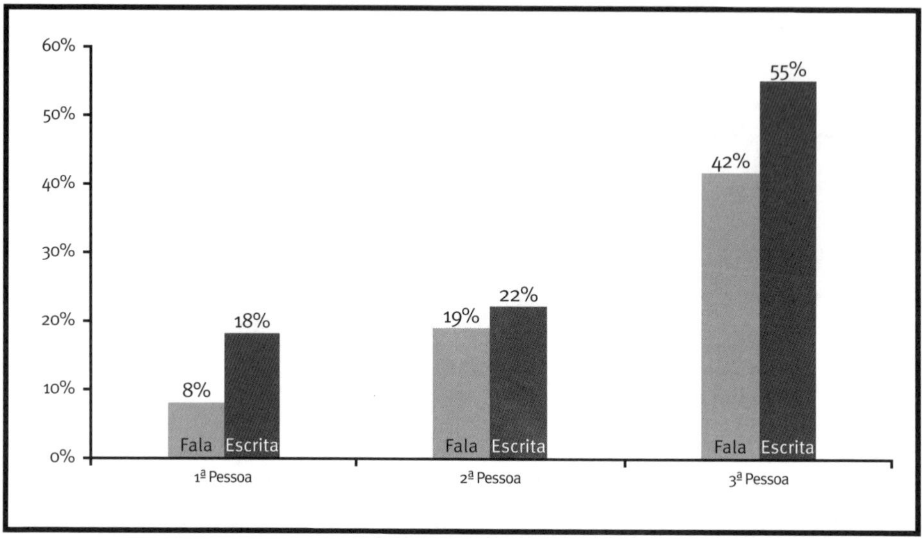

Na 1ª pessoa, a diferença é de 10%. Os sujeitos nulos em (11a,b) anteriormente se tornam plenos na fala dos atores:

(15) a. *Eu* não posso mais ficar aqui a tarde toda não. *Eu* tirei quatro notas vermelhas. *Eu* preciso dar um jeito na minha vida.

b. *Eu* não sei se *eu* vou conseguir numa sessão só. (conseguir tirar a letra de uma música cantada no filme)

Na 2ª pessoa não ocorreram diferenças significativas; apenas duas interrogativas ganham o pronome pleno.

A queda mais expressiva (13%) se faz notar exatamente na 3ª pessoa. Em (16), todos os sujeitos eram nulos no texto escrito:

(16) – $\emptyset_{3ps}$ Morreu? (o referente é um soldado que parte para a guerra)

– $\emptyset_i$ Deve ter morrido. Uma bala varou o olho dele. E se $\emptyset_i$ não morrer, $\emptyset_i$ fica caolho pro resto da vida civil.

– As vezes $\emptyset_i$ não morre. Mas se $\emptyset_i$ não morre, $\emptyset_i$ fica aleijado pra sempre. É isso que a Dolores acha bonito!

Vejamos como ficou o texto na fala dos atores em (17):

(17) – $\emptyset_{3ps}$ Morreu? (o referente é um soldado que parte para a guerra)
– $\emptyset_i$ Deve ter morrido. Uma bala varou o olho dele. E se *ele*$_i$ não morrer, *ele*$_i$ fica caolho pro resto da vida civil.
– As vezes *ele*$_i$ não morre. Mas se *ele*$_i$ não morre, *ele*$_i$ fica aleijado pra sempre. É isso que a Dolores acha bonito!

CONSIDERAÇÕES FINAIS

A breve comparação entre a escrita das peças e a fala dos atores durante a representação no teatro, apresentada na seção anterior, serve para mostrar a importância do texto de peças populares para obter uma aproximação da língua mais espontânea de sincronias passadas. No caso da peça de 1992, os resultados são bastante próximos, o que revela a sensibilidade do autor para a fala de seu tempo. Assim, num estudo diacrônico que busque investigar a língua coloquial de sincronias passadas, é preciso ter em mente a relativa distância entre fala e escrita. Por mais que, em certos gêneros literários, o autor procure reproduzir a fala de seu tempo – como deve ocorrer em peças de teatro popular – a expressão escrita é mais conservadora. Na realidade, o desempenho dos atores, que imprimiram à reprodução do texto escrito, aspectos de sua gramática, que não são sujeitos a estigma e mal são percebidos, aproxima-se muito dos resultados encontrados por Duarte (1991) no texto das entrevistas de TV, com 15% de sujeitos nulos na primeira pessoa, 13% na segunda e 39% na terceira, sem distinção de número. O mesmo ocorre em relação ao estudo sincrônico de Lira (1982), que aponta, na língua coloquial (entrevistas sociolinguísticas), uma variação entre 11% e 38% de sujeitos nulos em estruturas não coordenadas.

Um outro aspecto que merece ser mencionado na análise do fenômeno aqui analisado é a importância de manter a uniformidade em relação ao *corpus* analisado. Se tomarmos, por exemplo, o gênero epistolar, teremos resultados bem diferentes dos apontados aqui. Oliveira (1990), num *corpus* constituído de cartas pessoais dos séculos XVIII, XIX e XX, encontra índices bastante elevados de sujeitos nulos de 1ª e 3ª pessoas ao longo de todos os períodos, inclusive na segunda metade do século XX (75% e 89%, respectivamente). Num estudo sincrônico, também com base em cartas pessoais, Paredes Silva (1988) revela que, ao contrário do que foi aqui mostrado em relação às peças de teatro, é justamente na 1ª pessoa que o sujeito nulo ocorre com maior frequência, tanto nas principais (83%) quanto nas subordinadas (66%).[16]

Os resultados da pesquisa dão suporte à hipótese de que a redução no quadro de desinências verbais alterou as características de língua *pro-drop* que o português do Brasil apresentava nas peças escritas antes de 1937. Embora o sujeito nulo continue sendo *licenciado* por AGR – prova disso é a existência do sujeito nulo não referencial –, sua *identificação* ficou comprometida, transformando-se a ocorrência do sujeito nulo num fenômeno periférico que depende fundamentalmente de um elemento externo à concordância. No caso da segunda pessoa, a identificação é feita pelo contexto pragmático, em geral em interrogativas sim/não, o que não constitui prerrogativa de línguas *pro-drop*; no caso da terceira, o SN antecedente, no mesmo período ou no período adjacente, ou ainda, um tópico discursivo sintaticamente acessível é que dá referência ao sujeito nulo. A primeira pessoa, que não conta com tal reforço, é a que se encontra em mais adiantado estágio de mudança em direção a um sistema não *pro-drop*.

Fenômeno semelhante ao que se observa no português do Brasil foi constatado por Vance (1989), ao analisar o francês medieval. Num momento em que as três pessoas do singular e a terceira pessoa do plural perdiam a distinção entre si graças a um intenso processo fonológico de apócope, o sujeito nulo ocorria mais frequentemente com *nous* e *vous*, que mantinham desinências tônicas distintivas, uma sugestão de que, num primeiro momento, se podia falar numa espécie de compensação "funcional", com as formas não distintivas levando ao preenchimento e formas distintivas ainda licenciando o sujeito nulo. Nas outras pessoas, AGR teria de receber um reforço de algum elemento saliente no contexto discursivo a ele coindexado ou por um sistema pragmático de identificação – a presença do falante e do interlocutor. No caso específico da 3ª pessoa, bastante residual nos dados de Vance, o sujeito nulo depende da correferência com o sujeito da oração que o antecede, como ilustramos em (7a) para o português.

Na verdade, o que ocorreu com o francês medieval e o que ocorre com o português do Brasil hoje sugerem um período de transição nas duas línguas – de *pro-drop* para não *pro-drop* – sendo os casos de sujeitos nulos resíduos de um paradigma que acabou por perder sua riqueza funcional. O francês continuou o processo de mudança, desenvolvendo um expletivo lexical "*il*", apresentando alto índice de sujeitos deslocados à esquerda e perdendo a ordem VS em sentenças declarativas, particularmente as apresentativas, que exibem a chamada "inversão livre" nas línguas românicas de sujeito nulo.

No português do Brasil, esta igualmente não é uma mudança isolada. A crescente substituição de pronomes nulos por pronomes plenos e o enfraquecimento do sistema de clíticos para referência à 3ª pessoa na língua oral (cf. Cyrino e cf.

Pagotto, neste volume) são apontados por Kato e Tarallo (1987)[17] como responsáveis pela restrição imposta à ordem VS. Como atesta Tarallo (neste volume), trata-se de um conjunto de mudanças empreendidas na virada do século XIX, que permitem delinear a emergência de uma gramática brasileira.

NOTAS

1 O capítulo mantém sua estrutura e conteúdo originais, mas apresenta, em notas, referências a alguns estudos posteriores. Neles, o leitor encontrará vasta bibliografia sobre um tema que tem merecido muitas investigações.

2 As peças que serviram a esta análise foram obtidas em obras publicadas ou em consultas ao acervo da biblioteca da Uni-Rio. O texto original da peça de Miguel Falabella, hoje disponível na Associação Brasileira de Obras Teatrais (SBAT), foi gentilmente cedido pelo autor, numa cópia datilografada, a pedido de Carmen Abranches Duarte, no ano em que foi escrito, 1992. As peças que compõem a amostra ampliada (cf. Nota 1) estão publicadas ou são disponibilizadas pela SBAT.

3 O quadro de peças aqui analisado foi ampliado, dentro dos mesmos critérios, e tem servido a inúmeras investigações diacrônicas (cf. alguns estudos em Duarte, 2012, entre outros). Os resultados apresentados neste capítulo para a representação do sujeito foram confirmados nas investigações que se seguiram sobre a expressão do sujeito referencial definido, a partir de Duarte (1995; 2003), com base em amostras sincrônicas da fala culta e popular do Rio de Janeiro, à luz da mesma perspectiva teórica que orienta o presente artigo.

4 Estudos com base em amostras sincrônicas da comunidade de fala carioca, de graduados e não graduados (Duarte, 1995 e 2003, respectivamente), confirmariam o predomínio de *a gente* assim como a neutralização entre *você* e *tu*. Sobre o processo de gramaticalização de *a gente*, cf. Lopes, 1999, entre outros.

5 Esses estudos se encontram reunidos em Galves (2001).

6 Os dados foram submetidos ao processamento de regra variável Varbrul (Pintzuk, 1988).

7 A pesquisa se encontra descrita no capítulo 1 de Duarte (1995).

8 Os anos 1930 parecem um período decisivo também em relação à ordem dos constituintes. Nesse mesmo período e com base na mesma amostra, foi observada a implementação da ordem SV em interrogativas Q- com a entrada da clivagem (Duarte, 1992).

9 Outras peças cariocas desse período, como as de Silveira Sampaio, atestam a mesma mistura de tratamento. Para uma análise da plena inserção de *você* no nosso quadro pronominal, evidenciada por essa mistura, cf. entre outros Lopes e Cavalcante (2011).

10 Cyrino, Duarte e Kato (2000) mostram a relevância da referencialidade nos processos de mudança envolvendo a pronominalização. Duarte, Mourão e Santos (2012) investigam os sujeitos de 3ª pessoa numa amostra ampliada e confirmam a resistência do traço [-humano] na implementação da mudança.

11 Os exemplos de Calabrese (1986) ilustram a complementaridade de sujeitos nulos (pro) e plenos em estruturas subordinadas:

a. Quando **Carlo**$_i$ ha pichiato **Antonio**$_j$ **pro**$_i$ / **lui**$_j$ era ubriaco.
   Quando **Carlos**$_i$ bateu no **Antonio**$_j$ **pro**$_i$ / **ele**$_j$ estava bêbado.

b. **Mario**$_i$ si è spaventato dopo che **pro**$_i$ /***lui**$_i$ ha visto quel film.
   Mario$_i$ se assustou quando **pro**$_i$ /***ele**$_i$ viu aquele filme

c. Dopo che **pro**$_i$ /***lui**$_i$ ha visto quel film, **Mario**$_i$ si è spaventato.
   Quando **pro**$_i$ /***lui**$_i$ viu aquele filme, **Mario**$_i$ se assustou.

12 Estudos desenvolvidos nos anos 1990 e 2000, entre os quais estão os de Figueiredo Silva (1996), Modesto (2000) e Negrão e Viotti (2000), refinariam os tipos de sujeitos nulos no PB e apontariam a orientação para o discurso do PB como a característica que licencia e identifica sujeitos nulos nessa gramática.

13 Duarte (1995) encontra na língua falada significativa ocorrência de sujeitos deslocados à esquerda, com referência definida e indeterminada; o elemento deslocado pode ser um pronome forte ou um SN e a sua retomada por um pronome fraco pode ocorrer estando eles adjacentes ou separados por um adjunto oracional ou não oracional (cf. Kato, 1999) sobre o paradigma de pronomes fracos que se desenvolveu no português brasileiro, substituindo os sujeitos nulos identificados por concordância.

[14] Na ocasião não havia ainda a proibição expressa de uso de gravadores nas representações das peças do autor.
[15] A pesquisa referida no original como "em preparação" resultou na tese de Duarte (1995). O trabalho, que usou amostra da fala culta carioca (Nurc-RJ), gravada no mesmo ano em que a peça de Miguel Falabella foi escrita, revela a mesma hierarquia no preenchimento dos sujeitos, mas, como esperado, índices ainda mais altos de preenchimento.
[16] Haegeman (1990) encontra índices expressivos de sujeitos nulos em diários escritos em inglês. Da mesma forma que nas cartas, a primeira pessoa é o elemento dado, pressuposto, nos diários, o que pode explicar a alta incidência de sujeitos nulos de 1ª pessoa em cartas e mensagens pela internet.
[17] Este artigo foi publicado em Kato e Tarallo, 2003.

PEÇAS UTILIZADAS

FALABELLA, Miguel. *No coração do Brasil.* 1992. SBAT (Sociedade Brasileira de Autores Teatrais), 1992.

FERNANDES, Millôr. *Um elefante no caos.* Porto Alegre: L&PM, 1979 [1. ed. 1955].

FRANÇA JÚNIOR, Joaquim J. de. *Como se fazia um deputado.* In: CAFEZEIRO, E. et al. (orgs.) *Teatro de França Júnior.* Rio de Janeiro: Serviço Nacional de Teatro/Fundação da Arte, 1980, t. II, pp. 123-68 [1. ed. 1882].

______. *Caiu o ministério.* In: CAFEZEIRO, E. et al. (orgs.) *Teatro de França Júnior.* Rio de Janeiro: Serviço Nacional de Teatro/Fundação da Arte, 1980, t. II, pp. 169-221 [1. ed. 1883].

GONZAGA, Armando. *O hospede do quarto n° 2.* Biblioteca da Uni-Rio/SBAT (Sociedade Brasileira de Autores Teatrais), 1937.

MARTINS PENA, Luiz C. *O noviço.* In: ______. *As melhores comédias de Martins Pena.* Apresentação de Guilhermino César. Porto Alegre: Mercado Aberto, 1987, pp. 73-118 [1. ed. 1845].

NOVAES, Carlos Eduardo. *A mulher integral.* Biblioteca da Uni-Rio, 1975. Cópia datilografada.

TOJEIRO, Gastão. *O simpático Jeremias.* Biblioteca da Uni-Rio/SBAT (Sociedade Brasileira de Autores Teatrais), 1918.

REFERÊNCIAS BIBLIOGRÁFICAS

CHOMSKY, N. *Lectures on Government and Binding.* Dordrecht: Foris, 1981.

CALABRESE, A. "Pronomina: Some Properties of the Italian Pronominal System". In FUKUI, N.; RAPOPORT, T.; SAGEY, E. (eds.) MIT *Working Papers in Linguistics.* 8, 1986, pp. 1-46.

CYRINO, S.; DUARTE, M. E. L.; KATO, M. A. Visible Subjects and Invisible Clitics in Brazilian Portuguese. In: KATO, M. A. e NEGRÃO, E. V. (eds.) *Brazilian Portuguese and the Null Subject Parameter.* Frankfurt Am Main/Madrid: Vervuert/Iberoamenricana, 2000, pp. 55-104.

DUARTE, M. E. L. O sujeito nulo referencial no português europeu: uma abordagem quantitativa. Unicamp, 1990. Manuscrito.

______. O sujeito nulo referencial em entrevistas de TV. Unicamp, 1991. Manuscrito.

______. "A perda da ordem V(erbo) S(ujeito) em interrogativas qu- no português do Brasil". *D.E.L.T.A.* Número especial, 1992, pp. 37-52.

______. *A perda do princípio "Evite Pronome" no português brasileiro.* Campinas. 1995. Tese (Doutorado em Linguística) – Unicamp.

______. A evolução na representação do sujeito pronominal em dois tempos. In: PAIVA, M. da C.; DUARTE, M. E. L. (orgs.) *Mudança linguística em tempo real.* Rio de Janeiro: Contra Capa/Faperj, 2003, pp. 115-28.

______. (ed.) *O sujeito nulo em peças de teatro (1843-1992)*: estudos diacrônicos. São Paulo: Parábola, 2012.

______; MOURÃO, G.; SANTOS, H. Os sujeitos de terceira pessoa: revisitando Duarte 1993. In: DUARTE, M. E. L. (org.) *O sujeito nulo em peças de teatro (1843-1992)*: estudos diacrônicos. São Paulo: Parábola, 2012, pp. 21-44.

FIGUEIREDO SILVA, M. C. *A posição do sujeito no português brasileiro*: frases finitas e infinitivas. Campinas: Ed. da Unicamp, 1996.

GALVES, C. "V-Movement, Levels of Representation and the Structure of S". Versão revisada da comunicação no XIII Glow. Unicamp, 1990. Manuscrito.

______. "Agreement and Subjects in Brazilian Portuguese". Unicamp, 1991. Manuscrito.

______. *Ensaios sobre as gramáticas do português*. Campinas: Ed. da Unicamp, 2001.

HAEGEMAN, L. "Understood Subjects in English Diaries". *Multilingua*. 9, 1990, pp. 157-99.

HUANG, J. "On the Distribution and Reference of Empty Pronouns". *Linguistic Inquiry*. 15, 1984, pp. 531-75.

JAEGGLI, O.; SAFIR, K. The Null Subject Parameter and Parametric Theory. In: JAEGGLI, O.; SAFIR, K. (eds.) *The Null Subject Parameter.* Dordrecht: Kluwer, 1987, pp.1-44.

KATO, M. A. Strong and Weak Pronouns in the Null Subject Parameter. *PROBUS*. v. 11 (1), 1999, pp. 1-38.

______; TARALLO, F. Restrictive V S Syntax in Brazilian Portuguese: its Correlation with Invisible Clitics and Visible Subjects. Trabalho apresentado em colóquio no Depto. de Lingüística da Universidade da Pensilvânia, 1987. Manuscrito.

______; ______. The Loss of VS Syntax in Brazilian Portuguse. In: SCHLIEBEN-LANGE, B.; VILLAÇA KOCH, I.; JUNGBLUTH, K. (eds.) *Dialog zwischenden Schulen*, 2003, pp. 101-29.

______; NEGRÃO, E. V. *Brazilian Portuguese and the Null Subject Parameter*. Frankfurt am Main/Madrid: Vervuert/Iberoamenricana, 2000.

______; TARALLO, F. The Loss of VS Syntax in Brazilian Portuguse. In: B. SCHLIEBEN-LANGE; I. VILLAÇA KOCH; K. JUNGBLUTH (eds.) *Dialog zwischenden Schulen*, 2003, pp. 101-29.

LIGHTFOOT, D. *How to Set Parameters*. Cambridge, Mass.: The MIT Press, 1991.

LIRA, S. DE A. *Nominal, Pronominal and Zero Subject in Brazilian Portuguese*. Philadelphia,1982. Tese (Doutorado em Linguística), Universidade da Pensilvânia.

LOPES, C. *A inserção de "a gente" no quadro pronominal do português*. Rio de Janeiro, 1999. Tese (Doutorado em Letras Vernáculas) – Universidade Federal do Rio de Janeiro.

LOPES, C.; CAVALCANTE, S. "A cronologia do voceamento no português brasileiro: expansão de você-sujeito e clítico-te". *Linguística* (Madrid), v. 25, pp. 30-65, 2011.

MODESTO, M. Null Subjects Without "Rich" Agreement. In: KATO, M. A.; NEGRÃO, E. V. (eds.) *Brazilian Portuguese and the Null Subject Parameter*. Frankfurt am Main/Madrid: Vervuert/Iberoamenricana, 2000, pp. 147-74.

NEGRÃO, E. V.; VIOTTI, E. Brazilian Portuguese as a Discourse Oriented Language. In: KATO, M. A.; NEGRÃO, E. V. (eds.) *Brazilian Portuguese and the Null Subject Parameter*. Frankfurt am Main/Madrid: Vervuert/Iberoamenricana, 2000, pp. 105-26.

PAREDES SILVA, V. L. *Cartas cariocas*: a variação do sujeito na escrita informal. Rio de Janeiro, 1988. Tese (Doutorado em Letras Vernáculas) – Universidade Federal do Rio de Janeiro.

OLIVEIRA, M. de. Análise do preenchimento do sujeito no português do Brasil. Unicamp. 1990. Manuscrito.

PINTZUK, S. *Varbrul Programs*. 1988. Manuscrito.

ROBERTS, I. *Verbs and Diachronic Syntax*. Dordrecht: Kluwer, 1993.

VANCE, B. S. *Null Subjects and Syntactic Change in Medieval French*. Ithaca, 1989. Tese (Doutorado em Linguística) – Cornell University.

A FORMA GENITIVA *DELE* E A CATEGORIA DE CONCORDÂNCIA (AGR) NO PORTUGUÊS BRASILEIRO

Vicente C. Cerqueira

O português brasileiro coloquial (PBC) contemporâneo oferece a dupla possibilidade de indicação de posse de terceira pessoa, como exemplificada em (1):

(1) a. João gosta do seu pai.
b. João gosta do pai dele.

Tem-se atribuído esse acontecimento a uma mudança no sistema pronominal que sofreu certa ruptura com a entrada da forma você em lugar em *tu* (Cerqueira, 1990; Kato, 1985; Perini, 1985)[1] por volta do século XIX (Silva, 1984).[2] Com a inclusão de *você*, os pronomes pessoais do português coloquial e do português padrão são as seguintes:

(2)

	1ª pessoa	2ª pessoa	3ª pessoa
Sing.	eu	você	ele(a)
Plur.	nós	vocês	eles(as)

O sistema de possessivos no português padrão associado a esse sistema de pronomes pessoais[3] é apresentado em (3) e ilustrado em (3'):

(3)

	1ª pessoa	2ª pessoa	3ª pessoa
Sing.	meu	seu	seu
Plur.	nosso	seu	seu

(3') a. *Eu* vendi meu carro.
b. *Você* vendeu *seu* carro.
c. *Ele* vendeu *seu* carro.
d. *Nós* vendemos *nosso* carro.
e. *Vocês* venderam *seu* carro.
f. *Eles* venderam *seu* carro.

As formas de possessivo no PBC contam com outros elementos para substituir três usos da forma *seu*, com o seguinte quadro e ilustração correspondente:

(4)

	1ª pessoa	2ª pessoa	3ª pessoa
Sing.	meu	seu	dele
Plur.	nosso	de vocês	deles

(4') a. *Eu* vendi *meu* carro.
b. *Você* vendeu *seu* carro.
c. *Ele* vendeu o carro *dele*.
d. *Nós* vendemos *nosso* carro.
e. *Vocês* venderam o carro *de vocês*.
f. *Eles* venderam o carro *deles*.

Esse sistema encerra, pois, forma possessiva pronominal e uma construção perifrástica (de+pronome); essa última é equivalente, em termos sintáticos, à indicação de posse quando o possuidor é representado por um NP (de+Paulo, de+o menino). Uma consequência imediata do uso dessas duas formas de indicação de posse está relacionada à estrutura do sintagma nominal, que apresenta em estrutura-S duas configurações distintas em função da presença de uma ou de outra forma. Com a forma do pronome possessivo, tem-se uma ramificação para a esquerda do nome ([poss[Nome]]); com a forma genitiva (*dele*), essa ramificação se dá à direita do nome ([Nome [de+NP]]). Diferentes condições de licenciamento devem estar envolvidas na garantia da legitimidade desses dois padrões formais.

Silva (1984) estuda a distribuição de *dele/seu* (de terceira pessoa) seguindo o modelo variacionista e constata que a forma dele é a preferida no registro oral. A distribuição é dada na tabela a seguir (cf. p. 57):

Tabela 1

	Frequência
ESCRITO	314/2228 = 14,1%
ORAL	485/647 = 75,0%

Esses resultados assinalam que a forma *dele* já está completamente estabelecida na modalidade oral. O seu uso menos frequente na escrita reflete, como em outros aspectos da gramática, a natureza mais conservadora da língua escrita em relação à oral. Essa característica vai ser reforçada pelos dados de Silva relativos à ocorrência de *dele* em diferentes tipos de *corpora* escritos, apresentados na Tabela 2 (cf. p. 58).

Tabela 2

	Frequência	Probabilidade
QUADRINHOS	166/873 = 19,0%	0,71
FOTONOVELAS	125/932 = 13,4%	0,69
JORNAIS	23/423 = 5,4%	0,16

Os textos de revistas em quadrinhos e fotonovelas (que buscam reproduzir características da fala) apresentaram maior ocorrência da perífrase *dele* do que os textos de jornal (que buscam se conformar à língua padrão).

Este capítulo vai enfocar o contraste entre *seu* e *dele*, buscando determinar as condições de licenciamento dessas formas no sintagma nominal. Ele se restringirá ao uso dessas formas com o sentido exclusivo de posse, embora a análise apresentada possa, com algumas adaptações, estender-se aos outros usos delas. Será explorada a hipótese de que o avanço da forma *dele* está relacionado a certos processos de mudança que vêm se verificando no PB e que parecem poder ser associados a certas mudanças no sistema de concordância da língua. Para situar o contraste *seu/dele* no conjunto dessas mudanças vou me reportar a estudos relativos ao emprego de clíticos e objeto nulo no PB, bem como apresentar certos fatos relativos ao paradigma flexional verbal. O texto está estruturado da seguinte forma. Na segunda seção serão apresentadas algumas reflexões em relação a propriedades dos afixos de pessoa do verbo e do sistema de clíticos. Na terceira seção, será buscada uma relação entre os traços de concordância (AGR) no interior do sintagma determinante (DP) e a presença das formas possessivas. Na quarta parte, serão tecidas algumas considerações sobre os efeitos de uma provável mudança das propriedades de AGR do PB.

MANIFESTAÇÕES DOS TRAÇOS GRAMATICAIS DE AGR

O estudo das categorias ou núcleos funcionais ganharam amplo espaço na teoria sintática a partir das formulações apresentadas em Barreiras (Chomsky, 1986) para integrar as categorias clausais S e S' na teoria-X'. Várias propostas se seguem. Pollock (1989) divide IP em dois novos constituintes TP e AGRP analisando os morfemas de Tempo e Concordância como duas entidades sintáticas distintas e propõe ainda a inclusão da categoria NegP. Chomsky (1991), retomando a proposta de Pollock, formula a distinção de duas projeções AGRP, uma relacionada à concordância do sujeito e (AGR S) a outra, à concordância do objeto (AGR O). Abney (1987) volta-se para o sintagma nominal (NP) e propõe um sintagma determinante (DP) em lugar do NP clássico, permitindo um tratamento mais elaborado do sintagma nominal. A introdução desses elementos tem contribuído em vários aspectos da pesquisa linguística – das investigações diacrônicas aos estudos de aquisição. Para os propósitos do nosso trabalho, vamos nos referir basicamente a aspectos envolvendo as categorias funcionais AGRP e DP.

A morfologia verbal

O elemento AGR é referido por Chomsky (1992: 10) como uma coleção de traços (gênero, número, pessoa) comuns aos sistemas de concordância de sujeito e de objeto. Quando recebem representação fonética, esses traços podem se manifestar, por exemplo, como afixos verbais, identificando as pessoas gramaticais. No PB, dois paradigmas de concordância de sujeito podem ser observados nas terminações das formas verbais. Consideremos o presente do indicativo do verbo *cantar* nos paradigmas (5a), que apresenta todas as terminações, e (5b), onde algumas terminações não estão mais presentes. Para facilidade de referência, as seis pessoas gramaticais serão indicadas pela letra P seguida do número correspondente à pessoa.

(5)
a. P1 – eu canto
P2 – tu cantas
P3 – ele canta
P4 – nós cantamos
P5 – vós cantais[4]
P6 – eles cantam

b. P1 – eu canto
P2 – você canta
P3 – ele canta
P4 – nós cantamos
P5 – vocês cantam
P6 – eles cantam

Em (5a), cada uma das seis pessoas (P) pode ser identificada por um morfe específico; *-o* para a P1; *-s* para a P2; *-0* para P3 (considerando que a ausência de marca é informativa em contraste com a presença); *-mos* para P4; *-is* para P5 e *-m* para P6. Essa riqueza morfológica tem sido associada à possibilidade de não lexicalização do sujeito (fenômeno *pro-drop*), sem perda da informação da pessoa gramatical referida (cf. Rizzi, 1986).

Vamos considerar a seguir algumas alterações verificadas no padrão do tipo em (5a). No paradigma (5b), onde os pronomes *você/vocês* passam a ocupar o lugar de *tu/vós*, registra-se um empobrecimento das formas verbais que perdem elementos mórficos e tornam-se indiferenciadas quanto à pessoa. Observe-se que agora P2 e P3 se igualam, do mesmo modo como P5 e P6, resultando num quadro com quatro distinções de pessoa. E desse conjunto, apenas as formas de P1 e P4 estão especificamente associadas com uma dada combinação de pessoa e número.

Observe-se ainda que, embora não seja possível distinguir P2 de P3, nem P5 de P6, o primeiro par se distingue do segundo: a forma *canta* só pode se referir ou a P2 ou a P3, e a forma *cantam* ou a P5 ou a P6. O interessante é que agora a diferenciação desses dois subgrupos não mais se dá em termos da oposição entre pessoa gramatical, mas em virtude da oposição singular/plural; o par P2-P3 é singular e o par P5-P6 é plural em referência.

Essa nova situação em que a exuberância morfofonológica do paradigma verbal murchou à metade vai apresentar repercussão no âmbito da legitimação de sujeito nulo. Vamos considerar essa questão seguindo proposta de Roberts (1993) sobre as condições de licenciamento de sujeito nulo (*pro*). Considerando inicialmente a proposta da uniformidade morfológica (UM) para o licenciamento de *pro* de Jaeggli e Safir (1989), Roberts propõe que um núcleo funcional AGR pode diferir em relação a se ele projeta ou não um nódulo AGR^{-1}. A presença de AGR^{-1} está relacionada à existência de afixos morfológicos que distinguem singular e plural. Quanto à uniformidade morfológica em relação ao parâmetro *pro-drop*, Roberts propõe que existem dois tipos de "riqueza" de AGR^{-1}:

a. AGR^{-1} formalmente rico, quando apresenta um morfe evidente para cada pessoa (não necessariamente distinto) e nenhuma terminação zero;
b. AGR^{-1} funcionalmente rico, quando apresenta afixos distintos para a concordância de pessoa (tolerando um sincretismo e uma terminação zero).

Roberts também assume, com algumas modificações, a proposta de Rizzi (1982) para o licenciamento de *pro*: o licenciamento formal e a identificação do conteúdo referencial. O licenciamento formal está relacionado com o requerimento de que *pro* se encontre numa posição potencialmente marcada para Caso: sob regência ou sob concordância de especificador e núcleo. Quando *pro* é formalmente licenciado sob regência, o identificador de seu conteúdo referencial pode ser funcionalmente ou formalmente "rico". Se *pro* é formalmente licenciado em configuração de concordância, então o identificador do seu conteúdo referencial deve ser funcionalmente "rico"[+pron].

Com relação ao PB, Roberts levanta a hipótese de que nessa língua Caso nominativo seja atribuído sob concordância de especificador e núcleo. Como o licenciamento formal por concordância requer um AGR [+pron], ou seja, um AGR que apresente afixos morfológicos distintos para a concordância de pessoa (tolerando um sincretismo), as duas questões que se colocam em nosso estudo são: (a) PB tem AGR^{-1}?; (b) caso o tenha, esse AGR^{-1} se caracteriza como morfologicamente uniforme ou funcionalmente rico?

O paradigma em (5a) exemplifica um paradigma [+pron] pronominal; apresenta apenas uma terminação zero (P3) e nenhum sincretismo. Já o paradigma (5b) apresenta duas terminações zero (P3 e P2) (formando um novo sincretismo) além do sincretismo de P5 e P6. Roberts (p. 173) assinala que, embora não se possa estabelecer uma relação rígida de uma terminação para um sujeito nulo, nas línguas *pro-drop* onde há mais de um sincretismo, um sujeito explícito deve ser usado pelo menos com uma das formas.[5]

Em (5) consideramos o paradigma do presente do indicativo, no qual a primeira pessoa P1 é sempre distinta das demais. Vamos considerar agora os paradigmas do imperfeito do indicativo (6a), do presente e do imperfeito do subjuntivo (6b,c).

(6)	a.		b.		c.	
		P1 – cantava		P1 – cante		P1 – cantasse
		P2 – cantava		P2 – cante		P2 – cantasse
		P3 – cantava		P3 – cante		P3 – cantasse
		P4 – cantávamos		P4 – cantemos		P4 – cantássemos
		P5 – cantavam		P5 – cantem		P5 – cantassem
		P6 – cantavam		P6 – cantem		P6 – cantassem

Com os sincretismos apresentados nos paradigmas em (6), as pessoas P1, P2 e P3 não são mais distinguíveis entre si através de marcas morfológicas visto que todas elas apresentam uma terminação zero; também não o são as pessoas P5 e P6. Se for o caso de que, mesmo com essa redução, o sujeito nulo ainda seja licenciado, isso se reduziria a apenas três possibilidades: poder-se-ia ter sempre um sujeito nulo com a pessoa P4 (*cantávamos*, *cantemos* e *cantássemos*) que tem uma terminação (*-mos*) completamente diferente das outras; para as pessoas P5 e P6 (*cantavam*, *cantem* e *cantassem*), um sujeito evidente associado a uma delas seria necessário para que o sujeito nulo associado à outra, por exclusão, fosse identificado; para as pessoas P1, P2 e P3 seria necessário que duas delas fossem associadas a um sujeito evidente para que a terceira pudesse identificar um sujeito nulo. Nessa situação, a ocorrência de sujeitos preenchidos deve manifestar aumento significativo.

Kato e Tarallo (1987, doravante K; T) assinalam que na modalidade escrita o PB segue o padrão *pro-drop* de elipse do sujeito sempre que a flexão verbal ou o contexto fornecem informação suficiente para recuperar o referente.

(7) a. No Brasil, 0 vivemos no futuro, não no presente.
b. Eu pensava que 0 sabia matemática.
((20 a); (21 a) em K; T)

Destacam também que a tendência do PBC é a manifestação do sujeito evidente, mesmo que redundante.

(8) a. No Brasil, nós vivemos no futuro, não no presente.
b. Eu pensava que eu sabia matemática.
((20 b); (21 b) em K; T).

Ainda segundo K; T, que tomam por base uma análise diacrônica de Tarallo (1983), essa mudança no preenchimento do sujeito vai fazer sentir suas manifestações por volta do final do século XIX, período apontado por Silva (1984) como o da introdução de *você* entre os pronomes pessoais. Eles dizem: "[...] subjects, as a syntactic category, remain relatively empty until around 1880 (151/600 i.e. 25,2% of pronominal presence), the empty category being gradually replaced by a full pronominal form. The Pronoum + VP pattern reaches 65.6% in 1982."[6] (p. 9).

Silva (1989), num estudo quantitativo sincrônico, verifica um percentual de 77% de preenchimento de sujeito no PB. Seu estudo considera os três tipos de sujeito, envolvendo as formas pronominais, nominais e oracionais e trabalha com as modalidades escrita e falada (uma redação e uma entrevista) de um grupo de 60 informantes. Na modalidade escrita a frequência de preenchimento verificada foi de 70% e na fala foi de 82%. Como se nota, a fala atinge maior frequência de preenchimento do que a escrita, mas ambas apresentam um percentual bastante alto. Pode-se, pois, dizer que PB apresenta preferencialmente sujeito preenchido.

Os dados dos estudos citado permitem afirmar que, embora ainda se possa ter sujeito nulo em PB (sendo ainda uma língua *pro-drop*), sua ocorrência é bastante limitada. Esses fatos estão de acordo com as características dos paradigmas verbais apresentados em (5b) e (6), onde nem todas as formas verbais apresentam morfologia específica que permite identificar o conteúdo referencial de um sujeito nulo que a eles esteja associado.

No quadro flexional que materializa a presença de um AGR^{-1} [+pron] (5a), o verbo apresenta seis marcas morfológicas distintas de concordância (admitido o sincretismo de P1 e P3 em alguns tempos). A introdução do pronome *você/ vocês*, em substituição dos pronomes *tu/vós*, revela uma redução dessas marcas; agora, somente a primeira pessoa singular (P1) (do presente, perfeito e futuro do indicativo) e a primeira pessoa do plural (P4) (de todos os tempos) apresentam marcas morfológicas que permitem identificá-las como tal; tanto a forma *canto* quanto a forma *cantamos* apresentam marcas morfológicas próprias, de modo que elas são imediatamente classificadas; a distinção entre elas não é simplesmente singular/plural: o sufixo de P1 e o sufixo de P4 não são formas derivadas uma da outra, mas formas independentes. Com o restante, as marcas de identificação de pessoa desapareceram. Nenhum contraste morfológico existe entre a forma verbal associada aos pronomes *você* e *ele*, ou a *vocês* e *eles*; a única distinção que permanece entre esses dois pares é singular/plural (*-0* para singular, *-em* para o plural). Assumindo com Roberts (1993: 366) que a concordância de número parece ser o fator determinante para se postular a presença de AGR^{-1}, podemos dizer que a variante do PB exemplificada através dos paradigmas em (6) ainda é essencialmente AGR^{-1}, embora não seja mais [+pron].

Nesse novo quadro, deixando de lado P1 do presente do indicativo, apenas P5 apresenta uma marca (de plural) que a diferencia das demais:

(9)	P1 – eu canto	P4 – a gente canta
	P2 – você canta	P5 – vocês cantam
	P3 – ele canta	P6 – o pessoal canta

A distinção singular/plural, como se nota, deixa de se apoiar em elementos flexionais e passa a depender quase inteiramente da presença de um sujeito lexicalizado. O traço [+número] do núcleo de AGR sofre o mesmo processo de esvaimento que se observa para o de pessoa. A concordância relativa à P5 quase não se verifica na fala de pessoas de pouca escolaridade,[7] e compete com a discordância na fala (informal ou formal) em todo o espectro social dos falantes do PB (cf. Nicolau, 1984 e referências aí citadas). E a distinção mórfica passa a ser dual: tem-se apenas a pessoa P1 em oposição às demais. Esse novo quadro sugere a possibilidade de outra variante do PB que parece não apresentar mais nenhum elemento para que se possa postular a existência de AGR^{-1}.

A tendência ao preenchimento do sujeito em PB pode ser vista como uma função do enfraquecimento de AGR, ou seja, da perda de AGR^{-1}. Como vimos, a legitimação de *pro* exige seu licenciamento formal (marcação de caso) e a identificação do seu valor referencial. No PB, *pro* parece ser licenciado apenas sob concordância, o que exige um AGR° [+pron] para garantir a identificação. O AGR enfraquecido do PB não parece ser mais capaz de realizar essa identificação, como sugere a retenção do pronome sujeito na fala, mesmo nos casos em que um morfema de pessoa (e.g., na forma *cant-o*, *cant-ei*) está presente e poderia identificar o *pro*-sujeito.[8,9]

AGR e o sistema de clíticos

O sistema de clíticos em PB é outra área da gramática em que certos processos de mudança estão em andamento. Apresentarei certos fatos desse sistema com base no estudo variacionista de Duarte (1989) e o estudo diacrônico de Cyrino (1990). O estudo de Duarte trata da ocorrência de clítico acusativo de terceira pessoa, pronome lexical e categoria vazia e sintagmas nominais anafóricos na posição de objeto no PB. Ela constata que o clítico é, no geral, a forma menos utilizada, ocorrendo apenas 4,9%; os outros elementos se distribuem em ordem crescente de preferência nesta ordem: pronome lexical, NP anafóricos (=SNs) e categoria vazia (=[SNe]). Os resultados estão na tabela a seguir.

Tabela 3 – Distribuição dos dados computados segundo a variante usada

Variante	Ocorrência	%
Clítico	97	4,9
Pronome lexical	304	15,4
[SNe]	1235	62,6
SNs anafóricos	338	17,1
Total	1974	100,0

Um ponto importante no estudo de Duarte é a constatação da "ausência absoluta de clíticos na fala dos jovens" (1989: 27), incluídos aí os informantes entre 15 e 17 anos. Esse grupo também é o que apresenta maior uso do pronome lexical que decresce com o aumento da idade e escolaridade. A ocorrência de SNs anafóricos e de clíticos aumenta com a idade e escolaridade, e entre os informantes de maior escolaridade e faixa etária mais altas o uso de SN anafóricos supera o de pronomes lexicais. Esses dados parecem indicar que o clítico acusativo de terceira pessoa não faz parte da gramática inicial dos falantes do PB sendo adquirido posteriormente. Esse mesmo comportamento é observado por Correa (1991). A categoria que é favorecida por todas as faixas etárias é a categoria vazia.

O estudo de Cyrino trata do objeto nulo em PB e objetiva determinar quando começa a ocorrer objeto nulo em contextos de ilhas, o que caracterizaria essa categoria não mais como uma variável, mas como um *pro*. Ela investiga textos do século XVIII ao XX (1981) e encontra as primeiras ocorrências de objeto nulo do tipo *pro* num texto de 1891. A ocorrência desse tipo de objeto tem baixa frequência nos diversos períodos estudados, apresentando um incremento na segunda metade do século XX. Cyrino correlaciona a ampliação dos contextos que passam a admitir objeto nulo em PB com a perda dos clíticos (especialmente os clíticos de terceira pessoa). Considerando as formas clíticas *o/a*, *os/as* empregadas tanto para a terceira pessoa do discurso como para a segunda, ela verifica que a diminuição dos clíticos corresponde a um aumento de objetos nulos através do tempo. A tabela seguinte apresenta seus resultados (cf. p. 12).

Tabela 4 – Ocorrência de clíticos em posição de objeto *vs.* ocorrência de objetos nulos

Século	Número de clíticos	Número de objetos nulos
XVIII	102	17
XIX (1ª met.)	63	45
XIX (2ª met.)	127[10]	42
XX (1ª met.)	49	137
XX (2ª met.)	27	211

Os dados de Cyrino mostram que o sistema de clíticos está passando por algum tipo de transformação, com reflexo na estrutura de complementação verbal, em particular no preenchimento da posição de objeto. Cyrino alimenta a hipótese de que a categoria vazia (variável) em posição de objeto foi reanalisada como um *pro*, o que permitiu a ampliação dos contextos de ocorrência de objetos nulos em PB, análise que revê posteriormente (cf. Cyrino neste volume).

Kato (1991a) apresenta uma explicação para a ocorrência de objetos nulos em ilhas em PB a partir da uniformidade do sistema de clítico que essa variedade apresenta. Ela diz: "the variety of Portuguese that allows null clitics in islands, though in its first steps towards a non-clitic language, has still a very uniform clitic system." (p. 7).[11] Kato considera que o licenciamento de objeto nulo segue os mesmos padrões de licenciamento de sujeito nulo no que tange o critério da uniformidade morfológica proposto por Jaeggli e Safir já referido anteriormente.

Os clíticos, nesse caso, são considerados como *spellouts* do sistema de concordância do objeto (concordância envolvendo AGR-O).

Num trabalho subsequente Kato (1991b), reelaborando a proposta de (1991a), propõe quatro fases no processo de desaparecimento dos clíticos no PB:

(10)

Fase I	Fase II	Fase III	Fase IV
eu –me	eu me-	eu me-	eu ---
tu –te	tu te-	você te-	você ---
ele –o/lo	ele o-	ele o-	ele ---

Fonte: Kato, 1991b: 8

Na Fase II tem-se a mudança de ênclise para próclise com a perda dos clíticos *-lo* e *-la*; na Fase III o clítico de terceira pessoa é defoneticizado e o sistema passa a incluir um clítico nulo (*me*, *te*, *0*); na Fase IV a mudança se completaria, com o desaparecimento total dos clíticos; essa fase seria morfologicamente uniforme de novo e objetos nulos seriam licenciados, porém não mais identificados por traços dos clíticos.

A análise de Kato explicita a possibilidade de estabelecer uma relação entre as transformações observadas no sistema de clíticos e aquelas verificadas no paradigma da conjugação verbal do PB; elas podem ser consideradas como processos ligados a um fenômeno mais geral, qual seja, uma mudança no sistema flexional da língua.

A presença de pronomes lexicais (*ele*, *você*) preferencialmente na fala dos jovens e não escolarizados indica que para esses grupos o sistema já não seria tão uniforme; de modo similar ao preenchimento do sujeito, o preenchimento do objeto por um pronome lexical ou um NP anafórico revela que esse elemento (clítico nulo) está perdendo a sua capacidade de identificação do objeto nulo. Também o fato de que os informantes mais velhos e mais escolarizados preferem utilizar o SN anafórico excluindo o recurso ao clítico nulo permite pensar que esse último não tem a mesma força no sistema do que as outras formas clíticas (*me*, *te*) ainda em uso.[12]

A ESTRUTURA DE DP COM AGR

Nesta seção vou buscar relacionar o traço de pessoa do sistema de concordância do PB com as modificações exibidas no sistema possessivo. Como os possessivos são elementos que aparecem em grupos nominais, apresentarei de maneira esquemática a estrutura sintática em relação à qual as hipóteses são consideradas.

Será considerada uma versão mais articulada da estrutura DP proposta por Abney (1987), segundo as modificações propostas por Boff (1991) com base do trabalho de Szabolcsi (1987, citada em Boff, 1991).

Abney (1987) considera que a relação determinante e nome não é bem estabelecida num tipo de estrutura na qual o determinante é localizado na posição de especificador de NP. Partindo da estrutura nominal do inglês, ele dá ao determinante tratamento de categoria funcional que tem a sua própria projeção, e o sintagma nominal passa a ser projetado como parte dessa estrutura maior. Em (11) temos a estrutura comumente atribuída ao sintagma nominal na Teoria X', e em (12) temos a configuração proposta por Abney de um sintagma determinante, do qual o NP passa a ser complemento:

(11)

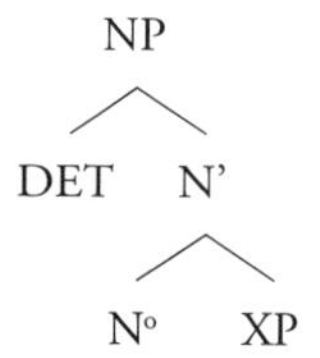

(12)

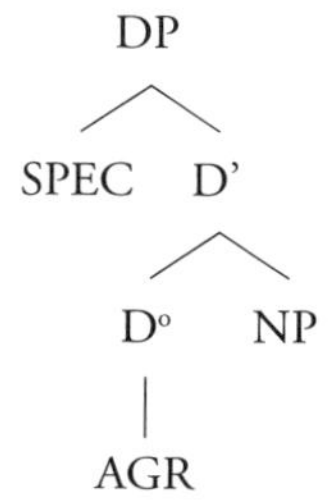

Como se observa, na estrutura em (12), o núcleo determinante D° seleciona uma projeção de N[13] (num processo semelhante à seleção realizada pelas categorias funcionais C e I). O elemento D°, quando lexicalmente preenchido tem o papel de especificar a referência do sintagma nominal selecionado por ele (ex. *the book* "o livro", *that house* "aquela casa"). D° é ainda o lugar onde se localiza o AGR nominal que é responsável pela atribuição do Caso genitivo ao nome ou ao pronome possessivo[14] na posição SPEC de DP (ex. *John's book* "o livro de João", *his book* "seu livro"). Note-se que nessa abordagem se considera que o nome (N) não atribui caso inerente (contra Chomsky, 1986; Giorgi e Longobardi, 1991). Em função da agramaticalidade de sequências do tipo "*John's the book*", Abney propõe para o inglês uma restrição de coocorrência que impede o AGR nominal de ocupar um nódulo D° que já esteja preenchido por um determinante lexical.

Essa abordagem apresenta, conforme Abney destaca, algumas vantagens teóricas: (a) D deixa de ser visto como defectivo com respeito à teoria X-barra, pois projeta um nódulo XP e toma um complemento, à semelhança de outras categorias; (b) determinantes e possuidores não aparecem na mesma posição sintática, estando de acordo com a visão atual de que as duas posições X^O e X^{max} são inteiramente disjuntas.

A estrutura DP, segundo apresentada anteriormente, é capaz de dar conta dos fatos do inglês, mas não se aplicaria ao português sem dificuldades, conforme nota Boff (1991). Os exemplos a seguir ilustram esse ponto.

(13) a. my book
b. *the my book
c. * John's the book
(14) a. o meu livro
b. *meu o livro (Boff, 1991: 23)

Em (13a), o possessivo se encontra na posição SPEC de DP; ele realiza Caso genitivo atribuído por AGR na configuração a seguir. (13b,c) são excluídas em função da impossibilidade de coocorrência de determinantes lexicalizados e de AGR atribuidor de caso genitivo.

(13 a')

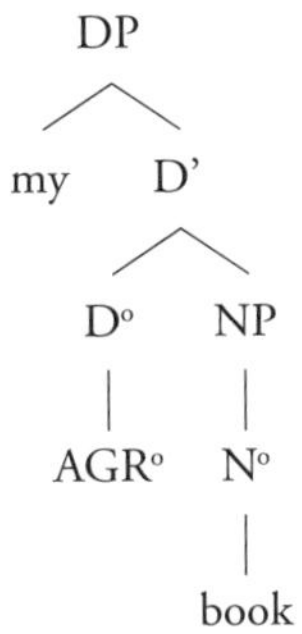

O (14) não encontra explicação a partir dessa estrutura de DP. O (14a) é gramatical, mesmo apresentando um determinante e um possessivo que coocorrem em ordem inversa daquela representada na estrutura (13a'). E (14b), que apresenta a ordem representada em (13a') entre o determinante e possessivo, é agramatical.

A coocorrência de um determinante e um possessivo em português (e em outras línguas como húngaro, italiano) indica a possibilidade de haver duas posições distintas, uma para D e outra para AGR. Boff (1991), a partir da proposta de Abney apresenta uma estrutura mais articulada, na qual D e AGR se caracterizam como núcleos funcionais de duas projeções XPs independentes. Essa estrutura é derivada da proposta de Szabolcsi (1987, citada em Boff) para o sintagma nominal do húngaro. No húngaro há duas maneiras de expressar o possuidor: uma com caso nominativo e a outra com caso dativo; na primeira situação, argumenta Szabolcsi, o possuidor ocupa uma posição de especificador de uma categoria equivalente ao INFL da sentença, e na segunda situação (possuidor no dativo), o possuidor ocupa a posição de um especificador de um elemento equivalente ao COMP da sentença. Desse modo, na projeção de um sintagma nominal, estariam envolvidos dois núcleos funcionais distintos, tendo-se, assim, um espelhamento de uma estrutura sentencial (= CP):

(15)

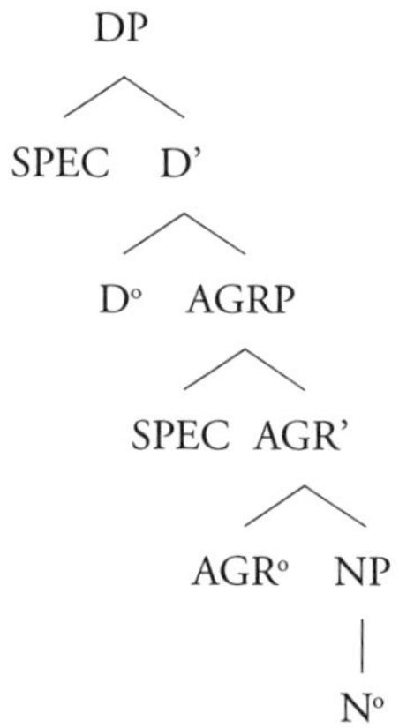

Boff assume, seguindo Szabolsci, que o núcleo funcional AGR° da categoria AGRP no sintagma determinante DP corresponde basicamente a uma subparte de INFL na sentença (na versão de Chomsky, 1986); o elemento AGR° é responsável por dois processos, a saber, a atribuição de Caso à posição de sujeito de NP e a transmissão dos traços de concordância para o núcleo nominal N°. Assim, essa categoria envolve dois tipos de traços básicos, traços de concordância [+/-c] de gênero e número, e traços de atribuição de Caso [+/- k]. Tomando-se AGR°, conforme posição enfatizada em Chomsky (1992), como uma coleção de traços comuns aos sistemas de concordância de sujeito e de objeto, parece natural poder estender os traços de pessoa para AGR° no sistema de concordância nominal, o que nos permite dar conta da especificação de pessoa em um sintagma nominal (DP) manifestada explicitamente quando formas possessivas pronominais estão presentes.

Reflexos de AGR no sistema possessivo: seu *vs.* dele

Consideremos agora o exemplo (1), repetido aqui por conveniência:

(1) a. João gosta do seu pai.
b. João gosta do pai dele.

A proposta de explicação para o aumento da ocorrência de indicação de posse por meio da forma *dele*, como apresentado em (b), em lugar do uso de *seu*, como apresentado em (a), que queremos sugerir baseia-se no enfraquecimento da categoria AGR no PB. O traço [+pessoa] é o elemento básico na geração de uma ou de outra estrutura; é a alteração no conjunto das especificações relativas a esse traço que vai levar à possibilidade de uma das formas em (1). Na perspectiva adotada aqui, a forma *seu*, como em (1a), só será possível se AGR for suficientemente especificado para pessoa, de outro modo, a forma *dele*, como em (1b), será a única autorizada. Destaque-se que é a própria morfologia dos pronomes possessivos que assinala a pessoa gramatical do possuidor.

Ponderamos que o processo se desenvolva da seguinte forma. O Caso genitivo realizado através da forma possessiva pronominal deriva da relação entre o núcleo AGR° e o seu especificador, ou seja, AGR° atribui Caso ao elemento presente no seu especificador pela relação de concordância núcleo-especificador, de modo similar à atribuição do Caso nominativo ao sujeito de IP. Assume-se que o possuidor é gerado sob a projeção, e a direita do núcleo N°, onde recebe papel temático, movendo-se depois para o especificador de AGR° para receber Caso. O exemplo (16) apresenta a configuração relevante:

(16) a.

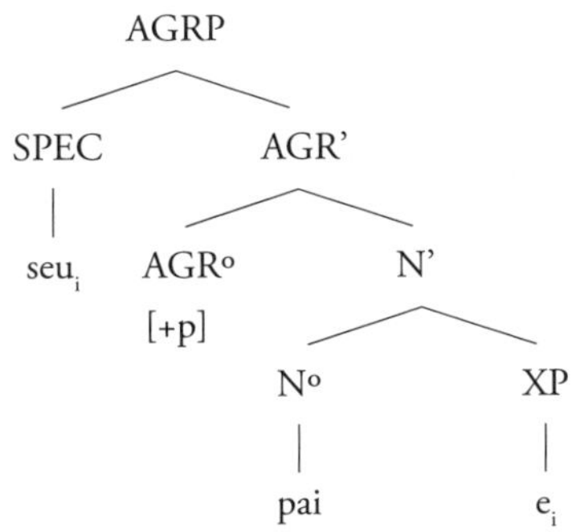

(16) b.

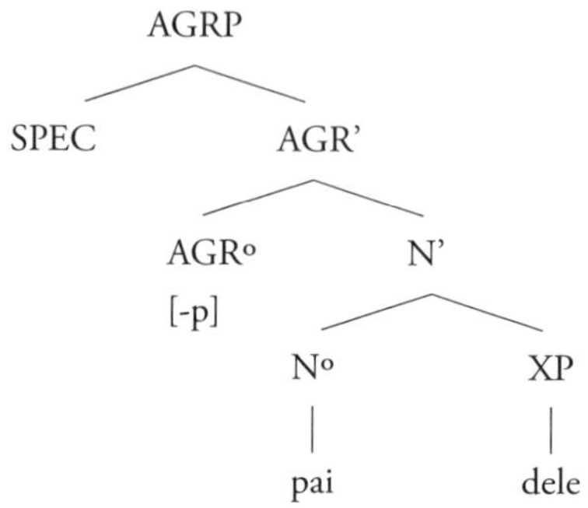

Suponhamos que para AGR° ser capaz de atribuir Caso a condição fundamental seja que a especificação de pessoa esteja incluída entre os traços que o compõem; a ausência desses traços acarreta a impossibilidade de marcação de Caso, e a forma possessiva não pode ser realizada nessa posição. Talvez se possa pensar que mesmo sem essa especificação, o núcleo AGR° ainda seria capaz de atribuir Caso, sendo a não ocorrência do pronome possessivo decorrente do fato de que esse AGR° defectivo produz uma relação de concordância imprópria com um elemento em seu especificador, que seja especificado quanto à pessoa, ou seja, os traços dos dois elementos envolvidos na relação de concordância não concordam satisfatoriamente. A indicação de posse vai se dar por outro intermédio, no caso específico, através de uma construção perifrástica envolvendo o possuidor mais a preposição *de*. Pode-se especular ainda que se o único traço de AGR fosse [+pessoa], talvez ele não mais projetasse uma posição de especificador (cf. Fukui, 1986), mas, como ele incorpora também traços de [+número] e, talvez, [+gênero], essa posição parece ser necessária para que esses traços sejam apropriadamente descarregados.

Conforme já mencionado, o sistema de concordância do PB sofreu um processo de enfraquecimento. No tocante à especificação da pessoa gramatical, o sistema se reduziu. A entrada do pronome *você* no quadro das formas pronominais pessoais evidencia o emprego de um mesmo item (uma forma verbal, um clítico, um pronome possessivo) para referir a pessoas distintas. A relação de concordância de terceira pessoa que ocorre com o pronome *você* se estende a todos os domínios pertinentes; assim, a forma possessiva que se relaciona com *você* no PB padrão é a de terceira pessoa *seu*. (A forma *teu* intercambia com *seu* em alguns dialetos do PBC, mas não parece exercer influência sobre a frequência de uso da forma *dele*). Retomemos o quadro de possessivo apresentado em (3) anteriormente e repetido por conveniência:

(3)

	1ª pessoa	2ª pessoa	3ª pessoa
Sing.	meu	seu	seu
Plur.	nosso	seu	seu

Observe-se que a forma possessiva *seu* está aqui relacionada com quatro pessoas, segunda pessoa do singular P2 e do plural P5 e terceira pessoa do singular P3 e do plural P6. Na verdade, se antes da introdução de *você* e seu séquito no sistema pronominal, as formas de terceira pessoa não diferenciavam o possuidor quanto ao número (i.e., tinha-se uma mesma forma para P3 e P6; ver nota 2), agora não se distingue, em termos morfofonológicos, a referência de terceira pessoa da de segunda. Um enunciado do tipo em (3'a) permite quatro leituras diferentes (3'b, c, d, e), cada leitura associando o possessivo a uma diferente pessoa gramatical:

(3') a. *Seu* carro está pronto.
b. seu = ouvinte singular (você)
c. seu = ouvinte plural (vocês)
d. seu = não ouvinte singular (uma pessoa)
e. seu = não ouvinte plural (várias pessoas)

Nesse novo quadro, a oposição restante é a de primeira pessoa *versus* não primeira pessoa. Diluídas as marcas morfofonológicas que garantiam a identificação de referência à segunda (P2 e P5) ou a terceira pessoa (P3 e P6), tem-se recorrentemente a presença de ambiguidade quando a forma *seu* está em jogo. A identificação da pessoa gramatical do antecedente da forma possessiva, que antes poderia se dar internamente à frase mediante certas características mórficas inerentes ao possessivo, agora vai depender de elementos do contexto linguístico ou extralinguístico.

A introdução do pronome *você* produz uma discordância na relação pessoa gramatical/pessoa do discurso. Com a primeira pessoa P1, há uma convergência entre marcas morfológicas associadas à primeira pessoa gramatical e à primeira pessoa do discurso, quer dizer, as marcas morfofonológicas de primeira pessoa gramatical (no possessivo) correspondem unicamente à identificação da primeira pessoa do discurso. Com a segunda pessoa P2, não se verifica nenhuma correspondência desse tipo; as marcas mórficas associadas à segunda pessoa do discurso são formalmente marcas de terceira pessoa, que se empregam igualmente para referência à terceira pessoa do discurso. Na verdade, pode se dizer que a gramática do PB com AGR enfraquecido perdeu os recursos morfológicos de separação entre a segunda e terceira pessoa (a perda da marca da distinção da segunda pessoa parece ser crucial em processo de mudança envolvendo AGR, conforme assinala Galves (1989)).

Fazendo um paralelo com o paradigma das conjugações verbais em termos de um AGR° [+pronominal] como apresentado na seção "A morfologia verbal", o AGR° no sistema da concordância nominal está se transformando em [-pronominal], de vez que apresenta mais de um sincretismo, tornando-se incapaz de identificar a pessoa gramatical do referente associado ao possessivo. Mas isso não significa que as formas possessivas não estejam sendo mais licenciadas.

O novo quadro de indicação de posse conserva apenas três das formas do possessivo do PB padrão. Nele, três empregos da forma *seu*, os não associados à referência de segunda pessoa do singular P2, foram substituídos, conforme apresentado em (4) repetido aqui:

(4)

	1ª pessoa	2ª pessoa	3ª pessoa
Sing.	meu	seu	dele
Plur.	nosso	de vocês	deles

Conforme se observa, apenas os possessivos de primeira pessoa (P1 e P4) e segunda pessoa do singular (P2) do quadro padrão permanecem no coloquial. Apenas elas podem ocorrer prenominalmente; para as outras pessoas, os indicadores de posse ocorrem depois do nome. Os padrões de concordância nominal agora são dois: com o primeiro grupo (P1, P2 e P4), é mantida a concordância de gênero e número entre o pronome possessivo e o nome possuído; com o segundo grupo (P3, P5 e P6), não se realiza concordância entre a expressão indicadora de posse e o nome possuído, antes a expressão de posse varia na terceira pessoa para indicar se o possuidor é singular ou plural. Nesse quadro misto, parece evidente que dois processos sintáticos ocorrem, a saber, um envolvendo especificação de traços de pessoa (P1, P2 e P4) em AGR e outro em que AGR não é especificado o suficiente quanto ao traço [+pessoa] (P3, P5 e P6) para estabelecer uma relação de concordância entre o núcleo AGR° e seu especificador. Essa situação se assemelha à dos clíticos segundo a interpretação proposta por Kato (1991a, b); aqui também o elemento de terceira pessoa se diferencia dos demais sendo o primeiro a manifestar os reflexos da transformação em andamento. Kato (neste volume) estende sua proposta para incluir o sistema possessivo, advogando um quadro uniforme (com *meu* para a primeira pessoa, *teu/seu* para segunda pessoa e um possessivo nulo[16] de terceira pessoa) num dado estágio do processo de mudança em andamento, mesmo com a ausência do possessivo *seu* associado à terceira pessoa. Porque o possessivo nulo é foneticamente silencioso, a forma fonética de uma estrutura (-S) pode ser interpretada de maneira ambígua: uma interpretação na qual seja deduzida a presença desse elemento nulo, e outra, na qual ele não esteja presente. Em termos da aquisição, os enunciados envolvendo possessivo nulo constituem *input* ambíguo, instanciando um local possível para o início de uma mudança linguística.

Podemos, também, invocar aqui mais um paralelo com a flexão verbal. Jaeggli e Hyams (1987) assinalam que em hebraico o sujeito nulo temático é possível somente nos paradigmas dos tempos verbais do passado e do futuro; no tempo presente, que apresenta concordância de pessoa defectiva, ele não é autorizado. Ou seja, dentro de um mesmo sistema é possível restringir certos processos a subáreas específicas. No caso dos possessivos, o quadro anterior mostra uma restrição que os limita a um grupo de pessoas, quais sejam, P1, P2 e P4.

A continuidade do processo de subespecificação da pessoa gramatical é evidenciada a partir do paradigma em (17) a seguir.[17] O paradigma de indicação de posse no PBC, com o avanço do processo atingindo também a pessoa P4, passa a ser o seguinte:

(17)

	1ª pessoa	**2ª pessoa**	**3ª pessoa**
Sing.	P1 *meu*	P2 *seu*	P3 *dele*
Plur.	P4 *da gente*	P5 *de vocês*	P6 *deles*

O pronome possessivo associado à primeira pessoa do plural (P4) *nosso* passa a ter um concorrente *da gente*. Esse quadro demonstra que a identificação de pessoa gramatical (dada pela morfologia) que ainda permanece é a de primeira (P1) e segunda (P2) pessoa do singular, que correspondem aos dois elementos de uma situação comunicativa básica, o "falante" e o "ouvinte". O traço [+pessoa] de AGR parece se especializar para identificar os dois elementos de uma interação; note-se, a propósito, que esse tipo de relação se dá em presença, e a identificação dos seus elementos é dependente da situação de fala. O traço [+pessoa] parece, então, mais orientado para a identificação dos participantes de uma situação comunicativa básica do que para a especificação de pessoa gramatical. Essa distinção assemelha-se a apresentada pelo tipo de especificação subsumido na dêixis espacial que situa os objetos em termos de proximidade do falante e do ouvinte (PB coloquial se aproximaria do tipo de língua mais orientada para o discurso do que para a sentença, nos termos de Huang (1984)). Hewson (1991), numa abordagem funcionalista das hierarquias pronominais em algonquino, observa que a primeira e a segunda pessoa se distinguem em vários aspectos (formais/estruturais) da terceira; ele diz que isso se deve ao fato de que elas são elementos necessariamente dêiticos, de uma maneira que a terceira pessoa não o é.

Esse caráter misto do paradigma de possessivo pode ser interpretado de dois modos. Pelo raciocínio apresentado anteriormente, a especificação de pessoa se definiria em termos dos dois participantes de um ato de fala, com valor estritamente dêitico e consequentemente esse novo tipo de traço de [pessoa] não se aplicaria a outros elementos fora dessa relação; essa especificação de pessoa mais restrita também poderia ser capaz de licenciar uma relação de concordância entre o núcleo AGRº e o seu especificador, legitimando a ocorrência das formas possessivas de primeira pessoa P1 (*meu*) e de segunda P2 (*seu*). Alternativamente, poder-se-ia considerar o PBC como um sistema misto (talvez diglóssico; cf. Kroch, 1989), sendo a especificação de P1 e P2 realizada dentro da variante com AGR forte, em virtude de condicionamento social que estigmatiza as formas resultantes na variante com AGR fraco, nomeadamente, *de eu* e *de você* (e.g., "*o livro de eu*", "*o livro de você*"). Destaque-se que, enquanto o primeiro caso parece ainda circunscrito ao contexto infantil, o segundo caso, embora apresente baixa frequência, é atestado em Silva (1984).

Resumindo. A especificação de traço [+pessoa] em AGR em PBC parece ter-se reduzido à primeira e à segunda pessoa do discurso, ou seja, o sistema opera agora com duas distinções, quando antes exibia um conjunto de cinco (*meu*, *teu*, *seu*, *nosso*, *vosso* e *seu* – P3 e P6 sempre foram indiferenciadas). Como a legitimação da forma possessiva depende da identificação da pessoa gramatical que a ela está associada, apenas dois itens possessivos podem ocorrer legitimamente. A indicação de posse para outros sujeitos diferentes do falante/ouvinte vai se dar por meio do sintagma **de+possuidor**; esse recurso já fazia parte da gramática do PB, sendo empregado para estabelecer relação de posse quando o possuidor é apresentado por meio de um nome, para o qual o traço [+pessoa] (é inerentemente especificado para terceira pessoa). No sistema do PB padrão, a especificação de terceira pessoa gramatical parece ainda permanecer operante, embora as marcas flexionais estejam equiparadas às de segunda pessoa (ambas são terceira pessoa gramatical).

AGR E MUDANÇA NO PB

Roberts (1993) distingue três noções básicas na teoria da mudança, a saber, passo (*step*), Reanálise Diacrônica (RD) e Mudança Paramétrica. Vejamos algumas características básicas associadas a essas noções. Um passo pode ser concebido como o aparecimento de uma construção nova ou uma mudança significativa na frequência de uma construção em um conjunto de textos. Um passo dado por uma língua não implica necessariamente uma mudança na gramática.

A Reanálise Diacrônica (RD) envolve uma mudança de estrutura; pode ser caracterizada como a situação em que uma dada construção tem uma estrutura S no período P e uma estrutura S' diferente de S no período P'. Age de modo a reduzir drasticamente a frequência de certos tipos de construção sem, contudo, eliminá-las, tendo-se, em geral, a introdução de construções novas ao lado de outras existentes no sistema. A terceira noção, Mudança Paramétrica, pode envolver a eliminação de uma ou várias construções da gramática; as construções eliminadas podem ser estruturas já obsoletas ou estruturas ainda viáveis. As transformações do sistema possessivo que estão sendo consideradas não parecem envolver esse tipo radical de mudança.

Considerando o que se observou com referência ao par *seu/dele*, pode-se pensar que a mudança no uso dessas formas exemplifica um passo (*step*) dado pela língua: o estudo de Silva testemunha, de fato, uma mudança significativa na frequência da indicação de posse de terceira pessoa através da forma *dele* (Kato, neste volume, apresenta uma interpretação desses fatos que considera a nova construção já como resultado de uma RD). Esse passo, todavia, parece ter aberto o caminho para outros desdobramentos. Na seção anterior levantamos a hipótese de que os mecanismos que regulam o uso das formas possessivas pronominais (*meu* e *seu*) na gramática da língua falada se baseiem agora na especificação de pessoa em termos dos dois participantes do ato de fala, de modo mais estritamente dêitico e menos anafórico. Se essa hipótese se mostrar válida, parece que temos, então, no sistema de possessivo a exemplificação de outro tipo de mudança, nomeadamente uma Reanálise Diacrônica. A construção com os pronomes possessivos (*meu*, *seu*), embora não manifeste nenhuma mudança da sua estrutura na superfície, estaria associada a uma estrutura nova. Nessa perspectiva, pode-se pensar que essas formas possessivas tenham sofrido um certo tipo de recategorização no sistema, o que possibilitaria a sua geração diretamente na posição prenominal, eliminando a necessidade de movimento. Essa eliminação de movimento poderia estar instanciando o recurso à Estratégia de Menor Esforço (LES)[18] conforme formulada por Roberts (1993), que parece ser um componente muito importante nas situações de mudança.

CONCLUSÃO

Exploramos neste trabalho a relação entre a categoria AGR e certas transformações na indicação de posse de terceira pessoa no PBC. Consideramos o núcleo AGR como um conjunto de traços de concordância (pessoa, número e gênero), que seleciona uma projeção de N, e é, por sua vez, selecionado funcionalmente pelo núcleo D° do DP. Argumentamos que o uso quase categórico da forma *dele* em lugar de *seu* na indicação de posse reflete uma mudança no sistema flexional do PB, nomeadamente, um processo de enfraquecimento de AGR, que se caracteriza, nesse caso, pela perda da especificação da pessoa gramatical, com reflexos evidentes em outras partes da gramática, tais como, no paradigma da flexão verbal e no sistema de clíticos.

Em função desse processo de perda da especificação da pessoa gramatical, o núcleo AGR vai se tornar incapaz de estabelecer uma relação própria com o seu especificador, não podendo atribuir Caso a esta posição, o que ocasiona a impossibilidade de legitimar os pronomes possessivos, à exceção das formas de primeira pessoa P1 (*meu*) e de segunda pessoa P2 (*seu*), nessa posição. Aventamos duas hipóteses para justificar a continuidade da ocorrência dos pronomes possessivos *meu* e *seu*: (a) o PBC se constitui em um sistema misto, no qual o AGR enfraquecido ainda mantém a especificação da pessoa gramatical, embora restringida às pessoas P1 e P2, com o processo de mudança sendo constrangido por fatores extralinguísticos; e (b) a especificação de pessoa se definiria agora em termos dos dois participantes de um ato de fala, com valor estritamente dêitico, e não abrangeria outros elementos fora dessa relação. Pela primeira hipótese, a preponderância da forma *dele* sobre o pronome possessivo *seu* representaria um passo dado pela língua nos termos da teoria da mudança linguística consoante a formulação de Roberts, restringindo-se apenas a esses elementos, com efeito bastante localizado. A segunda hipótese permite especular sobre a ocorrência de uma Reanálise Diacrônica, cujo resultado produz uma estrutura de superfície equivalente à estrutura antiga, mas associada a uma estrutura subjacente distinta, representando uma mudança real na gramática.

NOTAS

1 O trabalho de Perini enfoca o contraste dentro da teoria funcionalista, considerando a ambiguidade do uso de *seu* para referir às pessoas P2, P3, P5 e P6 e os ajustes operados no sistema para evitar essa ambiguidade. O sistema pronominal coloquial considerado se refere à parte central do país; no Sul e no Norte existem áreas onde o sistema é diferente.

2 Silva (1991), numa reanálise da variação do uso de *seu* e *dele* em função do fator definitude, situa a introdução da forma **você** no século XVIII.

3 "você"/"vocês" substituem "tu"/"vós". Esses últimos têm como formas possessivas correspondentes "teu" e "vosso"; assim, o quadro de possessivos compunha um sistema com cinco distinções ("meu"/"nosso", "teu"/"vosso", "seu"/"seu"), com a terceira pessoa carecendo da distinção singular/plural.

4 A forma "vós" está sendo apresentada para mostrar o paradigma completo; ela se restringe, no PB padrão, a situações de fala muito formais (*e.g.*, registro forense). A forma "tu" é encontrada em variação com "você" alguns dialetos, podendo a forma verbal associada apresentar ou não a terminação (-s) de concordância.

5 Isso significa que uma língua pode ser *pro-drop* mesmo que em alguns casos o sujeito não possa ser apagado. Jaeggli e Hymes (1987) relatam que em hebraico sujeitos nulos temáticos só são possíveis com os paradigmas verbais dos tempos futuro e passado; esse tipo de sujeito nulo não é autorizado no tempo presente, onde a concordância de pessoa é defectiva.

6 "[...] sujeitos, enquanto categoria sintática, permanecem relativamente vazios até cerca de 1880 (151/600, i.e., 25,2 % de presença pronominal), sendo a categoria vazia gradualmente substituída por uma forma pronominal plena. O padrão Pronome + VP atinge 65.6 % em 1982."

7 A fala de não escolarizados ou semiescolarizados apresenta combinações plural/singular entre sujeito e verbo que evidenciam bem o processo de "desorganização" no quadro da indicação de pessoa gramatical e da concordância formal.

(i) a. O pessoal foram (*foram* por *foi*)
b. A gente vamos (*vamos* por *vai*)

(ii) a. Nós foi (*foi* por *fomos*)
b. Eles foi (*foi* por *foram*)

Em (i) um NP singular sujeito está associado a uma forma verbal plural; em (ii), tem-se um NP plural sujeito que está associado a uma forma verbal singular. Esse fenômeno indica um conhecimento de formas e um desconhecimento dos padrões que regulam seus usos.

8 A presença de sujeito nulo ainda competindo com o sujeito preenchido está de acordo com a posição de Rizzi (1988) de que numa situação de mudança uma certa inércia, de modo que a reestruturação do sistema não se dá instantaneamente.

9 A mudança no paradigma de pessoa verbal não parece ter afetado a marcação de tempo, pois as formas cuja marca de pessoa se apresenta amalgamada à de tempo não sofreram alteração (*e.g.*, cant-o, cant-ei, cant-ou). A *dêixis* temporal, segundo nota Weinreich (1966), parece ser independente das outras formas de dêixis. Pode-se especular que os morfes perderam sua relação com pessoa, tornando-se apenas um marcador de tempo verbal. Se essa interpretação viesse a ser adotada, uma consequência seria que PB teria de novo um paradigma Morfologicamente Uniforme com todas as pessoas apresentando terminação não derivada (à *la* chinês), com a possibilidade de licenciar formalmente um sujeito nulo que dependeria de um outro tipo de identificação do seu conteúdo referencial.

10 Esse valor deve ser reavaliado, considerando a possibilidade de o tipo de texto (estilo, autor etc.) estar enviesando o resultado.

11 "[...] a variante do português que admite clíticos nulos em ilhas, embora em seus primeiros passos na direção de uma língua sem clíticos, tem ainda um sistema de clíticos bem uniforme."

12 A forma *você* é também usada em lugar do clítico *te*, e objeto nulo envolvendo a segunda pessoa também ocorre. Mas essa é uma possibilidade prevista em situação de mudança. Ver notas 5 e 8.

13 Para Abney, a projeção máxima de N^O corresponde ao nível N-barra na análise padrão, pois a projeção de especificador não é projetada. Para efeito de apresentação, será seguido esse modelo sem significar, contudo, uma tomada de posição.

14 Estamos incluindo a forma possessivo nessa posição, embora Abney refira-se sempre ao *possessor* "possuidor" e exemplifique sempre com um nome.

15 Na verdade, Abney considera a possibilidade de que a estrutura do sintagma nominal inclua uma posição equivalente ao COMP da sentença, como defendido por Szabolcsi com base nos dados do húngaro, e por Harrocks; Stavrou com base no grego. Ideia que ele não persegue porque seu objetivo é argumentar em favor da existência no sintagma nominal de um equivalente de Infl.

16 Essa proposta de Kato encontra respaldo nos comentários de Silva (1984) sobre a construção pleonástica *seu ... dele*. Silva contesta a (suposta grande) frequência dessa construção, mas verifica que ela, embora de modo raro, ainda ocorre em textos atuais. Observa também que essa construção era mais usada em casos ambíguos, a forma *dele* (e suas flexões) servindo para resolver qualquer ambiguidade (pessoa, gênero, número etc.). Entretanto, ela diz: "Esta ambiguidade não bastava, no entanto, para explicar tal construção: para desmanchá-la, bastaria, como se faz hoje, usar-se o artigo acompanhado da forma *dele*, sendo supérfluo o possessivo propriamente dito" (p. 68). Ora, podemos interpretar a presença do elemento *dele* como tendo a função de especificar traços de concordância (principalmente de pessoa), que a forma possessiva de terceira pessoa deixava inespecificado. Quando a forma *seu* passa a se referir também à segunda pessoa, o uso de *dele* constitui recurso constante para identificar a pessoa gramatical em questão. Pode-se imaginar que a presença desse elemento criou as condições para a defonetização da forma possessiva que podia ser deduzida a partir da sua presença do elemento identificador de pessoa na frase. Esse tópico será desenvolvido em estudo futuro.

17 Já no início do século XX, o escritor modernista Mário de Andrade (cf. Pinto, 1990) defende a inclusão de *a gente* no quadro dos pronomes do PB. Até hoje essa forma não está sancionada na escrita, mas é muito comum na fala não monitorizada, não necessariamente coloquial.

18 Estratégia de Menor Esforço (LES): representações atribuídas a sentenças do *input* da aquisição devem ser tais que contenham o conjunto de cadeias possíveis mais curtas (consistentes com (a) princípios da gramática, e (b) outros aspectos da experiência provocadora) (Roberts, 1993: 213; tradução minha).

REFERÊNCIAS BIBLIOGRÁFICAS

ABNEY, S. P. *The English Noun Phrase in its Sentential Aspect*. Cambridge, 1987. Tese (Ph.D) – MIT.

BOFF, A. M. *A posição dos adjetivos no interior do sintagma nominal*: perspectivas sincrônica e diacrônica. Campinas, 1991. Dissertação (Mestrado em linguística) – Universidade Estadual de Campinas.

CERQUEIRA, V. C. "A forma 'dele' na indicação de posse e as mudanças no sistema pronominal do PB". 1990. Manuscrito.

CHOMSKY, N. Principles and Parameters in Syntactic Theory. In: HORNSTEIN, N.; LIGHTFOOT, D. (orgs.) *Explanation in Linguistics*. New York: Longman, 1981.

______. *Knowledge of Language*: Its Nature, Origin and Use. New York: Praeger, 1986.

______. Some Notes on Economy of Derivation and Representation. In: LAKA, I.; MAHAJAN, A. (orgs.) MIT *Working Papers in Linguistics 10*: Functional Heads and Clause Structure. MIT, 1989.

______. *A Minimalist Program for Linguistic Theory*. Cambridge: MIT Occasional Papers in Linguistics Number 1, 1992.

CORREA, V. R. *O objeto direto nulo no português do Brasil*. Campinas, 1991. Dissertação (Mestrado em Linguística) – Universidade Estadual de Campinas.

CYRINO, S. M. L. "Objeto nulo em português do Brasil". São Paulo, 1990. Manuscrito.

DUARTE, M. E. L. Clítico acusativo, pronome lexical e categoria vazia no português do Brasil. In: TARALLO, F. (org.) *Fotografias sociolinguísticas*. Campinas: Pontes, 1989, pp. 19-34.

FUKUI, N. *A Theory of Category Projection and its Applications*. Cambridge, 1986. Tese (Ph.D) – MIT.

GALVES, C. M. C. "O objeto nulo no português brasileiro: percurso de uma pesquisa". *Cadernos de Estudos Linguísticos*. n. 17, 1989, pp. 65-90.

GIORGI, Alessandra; LONGOBARDI, Giuseppe. *The Syntax of Noun Phrases*: Configuration, Parameters and Empty Categories. Cambridge: Cambridge University Presss, 1991.

HUANG, C. T. J. "On the Distribution and Reference of Empty Pronouns". *Linguistic Inquiry*. v.15, n. 4, 1984, pp. 531-74.

HEWSON, J. "Person Hierarchies in Algonkian". *Linguistics*. v. 29, n. 5, 1991, pp. 861-75.

JAEGGLI, O; N. HYAMS. "Morphological Uniformity and the Setting of the Null Subject Parameter". 1987. Manuscrito.

KATO, M. "A complementariedade dos possessivos e das construções genitivas no português coloquial: réplica a Perini". *D.E.L.T.A.* v.1, n. 1 e 2, 1985, pp. 107-20.

______. The Distribution of Pronouns and Null Elements in Object Position in Brazilian Portuguese. In: ASHBY, W. J; MITHUN, M.; PERISSINOTTO, G. (eds.) *Linguistic Perspectives on Romance Languages*: Selected Papers from the XXI Linguistic Symposium on Romance Languages, Santa Barbara, 1991a, pp. 21-4.

______. A Theory of Null Objects and the Development of a Brazilian Child Grammar. Trabalho apresentado no Congresso de Aquisição da Linguagem: Crossing Boundaries, Tübingen, 1991b.

______; TARALLO, F. "Restrictive VS Syntax in Brazilian Portuguese: its Correlation with Visible Subjects and Invisible Clitics". Trabalho apresentado em colóquio no Departamento de Linguística da University of Pennsylvania, 1987.

KROCH, A. S. "Reflexes of Grammar in Patterns of Language Change". *Language Variation and Change*. n. 1, 1989, pp. 199-244.

NICOLAU, E. M. *A ausência de concordância verbal em português*: uma abordagem sociolinguística. Belo Horizonte, 1984. Dissertação (Mestrado em Linguística) – Universidade Federal de Minas Gerais.

PERINI, M. "O surgimento do sistema possessivo do português coloquial: uma interpretação funcional". *D.E.L.T.A.* v. 1, n. 1 e 2, 1985, pp. 1-16.

PINTO, E. P. *A gramatiquinha de Mário de Andrade*. São Paulo: Duas Cidades, 1990.

POLLOCK, J-Y. "Verb Movement, UG and the Structure of IP". *Linguistic Inquiry*. v. 20, n. 3, 1989, pp. 365-424.

RIZZI, L. "The New Comparative Syntax: Principles and Parameters of Universal Grammar". 1988. Manuscrito.

ROBERTS, I. *Verbs and Diachronic Syntax*: A Comparative History of English and French. Dordrecht, Kluwer, 1993.

SILVA, G. M. de O. "Variação no Sistema Possessivo de Terceira Pessoa". *Tempo Brasileiro*. n. 78 e 79, 1984.

______. "Um caso de definitude". *Organon*. v. 18, n. 5, 1991, pp. 90-108.

TARALLO, F. L. *Relativization Strategies in Brazilian Portuguese*. Philadelphia, 1983. Tese (Doutorado em Linguística) – Universidade da Pensilvânia.

WEINREICH, U. On the Semantic Structure of Language. In: Greenberg, J. H. (ed.) *Universals of Language*. 2. ed. Cambridge: The MIT Press, 1966.

OBSERVAÇÕES SOBRE A MUDANÇA DIACRÔNICA NO PORTUGUÊS DO BRASIL: OBJETO NULO E CLÍTICOS

Sonia M. L. Cyrino

A teoria gerativa no modelo de Princípios e Parâmetros, que propõe a Gramática Universal (GU) como um sistema de princípios universais e parâmetros em aberto, os quais podem ser fixados através da experiência linguística, proporciona um campo de pesquisa muito amplo para o estudo da mudança linguística.

Se as línguas variam por ter parâmetros afixados de modo diverso, a mudança diacrônica se caracterizaria pela alteração na fixação desses parâmetros. Porém, esse fenômeno se processaria através de pequenas mudanças visíveis: construções que se tornam mais raras – os "passos", segundo Roberts (1993). Os passos, então, seriam estruturas que se tornam menos frequentemente usadas, mas não totalmente eliminadas dos dados. Isso quer dizer que o sistema gramatical ainda permite aquelas construções. Os passos conduzirão, por sua vez, à reanálise diacrônica de alguma estrutura, o que também trará como consequência a redução na frequência de certas construções. Segundo Roberts (1993), a mudança paramétrica ocorrerá, então, através de reanálises diacrônicas, e, além disso, vai também interagir com elas, no sentido de que uma mudança paramétrica pode forçar inúmeras reanálises diacrônicas simultâneas ou quase simultâneas manifestadas como mudanças observáveis (os "passos").

A mudança paramétrica poderia ser caracterizada, segundo Roberts (1993), como respostas sim/não a perguntas relacionadas aos parâmetros da língua. Para que um parâmetro seja fixado com a resposta *sim* (ou *não*), a criança precisa de evidência positiva, ou seja, estruturas que a levem a fazer reanálises que possibilitem uma mudança naquela resposta.

O ponto de partida de meu estudo foi a observação das diferenças entre o português do Brasil (PB) e o português europeu (PE) com relação ao fenômeno do objeto nulo, representado como Ø a seguir. Segundo Raposo (1986), o objeto nulo no PE pode ocorrer em construções específicas – foi analisado como uma variável, um vestígio deixado pelo movimento de uma categoria vazia para uma posição de operador nulo, porque só pode ocorrer em construções do tipo (1) a seguir, e nunca em ilha, como os exemplos (2) (exemplos de Raposo):

(1) a. A Joana viu Ø na TV ontem.
b. A empregada colocou os livros na estante?
Sim, ela colocou Ø.
c. A Maria entregou o dinheiro ao Manuel, mas eu sei de algumas pessoas que nunca teriam entregue Ø.

(2) a. *Eu informei a polícia da possibilidade de o Manuel ter guardado Ø no cofre da sala de jantar.
b. *O rapaz que trouxe Ø agora mesmo da pastelaria era teu afilhado.
c. *Que a IBM venda Ø a particulares surpreende-me.
d. *O pirata partiu para as Caraíbas depois de ter guardado Ø cuidadosamente no cofre.

O objeto nulo no PB é muito mais livre, pois todas as sentenças em (2) são perfeitamente gramaticais, como diversos estudos já enfatizaram (ver Galves, 1989a,b; Farrell, 1987, 1990; Wheeler, 1981; Kato, 1991a,b; entre outros). Portanto, nesses estudos o objeto nulo no PB tem sido considerado de uma maneira geral uma categoria vazia do tipo *pro*, ou seja, uma categoria pronominal. Não seria, então, uma variável, como foi analisado para o PE e para o chinês (Huang, 1984).

Minha primeira hipótese foi que uma mudança linguística deve ter ocorrido no estatuto da categoria vazia (objeto nulo), uma vez que o PB tem sua origem no PE. Em um primeiro estudo, Cyrino (1990a), coletei dados que mostraram fatos interessantes sobre a mudança diacrônica do PB. Os resultados daquele primeiro estudo mostraram um aumento na ocorrência do objeto nulo, o qual era restrito a certos contextos numa primeira época, e se tornou mais livre para ocorrer em outros contextos posteriormente (tabela 1). A partir do século XIX, pude detectar objetos nulos até mesmo em ilhas, como a sentença (3):

(3) Inferno, isso é: se de Dante, não sei, porque não Ø conheço. (Arthur Azevedo: 83)

Tabela 1 – Objetos nulos no tempo (adaptado de Cyrino, 1990a)

Século	Objetos nulos (%)
1ª metade do XVIII	14.2
1ª metade do XIX	41.6
2ª metade do XIX	23.2
1ª metade do XX	69.5
2ª metade do XX	81.1

Nesse mesmo estudo, apontei para a perda concomitante do clítico de 3ª pessoa, e relacionei esse fato ao aumento da ocorrência de objetos nulos em PB. A ocorrência de pronomes lexicais em posição de objeto também foi pesquisada, e constatei que esse fenômeno começa a aparecer nos dados também a partir do século XIX.

A partir dessas observações, o próximo passo seria determinar se houve uma mudança paramétrica relacionada ao objeto nulo no PB.

Se falamos em mudança paramétrica, é preciso que se identifique na diacronia da língua construções que estariam relacionadas com a diferenciação na fixação de um parâmetro. Uma mudança paramétrica envolve outras mudanças ocorrendo na língua simultânea ou quase simultaneamente. Se houve uma reanálise a partir de uma estrutura, essa única reanálise não implicaria na mudança de um parâmetro, mas poderia contribuir para tal, pois ocasiona a ocorrência de novas construções, removendo evidências que levariam à fixação de um parâmetro de certo modo (ver Roberts, 1993; Lightfoot, 1991). Somente a investigação da ocorrência de outras construções da língua poderá mostrar se houve mudança na fixação do parâmetro que estaria relacionado ao objeto nulo no PB.

Segundo Galves (comunicação pessoal), a posição dos clíticos no PB estaria relacionada ao fenômeno do objeto nulo. Assim, o estudo da mudança no PB com relação ao objeto nulo, deve então começar pela observação do fenômeno da mudança dos clíticos.

Várias pesquisas parecem mostrar que a mudança dos clíticos no PB abrange dois aspectos: sua posição mudou (Cyrino, 1990b; Pagotto, 1992), e houve uma queda na sua ocorrência (Tarallo, 1983; Cyrino, 1990a,b, 1994, 1997). Vejamos, então, como ocorrem esses dois tipos de mudança.

A MUDANÇA NA POSIÇÃO DOS CLÍTICOS

Em Cyrino (1990b), investigo a mudança da posição dos clíticos em PB (ver também Pagotto, 1992), a fim de verificar se houve uma mudança sintática que pudesse ser relacionada com a renálise da categoria vazia em posição de objeto. Naquele estudo, levanto a hipótese de que a categoria vazia variável teria sido reanalisada como *pro* através da ocorrência do pronome tônico na posição do objeto (mas, ver a seguir).

Por estar estudando o objeto nulo como ocorrência do PB, procurei peças brasileiras, por entender que seriam uma melhor representação do vernáculo. Isso restringiu o *corpus* daquele estudo a três séculos: XVIII, XIX e XX. Dividi os dados por metades de séculos, obtendo, assim, cinco épocas (sobre a origem dos dados, ver seção "Obras utilizadas 1", adiante).

Coletei cerca de 2.000 sentenças com pronomes clíticos (1ª, 2ª e 3ª pessoas do singular e plural, acusativo, dativo e reflexivo). Para a análise, no entanto, considerei apenas 1.000 dados, pois novamente observei um decréscimo no uso de clíticos, o que deixava desproporcional o número de dados para cada metade de século. Por exemplo, para aproximadamente o mesmo número de linhas de cada metade de século, obtive 364 dados para a primeira metade do século XVIII, e apenas 201 dados para a segunda metade do século XX. Assim, resolvi restringir o *corpus* a 200 dados para cada metade de século e observar a distribuição do pronome clítico em PB quanto à sua colocação, através do tempo. As mudanças ocorridas mostram claramente que, quanto à próclise, o pronome clítico no século XVIII podia subir até mesmo a uma posição acima da categoria negação (NEG). No século XX, ele se encontra sempre proclítico ao verbo mais baixo numa locução verbal.[1]

Quanto à ênclise, esse tipo de colocação do clítico ocorria em 100% dos casos nas estruturas com o imperativo afirmativo, sentenças com infinitivo impessoal e sentenças com gerúndio (do tipo "Chegando em casa, ..."), no século XVIII. No século XX a ênclise ficou realmente restrita ao pronome *o*, *a* quando há um infinitivo. Nos outros casos, há próclise, mesmo nos julgados "impossíveis" para o PE (ver Rouveret, 1989), ou seja, no imperativo afirmativo e no início de sentenças (havendo 100% de ocorrência deste último tipo em 1981). Vejamos as tabelas 2, 3 e 4:

Tabela 2 – Ênclise com gerúndio

Século	**(%)**
1ª metade do XVIII	100
1ª metade do XIX	100
2ª metade do XIX	100
1ª metade do XX	25
2ª metade do XX (a)[2]	66
(b)	0

Tabela 3 – Ênclise com infinitivo impessoal

Século	(%)
1ª metade do XVIII	100
1ª metade do XIX	100
2ª metade do XIX	86
1ª metade do XX	56
2ª metade do XX (a)	25
(b)	0

Tabela 4 – Ênclise com imperativo afirmativo

Século	(%)
1ª metade do XVIII	100
1ª metade do XIX	100
2ª metade do XIX	86
1ª metade do XX	62
2ª metade do XX (a)	74
(b)	0

Quanto à posição do pronome clítico com locução verbal, os resultados mostram um decréscimo tanto no uso da ênclise ao verbo principal ou ao verbo "auxiliar" como no uso da próclise ao verbo "auxiliar", e salientam um aumento no uso da próclise ao verbo principal. Ou seja, o pronome clítico não é mais móvel no século XX – ele se fixa ao verbo mais baixo. Por exemplo, enquanto na primeira metade do século XVIII se encontram sentenças do tipo:

(4) João queria falar-lhe.
(5) João queria-lhe falar.
(6) João lhe queria falar.

não se encontram sentenças do tipo:

(7) João queria lhe falar.

Sentenças do tipo (7) aumentam com o decorrer do tempo, segundo mostra a tabela 5, onde também se incluem estruturas do tipo "AUXILIAR"+GERÚNDIO e "AUXILIAR"+PARTICÍPIO:

Tabela 5 – Pronome proclítico ao verbo principal em locução verbal, sentença matriz

Século	(%)
1ª metade do XVIII	0
1ª metade do XIX	7,7
2ª metade do XIX	17,6
1ª metade do XX	52,9
2ª metade do XX (a)	63,6
(b)	100

A mesma situação ocorre, ou seja, o clítico tende a se fixar à esquerda do verbo principal, mesmo havendo "partícula atratora"[3] na estrutura. A tabela 6 mostra os resultados:

Tabela 6 – Posição do clítico em presença de "partícula atratora"

Século	NEG/CP cl AUX V	NEG/CP AUX cl V
1ª metade do XVIII	100%	0%
1ª metade do XIX	87,5%	12,5%
2ª metade do XIX	90%	10%
1ª metade do XX	0%	100%
2ª metade do XX (a)	20%	80%
(b)	0%	100%

Com a negação (NEG), ou seja, com a presença de "não", o quadro também é interessante, pois o clítico poderia aparecer até mesmo acima de NEG, e esta opção foi deixada de lado com o decorrer do tempo. A tabela 7 mostra o que aconteceu com a posição do clítico em presença de NEG, seja numa estrutura matriz ("*root*"), seja numa estrutura encaixada:

Tabela 7 – Posição do clítico em relação a NEG em número de ocorrências

Século	cl NEG	CP cl NEG
1ª metade do XVIII	2	9
1ª metade do XIX	Não ocorre	1
2ª metade do XIX	Não ocorre	1
1ª metade do XX	Não ocorre	Não ocorre
2ª metade do XX	Não ocorre	Não ocorre

A conclusão a que se chega quanto à mudança da posição dos clíticos em PB, é, portanto:

a. A ênclise é progressivamente abandonada.
b. Há também uma mudança nos padrões de ocorrência da próclise, ou seja, a ocorrência de subida do clítico (*clitic climbing*) é progressivamente restringida.

c. A possibilidade de o clítico subir para uma posição acima de VP vai, portanto, lentamente deixando de existir.

O clítico se afixa a V, pois pude verificar que, em uma locução verbal, o clítico não se afixa ao verbo que carrega concordância (AGR), mas ao verbo mais baixo. Este é um fato interessante, pois o mesmo não pode ocorrer em outras línguas românicas, por exemplo, o romeno, conforme afirma Dobrovie-Sorin (1990).

Assim, os dados mostram que, embora seja atestável que numa oração simples o clítico está afixado ao V que carrega a concordância, como em (8) a seguir, em uma oração com uma locução verbal, o clítico está afixado ao V mais baixo em PB atual (ou ao V que não carrega a concordância) como em (9):

(8) João me deu um livro.
(9) João vai me dar um livro.
(10) *João me vai dar um livro.

Sendo que (10) é impossível em PB atual, mas costumava ocorrer no PB do século XIX e séculos anteriores, propus naquele estudo que a mudança que houve em relação à cliticização do pronome átono em PB estaria relacionada ao fato de este pronome ter sido livre para ou subir, ou manifestar-se em alguns casos (imperativas afirmativas, estruturas gerundivas ou com infinitivo impessoal) com ênclise. Atualmente, porém, o clítico é quase que exclusivamente (salvo o uso fossilizado apontado por Galves, 1990b) afixado à esquerda do V mais baixo.

Minha proposta incluía a observação de que para esta mudança ocorrer houve uma reanálise para a posição do clítico, a partir de sentenças matrizes contendo locução verbal, onde a ênclise era possível ao verbo "auxiliar". Assim, ao ouvir sentenças do tipo (11), a criança pode ter interpretado o pronome não como enclítico ao verbo "auxiliar", mas como proclítico ao verbo principal, conforme (12):[4]

(11) João vai-me dar um livro.
(12) João vai me dar um livro.

Os dados mostram que tal estrutura, (12), começa a aparecer já na primeira metade do século XIX, conforme mostra a tabela 8:

Tabela 8 – Ocorrência *vs.* não ocorrência de clítico em locução verbal

Século	Estruturas do tipo: "estou lhe vendo" "quero lhe falar" "tinha lhe falado"	Estruturas do tipo: "estou-lhe vendo" "quero-lhe falar" "tinha-lhe escrito"
1ª metade do XVIII	Não ocorrem	ocorrem
1ª metade do XIX	ocorrem	ocorrem
2ª metade do XIX	ocorrem	ocorrem
1ª metade do XX	ocorrem	ocorrem
2ª metade do XX	ocorrem	Não ocorrem

Naquele estudo, relacionei essa reanálise ao enfraquecimento de AGR em PB (seguindo Galves, 1989a,b), e propus que a mudança no PB teria ocorrido conforme mostra o quadro 1:

Quadro 1 – Possíveis mudanças no PB

Século	Mudanças sintáticas
XVIII	• AGR torna-se "fraco"
1ª metade do XIX	• ênclise é reanalisada em locuções verbais como próclise ao verbo mais baixo, isto é, (a) é reanalisada como (b): (a) João tinha-me visto (b) João tinha me-visto
2ª metade do XIX	• a reanálise da categoria vazia em posição de objeto de variável para *pro* ocorre através da existência de pronomes lexicais ocorrendo naquela posição. Ao mesmo tempo, o objeto nulo já poderia ser licenciado como *pro*, pois a estrutura do PB (Galves, 1989a,b) já permitia isso.
XX	• ênclise torna-se rara. • objeto nulo é sempre *pro*. • próclise é fenômeno geral.

Porém, tal hipótese de mudança se mostrou inadequada por diversos motivos. Primeiramente, uma questão que se coloca é: se a criança reanalisa uma categoria do tipo variável como sendo *pro*, como podemos explicar as orações que ainda apresentam variável no PB atual (por exemplo, sentenças com topicalização, em que há uma variável deixada pelo movimento do tópico)? Em outras palavras, como restringir a reanálise da criança para somente certas variáveis?

Além disso, se AGR já estava "fraco" no século XVIII, e a mudança de ênclise para próclise somente ocorre no século XIX, por que a reanálise somente ocorreria no século XIX, se a estrutura que permitiria *pro* já era teoricamente possível no século anterior? Segundo minha hipótese naquele estudo, a estrutura de reanálise seria a estrutura que apresenta o pronome tônico em posição de objeto: a criança reanalisaria a categoria vazia como sendo *pro* a partir dessa estrutura. Mas, ao analisar o quadro 1, e constatar que *pro* já seria teoricamente possível no século anterior, parece que a ocorrência de pronomes lexicais seria mais uma consequência do que uma causa da reanálise.

Essas questões me forçaram, então, a fazer um estudo mais completo do problema. Primeiramente, o próprio fenômeno do objeto nulo deve ser mais bem analisado, visto que se apresenta em outras línguas através de diversas manifestações (Cyrino, 1994, 1997). A mudança diacrônica ocorrida no PB também deve ser mais bem analisada, e o período abrangido pela análise de dados, estendido. Vários outros problemas, como a queda dos clíticos e a influência da mudança fonológica ocorrida no PB, devem ser também analisados, visto que formas como (13b) não ocorreram nos dados:

(13) a. João o tinha visto.
b. *João tinha o visto.

Apesar de todos esses problemas estarem sendo ainda estudados, há fortes indícios (Cyrino, 1994, 1997) de que a mudança na posição dos clíticos, especificamente a perda da ênclise no PB, esteja ligada ao fenômeno do objeto nulo. Assim, os estudos em andamento conduzem a uma análise mais detalhada desses fenômenos, e deverão trazer maior esclarecimento dessas questões.

Sendo que esse estudo mais abrangente ainda merece maior aprofundamento, passemos ao segundo aspecto observado na mudança dos clíticos no PB, e que estaria relacionado ao fenômeno do objeto nulo.

A QUEDA DOS CLÍTICOS

O fenômeno da queda dos clíticos foi primeiramente apontado em Tarallo (1983). Vejamos, por exemplo, os dados desse autor:

Tabela 9 – Frequência de retenção do objeto direto anafórico em cinco momentos históricos (extraído e adaptado de Tarallo, 1983: 166 e 193)

Século	(%)
I. 1ª metade do XVIII	89,2
II. 2ª metade do XVIII	96,2
III. 1ª metade do XIX	83,7
IV. 2ª metade do XIX	60,2
V. *Corpus* sincrônico (1982)	18,0

Os dados em Cyrino (1990b) também mostram que na primeira metade do século XVIII havia 85% de ocorrência de clíticos contra 17% de falta de clíticos (posições vazias – objetos nulos). Na primeira metade do século XIX, a ocorrência de clíticos já havia caído para 58% contra 42% de sentenças sem o clítico (e sem o pronome lexical).

Apesar de vários estudos apontarem para a queda do clítico, não explicitam exatamente qual clítico desapareceu no PB. Por exemplo, sobre a queda do clítico de 3ª pessoa, temos o estudo de Duarte (1986) e sobre a aquisição desse clítico, temos o estudo de Corrêa (1991).[5] Esses estudos não mostram o que acontece com os outros clíticos, os clíticos de 1ª e 2ª pessoas ou mesmo com o clítico proposicional de 3ª pessoa.

Em Cyrino (1994, 1997) procuro observar qual é o clítico que primeiramente é atingido pela mudança, a fim de relacionar a mudança no sistema de clíticos à mudança no objeto nulo do PB, e chegar a novas hipóteses sobre a reanálise diacrônica ocorrida, diferentes daquelas adiantadas em Cyrino (1990b).

Nesse estudo, analisei 2.308 dados extraídos do português de diversas épocas, optando novamente por peças teatrais de autores brasileiros, especialmente comédias. Quando tal critério não pode ser atendido devido à falta de obras, o outro critério utilizado foi o de escolher um autor considerado "popular", isto é, um autor em cuja obra se "espelhasse" a linguagem popular da época, segundo estudiosos de literatura. Assim, junto com comédias, temos modinhas e poesia satírica (ver Kiparsky, 1976, sobre o paralelismo da linguagem oral à linguagem da poesia oral).

O que se observa nesse estudo é que, além do clítico de 3ª pessoa ter sido o primeiro a cair, é especificamente o clítico "o" proposicional (ou clítico "neutro"),[6] exemplificado em (14), o primeiro a ser atingido pela mudança, uma vez que sentenças sem esse clítico, como (15), se tornam preferenciais:

(14) D. Lancerote: Que é isto, sobrinho?
D. Tibúrcio: Eu *o* não sei, em minha consciência. (Antonio José, p. 236)
(15) Assim deve ser por força, ainda que não Ø queira. (Antonio José, p. 247)

Este fato, então, me leva a hipóteses sobre a origem do objeto nulo a partir da queda desse clítico (ver Cyrino,1994, 1997).

A tabela 10 mostra a queda dos clíticos em PB em um período mais estendido de tempo (sobre a origem dos dados, ver seção "Obras utilizadas 2", adiante).

Tabela 10 – Distribuição por tipo de preenchimento através do tempo (% sobre o total de preenchimento) (*= uma ocorrência; **= clítico plural)

Período	Clítico 1ª p.	Clítico 2ª p.	Clítico 3ª p.	Clítico "neutro"	Tônico 1ª p.	Tônico 2ª p.	Tônico 3ª p.
XVI/1	29,0	29,4	34,8	6,8	0	0	0
XVI/2	30,6	12,6	43,3	13,5	0	0	0
XVII	20,3	16,4	52,3	11,0	0	0	0
XVIII/1	36,5	19,3	37,8	6,4	0	0	0
XVIII/2	40,1	15,8	37,0	7,1	0	0	0
1838-44	32,5	10,7	51,2	5,1	0	0	0,5*
1857	23,3	11,4	57,9	2,8	0,6*	0	4,0
1891	15,9	12,1	48,1	2,8	0	0	11,1
1940	49,1	22,4	26,7	0	0,9*	0	0,9*
1960	51,1	0	16,3	0	2,2	11,9	18,5
1973	28,0	24,0	4,0**	0	0	0	44,0

A tabela 10 mostra, então, que os clíticos de 1ª e 2ª pessoas ainda ocorrem no PB, embora em uma proporção reduzida. A queda do clítico de 3ª pessoa se confirma, e a tabela mostra, além disso, que o clítico "o" proposicional (clítico "neutro") é o primeiro a desaparecer no PB. O preenchimento da posição por pronome tônico também está demonstrado, a partir do século XIX. Uma análise mais aprofundada das consequências dessa tabela se encontra em andamento (Cyrino, 1994, 1997). Os estudos parecem mostrar que a queda do clítico em PB realmente estaria relacionada com a ocorrência do objeto nulo característico dessa língua.

Uma mudança paramétrica deve estar relacionada a outras mudanças na língua. Através da análise de dados diacrônicos, há motivos para se supor que a reanálise que levou ao objeto nulo do PB estaria relacionada às reanálises diacrônicas que levaram à mudança no sistema de clíticos dessa língua. Todas essas mudanças teriam tido como consequência, então, a refixação do parâmetro relacionado ao objeto nulo.

Outras questões, porém, ainda se encontram em estudo. Além de um aprofundamento sobre a questão dos clíticos no PB, uma hipótese sobre a reanálise diacrônica da categoria vazia em posição de objeto e a própria formulação do parâmetro ao qual o objeto nulo estaria relacionado ainda se fazem necessárias.

NOTAS

1 O termo "locução verbal" neste trabalho significa a ocorrência de dois verbos, como em:
(i) Maria *poderá comprar* um carro no próximo ano.
Segundo Lobato (1988), os dados do português parecem sugerir um tratamento unificado para auxiliares, modais e aspectuais. Sendo que esses verbos, do mesmo modo que um verbo principal, podem sofrer des-

locamento para o núcleo de IP (Lobato (1988: 202-203), e dada a restrição de movimento de núcleo-para-núcleo (*head-to-head movement*), Lobato propõe que a posição estrutural dos auxiliares, modais e aspectuais do português deve ser a de um núcleo. Assim, o VP em português que contenha uma "locução verbal" seria representado como em:

(ii) $[_{VP}$ Especificador $[_{V'}$ V* $[_{V'}$ V NP]]]

V* aqui seria uma categoria reiterativa que inclui os auxiliares, aspectuais e modais.

Neste trabalho, assumo essa representação e faço referência aos auxiliares, modais e aspectuais apenas como "auxiliares".

2 Os resultados quanto ao século XX mostram uma discrepância que considero devida ao caráter da peça de Jorge de Andrade (1955). Esta peça é um drama com linguagem formal, ao contrário da peça de 1981, onde a linguagem é a corriqueira (embora não se trate propriamente de uma comédia). Como a influência da normatização é forte na peça de 1955, pois a linguagem é claramente formal, os resultados não são os esperados, podendo não corresponder à realidade. Por isso, dividi, quando necessário, a segunda metade do século XX em (a) correspondendo ao ano 1955, e (b) ao ano 1981, procurando, assim, dar uma melhor visão do que realmente ocorreu e continua a ocorrer no PB.

3 As "partículas atratoras" seriam, conforme Galves (1990b), orações encaixadas com Tempo, interrogativas com CP preenchido, orações com negação, ou com sujeito de tipo quantificador – ver também Rouveret (1989). Para a análise neste trabalho, considerei "partícula atratora" a presença de CP preenchido ou NEG, onde pude constatar uma mudança em termos de colocação do pronome clítico. Nos outros casos, não poderia determinar se houve uma mudança ou não, pois a próclise sempre ocorreu.

4 Muito provavelmente mudanças fonológicas na língua concorreram para tal reanálise, conforme propõe Nunes (1991) e no capítulo "Direção de cliticização, objeto nulo e pronome tônico na posição de objeto em português brasileiro", neste volume.

5 Duarte (1986) mostra que em PB a tendência é não usar o clítico de 3ª pessoa na língua oral, optando-se pela variante objeto nulo, NP lexical ou pronome tônico. Ao analisar os condicionalmentos linguísticos ao uso do clítico, a autora constatou que esse elemento nunca é usado com o imperativo, com os tempos compostos e com o gerúndio. Do total de clíticos de seu *corpus* (língua oral), 40,2% são proclíticos (especialmente com os verbos *ver* e *conhecer*, segundo a autora), e 59,8% são enclíticos, sendo que somente 3% são enclíticos a um tempo simples ou gerúndio, o restante seguindo o infinitivo.

Quanto à língua escrita, Duarte também notou uma esquiva ao uso do clítico (de 3ª pessoa), tendo os informantes, ao usá-lo, preferência pela posição enclítica (88%), também especialmente com o infinitivo. Duarte chega à conclusão que de todas as formas variantes de realização do objeto direto (anafórico), a menos utilizada é o clítico (4.9%), seguindo-se o uso do pronome lexical (15,4%), os NPs lexicais e pronomes demonstrativos (17,1%) e em primeiro lugar, o objeto nulo (62,6%).

Os dados de Corrêa (1991) mostram que o clítico (de 3ª pessoa) em textos orais aparece somente com 3% do total de opções para se representar o objeto direto anafórico. E, mais precisamente, somente ocorre na fala das crianças a partir da 5ª série do 1º grau, isto é, em crianças com mais de 10 anos. Em textos escritos, porém, o clítico já começa a aparecer na 3ª/4ª séries (2,7%), e vai aumentando sua frequência para 8% no final do 1º grau, atingindo 18% no 3º grau. A conclusão a que Corrêa chega é que o clítico é "aprendido" na escola.

6 Sobre esse clítico, chamado "invariável" no português europeu, ver o estudo em Matos (1985). Ver também o estudo comparativo entre o português brasileiro e o português europeu, considerando o uso desse clítico e a chamada "anáfora de complemento nulo" em Cyrino e Matos (2006).

REFERÊNCIAS BIBLIOGRÁFICAS

CYRINO, Sonia Maria Lazzarini. "O objeto nulo no português do Brasil: uma investigação diacrônica". Unicamp, 1990a. Manuscrito.

_______. "O objeto nulo no português do Brasil: uma mudança paramétrica?". Unicamp, 1990b. Manuscrito.

_______. *O objeto nulo no português do Brasil*: um estudo diacrônico. Campinas, 1994. Tese (Doutorado em Linguística) – Unicamp.

_______. *O objeto nulo no português do Brasil:* um estudo sintático diacrônico. Londrina: Editora da UEL, 1997.

_______; MATOS, Gabriela. "Anáfora do complemento nulo: anáfora profunda ou de superfície? Evidência do Português Brasileiro e Europeu." *Letras de Hoje*. 41, 1, 2006, pp. 121-41.

CORRÊA, Vilma Reche. *O objeto direto nulo no português do Brasil.* Campinas, 1991. Dissertação (Mestrado em Linguística) – Unicamp.

DUARTE, Maria Eugênia Lammoglia. *Variação e sintaxe*: clítico acusativo, pronome lexical e categoria vazia no português do Brasil. São Paulo, 1986. Dissertação (Mestrado) – Pontifícia Universidade Católica de São Paulo.

DOBROVIE-SORIN, Carmen. "Clitic Placement and the Rule of Verb Preposing". CNRS, Universidade de Paris VII, 1990. Manuscrito.

FARRELL, Patrick. "Empty Objects in Brazilian Portuguese". University of Southern California, 1987. Manuscrito.

_______. "Null Objects in Brazilian Portuguese". *Natural Language and Linguistic Theory.* 8, 1990, pp. 325-46.

GALVES, Charlotte Marie Chambeland. "O objeto nulo no português brasileiro: percurso de uma pesquisa". *Cadernos de Estudos Linguísticos.* 17, 1989a, pp. 65-90.

_______. "Objet nul et structure de la proposition en portugais brésilien". *Revue des Langues Romanes.* 93, 1989b, pp. 305-36.

_______."V-Movement, Levels of Representation and the Structure of S". Apresentação de trabalho no Congresso XIII GLOW (Generative Linguistics in the Old World). Cambridge, 1990a.

_______. "Ênclise e próclise: geometria ou álgebra, morfologia ou sintaxe?". *D.E.L.T.A.* 6, n.2, 1990b, pp. 255-71.

HUANG, C-T James. "On the Distribution and Reference of the Empty Categories". *Linguistic Inquiry.* 15, 1984, pp. 531-74.

KATO, Mary A. "The Distribution of Pronouns and Null Elements in Object Position in Brazilian Portuguese". In: ASHBY, William et al. (orgs.) *Linguistic Perspectives on Romance Languages*: Selected Papers from the XXI Linguistic Symposium on Romance Languages. Philadelphia: John Benjamins, 1991a.

_______. "A Theory of Null Objects and the Development of a Brazilian Child Grammar". Trabalho apresentado no Congresso Internacional de Aquisição da Linguagem: Crossing Boundaries. Tubingen, 1991b.

KIPARSKY, Paul. "Oral Poetry: Some Linguistic and Typological Considerations". In: STOLZ, Benjamin A.; SHANNON, Richard Stoll (orgs.) *Oral Literature and the Formula.* Center for the Coordination of Ancient and Modern Studies. Ann Arbor: University of Michigan, 1976.

LIGHTFOOT, David. *How to Set Parameters*: Arguments from Language Change. Cambridge: MIT Press, 1991.

LOBATO, Maria Lúcia Pinheiro. *Sintaxe gerativa do português* (Manual do Professor). Belo Horizonte: Vigília, 1988.

MATOS, Gabriela. *Clítico verbal demonstrativo.* Monografia apresentada em Provas de Aptidão Pedagógica e Capacidade Científica. Lisboa: Faculdade de Letras da Universidade de Lisboa, 1985.

NUNES, Jairo. "A Phonological Hypothesis about Clitic Disappearance in Brazilian Portuguese". University of Maryland, 1991. Manuscrito.

PAGOTTO, Emílio. *A posição dos clíticos em português*: um estudo diacrônico. Campinas, 1992. Dissertação (Mestrado em Linguística) – Unicamp.

RAPOSO, Eduardo. "On the Null Object in European Portuguese". In: JAEGGLI, Oswaldo; SILVA-CORVÁLAN, Carmen (orgs.) *Studies in Romance Linguistics.* Foris: Dordrecht, 1986.

ROBERTS, Ian. *Verbs and Diachronic Syntax.* Dordrecht: Kluwer, 1993.

ROUVERET, Alain. "Cliticização e tempo no português europeu". *Cadernos de Estudos Linguísticos.* 17, 1989, pp. 9-37.

TARALLO, Fernando. *Relativization Strategies in Brazilian Portuguese.* Philadelphia, 1983. Tese (Doutorado) – University of Pennsylvania.

WHEELER, Dana. Object Deletion in Portuguese. In: LANTOLF, James P.; STONE, Gregory B. (orgs.) *Current Research in Romance Languages.* 224, Indiana University Linguistics Club, 1981.

OBRAS UTILIZADAS

1. Peças usadas em Cyrino (1990b)

ANDRADE, Jorge de. A moratória. In: *Teatro brasileiro contemporâneo – Wilson Martins e Seymour Menton.* NewYork: Appleton/Century/Crofts, 1966.

AZEVEDO, Arthur. *O tribofe.* Rio de Janeiro: Nova Fronteira, 1986.

FERNANDES, Millôr. *Duas tábuas e uma paixão.* Porto Alegre: L&PM, 1982.

SILVA, Antonio José da. A vida de Esopo. In: *A vida de Esopo e Guerras do Alecrim e da Manjerona*. Rio de Janeiro: Edições de Ouro, 1966.

PENA, Martins. O juiz de paz na roça, Um sertanejo na corte, A família e a festa na roça. In: *Martins Pena*: comédias. Rio de Janeiro: Instituto Nacional do Livro, s/d. t. I.

REBELO, Marques. *Rua alegre, 12*. Curitiba: Guaíra, 1940.

RODRIGUES, Nelson. A mulher sem pecado. In: *Nelson Rodrigues*: Teatro completo. Organização e introdução de Sábato Magaldi. Rio de Janeiro: Nova Fronteira, 1981, v. I.

TAUNAY, Visconde de. *Amélia Smith*. São Paulo: Melhoramentos, s/d.

2. Peças usadas em Cyrino (1994, 1997)

• 1ª metade do século XVI:

VICENTE, Gil. *Obras completas*. Prefácio e notas do prof. Marques Braga. Lisboa: Livraria Sá da Costa, 1968.

______. Da Mofina Mendes, Da alma. Edição por Sousa da Silveira, edição acrescida de fac-símile dos autos na edição príncipe de 1562. Rio de Janeiro: Ministério da Educação e Cultura/Fundação Casa de Rui Barbosa, 1973.

• 2ª metade do século XVI:

CAMÕES, Luís de. *Comédias*. Organização de Paulino Vieira. São: Paulo: Nova Era, 1923.

• Século XVII

MATOS, Gregório de. *Obras completas (sátiras)*. São Paulo: Edições Cultura, 1945.

• 1ª metade do século XVIII

SILVA, Antonio José da. *Obras completas*. Prefácio e notas do prof. José Pereira Tavares. Lisboa: Livraria Sá da Costa, 1957.

• 2ª metade do século XVIII

BARBOSA, Caldas. *Viola de Lereno*. Prefácio de Francisco de Assis Barbosa. Rio de Janeiro: Imprensa Nacional, 1944.

• 1838-1844

PENA, Martins. O juiz de paz da roça e O Judas no sábado de Aleluia. Estabelecimento do texto e notas por Amália Costa. Rio de Janeiro: Organizações Simões, 1951.

______. *Comédias*. Edição crítica de Darcy Damasceno com a colaboração de Maria Filgueiras. Rio de Janeiro: Edições de Ouro, 1966.

• 1857

ALENCAR, José de. *O demônio familiar*. Rio de Janeiro: Ministério da Educação e Cultura/Serviço de Documentação/Departamento de Imprensa Nacional, 1957.

• 1891

AZEVEDO, Arthur. *O tribofe*. Estabelecimento do texto, notas e estudo linguístico de Rachel Teixeira Valença. Rio de Janeiro: Nova Fronteira 1986.

• 1940

REBELO, Marques. *Rua alegre, 12*. Curitiba: Editora Guaíra, 1940.

• 1960

GOMES, Dias. *O pagador de promessas*. Rio de Janeiro: Bertrand Brasil, 1987.

• 1973

GUARNIERI, Gianfrancesco. *Um grito parado no ar/Botequim*. São Paulo: Monções, 1973.

CLÍTICOS, MUDANÇA E SELEÇÃO NATURAL

Emilio Gozze Pagotto

O humorista Chico Anysio (1931-2012) e sua trupe na *Escolinha do professor Raimundo* por muito tempo provocaram risos, entre outras coisas, a partir dos clíticos pronominais, cuja posição na sentença é o fenômeno de mudança que se pretende examinar aqui. Trata-se de dois personagens, um dos quais constrói preciosidades como:

– Que é que há-lho?

e outro que invariavelmente duplica o clítico:

– Comprei-o-o de presente para o senhor.

Nos dois casos, o humorista capta e transforma em riso um fenômeno de mudança protagonizado por clíticos em extinção ou extintos na gramática do português falado.

O presente capítulo tem por objetivo explorar o processo de mudança na posição dos clíticos pronominais em português brasileiro (PB, nos exemplos), procurando relacioná-lo ao próprio desaparecimento deles nesta gramática, a partir dos resultados encontrados em Pagotto (1992).

Como já foi apontado em Galves (1990), Silva (1990), entre outros, a posição ocupada pelos clíticos no nível superficial da sentença constitui uma das mais radicais diferenças entre o PB e o português europeu (PE, nos exemplos). Com verbos simples, o português brasileiro tem sempre o clítico anteposto ao verbo, enquanto em português europeu temos a próclise ou a ênclise segundo regras bem definidas.

(1) Maria *me* viu. (PB)
(2) Maria viu-*me*. (PE)
(3) *Maria *me* viu. (PE)

Do conjunto de diferenças entre uma e outra variedade do português, o que é mais gritante é a agramaticalidade exemplificada em (3). Em sentenças finitas, a próclise só se dá, em português europeu, quando da presença de palavras "atratoras" antes do verbo: complementizadores, negação, quantificadores, alguns advérbios. Não é objetivo deste capítulo o estudo do funcionamento de tais regras, para o que remeto o leitor a Rouveret (1989), Duarte (1983), Salvi (1989).

Já (2), em português brasileiro, é típica de situações de alta formalidade, conforme constatou Pereira (1981). Nesse trabalho, ela faz um detalhado estudo da posição ocupada pelos clíticos na fala do português brasileiro – onde encontra a próclise quase categórica, registrando ênclise apenas em textos escritos. Tal é o quadro em português brasileiro, que os pesquisadores normalmente prescindem de resultados como os de Pereira (1981): tomam a próclise como forma consagrada por aqui.

Em construções envolvendo dois verbos, também a diferença entre português brasileiro e português europeu se mantém:

(4) Maria pode *me* encontrar hoje. (PB) (*PE)
(5a) Maria pode-*me* encontrar hoje. (PE)
(5b) Maria pode encontrar-*me* hoje. (PE)

Conforme se vê em (4), a próclise ao segundo verbo de grupos verbais é agramatical em português europeu e constitui uma grande inovação do português brasileiro.

Se, por um lado, os padrões de um e outro dialeto parecem ser bastante definidos em relação à posição ocupada pelos clíticos, por outro, o português brasileiro acrescenta um problema a mais nesse jogo de xadrez. Trata-se da constatação, mais ou menos patente, de que os clíticos são muito menos usados aqui do que em terras d'além mar. Foi o que Duarte (1986) constatou em relação aos clíticos acusativos de 3ª pessoa. Do total de seus dados, há apenas 5% de ocorrências do clítico acusativo, mesmo assim restritas a grupos sociais e contextos linguísticos bem específicos. Correa (1991) mostrou o quanto se deve à escola o papel de introduzir clíticos na gramática de crianças e adolescentes. Somente após o contato com a escolarização e letramento é que as crianças passam a se utilizar de clíticos em seus textos escritos, mesmo assim incorrendo em usos estranhos à gramática portuguesa devido provavelmente à ausência de tais elementos no sistema linguístico adquirido na infância.

Assim é que as diferenças entre o português brasileiro e o português europeu quanto à posição ocupada pelos clíticos podem ser associadas ao próprio fenômeno de perda dos clíticos, em português brasileiro. A ideia, aqui, então, é fazer o percurso da mudança na posição dos clíticos em português brasileiro, procurando, na explicação do fenômeno de mudança, relacioná-lo à sua extinção do sistema.

MUDANÇA INVISÍVEL

Pagotto (1992) investigou a posição dos clíticos a partir do século XVI, reunindo um total de 1.436 dados extraídos de cartas e documentos oficiais. Os clíticos foram examinados nos seguintes contextos estruturais:

a. sentenças-raiz (coordenadas ou não) com verbos simples:

(6) "...elle *a* aseitou..." (*Livro do tombo do mosteiro de São Bento da Bahia* – 1ª metade do século XVIII)

b. grupos verbais:

(7) "Este inverno *me* tem feito bastante estrago." (*Cartas do Rio de Janeiro do Marquês de Lavradio* – 2ª metade do século XVIII)

c. sentenças infinitivas (preposicionadas ou não) e gerundivas:

(8) "esem embargo de elle mo não participar ofui buscar para terra, fazendo*lhe* honrras melitares" (*Governadores do Rio de Janeiro: Correspondência activa e passiva* – 1ª metade do século XVIII)

d. verbos precedidos de advérbios e negação:

(9) "...afim deque entrando povo, quesem estabelicimento *o* não quer fazer..." (*Documentos históricos do Espírito Santo* – 1ª metade do século XVIII)

Os resultados em sentenças-raiz foram surpreendentes.

Tabela 1 – Frequência de próclise em verbos simples de sentença-raiz por períodos de 50 anos

Período de tempo	Próclise
XX2	26/48 54%
XX1	10/34 29%
XIX2	21/38 55%
XIX1	8/9 89%
XVIII2	39/46 85%
XVIII1	34/40 85%
XVII2	58/66 88%
XVII1	37/40 92%
XVI2	46/55 84%
XVI1	50/60 83%
Total	329/436 75%

Fonte: Adaptado de Pagotto, 1992: 69

Como se vê na tabela 1, do século XVI ao século XVIII os clíticos permanecem em próclise de uma forma bastante consistente. O percentual se mantém em torno dos 85% em quase todos os períodos. Por outro lado, a partir do século XIX cresce o percentual de ênclise.

Tais resultados surpreendem por duas razões: de um lado, se se parte do princípio que o português brasileiro atual é essencialmente proclítico, seria esperado que resultados de períodos mais recentes refletissem padrões mais próximos disso. Não é o que se vê: a ênclise é muito mais forte nos dados, a partir do século XIX.

Por outro lado, se supomos que o português brasileiro é fruto de diversas mudanças (cf. Tarallo, 1983; Berlinck, 1988; Nunes, 1990; Ramos, 1989, entre outros), não esperaríamos encontrar o português clássico tão semelhante ao português brasileiro atual. Não teria havido mudança, então?

A minha resposta é que tal mudança teria acontecido, mas ela só seria visível no microscópio da teoria gramatical que trate diferentemente a superfície e níveis mais profundos da sentença. É de uma tal teoria que pretendo retirar possíveis hipóteses explicativas.

A FACE DO INVISÍVEL

Rouveret (1989) faz uma boa síntese dos trabalhos que lidam com a questão dos clíticos na Teoria Gerativa. Segundo ele, os trabalhos diferem quanto a adotarem um tratamento *algébrico* ou um tratamento *geométrico* para os clíticos.

Num tratamento algébrico, as propriedades lexicais dos elementos da sentença se sobrepujam às relações hierárquicas dos constituintes. Sob essa ótica, o jeito morfológico de ser dos clíticos é colocado mais em questão, e as propriedades morfológicas de cada língua desempenham um papel crucial. Numa abordagem geométrica da questão dos clíticos, o que se faz é "[...] supor que a diferença entre a próclise e a ênclise decorre exclusiva e diretamente das relações de ordem linear e dominância hierárquica que as categorias têm entre si", como assinala o próprio Rouveret (1989: 9).

No terreno dos clíticos, porém, consenso é o que menos se obtém. A partir destas linhas gerais detectadas por Rouveret, os autores enveredam por caminhos os mais distintos, podendo-se afirmar não haver uma teoria unificada que dê conta da posição dos clíticos nas línguas em geral. O que pretendo, então, é seguir algumas das intuições encontradas na literatura e, neste artigo, explorar o caminho da vertente geométrica, assumindo que:

a. os clíticos se movem para núcleos funcionais – AGR ou T;
b. este movimento se dá conjuntamente com o verbo, ou não;
c. a próclise é a posição natural do clítico; a ênclise é fruto de um movimento suplementar do verbo (cf. discussão adiante sobre Kayne, 1990).

Assim, se temos próclise em português clássico e no português brasileiro atual e se queremos garantir que houve mudança, teremos que dizer que os processos que levam à próclise num e noutro caso são diferentes. O que pretendo sugerir é que o português clássico tinha movimento do clítico e movimento do verbo. No processo de mudança, o português brasileiro atual teria perdido tais movimentos, ou eles estariam bastante restritos. Sendo assim, o português clássico teria como estrutura superficial algo como (10) e o português brasileiro algo como (11) (cf. Galves, 1990):

(10) $(_{TP}$ **cl**-V-T-AGR $(_{AGRP}$ t t $(_{VP}$ t

(11) $(_{TP}$ T $(_{AGRP}$ AGR $(_{VP}$ **cl-V**

Não discutirei em todas as implicações as estruturas acima. Gostaria de destacar apenas uma hipótese que subjaz especialmente à estrutura (11): a posição ocupada pelo clítico não é um núcleo funcional, o que contradiz o primeiro pressuposto assumido mais acima. Essa contradição será mantida, pois traduz uma pergunta que deriva do próprio processo de mudança: de que natureza são os clíticos do português brasileiro atual?

MUDANÇA À VISTA

O segundo contexto no qual se observou, em Pagotto (1992), a posição dos clíticos foi em grupos verbais. A denominação "grupos verbais" é propositadamente genérica, pois envolve construções com dois verbos que podem ser divididas em três tipos básicos, segundo a forma do segundo verbo: V + INFINITIVO; V + GERÚNDIO; V + PARTICÍPIO. O clítico, em tais construções, era sempre complemento do segundo verbo (incluindo-se os casos em que o clítico não era tematicamente ligado ao verbo, mas expressava posse ou interesse). Do ponto de vista sintático, tais construções envolviam grupos em que o segundo verbo realizava uma sentença subcategorizada pelo primeiro verbo (casos como os grupos V + INFINITIVO, quando o primeiro verbo era volitivo, ou causativo), ou casos em que o primeiro verbo era claramente auxiliar (é o caso das construções com PARTICÍPIO, que envolviam tanto construções passivas quanto perfectivos com os auxiliares *ter/haver*).

A tabela 2 apresenta os resultados da posição ocupada pelos clíticos, desde o século XVI, também em períodos de 50 anos. As variantes *a, b, c, d* devem ser lidas como:

a. próclise ao primeiro verbo:

(12) "...afim deque entrando povo, quesem estabelicimento *o* não quer fazer..." (*Documentos históricos do Espírito Santo* – 1ª metade do século XVIII)

b. ênclise ao primeiro verbo:

(13) Foi-me dado o livro.

c. próclise ao segundo verbo:

(14) "Estamos *nos* deliciando com a presença da Sylvinha" (Arquivo de cartas pessoais de S.L. 2ª metade do século XX)

d. ênclise ao segundo verbo:

(15) "Porém devo dizer-*lhe* a verdade" (*Cartas do Rio de Janeiro do Marquês de Lavradio* – 2ª metade do século XVIII)

Tabela 2 – Posição do clítico segundo o tipo de grupo verbal

Século	Natureza do verbo principal	a cl-V		b V-cl		c cl-V		d V-cl		Total
		N	%	N	%	N	%	N	%	
XX	I	4	11	1	3	18	50	13	36	36
	G	1	8	0	0	11	84	1	8	13
	P	5	75	0	2	25	0	0	0	8
XIX	I	8	67	2	17	0	0	2	17	12
	G	1	100	0	0	0	0	0	0	1
	P	16	89	2	11	0	0	0	0	18
XVIII	I	50	85	0	0	1	2	8	14	59
	G	4	80	0	0	1	20	0	0	5
	P	15	100	0	0	0	0	0	0	15
XVII	I	37	97	0	0	0	0	1	3	38
	G	3	100	0	0	0	0	0	0	3
	P	27	100	0	0	0	0	0	0	27
XVI	I	72	96	2	3	0	0	1	1	75
	G	6	100	0	0	0	0	0	0	6
	P	11	100	0	0	0	0	0	0	11
Total		261	80	7	2	33	10	26	8	327

Fonte: Extraído de Pagotto, 1992: 110

A mudança aqui é visível. Observe-se que do século XVI ao século XVIII a próclise ao primeiro verbo (variante *a*) é majoritária, chegando em alguns períodos à casa dos 100%. A tabela retrata também o caráter inovador do português brasileiro atual, no que diz respeito à variante **c** (próclise ao segundo verbo). À exceção de um dado na segunda metade do século XVIII (um dado discutível), ela só aparece no *corpus* do século XX. A sua ausência nos dados do século XIX pode ser compreendida, se comparada aos resultados com verbos simples.

Do século XVI ao século XVIII, o clítico subia quase categoricamente até o primeiro verbo. Neste pouso, haveria a possibilidade de próclise ou ênclise. Dados os resultados expressos na tabela 1, é natural que, com os grupos verbais, a próclise ao primeiro verbo seja a opção favorecida.

A tabela 2 mostra ainda que tal regra de cliticização ao primeiro verbo abrangia todos os tipos de grupos verbais, seja com infinitivo, com gerúndio ou particípio (respectivamente na tabela representados pelos rótulos I, G, P). Ou seja, tanto em grupos verbais nos quais o primeiro verbo era nitidamente auxiliar, como em casos em que os dois verbos constituíam uma estrutura de encaixamento de uma sentença mais baixa em uma sentença mais alta, como se pode ver exemplificado em (16):

(16) [...] pello que *lhes* mandou passar esta carta de Sesmaria." – *lhes* aqui é complemento de *passar* (*Livro do tombo do Mosteiro de São Bento da Bahia* – 1ª metade do século XVII)

O MOVIMENTO DO CLÍTICO

Ao tentar dar conta da cliticização em estruturas com dois verbos em que o primeiro verbo subcategoriza uma S, os pesquisadores optam por dois caminhos básicos: ou entendem que no processo de cliticização há algum tipo de regra de reestruturação, em que os dois verbos formam uma espécie de complexo verbal, e a cliticização ao primeiro verbo passa a ser lícita, tal como em estruturas com auxiliares (Rizzi, 1976; Duarte, 1983; e mesmo Rouveret, 1989); ou optam por trabalhar com um movimento independente do clítico, da sentença mais baixa para a sentença mais alta, razão por que ficou conhecido como subida do clítico (no inglês *clitic climbing*) (cf. Kayne, 1989). Não pretendo, dada a exiguidade de espaço, discutir os detalhes técnicos das duas linhas de análise. Apenas tentarei argumentar por que, no presente caso, é mais interessante tratar o português clássico pela segunda vertente.

De um lado, temos sentenças como (16) em que o segundo verbo pode ser flexionado. Nesse caso, é bastante complicado imaginar qualquer regra de reestruturação atuando. Por outro lado, há um outro conjunto de dados que demonstram movimento independente do clítico na gramática do português clássico. É o que se pode ver na tabela 3.

Tabela 3 – Posição do clítico em relação à negação em períodos de 50 anos

Período	cl neg		neg cl		Total
	N	%	N	%	
XX2	0		4	100	4
XX1	2	25	6	75	8
XIX2	0	0	9	100	9
XIX1	0	0	2	100	2
XVIII2	10	59	7	41	17
XVIII1	6	75	2	25	8
XVII2	7	70	3	30	10
XVII1	2	40	3	60	5
XVI2	6	60	4	40	10
XVI1	11	100	0	0	11
Total	39	48	44	52	83

Fonte: Pagotto, 1992: 125

O que temos é que do século XVI ao século XVIII havia uma tendência bastante forte para a anteposição do clítico à negação (variante *a*). Isso mostra que o clítico, no português clássico, se movia independentemente para posições mais altas da sentença. Essa anteposição à negação se perde no século XIX. A ideia central é que o português veio sofrendo um processo de perda do movimento do clítico, desde o período medieval. Teria havido um período de estabilidade no português clássico, ao que se seguiu um novo período de mudança. A tabela 4 apresenta a frequência de clítico antes de advérbios pré-verbais (variante **a**) *versus* a ocorrência do clítico entre o advérbio e o verbo (variante **b**).

Tabela 4 – Posição do clítico em relação a advérbios pré-verbais

Período	cl ADV		ADV cl		Total
	N	%	N	%	
XX2	0	0	7	100	7
XX1	0	0	12	100	12
XIX2	0	0	6	100	6
XIX1	0	0	5	100	5
XVIII2	0	0	12	100	12
XVIII1	0	0	7	100	7
XVII2	0	0	16	100	16
XVII1	1	16	5	84	6
XVI2	4	25	12	75	16
XVI1	9	34	18	66	27
Total	14	12	100	88	114

Fonte: Pagotto, 1992: 126

O que se percebe é que, ao contrário do que ocorre com a negação, com os advérbios pré-verbais a anteposição dos clíticos não perdura no português clássico. Assim, o movimento longo do clítico passou a se restringir à negação e aos grupos verbais. O português brasileiro teria seguido no caminho de prosseguir nas perdas.

O MOVIMENTO DO VERBO

Em Kayne (1990), encontramos uma das versões possíveis para a explicação da próclise e da ênclise nas línguas românicas:

> Nossa análise considerará que os clíticos de línguas românicas invariavelmente se adjungirão à esquerda de um núcleo funcional. Isso irá, em casos onde esse núcleo funcional domine o verbo, produzir diretamente a ordem clítico-verbo. Por outro lado, a ordem verbo-clítico será assumida como resultante de um verbo que tenha se movido para a esquerda, passando o núcleo funcional ao qual o clítico se adjungiu.[1] (Kayne, 1990: 1)

Com esses princípios, Kayne deseja basicamente dar conta da posição dos clíticos nas encaixadas infinitivas (o contraste francês/italiano é o ponto de partida) em oposição às encaixadas finitas, além das peculiaridades em relação aos clíticos nos particípios.

Nas infinitivas, francês e italiano contrastam radicalmente – próclise no francês e ênclise no italiano (estou aqui retomando os exemplos dele):

(17a) *Lui* parler serait un erreur.
(17b) *Parler *lui* serait un erreur.
(18a) Parlar*gli* sarebbe un errore.
(18b) **Gli* parlare sarebbe un errore.

Ao lado disso, nas encaixadas finitas ambas apresentam próclise.

Kayne precisa, assim, em primeiro lugar garantir a oposição próclise *vs.* ênclise no próprio italiano, em função de a encaixada ser finita ou não finita. Para tanto, ele precisa assegurar que nas finitas não haja nenhuma categoria funcional à qual o clítico possa se afixar sozinho, pois isto abriria a possibilidade de um movimento obrigatório do verbo, o que poderia ocasionar ênclise. Por outro lado, ele precisa deste tipo de situação nas infinitivas, uma vez que nelas a ênclise de fato ocorre.

Para tanto, ele deduz a seguinte estipulação: a Gramática Universal permite nódulos do tipo I vazios somente de duas naturezas:

e. vestígios (aos quais um clítico não pode nunca se adjungir);
f. nódulos I abstratos não vestígios que são a contraparte não realizada de uma categoria legítima do tipo I.[2] (Kayne, 1990: 5)

Uma vez que as encaixadas finitas têm somente a possibilidade de T e AGR como núcleos que podem aparecer foneticamente representados na superfície, só há esses dois nódulos disponíveis; para ambos vão o verbo e o clítico, sendo assim impossível a ordem V-cl, pois ela necessitaria de movimentos independentes do verbo e do clítico.

Já as encaixadas infinitivas do italiano teriam uma estrutura como:

(19) ...V+INFN ...*cl*+T...($_{\text{INFN}}$ e)...($_{\text{VP}}$ ($_{\text{V}}$ e)...

Ele chega a esta configuração postulando que:

g. há um nódulo abstrato de flexão para o qual o verbo não precisa se mover – uma vez que infinitivo não tem realização de tempo ou concordância;
h. há um nódulo INFN (infinitivo) onde o verbo precisa pousar para incorporar o afixo de infinitivo.

Em relação a (a), ele não sente a necessidade de especificar se seria T ou AGR, opta por T. Assim, o clítico se move para T enquanto o verbo é adjungido a TP. Por que o clítico não fica em INFN? Porque é um nódulo ocupado por um vestígio.

A diferença entre o italiano e o francês seria explicada pelo fato de que no francês o verbo não se move até TP, da mesma maneira que o clítico fica adjungido a INFN:

(20) ...T...**cl** + ($_{\text{INFN}}$ V+INFN) ... ($_{\text{VP}}$ ($_{\text{V}}$ e)...

Se aplicarmos a proposta de Kayne (1990) no seu espírito central aos resultados do português clássico, podemos imaginar que a próclise a verbos simples é fruto de um movimento conjunto do verbo e do clítico até o nódulo T. Não ocorre ênclise porque o verbo não faria nenhum movimento suplementar.

Porém, os resultados da tabela 1, ainda que apresentem altos percentuais de próclise, apresentam também casos de ênclise no português clássico. Em Pagotto (1992), constatou-se que a ênclise a verbos simples era categórica todas as vezes que o verbo era cabeça do período. É o que se pode ver na tabela 5:

Tabela 5 – Frequência de próclise por estrutura básica da sentença em três períodos de tempo

	Sec. XX		**Sec. XIX**		**Sec. XVI-XVIII**	
	N	**%**	**N**	**%**	**N**	**%**
a) (s) V	3/27	11	0/6	0	1/11	9
b) V S	0/0		0/1	0	2/8	25
c) ...(s) V	2/8	25	3/5	60	27/31	87
d) ... V S	1/2	50	2/3	75	4/6	67
e) S V	22/25	88	16/20	80	71/74	96
f) X (s) V	7/15	47	9/14	75	113/124	91
g) X V S	0/1	0	1/1	100	44/48	92

Fonte: Adaptado de Pagotto, 1992: 79

Os fatores apresentados na tabela retratam as seguintes situações:

a. (s) V – o verbo está no começo do período e o sujeito está elidido

Ex: "Peço-*lhe* que vocês não esqueça da gente aqui em casa" (Arquivo de cartas pessoais de A.C. – 2ª metade do século XX)

b. V S – o sujeito está numa posição pós-verbal e o verbo começa o período

Ex: "Sentio*se* Geralmente esta morte por ser assim apressada." (*Documentos históricos do Espírito Santo* – 1ª metade do século XVII)

c. ...(s) V – o sujeito está elidido, o verbo inicia a sentença principal, mas é precedido de uma sentença adverbial que integra o período.

Ex: "Enquanto aguardo a chegada de sua carta, escrevo-*lhe* estas linhas." (Arquivo de cartas pessoais de S.L. – 2ª metade do século XX)

d. ...V S – o sujeito está em posição pós-verbal, o verbo inicia a sentença, mas é precedido de uma sentença adverbial que integra o período

Ex: "[...] chegando ao lugar da fruteira, *se* divide o Rio da fruteira, para o Norte..." (*Documentos históricos do Espírito Santo* – 2ª metade do século XVIII)

e. S V – a sentença se apresenta na sua ordem canônica
Ex: "eu *lhe* deito a minha bênção." (*Cartas do Rio de Janeiro do Marquês de Lavradio* – 2ª metade do século XVIII)

f. X (s) V – o sujeito está elidido, mas o verbo é precedido de material lexical, argumental ou não, que integra a sentença.
Ex: "Entre as demais dividas *me*admirão as dafortaleza da Lagem" (*Governadores do Rio de Janeiro – Correspondência activa e passiva* – 1ª metade do século XVIII)

g. X V S – o sujeito está em posição pós-verbal, mas o verbo é precedido de material lexical – argumental ou não – que integra a sentença.
Ex: "destas duas naçoens *se* aggregarão depois também alguns Indios" (*Documentos históricos do Espírito Santo* – 1ª metade do século XVIII)

Destaco para o leitor os fatores *a* e *b*, em oposição aos restantes. Enquanto nos demais o verbo é precedido de algum elemento, no âmbito da sentença, nesses dois, o verbo é cabeça do período. São bastante significativos os resultados: na situação em que o verbo inicia o período, a ênclise é majoritária. O que se poderia dizer a respeito da gramática do português clássico é que a ênclise ocorria basicamente quando o verbo podia realizar um movimento suplementar, deixando o clítico em T.

Uma outra forma de constatar o movimento do verbo acarretando ênclise é o caso das sentenças infinitivas (e eu incluiria aqui as gerundivas), que são o ponto central para a proposta de Kayne. O que se perceberá é que, diferentemente das sentenças finitas, as sentenças infinitivas não preposicionadas apresentavam um padrão de ênclise categórico no português clássico. É o que se pode ver na tabela 6, a seguir.

Tabela 6 – Frequência de próclise em infinitivos não precedidos de preposição, por períodos de 50 anos

Período de tempo	**Próclise**
XX2	9/12 75%
XX1	0/2 0%
XIX2	1/15 7%
XIX1	0/2 0%
XVIII2	0/8 0%
XVIII1	1/18 6%
XVII2	1/6 17%
XVII1	0/0
XVI2	2/10 20%
XVI1	1/12 8%
Total	15/85 18%

Fonte: Adaptado de Pagotto, 1992: 140

Do século XVI ao século XVIII, o percentual de próclises em infinitivos não preposicionados é bastante baixo. É preciso que se diga que os cinco casos registrados no período são casos em que o infinitivo está precedido de algum material lexical, o que explica a próclise. O que é importante destacar é o contraste entre a tabela 1 e esta tabela, para os dados do português clássico.

Resultado semelhante é o das sentenças gerundivas, como se vê na tabela 7.

Tabela 7 – Frequência de próclise em gerúndios por período de 50 anos

Período de tempo	Próclise
XX2	2/6 33%
XX1	1/9 11%
XIX2	3/27 11%
XIX1	0/7 0%
XVIII2	0/10 0%
XVIII1	1/26 4%
XVII2	1/15 7%
XVII1	0/9 0%
XVI2	1/15 7%
XVI1	1/20 5%
Total	10/144 7%

Fonte: Adaptado de Pagotto, 1992: 134

Os casos de próclise, no período do século XVI ao século XVIII, são casos em que o verbo está precedido de material lexical. Vê-se, assim, novamente, uma radical diferença entre sentenças finitas e não finitas.

Tais resultados nos permitem pensar que o movimento do verbo atuava no português clássico, ocasionando a ênclise. Não pretendo discutir aqui que posição seria esta, para a qual o verbo se movia. Gostaria de ficar com a hipótese de que, no português clássico, o clítico se movia juntamente com o verbo até T, ocorrendo aí a próclise, desde que o verbo não fosse impedido de realizar um movimento suplementar, que o colocaria em uma posição inacessível ao clítico. A perda desse movimento seria a outra chave para a explicação da mudança.

MUDANÇA VISÍVEL

No caso dos grupos verbais, a mudança teria assim ocorrido: os clíticos perdem a capacidade de subir até o verbo mais alto. Restaria para eles, ainda, a possibilidade de ênclise, desde que o verbo realizasse um movimento suplementar para uma posição disponível, inacessível para os clíticos, nos moldes de Kayne (1990). No entanto, o português perdia também o movimento do verbo, e neste caso não restaria ao clítico senão ficar na posição pré-verbal, em que foi gerado.

Aqui, retomo a contradição já mencionada na seção "A face do invisível". Se se admite que o clítico não está numa posição funcional, de que natureza é este clítico? Aqui desejo retomar uma intuição de Silva (1990), em que ela levanta a hipótese de que os clíticos em PB tenham passado por um processo de reanálise, tendo mudado seu estatuto categorial. Se admitimos que as mudanças nas regras da gramática fizeram com que aos clíticos restasse uma posição estranha à sua natureza, podemos supor que ou eles deixam de existir no sistema, ou se adaptam ao novo *habitat*.

Se algum clítico saiu do sistema do PB atual, este foi o clítico acusativo de 3ª pessoa. Este é, por outro lado, o clítico que mais traços de concordância apresenta. Mais ainda, os clíticos que restaram mais fortemente no sistema são clíticos neutros em relação à concordância: *lhe*, *me*, *te*. É plausível supor então que as mudanças havidas colocaram a sobrevivência dos clíticos em jogo. Aqueles que não se adaptaram... morreram. Mas os que se adaptaram teriam vida longa?

O que é interessante nesta proposta é que é possível relacioná-la a duas restrições importantes à próclise ao segundo verbo de grupos verbais, em PB (cf. Silva, 1990):

(21) *O livro foi *me* dado.
(22) *Maria pode *o* ver amanhã.
(23) Ele tinha *me* dado o livro.

O clítico *o* não pode ocorrer entre dois verbos, como os outros clíticos podem. Definitivamente, a posição que restou para os clíticos, neste caso, não é uma posição onde caiba clíticos marcadamente de concordância. Por outro lado, parece haver uma impossibilidade de clíticos ocorrerem proclíticos ao particípio, quando em construções passivas. O que se pode pensar neste caso (cf. Silva, 1990) é que, no caso das passivas, o verbo no particípio ainda se move para uma posição de concordância, a fim de receber o morfema de gênero. Ocorre que os clíticos mudaram, eles não seriam mais incompatíveis com núcleos de concordância, daí a agramaticalidade nesses casos.

CONCLUSÃO

Pela visão adotada, lidar com a posição dos clíticos é lidar com regras de movimento que desempenham um papel central na gramática de uma língua. Sendo assim, lidar com mudança na posição dos clíticos é estar lidando com profundas alterações nas regras da gramática de uma língua como um todo.

Os resultados mostraram um português clássico relativamente estável no que diz respeito às regras de posição dos clíticos na sentença. O processo de mudança do qual resultou o português brasileiro fez com que este último perdesse a possibilidade de subida do clítico nos grupos verbais, a próclise à negação e a ênclise em sentenças infinitivas e gerundivas. Nos dois primeiros casos, argumentou-se que houve a perda do movimento individual do clítico; no segundo caso, que a perda de movimento do verbo teria sido a razão do atual padrão do português brasileiro.

À conclusão de que houve mudança nos casos citados, segue-se que teria havido mudança também nos verbos simples de sentenças-raiz, nas quais o português clássico apresentava um padrão superficial bastante próximo do português brasileiro atual, havendo apenas a ocorrência de ênclise quando o verbo era cabeça do período. De um lado, esta última característica reforça a tese de movimento do verbo; de outro, argumentou-se que teria havido uma mudança nas regras que produzem a próclise e a ênclise – elas seriam diferentes: no português clássico, haveria movimento do verbo até T, tendo como consequência uma posição superficial de próclise; no português brasileiro atual, nem o clítico nem o verbo se moveriam, e o resultado superficial seria igualmente de próclise.

As hipóteses levantadas anteriormente nos permitem também aventar explicações possíveis para o próprio desaparecimento dos clíticos em português brasileiro atual, sendo possível articulá-las a algumas restrições à distribuição dos clíticos. A ideia é que a posição que teria restado para o clítico em português brasileiro atual não seria mais marcada por concordância. Sendo assim, os clíticos passaram por um processo de reanálise, uma vida de luta e de morte pela sobrevivência no sistema. Não é possível ainda afirmar com segurança o resultado desse processo de seleção gramatical. Se a posição dos clíticos em português brasileiro é uma mudança acabada, a permanência deles no sistema ainda é matéria de dúvida: estariam todos condenados?

NOTAS

1 Tradução livre do original: "Our analysis will take Romance clitics to invariably left-adjoin to a functional head. This will, in cases where that functional head dominates the verb, straightforwardly yield the order clitic-verb. The order verb-clitic will, on the other hand, be claimed to result from the verb having moved leftward past the functional head to which the clitic has adjoined".

2 Tradução livre do original:
a) traces (to which a clitic may never adjoin);
b) non-traces abstract I nodes that are non-overt counterpart of an otherwise legitimate I-type category.

REFERÊNCIAS BIBLIOGRÁFICAS

BERLINCK, R. de A. *A ordem no português do Brasil*: sincronia e diacronia. Campinas, 1988. Dissertação (Mestrado em Linguística) – Instituto de Estudos da Linguagem/Universidade Estadual de Campinas.

CORREA, V. R. *Objeto nulo no português do Brasil.* Campinas, 1991. Dissertação (Mestrado em Linguística) – Instituto de Estudos da Linguagem/Universidade Estadual de Campinas.

DUARTE, I. S. "Variação paramétrica e ordem dos clíticos". *Revista da Faculdade de Letras de Lisboa*. Lisboa, 1983, pp. 158-76.

DUARTE, M. E. L. *Variação e sintaxe*: clítico acusativo, pronome lexical e categoria vazia no português do Brasil. São Paulo, 1986. Dissertação (Mestrado em Linguística) – Pontifícia Universidade Católica de São Paulo.

GALVES, C. "Ênclise e próclise: geometria ou álgebra, morfologia ou sintaxe?" *D.E.L.T.A.* São Paulo, v. 6, n. 2, 1990, pp. 255-72.

KAYNE, R. Null Subjects and Clitic Climbing. In: JAEGGLI, O.; SAFIR, K. (orgs.) *The Null Subject Parameter.* Dordrecht: Reidel, 1989.

NUNES, J. M. *O samigerado SE*: uma análise sincrônica e diacrônica das construções com se apassivador e e indeterminador. Campinas, 1990. Dissertação (Mestrado em Linguística) – Instituto de Estudos da Linguagem/Universidade Estadual de Campinas

PAGOTTO, E. G. *A posição dos clíticos em português*: um estudo diacrônico. Campinas, 1992. Dissertação (Mestrado em Linguística) – Instituto de Estudos da Linguagem/Universidade Estadual de Campinas.

PEREIRA, M. G. D. *A variação na colocação dos pronomes átonos no português do Brasil.* Rio de Janeiro, 1981. Dissertação (Mestrado em Letras) – Pontifícia Universidade Católica do Rio de Janeiro.

RAMOS, J. O emprego de preposições no português do Brasil. In: TARALLO, F. (org.) *Fotografias sociolinguísticas.* Campinas: Pontes, 1989.

RIZZI, L. "Ristrutturazione". *Rivista di Grammatica Generativa.* v. 1, 1976, pp. 1-54.

ROUVERET, A. "Cliticização e tempo em português europeu". *Cadernos de Estudos Linguísticos.* Campinas, n. 17, 1989, pp. 9-37.

SALVI, G. "La sopravvienza della legge di Wackernagel nei dialetti occidentalli dela Peninsola Iberica". *Medievo Romanzo.* v. XV, 1990, pp. 177-210.

SILVA, M. C. F. "Les clitiques en portugais du Brésil: notes pour une étude". 1990. Manuscrito.

TARALLO, F. *Relativization Strategies in Brazilian Portuguese.* Philadelphia, 1983. Tese (Doutorado em Linguística) – University of Pennsylvania.

DIREÇÃO DE CLITICIZAÇÃO, OBJETO NULO E PRONOME TÔNICO NA POSIÇÃO DE OBJETO EM PORTUGUÊS BRASILEIRO

Jairo Nunes

Tem-se defendido tanto dentro do quadro teórico da Teoria da Variação (cf. Omena, 1978; Tarallo, 1983; Duarte, 1986; Corrêa, 1991, entre outros) quanto dentro do quadro teórico da Teoria Gerativa (cf. Galves, 1989; Cyrino, 1990; Kato 1991, entre outros) que o português brasileiro está passando por um processo de perda dos clíticos acusativos de terceira pessoa. Esse processo deu origem a uma extensão dos contextos em que o objeto nulo é aceito em português brasileiro quando comparado ao português europeu (cf. Raposo, 1986), bem como ao aparecimento de pronomes tônicos na posição de objeto direto, construção agramatical em português europeu.

Como os estudos variacionistas têm evidenciado (cf. referências anteriores), os clíticos acusativos de terceira pessoa não fazem parte do vernáculo (no sentido de Labov, 1972) do português brasileiro. Ao contrário, o uso dessas formas está associado a aprendizado escolar, revela grau de instrução elevado e é identificado com língua escrita e estilo formal. Vale notar ainda que, nos contextos em que são usados, os clíticos acusativos de terceira pessoa não obedecem à distribuição dos demais clíticos do português brasileiro, como exemplificado em (1):

(1) a. Me chame amanhã.
    b. Te chamo amanhã.
    c. *O chamo amanhã.

Neste capítulo pretendo mostrar que todas essas características do português brasileiro moderno decorrem de uma mudança na direção de cliticização fonológica ocorrida no século XIX, que impossibilitou o licenciamento da sílaba dos clíticos acusativos de terceira pessoa. O capítulo está organizado da seguinte forma: na próxima seção abordarei brevemente a origem dos clíticos acusativos de terceira pessoa; na terceira seção discutirei o licenciamento do *onset* da sílaba dos clíticos acusativos de terceira pessoa em português europeu moderno, em português arcaico e em português brasileiro moderno; e na quarta seção tratarei da mudança de cliticização fonológica no português brasileiro e de suas consequências.

ORIGEM DOS CLÍTICOS ACUSATIVOS DE TERCEIRA PESSOA

Os clíticos acusativos de terceira pessoa no português desenvolveram-se a partir dos pronomes demonstrativos latinos *illum/illam/illud*. Ao contrário da maioria das outras línguas românicas, em que os clíticos acusativos de terceira pessoa preservaram o /l/ dos demonstrativos latinos (e.g. *le* em francês e *lo* em espanhol), no português esses clíticos parecem ter perdido o *onset* de suas sílabas, o que deu origem às formas superficiais *o(s), a(s)*. No entanto, o fato de essas formas poderem se superficializar como *lo(s), la(s)* ou *no(s), na(s)* depois de algumas formas verbais pode estar indicando que, na verdade, a sílaba desses clíticos ainda tenha um *onset* subjacente.

Essa é a linha de raciocínio que aqui pretendo seguir. Minha hipótese é que os clíticos acusativos de terceira pessoa em português não perderam o *onset* de suas sílabas. Esse *onset* será tido como subespecificado subjacentemente, necessitando, portanto, ser licenciado por processos outros que não o licenciamento pelo nódulo da sílaba. Na próxima seção examinarei como essa necessidade é satisfeita em português arcaico, assim como nos dialetos modernos do português europeu e brasileiro.

DIREÇÃO DE CLITICIZAÇÃO E LICENCIAMENTO DE CLÍTICOS ACUSATIVOS DE TERCEIRA PESSOA

Português europeu moderno

De acordo com Carvalho (1989), os clíticos do português europeu moderno são sempre enclíticos fonologicamente, qualquer que seja a palavra precedente. Em outras palavras, ao resultado do processo sintático de colocação dos clíticos se aplica um processo de cliticização fonológica da direita para a esquerda, como ilustrado em (2) (cf. Carvalho, 1989):

(2) a. *Quem-me* vê?
b. *Não-te* vi.
c. *Já-te* digo.
d. *Vamo-nos* encontrar.

A cliticização fonológica da direita para a esquerda, portanto, é uma das razões que bloqueiam sentenças iniciadas por clítico em português europeu, como exemplificado em (3):

(3) *Me diga uma coisa.

O fato de a direção de cliticização fonológica ser da direita para a esquerda em português europeu moderno provê várias maneiras para que a sílaba do clítico tenha seu *onset* licenciado. Em particular, dois processos específicos são ativados quando a palavra em que o clítico se apoia é um verbo. O primeiro envolve a assimilação das terminações em /s/ (representado ortograficamente por *s* ou *z*) e /r/ aos traços presentes no *onset* da sílaba do clítico, como exemplificado em (4):

(4) a. ver + o → vê-lo
b. fizemos + o → fizemo-lo

A segunda regra específica no que diz respeito aos clíticos acusativos de terceira pessoa envolve multiassociação do traço [+nasal] quando o clítico se segue a uma forma verbal terminada em ditongo nasal, como ilustrado em (5):

(5) compraram + o → compraram-no ([kõprarãwno])

No que tange à aquisição da linguagem, dados simples e robustos como *vê-lo*, *fizemo-lo* e *compraram-no*, por exemplo, presumivelmente levam a criança a postular um *onset* subespecificado para a sílaba dos clíticos acusativos de terceira pessoa, uma vez que a aplicação das duas regras mencionadas anteriormente se restringem a esses clíticos.

Essas regras, no entanto, se aplicam somente quando há incorporação sintática do clítico à forma verbal (i.e., essas regras são lexicais) e não quando o clítico está apoiado fonologicamente em palavras outras que não verbos terminados em /s/, /r/ ou ditongo nasal, como se pode ver a seguir:

(6) a. Que *amor-o* fez sofrer?
    b. *Que *amô-lo* fez sofrer?
(7) a. *Todos-o* fizeram sofrer.
    b. **Todo-lo* fizeram sofrer.
(8) a. O João *não-o* viu.
    b. *O João *não-no* viu.

Como as regras exemplificadas em (4) e (5) não fazem parte do conjunto de regras pós-lexicais, o *onset* da sílaba dos clíticos de (6)-(8) deve ser licenciado por outros processos. Esses processos podem ser divididos em preservadores e reestruturadores, dependendo da superficialização da sílaba dos clíticos. Vejamos alguns deles.

Um dos processos que preservam a estrutura da sílaba do clítico envolve a possibilidade de multiassociação de elementos vocálicos com o traço [+alto] (vogais e semivogais), configurando uma situação de ambissilabicidade. No caso dos clíticos acusativos de terceira pessoa, esse processo permite que o *onset* de suas sílabas seja preenchido tanto lexicalmente como pós-lexicalmente, conforme ilustrado em (9) e (10), respectivamente:

(9) a. comi-o ([komiyu])
    b. atrai-a ([atrayya])
    c. compro-a ([kõpruwa])
    d. comprou-a ([kõprowwa])
(10) a. Nem a *sucuri-a* fez fugir. ([sukuriya])
    b. *Quem-o* viu? ([kẽỹỹu])
    c. Só o *peru-a* bicou. ([peruwa])
    d. O João *não-a* viu. ([nãw̃wa])

Outro processo preservador de estrutura que pode se aplicar pós-lexicalmente envolve o chamado *Maximal Onset Principle* (cf. Goldsmith, 1990). *Grosso modo*, esse princípio requer que, não havendo restrição fonotática, fonemas consonantais intervocálicos sejam associados ao *onset* da sílaba seguinte e não à coda da sílaba precedente. Como em português as únicas consoantes que podem aparecer na posição de coda são /r/, /s/ e /l/, o *Maximal Onset Principle* tem o efeito de reassociar essas consoantes ao *onset* da sílaba do clítico, desassociando traços incompatíveis, como exemplificado abaixo:

(11) Que *amor-o* fez sofrer? ([a.mo.ru])
(12) Que *mal-o* atingiu? ([ma.lu])
(13) *Todos o* fizeram sofrer. ([to.do.zu])

Quando a palavra em que o clítico se apoia fonologicamente termina em /a/, como exemplificado em (14), nenhum dos processos mencionados anteriormente, no entanto, pode licenciar o *onset* da sílaba do clítico. Nesse caso, ocorre uma reestruturação, de modo que a questão do licenciamento do *onset* se torna irrelevante porque a sílaba do clítico se funde à sílaba precedente.

(14) a. compra-o
b. compra-a

Em (14a), o [ə] reduzido da forma verbal se funde com a vogal do clítico, superficializando-se como [ɔ], como ilustrado em (15a) a seguir. Já em (14b), o *Obligatory Contour Principle* (cf. Goldsmith, 1990, para uma avaliação de diferentes formulações) provoca uma reestruturação na sequência de vogais idênticas, permitindo que o clítico se superficialize numa estrutura bem formada, como representado em (15b):

(15) a. [kõprə] + [u] → [kõprɔ]
b. [kõprə] + [ə] → [kõpra:]

Em suma, o fato de que a cliticização fonológica se dá da direita para a esquerda em português europeu moderno permite que o *onset* da sílaba dos clíticos acusativos de terceira pessoa seja licenciado mesmo quando o clítico não se incorpora sintaticamente à palavra que o precede. Isso equivale a dizer que, se a direção de cliticização em português europeu fosse da esquerda para a direita, uma outra situação viria à tona em relação ao licenciamento do *onset* da sílaba do clítico. Mais à frente teremos condições de avaliar essa possibilidade, quando da abordagem ao português brasileiro. Antes, porém, gostaria de voltar um pouco no tempo e verificar o estado de coisas do português arcaico quanto à direção de cliticização fonológica e ao licenciamento do *onset* da sílaba dos clíticos acusativos de terceira pessoa.

Português arcaico

Em português arcaico, o *onset* da sílaba dos clíticos acusativos de terceira pessoa já se apresentava enfraquecido. Mattos e Silva (1990), por exemplo, documenta uma única ocorrência de *lo* intervocálico:

(16) Méti mentes, filho, que non bevas daquel barril que a min enviavan que tu ascondisti na carreira pera bevere-*lo* depois

Embora devamos ser extremamente cautelosos em postular uma certa direção de cliticização fonológica para uma língua morta e tenhamos de lidar com todos os vieses que documentos escritos impõem, parece que podemos tomar a direção de cliticização em português arcaico como também sendo da direita para a esquerda. A maior evidência para isso é que as regras lexicais específicas que licenciam o *onset* da sílaba do clítico em português europeu moderno também podiam se aplicar pós-lexicalmente, como discutido a seguir.

De acordo com Williams (1938), o mesmo processo de assimilação que ocorre com a sequência *verbo + clítico* em português europeu moderno ocorria em português arcaico quando clíticos acusativos de terceira pessoa se seguiam a quase toda palavra terminada em /r/ ou /s/, como exemplificado em (17) (cf. Williams, 1938):

(17) a. *melho-la* fezestes (*melhor + a*)
b. *Deu-lo* sabe *poi-la* vi (*Deus + o*; *pois + a*)
c. a *toda-lo* el diria (*todas + o*)
d. o bom rei en seu *podê'-la* ten (*poder + a*)
e. a *vo'-lo* devo muit' agradecer (*vós + o*)
f. *volla* averees (*vós + o*)

Não entrarei aqui na questão de estabelecer se a cliticização fonológica em português arcaico exemplificada em (17) estava ou não associada à incorporação sintática do clítico à palavra anterior. Para os nossos propósitos, basta a observação de que a direção de cliticização era da direita para a esquerda em português arcaico e que, portanto, o *onset* da sílaba do clítico presumivelmente podia ser licenciado de modo semelhante ao seu licenciamento no português europeu moderno.

Quanto à regra correspondente à multiassociação de [+nasal] do português europeu moderno, é provável que em português arcaico uma regra de assimilação progressiva precedeu a regra de multiassociação de [+nasal], já que a letra *n* em final de palavras deve ter representado uma verdadeira consoante nasal antes de ser usada como marca de nasalização da vogal precedente. De qualquer forma, o que é interessante é que, embora mais raramente, esta regra também podia se aplicar pós-lexicalmente e não somente lexicalmente como em português europeu moderno, como se vê em (18) (cf. Williams, 1938):

(18) a. bem-no (*bem + o*)
b. que'-no (*quem + o*)

Em suma, na medida em que construções como (17) e (18) possam ser tomadas como evidência de que a direção de cliticização fonológica em português arcaico era da direita para a esquerda, podemos dizer que o português arcaico deve ter tido não só os processos disponíveis em português europeu moderno, mas também processos pós-lexicais adicionais, como a multiassociação de [+nasal] e assimilação de /r/ e /s/, que permitiam sequências que correspondem a construções agramaticais em português europeu moderno (compare (6)-(8) com (17)-(18)).

Português brasileiro moderno

No português brasileiro atual, a direção de cliticização fonológica claramente é da esquerda para a direita, como exemplificado em (19):

(19) a. Já *te-vi.*
b. João vai *te-ver.*
c. João tinha *me-visto.*
d. Vamos *nos-encontrar.*

A cliticização da esquerda para a direita, portanto, permite que clíticos outros que não os acusativos de terceira pessoa ocorram em início de sentença, como exemplificado em (20), diferentemente do português europeu (cf. (3) anterior):

(20) Me diga uma coisa.

Uma vez que tanto o português arcaico quanto o português europeu moderno exibem cliticização fonológica da direita para a esquerda como vimos anteriormente, é plausível tomar a cliticização da esquerda para a direita como uma inovação do dialeto brasileiro. Na próxima seção, tentarei mapear o surgimento dessa inovação, bem como discutirei o licenciamento do *onset* da sílaba dos clíticos acusativos de terceira pessoa num sistema de cliticização da esquerda para a direita.

MUDANÇA NA DIREÇÃO DE CLITICIZAÇÃO EM PORTUGUÊS BRASILEIRO E SUAS CONSEQUÊNCIAS

Uma maneira indireta de identificar o momento da mudança na direção de cliticização fonológica no português brasileiro pode ser viabilizada através do mapeamento diacrônico da variação entre *verbo + clítico* e *clítico + verbo* em início de sentença. Como vimos anteriormente, um sistema com cliticização da direita para a esquerda como o português europeu moderno proíbe construções com clítico em início de sentença. Assim, sentenças com clíticos em posição inicial no português brasileiro constituem um indício da mudança na direção de cliticização fonológica.

Para realizar esse mapeamento, vou me valer do estudo diacrônico de Cyrino (1990), que entre outras coisas retrata a variação entre ênclise e próclise a verbos no imperativo afirmativo, que em geral ocorrem em início de sentença (ver capítulo "Observações sobre a mudança diacrônica no português do Brasil: objeto nulo e clíticos" deste volume). De acordo com Cyrino, a porcentagem de ênclise a verbos no imperativo afirmativo registrada em peças de teatro cai de 100% na primeira metade do século XVIII para 0% na segunda metade do século XX. As primeiras instâncias de próclise a imperativo afirmativo ocorrem na segunda metade do século XIX, com uma porcentagem de 14%. Isso indica que a mudança na direção de cliticização já devia ter se dado por essa época.

Confirmação adicional para essa hipótese provém da variação próclise ao verbo principal *vs.* ênclise ao verbo auxiliar na sequência *verbo auxiliar + verbo principal*, também investigada por Cyrino (1990) (veja-se também Pagotto, 1992, e o capítulo "Clíticos, mudança e seleção natural" deste volume). A autora mostra que a próclise ao verbo principal cresce de 0% na primeira metade do século XVIII para 100% na segunda metade do século XX. A construção inovadora surge na primeira metade do século XIX, um pouco mais cedo que a próclise a imperativo afirmativo, com uma porcentagem de 7,7%. Combinando esses dois resultados, podemos tomar a mudança na direção de cliticização como tendo ocorrido por volta da virada para o século XIX.

Obsolescência dos clíticos acusativos de terceira pessoa

Uma vez que as crianças do início do século XIX adquiriram um sistema com cliticização fonológica da esquerda para a direita, não havia meio de o *onset* da sílaba dos clíticos acusativos de terceira pessoa ser licenciado. Numa situação como essa, as crianças poderiam reanalisar os clíticos como sílabas sem *onset*, poderiam reformular o sistema fonológico introduzindo novas maneiras para licenciar o *onset* da sílaba dos clíticos, ou poderiam adquirir uma gramática sem clíticos acusativos de terceira pessoa.

A primeira possibilidade deve ter sido descartada porque dados simples e robustos como (21) demandariam uma análise dos clíticos como sílabas com *onset* subespecificado, como mencionado anteriormente:

(21) a. comprá-lo
b. fizeram-no

Minha hipótese é que, entre introduzir novas regras para licenciar o *onset* da sílaba dos clíticos e adquirir uma gramática sem clíticos acusativos de terceira pessoa, as crianças do início do século optaram por esta última possibilidade. Esse sistema inovador, por sua vez, abriu caminho para duas novas construções que substituíram a antiga construção com clíticos acusativos de terceira pessoa: construções com objeto nulo e construções com pronome tônico na posição de objeto direto, respectivamente exemplificadas por (22) e (23):

(22) Eu entreguei Ø pro João.
(23) Eu entreguei *ele* pro João.

O exemplo (23) é agramatical em português europeu moderno e estigmatizado sociolinguisticamente em português brasileiro. O (22), por outro lado, é também gramatical em português europeu moderno, mas com uma estrutura diferente. O objeto nulo do português europeu, conforme Raposo (1986), é uma variável ligada por um operador nulo e, portanto, exibe efeitos de ilha; já o objeto nulo do português brasileiro tem um estatuto diferente pois pode perfeitamente aparecer dentro de ilhas. Assim, qualquer que seja a natureza desta categoria vazia em português brasileiro (cf. Galves, 1989; Farrel 1990 e Kato, 1991, entre outros), pode-se tomar a expansão dos contextos em que objetos nulos são aceitos em português brasileiro como subproduto do desaparecimento dos clíticos acusativos de terceira pessoa, ou, em outras palavras, subproduto da inexistência de aquisição de clíticos acusativos de terceira pessoa por crianças que internalizaram um sistema com cliticização fonológica da esquerda para a direita.

Cyrino (1990), que toma o objeto nulo do português brasileiro como um *pro* (a contraparte fonologicamente nula do pronome tônico), data o aparecimento da nova construção com objeto nulo como sendo da segunda metade do século XIX, período em que os pronomes tônicos começam a ocupar a posição de objeto (com uma porcentagem de 8,6% se comparados com os clíticos). O que é interessante para os nossos propósitos é que o surgimento tanto da nova construção com objeto nulo quanto da construção com pronome tônico na posição de objeto se segue ou é simultâneo à mudança na direção de cliticização fonológica, que presumivelmente se deu no começo do século XIX.

A manutenção dos clíticos acusativos de terceira pessoa no português brasileiro atual se deve à ação normativa da escola, como podemos verificar nas tabelas 1 e 2 adiante (adaptadas de Corrêa, 1991), que evidenciam a relevância do nível de escolaridade dos falantes no uso de objetos diretos que se referem a algo já mencionado no discurso ("objetos diretos anafóricos"):

Tabela 1 – Objetos diretos anafóricos encontrados na fala

Tipo de objeto	Série %						Total %
	Adultos analfabetos	1ª/2ª	3ª/4ª	5ª/6ª	7ª/8ª	Universitários	
Objeto nulo	66,6	72,4	77,7	71,2	71,1	67,8	72,0
Pronome tônico	25,6	24,1	8,6	19,1	20,1	7,1	18,2
SN anafórico	7,6	3,4	13,6	7,4	7,6	14,2	8,3
Clíticos	–	–	–	2,1	0,9	10,7	1,3

Fonte: Adaptada de Corrêa, 1991

Tabela 2 – Objetos diretos anafóricos encontrados na escrita

Tipo de objeto	Série %					Total %
	1ª/2ª	3ª/4ª	5ª/6ª	7ª/8ª	Universitários	
Objeto nulo	57,5	65,6	52,3	53,5	9,5	51,4
Pronome tônico	7,5	6,2	15,3	10,7	–	9,8
SN anafórico	35,0	18,7	13,8	5,3	4,7	15,4
Clíticos	–	9,3	18,4	30,3	85,7	23,3

Fonte: Adaptada de Corrêa, 1991

A média geral de objetos diretos anafóricos na tabela 1 mostra claramente que os clíticos acusativos de terceira pessoa constituem a variante menos utilizada para objetos diretos anafóricos (1,3% = 6/433). Esses clíticos não ocorrem na fala de adultos analfabetos e começam a aparecer na fala das crianças somente na 5ª/6ª série (com uma taxa de 2,1% = 2/94). Nessa faixa escolar, as crianças têm entre 11 e 13 anos, período em que presumivelmente já se deu o estágio relevante de aquisição de linguagem. Por outro lado, os clíticos aparecem mais expressivamente, embora ainda numa taxa baixa (10,7% = 3/28), na fala de estudantes universitários.

Cumpre também observar que, além das duas instâncias de clítico acusativo de terceira pessoa na 5ª/6ª série computadas na tabela 1, há uma instância de hipercorreção em que o clítico é reduplicado, como mostra (24):

(24) para *o* identificá-*lo*

Esse dado é bem ilustrativo na medida em que evidencia os dois sistemas conflitantes com que depara a criança na tentativa de aprender o uso dos clíticos acusativos de terceira pessoa. O dado em (24) mostra tanto a direção de cliticização da esquerda para a direita já internalizada (*o identificar*), quanto o licenciamento do *onset* da sílaba do clítico (*identificá-lo*), que está sendo aprendido na escola.

Observemos agora a tabela 2. Como esperado, a média geral do uso de clíticos de terceira pessoa na escrita é bem mais alta (23,3% = 50/214) que a vista na tabela 1 para a fala (1,3% = 6/433). Com efeito, da fala para a escrita há uma reversão do uso de pronomes tônicos *vis a vis* clíticos. Enquanto os pronomes tônicos são preferidos aos clíticos na fala, os clíticos são preferidos aos pronomes tônicos na escrita. Observe-se ainda que na escrita os clíticos aparecem na 3ª/4ª série (9,3% = 3/32), enquanto na fala aparecem na 5ª/6ª série, como visto na tabela 1. Isso parece indicar que a aprendizagem desses clíticos se dá antes que as crianças eventualmente os usem na fala.

Esse aprendizado, contudo, não tem a mesma natureza que a aquisição de pronomes tônicos em posição de objeto direto, por exemplo. Note-se na tabela 1 que a média do uso de pronomes tônicos na fala das crianças de 1ª/2ª série (24,1% = 21/87) não é consideravelmente diferente da média dos adultos analfabetos (25,6% = 10/39). Em outras palavras, as crianças não precisam ser formalmente ensinadas para internalizar pronomes tônicos na posição de objeto, enquanto a aquisição dos clíticos acusativos de terceira pessoa só se dá via instrução formal (os adultos analfabetos não usam clíticos).

Alia-se a isso o fato de que as percentagens de uso de clítico pelas crianças da 4ª/5ª à 7ª/8ª série na tabela 2 somente se referem a 32 instâncias de uso adequado. Além desses dados, Corrêa (1991) registrou oito instâncias de hipercorreção semelhantes a (24). Assim, embora da 3ª/4ª a 7ª/8ª séries haja um crescimento geral no uso de clíticos acusativos de terceira pessoa, como se pode ver na tabela 2, para cada quatro ocorrências de uso adequado há uma ocorrência de hipercorreção. Por outro lado, de acordo com os resultados de Corrêa, não ocorrem casos de hipercorreção entre estudantes universitários.

Voltemos agora à questão de os clíticos acusativos não poderem ocupar a posição inicial de uma sentença, ao contrário dos demais clíticos, como ilustrado em (25):

(25) a. Te chamo amanhã.
b. *O chamo amanhã.
c. Eu o chamo amanhã.

Em termos meramente especulativos, gostaria de aventar a possibilidade de que o aprendizado dos clíticos acusativos de terceira pessoa na escola inclua também o licenciamento do *onset* de sua sílaba. De modo semelhante ao que ocorre com a criança portuguesa diante de dados como (21), o aprendiz brasileiro também deve postular um *onset* subespecificado para a sílaba desses clíticos. É bem provável, porém, que esse licenciamento seja diferente do que ocorre em português europeu, seja pela diferença na direção de cliticização fonológica, seja pela diferença no processo de aquisição desses clíticos. De qualquer modo, o que o contraste em (25) mostra é que os clíticos acusativos de terceira pessoa em português brasileiro precisam, pelo menos, de material fonológico que os preceda.

CONCLUSÃO

Mudanças linguísticas que levam à obsolescência de algumas formas, como a que envolve os clíticos acusativos de terceira pessoa, podem lançar alguma luz na natureza da experiência engatilhadora na aquisição de linguagem (cf. Lightfoot, 1991: cap. 6). Construções simples e robustas envolvendo clíticos acusativos de terceira pessoa certamente faziam parte do ambiente linguístico disponível à criança brasileira do princípio do século XIX. Entretanto, para uma geração que adquiriu um valor diferente para a direção de cliticização fonológica, tornou-se impossível adquirir também os clíticos acusativos de terceira pessoa, uma vez que o *onset* de suas sílabas não pôde mais ser licenciado.

Com a inexistência de aquisição dos clíticos acusativos de terceira pessoa por uma geração de falantes, construções com esses clíticos se tornaram menos frequentes no ambiente linguístico. Isso, por sua vez, forneceu combustível adicional para que as gerações subsequentes que já tinham adquirido um sistema com cliticização da esquerda para a direita também não adquirissem esses clíticos. Assim, em pouco mais de um século depois que a mudança na direção de cliticização teve início, os clíticos acusativos de terceira pessoa se veem ameaçados de extinção no português brasileiro. A obsolescência das antigas construções com esses clíticos, então, abriu caminho para a expansão das construções com objeto nulo e para a introdução de construções com pronome tônico na posição de objeto.

REFERÊNCIAS BIBLIOGRÁFICAS

CARVALHO, J. "Phonological Conditions on Portuguese Clitic Placement: On Syntactic Evidence for Stress and Rhythmical Patterns". *Linguistics*. 29, 1989, pp. 405-36.

CORRÊA, V. *O objeto direto nulo no português do Brasil*. Campinas, 1991. Dissertação (Mestrado) – Universidade Estadual de Campinas.

CYRINO, S. "O objeto nulo no português do Brasil: uma mudança paramétrica?". Universidade Estadual de Campinas, 1990. Manuscrito.

______. Observações sobre a mudança diacrônica no português do Brasil: Objeto nulo e clíticos. In: ROBERTS, I.; KATO, M. A. (org.) *Português brasileiro*: uma viagem diacrônica. Campinas: Editora da Unicamp, 1993, pp. 163-84.

DUARTE, M. *Variação e sintaxe*: clítico acusativo, pronome lexical e categoria vazia no português do Brasil. São Paulo, 1986. Dissertação (Mestrado) – Pontifícia Universidade Católica de São Paulo.

FARREL, P. "Null Objects in Brazilian Portuguese". *Natural Language and Linguistic Theory*. 8, 1990, pp. 325-46.

GALVES, C. "L'objet nul et la structure de la proposition en portugais du Brésil". *Revue des Langues Romanes*. XCIII, 2, 1989, pp. 305-36.

GOLDSMITH, J. A. *Autosegmental & Metrical Phonology*. Oxford: Basil Blackwell, 1990.

KATO, M. A. The Distribution of Pronouns and Null Elements in Object Position in Brazilian Portuguese. In: ASHBY, W. J.et al. (orgs.) *Linguistic Perspectives on Romance Languages*: Selected Papers from the XXI Linguistic Symposium of Romance Languages. Amsterdam/Philadelphia: John Benjamins, 1991, pp. 225-35.

LABOV, W. *Sociolinguistic Patterns*. Philadelphia: Philadelphia: University of Pennsylvania Press, 1972.

LIGHTFOOT, D. *How to Set Parameters*: Arguments from Language Change. Cambridge: MIT Press, 1991.

MATTOS E SILVA, R. V. *Estruturas trecentistas*: elementos para uma gramática do português arcaico. Lisboa: Imprensa Nacional, Casa da Moeda, 1990.

OMENA, N. *Pronome pessoal de terceira pessoa*: suas formas variantes em função acusativa. Rio de Janeiro, 1978. Dissertação (Mestrado) – Pontifícia Universidade Católica do Rio de Janeiro.

PAGOTTO, E. *A posição dos clíticos em português*: um estudo diacrônico. Campinas, 1992. Dissertação (Mestrado) – Universidade Estadual de Campinas.

______. Clíticos, mudança e seleção natural. In: ROBERTS, I.; KATO, M. A. (orgs.) *Português brasileiro*: uma viagem diacrônica. Campinas: Editora da Unicamp, 1993, pp. 185-206.

RAPOSO, E. On the Null Object in European Portuguese. In: JAEGGLI, O.; SILVA-CORVALÁN (orgs.) *Studies in Romance Linguistics*. Dordrecht: Foris, 1986, pp. 373-90.

TARALLO, F. *Relativization Strategies in Brazilian Portuguese*. Philadelphia, 1983. Tese (Doutorado) – University of Pennsylvania.

WILLIAMS, E. B. *From Latin to Portuguese*: Historical Phonology and Morphology of the Portuguese Language. Philadelphia: University of Pennsylvania Press, 1938.

RECONTANDO A HISTÓRIA DAS RELATIVAS EM UMA PERSPECTIVA PARAMÉTRICA

Mary A. Kato

O ESTUDO DE TARALLO (1983, 1985)

Tarallo (1983, 1985), em seu estudo diacrônico, já clássico, das relativas no português do Brasil, mostra, em uma perspectiva variacionista acoplada à teoria gerativa, que o português contava, até os fins do século XIX, com duas estratégias de relativização: a estratégia do pronome relativo (1a) e a estratégia do pronome resumptivo (1b), também conhecida como relativa copiadora, sendo esta, contudo, uma estratégia menor. Para Tarallo, a estratégia inovadora no português do Brasil é a relativa cortadora, (1c), que começa a aparecer, na metade do século XIX, para as posições de objeto indireto e outros constituintes preposicionados (cf. tabela 6 do autor).[1]

(1) a. A moça com quem falei ontem está aqui.
b. A moça que eu falei com ela ontem está aqui.
c. A moça que eu falei ontem está aqui.

Table 6 – Frequency of use of 3 relativization strategies across time periods

	I	II	III	IV
PDP	99 (89,2%)	89 (88,1%)	73 (91,3%)	63 (35,4%)
RP	11 (9,9%)	8 (7,9%)	1 (1,3%)	9 (5,1%)
PP	1 (0,9%)	4 (4,0%)	6 (7,5%)	106 (59,5%)

Key: PDP = *piedpiping*, RP = *resumptive pronoun*, PP = *p-chopping*

I = circa 1725 II = circa 1770 III = circa 1825 IV = circa 1880 (Tarallo, 1985: 371)

Segundo o autor, não há diferença entre as línguas, em relação à existência ou não da estratégia resumptiva, havendo variação mais em nível de quantidade e produtividade. Ela seria uma forma perceptualmente mais accessível, e utilizada, em muitas línguas, apenas como último recurso, como é o caso do inglês. Já em relação à estratégia cortadora, Tarallo confirma a hipótese de Kato (1981) de que ela estaria ligada ao uso que o falante faz da elipse em outros contextos anafóricos, como a coordenação, sendo, portanto, parte de um fenômeno mais amplo de escolha de elipse em lugar de substituição por uma proforma,

(2) a. João convidou uma vizinha e Maria desconvidou (ela).
b. A vizinha que Maria desconvidou (ela)...

Analisando o fenômeno da mudança como perda de retenção pronominal, Tarallo (1985) encontrou o seguinte resultado de categorias vazias nas diversas funções sintáticas:

Table 4 – Pronominal retention according to syntactic function and time

	I	II	III	IV
S	28/120	41/154	25/152	57/174
%	(23.3%)	(26.6%)	(16.4%)	(32.7%)
DO	83/93	51/53	36/43	59/98
	(89.2%)	(96.2%)	(83.7%)	(60.2%)
IDO	49/49	41/41	48/49	49/62
	(100.0%)	(100.0%)	(97.9%)	(79.0%)
OB	18/20	25/25	4/4	24/43
	(90.0%)	(100.0%)	(100.0%)	(55.8%)
G	17/18	27/28	43/51	35/43
	(94.4%)	(96.4%)	(84.3%)	(81.4%)

Key: S = subject, DO = direct object, IDO = indirect object, OB = oblique, G = genitive

Fonte: Tarallo,1985: 368

Para Tarallo, a elipse pronominal é seguida da elipse da preposição, fraca em português, exceto em poucos casos.

O que a tabela mostra é que, da fase III para a fase IV, enquanto o sujeito aumenta a retenção do pronome, decresce a sua retenção, no caso dos complementos verbais, ficando o genitivo (complementação e adjunção nominal) no mesmo patamar.

Do ponto de vista estrutural, Tarallo não atribui o mesmo estatuto ao *quem* de (1a) e ao *que* de (1b) e (1c); segundo ele, o que temos em (1a) é um pronome relativo *quem* ligado a uma variável e o que aparece em (1b) e (1c) seria um *que* complementizador, idêntico ao que temos nas subordinadas integrantes, com a posição relativizada ocupada por um pronome lexical ou nulo, análise partilhada por outros autores que estudaram a relativa resumptiva (cf. Pizzini, 1976 e Bouchard,1982).

Podemos deduzir então que, para Tarallo, não houve, no português do Brasil, uma mudança nas relativas em razão da reanálise do pronome relativo como conjuntor ou complementizador, uma vez que a construção resumptiva é bastante antiga, e nela o *que* já era um complementizador. Em sua análise, o que ocorre é o aparecimento da relativa cortadora, oriunda , segundo ele, de um processo de elipse, operada na relativa resumptiva, estando ainda as duas formas em variação sincrônica.

Sua análise quantitativa *sincrônica* mostra que a cortadora é a preferida pelos complementos e adjuntos preposicionados (82.2%), enquanto a relativa resumptiva é privilegiada pelo genitivo (52.9%). As posições de sujeito e objeto preferem a lacuna, considerada por Tarallo como "padrão", isto é, como relativas oriundas de movimento de pronome relativo. Kato (1981) já apontava, porém, para a dificuldade de identificar a representação subjacente para essas funções, já que tanto a cortadora quanto a relativa padrão têm o mesmo *output* fonético, só se diferenciando deles a relativa resumptiva.

O estudo de Tarallo levanta uma questão geral para a Teoria Linguística e outra especial para a sua proposta de derivação da relativa cortadora.

Se a inovação está em (1c) e esta é derivada por uma regra de elipse, uma questão importante que se coloca para a teoria gramatical é se regras de elipse podem parametrizar *sintaticamente* as línguas. Lembremos que, no modelo de GB, as regras de elipse situam-se entre a Estrutura-S e a Forma Fonética (FF).

Quanto à proposta da derivação da cortadora, temos o seguinte problema: regras de elipse se dão, regra geral, por paralelismo sintático e identidade fonética parcial ou total com um antecedente (cf. Williams,1977) e, no caso de (1b), o sintagma preposicional (PP) *com ela* não teria outro antecedente a não ser a própria cabeça da relativa (*a moça*), que não é um constituinte da mesma natureza, isto é, não é um PP e sim um NP.[2]

OS OBJETIVOS DESTE CAPÍTULO

Neste capítulo, pretendo apresentar uma análise das relativas copiadora e cortadora e tentar discutir essas questões para diagnosticar o que efetivamente está mudando no português do Brasil (PB).

Minha análise irá:

a. rever a análise categorial de COMP, postulando ser o *que*, em todas as três estratégias, um pronome relativo extraído de uma posição não canônica;
b. propor que a posição da variável presa a este pronome relativo é de deslocamento à esquerda (Left Dislocation= LD), gerada na base;
c. tratar o pronome resumptivo como correferente à variável em LD;
d. advogar que o pronome resumptivo pode ser nulo para o objeto direto e o possessivo de terceira pessoa;
e. propor que a estratégia cortadora resulta efetivamente, conforme intuído por Tarallo, de uma regra de elipse, que, embora seja um processo que tem lugar no caminho para a Forma Fonética (FF) e não na sintaxe (cf. Chomsky e Lasnik, 1977), tem como *input* descrições estruturais em nível de estrutura-S, responsável pela parametrização.
f. propor o contexto que propicia a reanálise causadora do aumento substantivo da relativa cortadora.

RELATIVIZAÇÃO DE POSIÇÕES DESLOCADAS: EXTRAÇÃO NÃO CANÔNICA

Na minha revisão do estatuto do *que* em COMP irei propor:

a. que o processo de relativização subjacente às formas (1a), (1b) e (1c). é sintaticamente o mesmo, havendo sempre a ligação do operador relativo-Q com uma posição vazia *v* – variável – na sentença;
b. que a diferença entre as estratégias resumptiva e cortadora de um lado e a estratégia (1a), de outro, tem a ver com a posição da variável e não com a natureza categorial do COMP, sendo as mesmas posições universalmente disponíveis;
c. que a GU (Gramática Universal) permite que o operador relativo-Q esteja ligado a elementos que se encontram no interior de IP (= S) e também a elementos que se encontram fora de IP, em deslocamento à esquerda (*Left Dislocation* = LD), comumente referida como Tópico.[3]

Ora, sabemos que LD é caracterizado por ter um pronome correferente no interior de IP.

(3) a. Eu falei com essa moça ontem.
    b. [$_{LD}$Essa moça$_i$], [$_{IP}$ eu falei com ela$_i$ ontem].

Se a relativização se dá a partir de LD e não da posição de objeto, de sujeito ou de adjunto, fica explicado por que temos pronomes dentro das relativas. Contrastem-se as duas possibilidades:

(1) a'. A moça [$_{CP}$com quem$_i$ [$_{IP}$ eu falei [$_{PP}$ t$_i$]ontem]
    b'. A moça [$_{CP}$ que$_i$ [[$_{LD}$ t$_i$] [eu falei com ela$_i$]ontem]

Figura 1

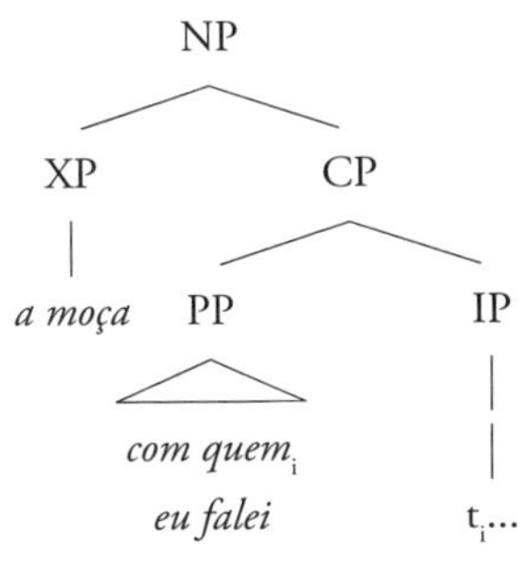

Figura 2

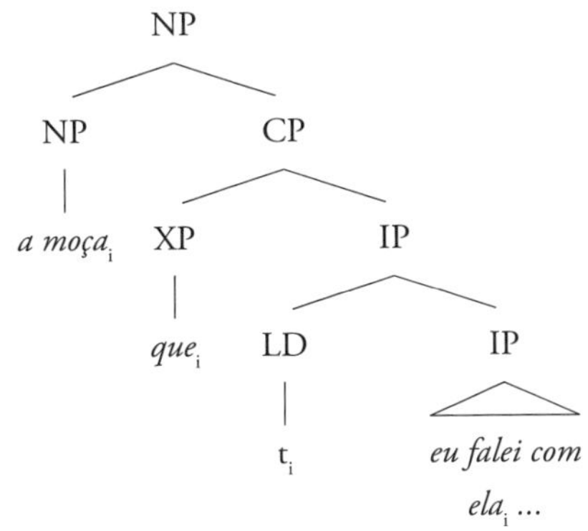

Em (1a'), a relativização opera diretamente sobre o objeto do verbo, enquanto em (1b'), o que é relativizado é o NP na posição de LD. O pronome relativo *que* em XP é, portanto, ligado ao seu vestígio em LD e este é, por sua vez, correferente com o pronome pessoal *ela* dentro de IP (= S). Isso explicaria por que os resumptivos são interpretados como variáveis.

A falta do efeito de ilha observada nas relativas com pronome resumptivo não se deve, portanto, à falta de movimento, como fazem pensar Tarallo e outros, mas ao fato de uma variável em LD poder manter uma relação de correferência com pronomes distantes, atravessando barreiras, uma vez que correferência, ao contrário de ligação, não se submete à subjacência. Ao mesmo tempo, a posição relativizada em LD permite estabelecer sempre uma ligação local com a cabeça da relativa, contribuindo para o princípio da Derivação Econômica (Chomsky, 1989). Compare:

(4) a. *[A moça$_i$ $[_{CP}$com quem$_i$ $[_{IP}$eu penso$[_{CP}$ que o moço $[_{CP}$que falou t_i] esteve ontem aqui] ...

b. [A moça$_i$ $[_{CP}$ que$_i$ $[_{LD}$ t_i [eu penso $[_{CP}$ que o moço $[_{CP}$que falou com ela$_i$]] esteve ontem aqui]...

(4) a'. *NP $[_{CP}$ com quem$_i$$[_{IP}$ ...$[_{CP'}$..$[_{CP'}$..t_i...]...]]]

b'. NP $[_{CP}$ que$_i$ $[_{LD}$ t_i $[_{IP'}$..$[_{CP'}$..$[_{CP'}$..ela$_i$ ..]]]

Por ser a posição de LD uma posição gerada na base e esta poder ser coindexada com qualquer posição no interior da sentença, mesmo com posições dentro de ilhas, podemos dizer que ela será a posição que maior leque de possibilidades de relativização oferece para as línguas e a que menos exige em termos de custo derivacional. O enfraquecimento casual morfológico do latim pode ser o resultado de um uso mais produtivo dessa posição, uma vez que, com uma única forma, muitas posições poderiam ser "relativizadas", pois a relativização se dá indiretamente através da posição de LD.

JUSTIFICATIVAS EMPÍRICAS E TEÓRICAS

Relativização resumptiva e estrutura sentencial de línguas de "tópico"

Ross (1967) opõe construções de LD a construções de topicalização, o primeiro tipo identificado pela presença do resumptivo e o segundo por uma lacuna.

(5) [As for] *John*$_i$, I saw *him*$_i$ yesterday.

(6) Beans$_i$ I don't like Ø$_i$.

Chomsky (1977) analisa a estrutura de (5) como uma adjunção na base e a de (6) como resultante de movimento.

Para Pontes (1987) a identificação nem sempre é possível, no português do Brasil, uma vez que, em estruturas de LD, o objeto pronominal pode ser nulo.

(7) [Quanto a]o João$_i$, eu vi ele$_i$ /Ø$_i$ ontem.

Em seu estudo clássico sobre o português do Brasil como uma língua de proeminência de tópico, a autora atesta a presença maciça, na língua oral, de construções de LD com pronome (exemplo (8a)), de LDs correferentes a objetos nulos (exemplo (8b)) e construções aparentemente SVO, mas cujo sujeito é um tópico identificado tematicamente como locativo do verbo (exemplo (8c)) ou ainda construções em que o LD é correferente ao complemento de um núcleo nominal (exemplo (8d)):[4]

(8) a. Esse buraco$_i$, taparam ele$_i$ outro dia.
b. Essa cerveja$_i$ eu não gosto $\emptyset_i$.
c. O seu regime$_i$ entra muito laticínio $\emptyset_i$?
d. As cadeiras optativas$_i$, cê precisa ter um conhecimento $\emptyset_i$ bom antes.

Se considerarmos que os NPs que iniciam essas sentenças ocupam a posição de LD (tópico discursivo), podemos dizer que temos uma inequívoca indicação de que são essas as posições relativizadas nos sintagmas nominais abaixo:

(9) a. O buraco que taparam ele outro dia...
b. A cerveja que eu não gosto...
c. O regime que entra muito laticínio...
d. As cadeiras optativas que cê precisa ter um conhecimento bom primeiro...

Podemos acrescentar ainda os casos conhecidos como de "duplo sujeito", que poderiam ser chamados, na verdade, de "múltiplos sujeitos", restritos, me parece, a línguas de proeminência de "tópico".[5]

(10) a. *O pneu do carro da vizinha* furou.
b. *O carro da vizinha, o pneu (dele)* furou.
c. *A vizinha, o carro dela o pneu (dele)* furou.

Pela nossa proposta, tanto *o pneu do carro da vizinha* quanto *o carro da vizinha* e *a vizinha* podem ser relativizados e é isso que encontramos:

(11) a. O pneu do carro da vizinha que furou
b. O carro da vizinha que o pneu (dele) furou
c. A vizinha que o carro dela o pneu (dele) furou

Essa possibilidade recursiva de "sujeitos" mostra que tais elementos se adjungem recursivamente à sentença e que a definição de sujeito deve ser tomada mais no sentido de Rothstein (1983) ou Koopman e Sportiche (1988), cuja noção de predicação (no nível de VP para estes últimos) é definida como uma relação entre duas projeções máximas e não como uma relação entre Spec e núcleo.[6]

As construções de LD seriam, nessa concepção, miniorações (*small clauses*, SC), cujo predicado é IP. Seriam predicações não intermediadas por um núcleo funcional. Veja o paralelismo de representação entre o que Rothstein (1983) considera como a representação de minioração (Fig. 3) e a estrutura de LD (Fig. 4):

Figura 3

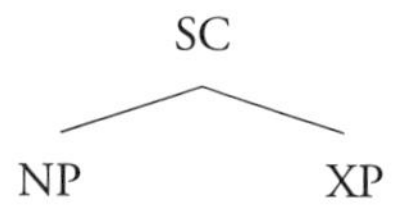

Figura 4

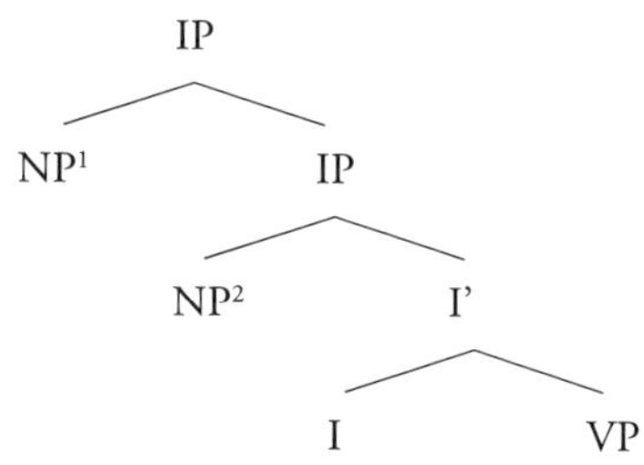

Assim, enquanto NP^2 é o sujeito definido como Spec de I (= flexão), NP^1 é o sujeito de uma predicação definida como a relação entre duas projeções máximas. O sujeito do tipo NP^1, como será visto mais adiante, deverá ser regido, assim como o sujeito de miniorações. Por ser uma adjunção, poderá, em princípio, ser recursivo como vimos no exemplo (10), sendo sua natureza constrangida por algum tipo de seleção (cf. nota 3) e seu limite de ocorrências restringido por princípios de processabilidade.

O que pode ser questionado aqui é o seu estatuto em nível de estrutura-D. Se adjunções forem, conforme Chomsky (1993), produto de transformações generalizadas, esse tipo de predicação poderá constituir-se como parte do estudo desse processo gramatical e, portanto, um fenômeno de estrutura-S.

O *que* invariável como pronome relativo

Vimos até aqui que as chamadas construções de LD apresentam relativas correspondentes, ambas com o pronome resumptivo.

A proposta de que o elemento-Q invariável que introduz relativas resumptivas é um pronome relativo oriundo de movimento-Q não é nova na literatura românica tradicional.

Cohen (1986), seguindo a opinião de parte dos romanistas tradicionais,[7] defende em sua análise diacrônica a hipótese de que o *que* é um pronome relativo.

Justifica sua posição com dados interessantes de relativas resumptivas no romance antigo (e também no português e espanhol antigos), colhidos em citação de outros romanistas.

Rastreando a origem do complementizador *que*, a autora verifica que ele advém da convergência de duas formas: *quod*, que inicia uma sentença no subjuntivo e *qui(a)* que subordina uma sentença no indicativo. O relativo *que*, por outro lado, seria a neutralização, em forma acusativa, de gênero, caso e número, dentro do sistema interrogativo e relativo.

Dois exemplos do romance antigo que apontam para a plausibilidade da hipótese de que mesmo em relativas resumptivas o *que* é um pronome relativo são mostrados a seguir:

(12) "Homem QUEM ego beneficium EL feci" (Formulae Merowingici et Karolini aevi apud Cohen, 1986: 130)
(13) "De Grimaldo, QUEM EL sustulisti sua uxore" (Formulae Senonenses apud Cohen, 1986: 131)

O relativizador *quem* é indiscutivelmente um pronome relativo no caso acusativo. A presença do pronome *el* em (12) e em (13) mostra que a estratégia usada é a do pronome resumptivo. Logo, pronome relativo com pronome resumptivo, em lugar de variável nula, podem ocorrer juntos.

Da mesma forma que no latim vulgar o enfraquecimento do sistema de marcação morfológica de caso no português do Brasil pode estar levando a um uso cada vez maior da estratégia de relativização da posição de LD, isto é, a que produz a forma resumptiva, ou, inversamente, o uso produtivo de LD seria a causa do desuso de formas marcadas com caso morfológico como *cujo*, *dos quais*, *com as quais* etc., no sistema das relativas. O desuso dos clíticos *lo*/*o*, no sistema de pronomes pessoais (cf. Kato e Tarallo, 1987) e a perda das relativas flexionadas com caso seriam aspectos superficiais diversos de uma mesma propriedade: o enfraquecimento do caso morfológico. Pode-se ainda propor que o enfraquecimento flexional seja um fenômeno mais geral, que não afeta apenas a morfologia de caso, mas também a de concordância, como se tem visto em relação a outros aspectos da gramática (cf. demais artigos neste volume). Além disso, a ocupação produtiva de LD parece ser um lugar de reanálise da ordem (cf. Lopes Rossi e Torres Morais neste volume), e também o que permite que o PB seja reanalisado pela criança como língua de sujeito não nulo, principalmente em contexto de sentenças com LD cujo correferente é um sujeito nulo (*pro*).

Contudo, embora a estratégia resumptiva possa ser a preferida por línguas com morfologia fraca, ela também ocorre, como recurso menor, em línguas que exibem uma morfologia bastante forte, como é o caso do espanhol:

(14) Las flores QUE SUS mayores favores son quemados
(15) Un valle QUE toda cosa EN EL me daba gloria (Diez, 1872: 380 apud Cohen, 1986)

No inglês, que só perdeu o acusativo *whom*, mas mantém *whose* e as formas acusativa e genitiva do pronome pessoal (*he, him, his*), o resumptivo parece também ter uso restrito como no espanhol, correlacionando-se com COMP nulo ou com *that* (cf. Kroch e Hindle,1982). Contudo, também não é impossível o seu aparecimento com o pronome relativo *who*:

(16) The man *who/that* John doesn't see the possibility of Mary inviting *him* to the party.

Na seção "Anáfora lexical/pronominal e anáfora nula" adiante daremos uma explicação da possibilidade restrita de resumptivos nessas línguas, dentro de nossa proposta.

O caso do NP em LD

A definição convencional de uma cadeia-Q é que é a cauda, isto é, o vestígio de Q, que tem caso e papel temático, e não a sua cabeça-Q (pronome relativo ou interrogativo).

A proposta inusitada neste trabalho é a suposição de que as línguas naturais dispõem de um tipo de extração, ou de ligação, que chamarei de não canônica, a saber, da posição de LD, a qual, presume-se, é um dos casos excepcionais para o filtro de caso (cf. Chomsky, 1986). Como o pronome dentro de IP, que recebe papel temático e caso, não forma cadeia com a LD, a relativização dessa posição não devia ser lícita, a menos que tenha um núcleo lexical, como na figura 5.

Figura 5

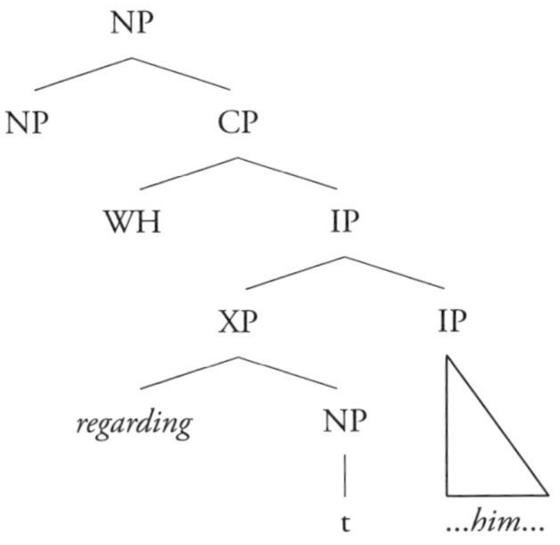

Figura 6

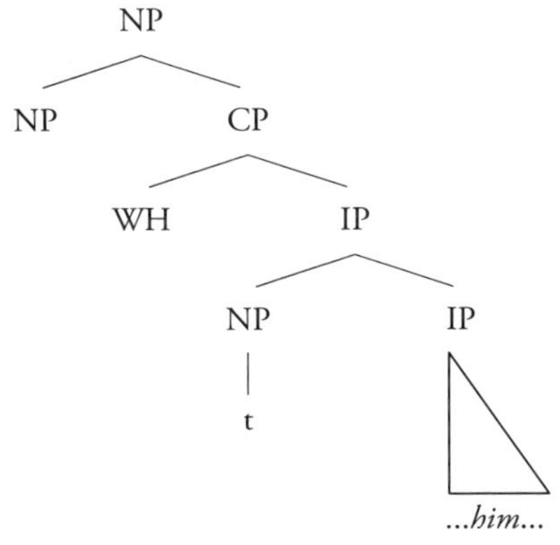

O NP sozinho em LD, como na figura 6, presumivelmente não teria caso. Porém, do ponto de vista da Forma Fonética (FF) (cf. Raposo e Uriaguereka, 1990), tal NP precisaria ter caso para se realizar foneticamente. Para que esse NP seja lícito em FF, minha proposta pressupõe para esse tipo de situação o caso acusativo[8] atribuído por um núcleo nulo, tal qual qualquer LD com núcleo lexical como é o caso dos exemplos clássicos de Chomsky (1977: 91-4):

(17) a. As for this book, I think you should read it.
b. [As for] John, who do you think saw him?

Sendo o IP de uma construção com LD uma asserção *sobre* o NP em LD (*aboutness relation*), propus em Kato (1991) que todo LD se bifurca em núcleo X° + NP, podendo X° ser uma preposição (*sobre*), uma locução (*quanto a*), um verbo (*falando de*), ou ainda um núcleo nulo, com a possibilidade de interpretação de um predicador que confere ao NP o mesmo papel de tema atribuído pelas preposições *sobre*, *quanto a*, ou verbos como *regarding*, *concerning* etc.:

(18) a. [Quanto a moça$_i$], falei com ela$_i$ ontem.
b. [Ø a moça$_i$], falei com ela$_i$ ontem.

Figura 7

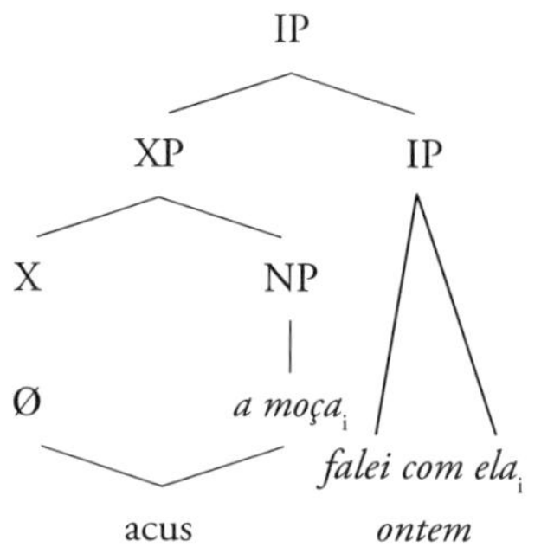

Figura 8

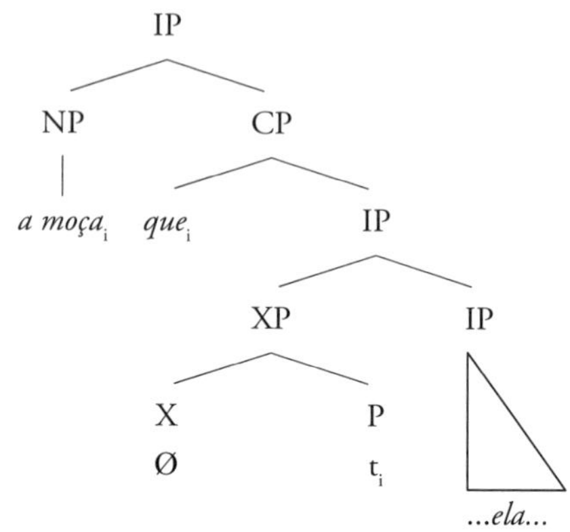

A variável em LD seria sempre regida por um núcleo, que lhe atribuiria caso acusativo no caso de ele ser nulo. O NP *a moça* na figura 7 recebe, assim, papel temático e caso desse núcleo nulo. O papel temático seria um tipo de papel *default*.

O caso do NP com núcleo nulo em LD poderia ser dativo, já que, quando o núcleo é lexicalizado (*quanto a mim*, *sobre ti*), a forma do pronome oblíquo é dativa. Porém, além da inquestionável marca de acusativo nos exemplos do romance antigo, poderíamos usar o próprio português atual para dizer que o caso não é dativo, uma vez que a forma *quem* que aparece com núcleo preposicional é impossível em relativas com LD com núcleo nulo, assim como é impossível relativizar um objeto direto (acusativo) com *quem*:

(19) a. A moça com quem falei
b. *A moça$_i$ [quem$_i$ [t$_i$ [eu falei com ela$_i$]]]
c. A moça que/*quem eu vi

LDs em sentenças-raízes e em sentenças subordinadas

Uma consequência interessante da proposta da extração não canônica está na possibilidade de explicar por que a estratégia resumptiva, embora disponível para muitas línguas, ocorre apenas em contextos de encaixe mais profundo em uma língua como o inglês, enquanto, no português, ela tem um uso generalizado.

Contreras (1990) mostra que o espanhol usa resumptivos em perguntas-Q, mas postula um tipo de princípio de antissubjacência, o qual *não* permite que tal pronome apareça em cláusulas anexas. Para que as sentenças sejam boas, é necessário que tais resumptivos apareçam a uma distância de pelo menos dois nódulos-barreira:

(20) a. *Qué libro$_i$ lo$_i$ compró pro$_i$ María?
b. Que libro$_i$ dices que conoces a la autora que lo$_i$ escribió pro$_i$?

Embora com relativas o resumptivo possa aparecer na cláusula imediatamente adjacente à cabeça da relativa, nas perguntas o português do Brasil comporta-se de forma semelhante ao espanhol:

(21) a. *Que livro a Maria comprou ele?
b. Que livro você acha que conhece a autora que escreveu ele?

Assumindo a hipótese de que o resumptivo pressupõe a existência de um LD, a sentença (21a) teria essa LD na sentença complemento do COMP (+wh-):

Figura 9

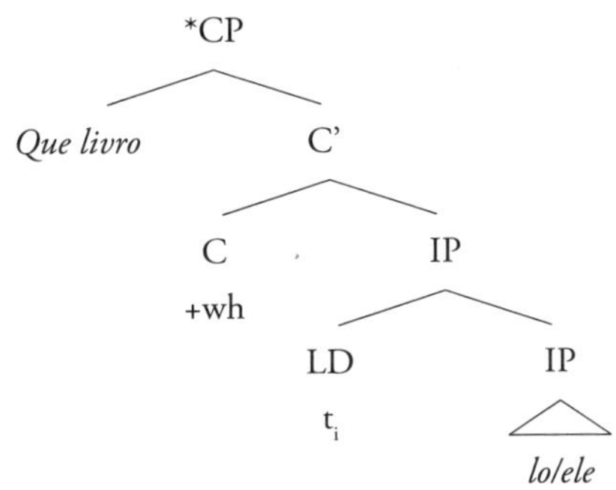

Ora, parece-me que o problema reside na impossibilidade de uma posição LD dentro de uma pergunta-Q. Veja os exemplos a seguir, em que o constituinte em LD não é o elemento interrogado.

(22) a. *Para que menino, o livro, a Maria comprou ele?
b. *Onde, as crianças, a Maria vai pegar elas?

Poderíamos alegar que o problema no inglês tem a ver com a impossibilidade de subir o auxiliar para a posição de COMP, mas em português brasileiro, que não conta com essa subida, o problema é o mesmo.

Mesmo com o núcleo de LD lexicalmente preenchido, as perguntas resumptivas soam desviantes:

(23) a. * Para que menino, quanto ao livro, a Maria comprou ele?
b. *Onde, quanto às crianças, a Maria vai pegar elas?

No inglês, temos a mesma restrição do espanhol e do português: o resumptivo não pode ocorrer na cláusula adjacente ao elemento-wh e um constituinte LD não pode ser adjungido ao IP imediatamente adjacente ao pronome interrogativo:

(24) a. *Which books has Mary bought them?
b. *To whom, as for this book, should we give it? (Chomsky, 1977: 94)

Colocando-se a LD antes do pronome-Q, por outro lado, o resumptivo fica absolutamente natural, o que mostra que LD se adjunge a CP e não a IP:[9]

(25) a. [Quanto a] o livro, para quem a Maria comprou ele?
b. [Quanto a] as crianças, onde a Maria vai pegar elas?
c. [As for this book] to whom should we give it? (Chomsky, 1977: 94)

Figura 10

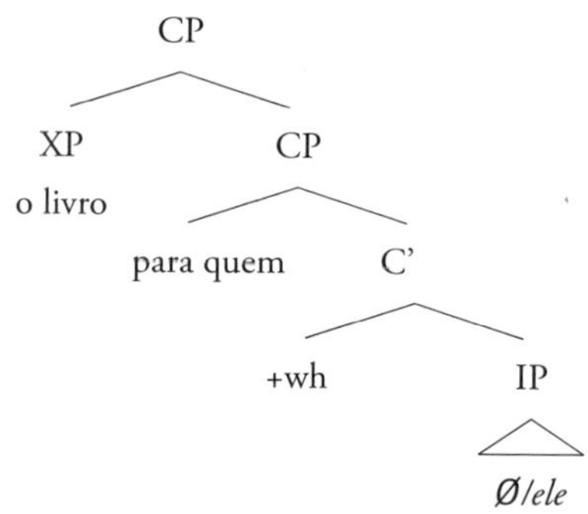

Comparando-se a figura 9 e a figura 10 poderíamos dizer, conforme Chomsky (1986), que a má-formação de 9 tem a ver com a adjunção a IP, a qual é banida em *Barriers*. Nesse caso, mesmo em afirmativas, LD deveria ser uma adjunção a CP.

Contudo, a adjunção de LD a IP só não é possível com perguntas, podendo ocorrer, no PB, tanto com completivas quanto com relativas:[10]

(26) a. Pedro pensa que, quanto às crianças, a Maria vai pegar elas.
b. O menino que, quanto aos pais, a escola tem dúvidas se eles vêm ou não é justamente Carlos.

Chomsky (1977) mostra que também no inglês LD é possível com relativas:

(27) a. I informed the students that as far as this book is concerned, they would definitely have to read it.
b. The boy to whom, as far as this book is concerned, John gave it away. (Chomsky, 1977: 91)

As sentenças em (26) e (27) sugerem que o pronome resumptivo que aparece em perguntas-Q do tipo (21b) tem a ver com LD adjungido ao IP da sentença encaixada, de onde o elemento-Q é extraído, pousando antes em SPEC de CP.

(28) Que livro$_i$ [$_{IP}$ você acha[$_{CP}$ t$_i$ [que [LD t$_i$ [$_{IP}$ ...ele$_i$...]

O aparente efeito de antissubjacência parece dever-se, portanto, ao fato de LD em sentença-raiz ocorrer em adjunção a CP e, em subordinadas, em adjunção a IP.[11]

A extração do elemento-Q se daria assim a partir de LD da sentença encaixada. O vestígio de Q, por sua vez, controlaria o pronome resumptivo no interior de qualquer sentença à sua direita, adjacente a ele ou não.

Segundo Cinque (1990), LD no italiano é um fenômeno de oração-raiz e de subordinadas com "verbos-ponte" (*bridge verbs*).[12] No português do Brasil e no inglês, no entanto, embora o resumptivo não seja um clítico, a posição de LD pode ser ativada, como vimos em (26) e (27), também em orações subordinadas, tanto completivas quanto relativas.[13]

Todavia, LD sem núcleo lexical (ou descabeçado) parece ocorrer tipicamente em sentenças-raízes, embora possam ocorrer recessivamente no inglês:

(29) a. The children, Mary forgot to pick them at school.
b. Peter thinks that, the children, Mary forgot to pick them at school.
c. *This country where its president the people don't trust him any longer...

Já o PB admite livremente um LD descabeçado em subordinadas tanto completivas quanto relativas:[14]

(30) a. Pedro pensa que, essas crianças, a Maria esqueceu de pegar elas na escola.
b. Esse país, que o presidente o povo não acredita mais nele, parece que saiu do marasmo.

Parece razoável supor, portanto, que é essa restrição de distribuição de LDs de núcleo nulo em algumas línguas, em oposição à permissividade do PB, que está por trás da falta de efeito do que Contreras chama de princípio de antissubjacência.

Curiosamente, a antissujacência no PB parece só ocorrer quando o LD tem núcleo lexical:

(31) a. Quanto a Maria, João disse que Pedro convidou ela ontem.
b. A Maria, quanto a quem João disse que Pedro convidou ela ontem...
c. *A Maria, quanto a quem João convidou ela ontem...[15]

A RELATIVA CORTADORA

A abordagem de Tarallo (1983) e de Cohen (1986)

Tarallo deriva a relativa cortadora da possibilidade de o objeto pronominal ser nulo no PB.

Para explicar a relativa resumptiva e cortadora do objeto direto, bastaria dizer que línguas que podem ter objeto pronominal nulo podem ter também relativa cortadora. Assim, as línguas não difeririam quanto a utilizar ou não LD, mas quanto à sua possibilidade de ter ou não uma categoria vazia pronominal no objeto.[16]

(32) a. João disse que Pedro viu $e_{i.}$
b. O acidente, João disse que Pedro viu e_i.
c. O acidente$_i$ que$_i$ João disse que Pedro viu e_i.

Assim, da mesma forma que derivamos a relativa resumptiva da posição de LD, podemos dizer que a relativa cortadora tem um *pro* correferencial a uma variável-Q em LD.

Embora essa explicação possa ser satisfatória para o objeto direto, ela não satisfaz para os casos em que o elemento *que* é subsumido na lacuna. Ele não é um pronome, mas um PP, isto é, as teorias que tentam dar conta do objeto nulo no português (Galves,1992; Farrell, 1990; Kato, 1991) não dão resposta aos casos de lacuna de PP.

(33) a. A moça que eu falei [$_{PP}$ Ø] ontem...
b. O menino que a bicicleta [$_{PP}$ Ø] está quebrada...

Note-se que tais construções são malformadas em línguas que admitem o resumptivo em contextos restritos:

(34) a. *The girl who/that Bill believes I spoke [$_{PP}$ *e*] yesterday.
b. *The boy who/that I didn' know that the bicycle [$_{PP}$ Ø] was broken.

O estudo de Tarallo mostra justamente o fenômeno da mudança no português do Brasil, utilizando-se da relativização de PPs, uma vez que a relativização do objeto direto e do sujeito produz FFs idênticas quando a estratégia é a do pronome relativo ou é a cortadora.

Tanto para Tarallo quanto para Cohen, a relativa cortadora de PPs decorre do apagamento da preposição depois da relativização: após a relativização resumptiva com pronome nulo para Tarallo (35a) e depois do movimento-Q para Cohen (35b).

(35) a. A moça [$_{CP}$ que [eu falei [$_{PP}$ *com [pro]]
b. A moça [$_{CP}$ 0 que$_i$ [eu falei t$_i$]

A proposta de Cohen não explica por que, se o que ocorre é um mero apagamento da preposição, não temos as outras variantes da relativa:

(36) a. *As moças [Ø quais [eu falei t$_i$] (=das quais)
b. *A moça [Ø quem [me apaixonei t$_i$] (=por quem)

Em nossa proposta, a postulação de que o caso é acusativo explica a forma invariável *que,* pois é só neste caso que o pronome relativo associado a [+humano] aparece como *que* e não *quem.*

Como já dissemos, Kato (1981) procurou relacionar o fenômeno da relativização com o fenômeno da coordenação, propondo que a relativa resumptiva está para a anáfora pronominal na coordenação, assim como a relativização com lacuna está para a coordenação com elipse.

(37) a. João descascou *a banana* e Maria comeu *ela.*
b. João descascou *a banana* **que** Maria comeu *ela.*
(38) a. João descascou *a banana* e Maria comeu *e.*
b. João descascou *a banana* **que** Maria comeu *e.*

Note-se, porém, que a lacuna é possível também quando o constituinte idêntico é um PP.

(39) a. João falou *com a moça*, mas Pedro não falou *e*.
b. A mãe *do menino* veio, mas o pai *e* não veio.
c. Eu morei *nessa cidade* e Pedro também morou *e*.

As relativas cortadoras suprimem exatamente esses mesmos constituintes:

(40) a. *A moça* que Pedro falou *e*
b. *O menino* que o pai *e* não veio
c. *A cidade* que eu morei *e*

Mais adiante tentarei recuperar a intuição de Tarallo de que a relativa cortadora é um processo de elipse nos casos de PP, mas proporei que ela não deriva da relativa resumptiva com pronome nulo seguido de elipse da preposição, mas de uma lacuna única no lugar de PP. Em última análise, proporei que a lacuna deriva da elipse de um predicado.

Anáfora lexical/pronominal e anáfora nula

A variação entre as línguas parece estar no fato de que algumas só usam a anáfora pronominal enquanto outras admitem a anáfora pronominal e a anáfora nula.

A questão que se coloca, neste momento, é se a anáfora nula é uma categoria vazia em sintaxe ou se é um fenômeno de apagamento na FF. Seguindo Cinque (1990), proporei que só nos casos nominais temos categoria vazia. Nos casos de PP, proporei que temos elipse em FF.

Usando argumentos de interpretação das lacunas, Chao (1987) propõe que, não só NPs, mas qualquer lacuna regida por um núcleo tem natureza pronominal. Ela pode ser interpretada através de um correspondente sentencial ou extrasentencial, assim como são os pronomes. Para a autora, os tipos de "elipse", que ela classifica como H+ (com núcleo), diferem de *gapping* (lacunamento), que se caracteriza por ser -H (sem núcleo). As elipses seriam prossintagmas nulos licenciados por núcleos:

a. V^o (41) John entered the race, but Peter didn't want to [*e*].
b. I^o (42) John likes movies, but Bill doesn't [*e*].
c. C^o[17] (43) John gave something to Jeff, but I don't know what [*e*].

A autora distingue ainda dois tipos de categoria vazia argumental nominal: NCA (*null complement anaphora*) e NA (*null argument*). A diferença não parece clara, mas o primeiro tipo parece ser semelhante ao objeto nulo do italiano, previsível através do léxico. Já o NA, que ocorre em línguas de tópico como o chinês e o português do Brasil, é irrestrito e ocorre com o sujeito ou com o objeto.

(44) a. [*e*] gostou do filme.
     b. Pedro gostou [*e*].

Campos et al. (1991) propõem independentemente um *pro*-PP para o espanhol, quando este é L-marcado pelo verbo.

(45) a. – Discrepa ese artículo de tus puntos de vista?
     b. – No, creo que no discrepa [*e*].

Para os autores, o PP nulo é licenciado pelo V e identificado por um tópico nulo, tal qual a solução dada ao objeto nulo no chinês. Para mim, esse tópico é o elemento em LD.

A possibilidade de PPs nulos parece estar ligada ao fato de que há línguas que possuem prossintagmas para todas as categorias, enquanto outras só os possuem para nomes. O fenômeno de CLLD (*Clitic Left Dislocation*) do italiano pode ser uma consequência dessa diferença. O italiano dispõe de clíticos para qualquer categoria: NPs, APs, VPs, PPs, CPs. Campos et al. (1991) mostram que as construções de CLLD do italiano podem ser traduzidas no espanhol com prossintagmas nulos.

Ora, o português do Brasil tem pronomes lexicais não clíticos para argumentos e, no entanto, pode usar categorias vazias para essas funções. Logo, seria a inexistência de *prossintagmas clíticos* que propiciaria o aparecimento de lacunas e não a carência de pronomes em geral.

Em Kato (1991) propus que o objeto nulo no PB era licenciado por um clítico nulo e que este aparecia em alternância com o não clítico *ele*/*ela*. A diferença está, porém, no fato de existir ainda um paradigma uniforme (cf. Jaeggli e Safir, 1989) de clíticos de pessoa (*me, te, Ø*), enquanto a formulação de Campos et al. é a de que o Tópico nulo seria o identificador do *pro*-PP. O PB apresenta o fenômeno do PP nulo, porém, sem as restrições do espanhol:

(46) – O que você pôs na caixa?
     – Pus o dinheiro [$_{PP}$ *e*].

Para Campos et al. verbos como *pôr* que L-marcam uma minioração (NP PP) – onde, portanto, o PP não é diretamente L-marcado pelo verbo – não podem ser um *pro*-PP. No PB, *ele* não só pode ser vazio, como também pode aparecer em construção de deslocamento e também em relativa cortadora:

(47) a. Essa caixa, eu pus o dinheiro Ø agora mesmo.
b. A caixa que eu pus o dinheiro Ø agora mesmo.

Minha análise de atribuir a existência de prossintagmas nulos à existência de clíticos nulos não explica, porém, por que em contextos similares aos de (48), isto é, de pergunta e resposta, os clíticos desaparecem igualmente, seja o de primeira *me*, ainda altamente usado, seja o clítico nulo de terceira pessoa.

(48) – O Pedro te convidou?
– Não, não (me) convidou.
(49) – O Pedro convidou Maria?
– Não, não (Ø) convidou.

Em Kato e Tarallo (1992) assumimos que o que aparecia em respostas no PB era o que subia para INFL. No italiano e no espanhol o verbo aparece acompanhado de clíticos e no PB o clítico de terceira nunca aparecia porque era nulo. O trabalho não explicava, porém, por que os clíticos de primeira e segunda pessoa também podiam aparecer omitidos e também não consideramos a possibilidade de ausência de clítico no português europeu.

Os verbos que c-selecionam PPs têm comportamento similar aos transitivos diretos:

(50) – Você falou com ela?
– Falei Ø.
– *Não, não lhe falei/Não, não falei com ela.

O clítico *lhe* usado para objeto indireto de segunda pessoa indireta (*você*) não cabe quando o verbo *falar* é bitransitivo. Também não é possível falar de um locativo clítico em (51).

(51) – Você mora em São Paulo?
– Moro Ø.

A relativa cortadora afeta, além disso, não apenas complementos, que podem ter realização sob a forma de clítico, mas também o possessivo. O que clíticos e possessivos têm em comum, todavia, é caso morfológico. O desuso de *seu/sua* a favor de *dele/dela* – estudado neste volume por Cerqueira – pode ter uma explicação semelhante ao dos clíticos. Além disso, o genitivo *seu/sua* admite, assim como o clítico, um alternativa nula, ao lado do pronome regido por preposição:

(52) a. João$_i$ disse que *seu*$_i$ pai anda doente.
b. João$_i$ disse que o pai *dele*$_i$ anda doente.
c. João disse que o [*e*]$_i$ pai anda doente.

Temos, assim, um mesmo tipo de fenômeno que ocorre com os clíticos porque o paradigma de possessivos genitivos, ainda bastante produtivo, permite falar em possessivo nulo de terceira pessoa (*meu, teu/seu/Ø*).

Segundo minha hipótese o prossintagma possessivo nulo tem caso genitivo atribuído, embora ele só seja visível em FL.

Duarte (1986) atribui o objeto nulo a uma estratégia de esquiva do falante culto para evitar o uso mais estigmatizado do pronome objeto *ele/ela*. A explicação gramatical de por que o nulo soa mais "culto" do que o resumptivo está no fato de que ele é um prossintagma com caso morfológico, o que, em termos de registro, lhe confere o mesmo estatuto de um clítico ou possessivo.

Distinguimos assim dois tipos de lacunas: de um lado aquelas interpretáveis como prossintagmas nulos, que formam parte de um paradigma (*meu, teu, Ø*) e (*me, te, Ø*), e que, tal qual seus hipônimos, licenciam as categorias vazias em posição de possessivo nulo e objeto nulo respectivamente; de outro, as lacunas de elipse para categorias que não têm prossintagma, como o PP. Note-se que a cortadora com o possessivo soa bem mais "padrão" do que a cortadora com complemento PP:

(53) a. A criança que o pai está ausente
b. A moça que eu falei ontem

Note-se ainda que, com a primeira pessoa, cujo possessivo é ainda altamente produtivo, a coordenação com lacuna é agramatical enquanto a coordenação que envolve PP é gramatical:

(54) a. *Meu$_i$ pai gostava de cinema e a Ø$_i$ mãe também.[19]
b. O pai dele gostava de cinema e a mãe Ø também.

A "elipse" parece ser a saída, em contextos anafóricos, para a carência de clíticos e outros prossintagmas. A existência de prossintagmas com caso morfológico, por outro lado, parece bloquear a elipse. É o caso do italiano.

ELIPSE E EXPRESSÕES-R

Em lugar de considerar a cortadora como resultante da elipse da preposição no contexto $[_{PP}$ P pro], como foi postulado por Tarallo, minha proposta é abordar a lacuna de PP como elipse de expressão-R na fonologia (FF = Forma Fonética), encaixando-a na categoria de regra estilística, conforme visão de Chomsky e Lasnik (1977).

A correferência de NPs em coordenadas e LDs pode ser feita não apenas pelo pronome e pelo prossintagma nulo, mas também por uma expressão-R idêntica ou um epíteto:

(55) a. Maria ainda respeita o Collor, mas eu não respeito mais *o Collor/ o patife/ ele/ Ø.*
b. O Collor, ninguém respeita *o Collor/ o safado/ ele/ Ø.*

Em contextos onde a reiteração via pronome não é possível, temos a repetição, a lacuna ou, no caso de PP, P+pronome:

(56) a. Maria come feijão, mas Pedro não come *feijão / Ø/ *ele.*
b. Maria esteve com Pedro, mas Luiza não esteve *Ø/ com Pedro/ com ele/ *ele.*[20]
c. Ela acha o Jô engraçado, e ele é *engraçado / Ø/* ele.*[21] (PE: ...e ele *o é*)
(57) a. Feijão, Pedro não come *feijão / Ø/ *ele.*
b. O amarelo, o preto não combina *Ø/ com o amarelo/ *ele.*
c. Engraçado, o Jô é *engraçado / Ø/ *ele.* (PE: Engraçado, João *o* é)

O contexto privilegiado para a elipse é o contexto em que não se pode usar um prossintagma para fins de correferência. A repetição é o único recurso lexical, mas ela é evitada via elipse, quando os correferentes acham-se próximos demais, submetendo-se a um tipo de antissubjacência (Contreras, 1990).

Línguas como o japonês, que não têm expressões anafóricas pronominais a não ser pronomes demonstrativos do tipo *isso, aquilo*, ou *aquela pessoa* apelam, em contextos anafóricos, para a repetição da expressão-R ou para a "elipse". Se a gramática não conta com prossintagmas lexicais anafóricos, seria estranho conceber que ela conte com prossintagmas nulos para todas as categorias. O fato de o japonês e do PB fazerem uso extensivo de repetição de expressão-R leva-me a relacionar essa propriedade com o apagamento dessas expressões na fonologia, apagamento esse que sofre restrições da configuração sintática que lhe serve de *input*, como veremos mais adiante.

Na relativa, a repetição da expressão-R correferencial (bem como a presença do pronome resumptivo) é permitida dada a sua relação com o vestígio em LD que não o c-comanda – mas seu não apagamento em FF produz uma forma mais estigmatizada.[22]

(58) a. ? A moça que eu falei com a moça
b. A moça que eu falei Ø
c. A moça que eu falei com ela

Se a não disponibilidade de um prossintagma para uma determinada categoria dá lugar à repetição do correferente, a elipse deveria ocorrer em línguas como o inglês, que também não conta com prossintagmas para todas as categorias. Mas não é o que os dados do inglês evidenciam:

(59) a. Mary eats beans but Peter doesn't eat *beans/ *doesn't eat Ø.*
b. Paul talked with the girl, but John didn't talk *with the girl/ *didn't talk Ø.*

A diferença está na presença lexical do V ou de seu vestígio em VP. O que parece ocorrer é que a elipse apenas completa a lacuna fonética deixada pelo vestígio de V.

Com a subida do verbo para a Flexão I e a elipse do XP idêntico ao elemento em LD, teremos aqui um VP totalmente vazio em FF. Embora o vestígio do verbo tenha presença sintática na estrutura-S, em FF ele é tão silencioso quanto o PP elíptico. Com essa análise consideramos o PP elíptico como um vazio parcial de um vazio maior que afeta o VP como um todo.

Figura 11

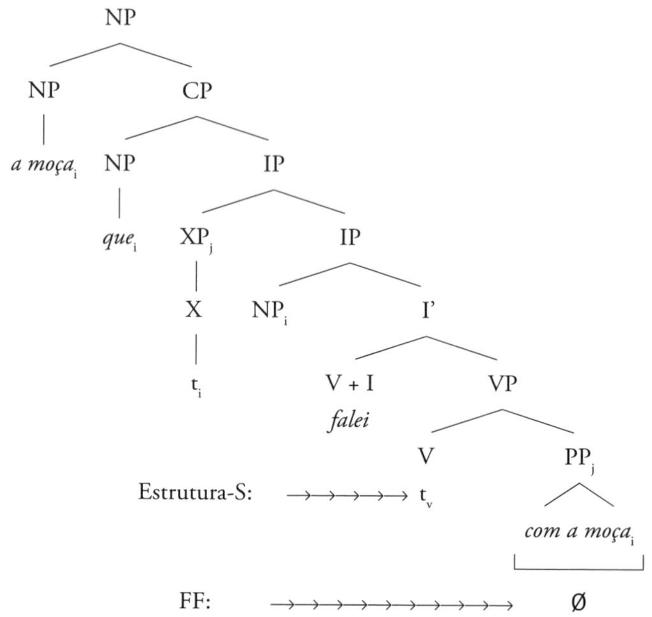

Em inglês, na impossibilidade de aplicar a elipse no XP-complemento, dado que o V ali permanece lexicalmente, a saída encontrada é buscar um correspondente na sentença ou no discurso anterior que englobe o próprio V.

Figura 12

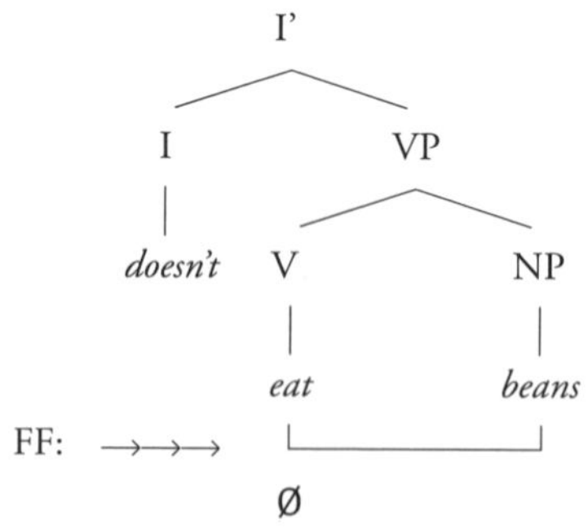

(60) John eats beans, but Bill doesn't [$_{VP}$ Ø]

De qualquer modo, nas duas línguas é o VP que sofre a elipse. O V no português continua visível em FF por ter subido para INFL. Em línguas com clíticos, a subida do verbo esvazia o VP e a elipse se aplica de forma vácua. O mistério é: por que o PE pode ter elipse de VP com o verbo visível sem o(s) clítico(s)? Para Galves (1992), o verbo no PE sobe para um núcleo para além da projeção que contém os clíticos. Podemos sugerir, dentro dessa perspectiva, que é o sintagma inferior a esse núcleo que sofre a elipse.

A MUDANÇA SINTÁTICA

As construções relativas cortadoras, peculiares ao PB, nascem, pois, em função de vários fenômenos:

a. proporção do tipo de predicação com LD na raiz;
b. possibilidade de ter uma predicação do tipo [LD IP] em qualquer sentença subordinada;
c. extração para a relativa preferencialmente de LD;
d. inexistência de prossintagmas para certas categorias e existência residual de clíticos nulos para argumentos.
e. subida de categoria lexical V e N para AGR.

O português, como língua de tópico, apresenta, tanto na raiz quanto na subordinada, a possibilidade de uma estrutura de predicação em que duas projeções máximas encontram-se em relação de c-comando mútuo, normalmente encontrada em miniorações complemento ou adjunto. Vou me referir a esse tipo de predicação de raiz como *mini-maxi-oração*, com sujeito referido como LD. No japonês, as sentenças com *-wa* teriam configuração similar:

Figura 13

O estudo de Decat (1989) mostra um aumento significativo das chamadas construções de tópico no PB, consideradas por nós como LD. O português admite que estruturas de mini-maxi-oração apareçam encaixadas como subordinadas. Se aparecerem encaixadas em um NP complexo, teremos, além das posições dentro de IP, uma posição adicional possível para extração.

A preferência de extração de LD obedece ao princípio da economia de derivação, ou a Lei do Mínimo Esforço de Roberts (1993), já que a LD permite relativizar localmente embora a variável possa estar associada a um correferente longínquo.

O correspondente de um NP deslocado dentro do IP pode ser uma expressão-R ou um prossintagma (clítico ou possessivo). Se a língua não tem prossintagmas para todas as categorias o correspondente é uma expressão-R, que pode sofrer elipse em FF quando idêntica ao NP em LD, fenômeno esse sujeito a um tipo de condição de antissubjacência, nos termos de Contreras (1990).

O paradigma de prossintagmas pode ter um elemento nulo e ainda manter o paradigma uniforme ou funcionalmente rico (Roberts, 1993). Porém, os prossintagmas nulos (clítico ou possessivo) propiciam a reanálise das categorias vazias como lacunas resultantes de elipses de expressão-R. Não podemos falar em mudança paramétrica ainda, uma vez que, ao contrário do japonês, usamos resumptivos tônicos e alguns clíticos ativos (como *me* e *te*), e, em relação aos possessivos, ao lado de *a casa de vocês, a casa da gente* e *a casa dele(s)*, temos *minha casa, tua/sua casa.*

Para exemplificar a reanálise, tomemos a relativa cortadora do possessivo, analisado anteriormente como uma construção contendo um possessivo nulo de terceira pessoa (*meu, teu, Ø*), com caso morfológico genitivo. Se, para uma geração, a representação dada a NPs é como (61a), para uma nova geração, o mesmo *input* fonético pode ser reanalisado como uma elipse no interior de NP, com as mesmas características da cortadora com PP complemento de verbo, como em (61a'). Assim, pode-se supor a subida do nome para AGR (concordância), de tal sorte que a elipse frasal do possessivo preposicionado esvazia totalmente o NP.

(61) a. O menino que o pai
a'. O menino que o [*e* = *seu*] pai
a''. O menino que o pai [*Ø* = *do menino*]

Figura 14

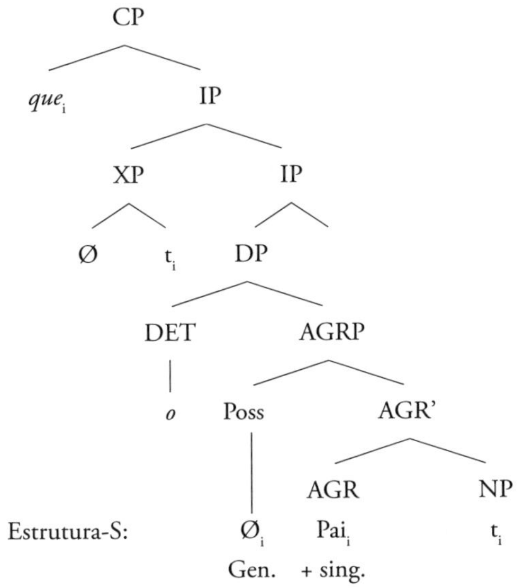

Reanálise:

Figura 15

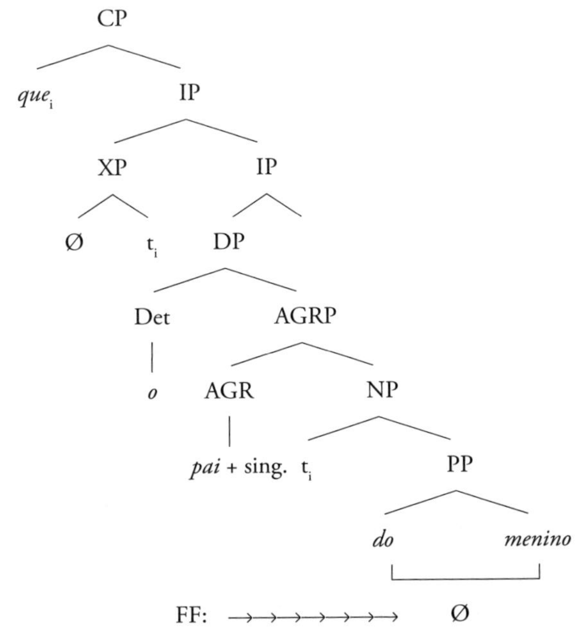

A representação na figura 14 é ainda a da relativa resumptiva, enquanto a da figura 15 é da relativa cortadora (com elipse). Assim, quando o paradigma apresenta prossintagmas nulos, o *input* sintático que contém tais prossintagmas é passível de ser analisado como produto de duas gramáticas diferentes, conforme Clark e Roberts (1992): uma que contém prossintagmas nulos em sua estrutura-S e outra que apresenta expressões-R na sintaxe e elipse em FF. Se a criança interpreta esse *input* como contendo elipse em FF, deixamos de ter prossintagmas nulos (clíticos e possessivos de terceira pessoa nulos) para ter uma gramática como o japonês, que usa elipse, repetição de expressão-R ou *jibun*, cujo estatuto é estar sempre preso a um sujeito.

A relativa cortadora nos casos de complementos de verbos é resultado de elipse de VP (*VP-deletion*), após a subida do verbo e, eventualmente, de clíticos; a relativa cortadora, nos casos de complementos de nomes, é resultado de elipse de NP após a subida do N para AGR; a condição para ambas as elipses é que o núcleo seja foneticamente nulo. Portanto, o processo da elipse exige a configuração da estrutura-S como *input*, já que é nela que o movimento do V e do N aparecem visíveis. Assim sendo, a parametrização quanto à possibilidade ou não da relativa cortadora já é determinada no componente sintático. Línguas como o inglês, que não gozam da propriedade de movimentar o verbo para Flexão, não podem ter a relativa cortadora, mesmo nos raros casos em que usam a expressão-R ou a resumptiva, pois, como o verbo não é vazio em VP, a elipse não pode operar somente sobre o complemento.

CONCLUSÕES

Este capítulo faz uma reinterpretação do estudo clássico de Tarallo (1983/1985) sobre as relativas em uma perspectiva de princípios e parâmetros, usando ainda a teoria de Clark e Roberts (1992) sobre aquisição e mudança sintática.

O fato do c-comando ser a relação que embasa as subteorias sintáticas, como a ligação e a subjacência, faz com que as relações paratáticas, que se caracterizam justamente pelo anti-c-comando, tenham restrições de ordem mais fono-estilísticas, com características que parecem ser o avesso dos princípios sintáticos.

Assim, o resumptivo, em muitas línguas, exige um tipo de restrição a que Contreras chamou de "antissubjacência"; na elipse, vimos que um verbo lexicalmente presente em VP não autoriza a elipse de seu complemento, ao contrário do Princípio das Categorias Vazias (PCV), que justamente exige, em uma de suas condições disjuntivas, que uma categoria vazia seja regida por um núcleo lexical. O objeto nulo (ou clítico nulo) não pode ter um antecedente em c-comando, ao contrário do vestígio de NP e dos elementos-Q, que exigem tal condição.

Ao tratarmos a construção de LD como uma predicação paratática de raiz, na qual os fenômenos de resumptivos e de elipse ocorrem tal qual nas coordenadas, podemos englobar a aquisição das relativas cortadoras como uma mera extensão das possibilidades na sentença-raiz. Em outras palavras, as relativas resumptivas e cortadoras como estratégias produtivas são dedutíveis a partir da oração simples, ou do que ocorre nos limites da oração principal, como é o caso do deslocamento em subordinadas.

A análise aqui apresentada reforça a tese de Lightfoot (1989), que postula o princípio da aquisição do "grau-Ø de encaixamento" (*degree-Ø learnability*), segundo o qual o domínio sintático necessário para a criança determinar o tipo de língua que está aprendendo limita-se a orações simples ou à principal acrescida do início da subordinada imediata.

NOTAS

1 Agradeço os comentários valiosos de Jairo Nunes, Charlotte Galves e de Maria Eugenia L. Duarte sobre a primeira versão deste trabalho. Os problemas remanescentes são de minha inteira responsabilidade.

2 Hoje DP.

3 O que é comumente referido como "tópico" na literatura não gerativista (cf. Li e Thompson, 1976) é quase sempre o que em TG é referido como LD. Topicalização em TG, por outro lado, é definido como movimento de elementos quantificados e operadores (elementos-Q, por exemplo), associados muitas vezes à função de foco (sentenças clivadas, por exemplo) e não a tópico de discurso, que pode ser associado ao conceito de D-linking de Pezetsky (1987) ou de Tópico de Discurso de Raposo (1986). Estaremos, pois, usando LD para aquilo que se vem chamando de "tópico".

4 A descrição dos tipos foi adaptada para uma perspectiva mais gerativista.

5 Segundo Postal (apud Cinque, 1990), LD é restrito em ocorrência a apenas um constituinte (*Mary, John she likes him*). Mas nas línguas de proeminência de tópico não há tal restrição embora haja restrições quanto ao que pode ser recursivamente deslocado. Parece haver sempre uma relação de partonomia entre o elemento deslocado e algum constituinte da sentença. No caso de múltiplos LDs, o LD inferior é parte, ou complemento, do LD superior (cf. Kato, 1989).

6 Em Galves (neste volume), a posição dada para o tópico é de Spec de uma categoria funcional, mas, para dar conta de múltiplos "sujeitos", teríamos que duplicar tais núcleos, enquanto a adjunção é recursiva por natureza. Mais argumentos serão dados no decorrer do capítulo.

7 Há romanistas que consideram, como Tarallo e outros, o elemento *que* como um conjuntor e outros que o consideram uma neutralização do pronome relativo em caso acusativo.

8 Hoje, eu interpretaria o caso como nominativo *default*.

9 Ver Lopes Rossi (neste volume), sobre esse tipo de deslocamento já no português clássico.

10 No texto de Chomsky (1977), podem-se encontrar vários tipos de LD em subordinadas, porém sempre regidos por um núcleo.

11 O motivo pelo qual não pode haver LD na sentença-raiz de perguntas-Q não será investigado neste trabalho. Mas a resposta que for dada deverá também explicar por que temos (i), mas não (ii).

(i) Ontem você viu quem?

(ii) *Quem ontem você viu?

12 O autor faz distinção, porém, entre LD e CLLD (*Clitic Left Dislocation*), superficialmente parecido com LD, mas com propriedades diferentes daquele, pois, além de se submeter à subjacência, pode aparecer em qualquer subordinada.

13 Chomsky (1977) já havia notado essas possibilidades quando procurou montar as regras de estrutura frasal com esses elementos marginais.

14 No italiano, as sentenças seriam boas com o resumptivo clítico e com o elemento deslocado com ou sem núcleo (Cinque, 1990: 58):
(i) Non so proprio chi, questo libro, potrebbe recencirlo per domani.
(Não sei se, esse livro, poderei resenhá-lo para amanhã)
(ii) L'unica persona che a Gianni, non gli ha mai fatto un favore...
(A única pessoa que a Gianni nunca lhe fez um favor)
Note-se, porém, que o núcleo, no caso, é o mesmo que ele teria se o constituinte estivesse *in situ*, que não é o caso do núcleo que atribui o papel de tema, ou tópico do discurso.

15 Esse tipo de forma pode ocorrer em discurso com hipercorreções e a estranheza pode ser devida à inconsistência de registro ...*quanto a quem....ele*.

16 Usaremos a letra *e* para indicar *empty category*, segundo a convenção anglo-saxã, ou ainda "elipse", sem definir exatamente o seu estatuto.

17 A autora reconhece que o elemento-wh nao é núcleo de CP, mas por haver concordância entre (+wh) em C com o Spec, a colocação é válida.

18 Cyrino (1990) mostra que o clítico no PB tem a natureza de uma flexão, ficando sempre preso ao verbo, o que explica a possibilidade dele ser nulo, da mesma maneira que podemos ter morfema nulo de 3ª pessoa. No referido trabalho, mostro, porém, que a alternância com a presença do pronome lexical *ele* não é perfeita, o nulo exigindo um antecedente em não-c-comando.

19 Nos dialetos em que o termo é usado sem possessivo, *pai* também viria sem possessivo:
(i) O pai gostava de cinema e a mãe também.

20 O uso do prossintagma *ele* só é possível mantendo-se a preposição. O que quero mostrar aqui é que o PP como um sintagma não pode ser reiterado através de um prossintagma.

21 No caso do italiano, do espanhol e do PE, o AP mantém o clítico de terceira pessoa masculino. Exemplificando em PE:
(i) Engraçado, ele o é.

22 Raposo (1992) mostra que a repetição de expressão-R é possível dentro de um IP, desde que não haja relação de c-comando (*O pai de Alexandra disse que Alexandra está doente*). Note-se que a elipse é possível nesse contexto (*O pai disse que Alexandra está doente*).

23 Segundo Cinque (1990), o italiano não admite LD em subordinadas, apresentando, porém, a CLLD.

24 A representação do NP contendo possessivos é baseada em Cerqueira (neste volume), que, por sua vez, inspirou-se em outras fontes (v. sua bibliografia).

REFERÊNCIAS BIBLIOGRÁFICAS

BOUCHARD, D. Les constructions relatives en français standard: études d'un parametre. In: LEFEVRE, C. (org.) *Langues et societés. La synstaxe comparée du français standard et populaire:* approches formelle et fuctionnelle. t. 1. Quebec: Editeur officiel du Quebec, 1982.

CAMPOS, H.; CHARNITSKI, M.; WOODART, W. J. Silent Prepositional Phrases. *PROBUS*. 3, 1, 1991, pp. 1-21.

CHAO,W. *On Elipsis*. New York: Garland Publishing. 1987.

CHOMSKY, N. On Wh-Movement. In CULLICXOVER, P.; WASOW, T.; AKMAJIAN, A. (orgs.) *Formal Syntax*. New York: Academic Press, 1977.

______. *Barriers*. Cambridge: The MIT Press, 1986.

______. Some Notes on Economy of Derivation and Representation. In: LAKA, I.; MAHAJAN, A. (orgs.) *The MIT Working Papers in Linguistics*. Cambridge: The MIT Press, 1989.

______. A Minimalist Program for Linguistic Theory. In: HALE, K.; KEYSER, S. J. (orgs.) *The View from Building 20: Essays in Linguistics in Honor of Sylvain Bromberger*. Cambridge: The MIT Press, 1993, pp. 1-52.

______; LASNIK, H. "Filters and Control". *Linguistic Inquiry*. 15, pp. 3-129, 1977.

CINQUE, G. *Types of A'-Dependencies*. Cambridge: The MIT Press, 1990.

CLARK,R.; ROBERTS, I. "A Computational Model of Language Acquisition and Language Change". *D.E.L.T.A.* 8, n. especial, 1992, pp. 53-103.

COHEN, M. A. *Syntactic Change in Portuguese Relative Clauses and the Adjective in the Noun Phrase*. Campinas, 1986. Tese (Doutorado) – Unicamp.

CONTRERAS, H. On Resumptive Pronouns In: CAMPOS; MARTINEZ-GIL, F. (orgs.) *Current Studies in Spanish Linguistics.* Washington: Georgetown University Press, 1990.

DECAT, B. Construções de tópico em português: uma abordagem diacrônica à luz do encaixamento no sistema pronominal. In: TARALLO, T. (org.) *Fotografias sociolinguísticas.* Campinas: Pontes, 1989.

DUARTE, M. E. L. *Clítico acusativo, pronome lexical e categoria vazia no português do Brasil.* São Paulo, 1986. Dissertação (Mestrado) – PUC-SP.

FARRELL, P. "Null Objects in Brazilian Portuguese". *Natural Language and Linguistic Theory.* 8, 1990, pp. 325-46.

GALVES, C. C. "O objeto nulo no português brasileiro: percurso de uma pesquisa". *Cadernos de Estudos Linguísticos.* 17, 1989, pp. 65-90.

______. "Enclise, infinitif fléchi et extraction du sujet: evidence pour deux accords en portugais européen". Trabalho apresentado no Segundo Colóquio de Gramática Generativa, Vitória, Espanha. 1992.

JAEGGLI, O.; SAFIR, K. The Null Subject Parameter and Parametric Theory. In:______. (orgs.) *The Null Subject Parameter.* Dordrecht: Kluwer Academic Press, 1989.

KATO, M. A. "Orações relativas: variação universal e variação individual no português". *Estudos* Linguísticos. V, pp. 1-16, 1981.

______. "Sujeito e tópico: duas categorias em sintaxe?". *Cadernos de Estudos Linguísticos.* 1989, 17, pp. 109-32.

______. Null and Pronominal Objects in Brazilian Portuguese. In: ASHBY, W. et al. (orgs.) *Linguistic Perspective on Romance Languages*: Selected papers from the XXI LSRL. Philadelphia: John Benjamins, 1991, pp. 225-37.

______; TARALLO, F. "Restrictive VS Syntax in Brazilian Portuguese: its Correlation with Visible Subjects and Invisible Clitics". Trabalho apresentado em colóquio no Departamento de Linguística da University of Pennsylvania, 1987.

______; ______. Sim: respondendo afirmativamente em português. In: PASCHOAL, M. S. Z.; CELANI, M. A. (orgs.) *Linguística aplicada*: da aplicação da lingüística à lingüística transdisciplinar. São Paulo: Educ, 1992, pp. 259-78.

KOOPMAN, H. E SPORTICHE, D. "The Position of Subjects". *Lingua.* 85, pp. 211-58.

KROCH, A.; HINDLE, D. *A Quantitative Study of the Syntax of Speech and Writing.* Relatório Final NIE, 1982.

LI, C. N.; THOMPSON, S. Subject and Topic: a New Typology of Languages. In: LI, C. N. (org.) *Subject and Topic.* New York: Academic Press, 1976.

LIGHTFOOT, D. "The Child's Trigger Experience. Degree-0 Learnability". *Behavioral and Brain Sciences.* 12; 2, 1989, pp. 321-34.

PESETSKY, D. Wh-in-situ: Movement and Unselective Binding. In: REULAND, E.J.; MEULEN, A, (orgs.) The *Representation of (In)definiteness.* Cambridge, Mass: The MIT Press, 1987, pp. 99-199.

PIZZINI, Q. "Três tipos de orações relativas em português". *Anais do I Encontro Nacional de Linguística.* Rio de Janeiro, 1976.

PONTES, E. *O tópico no português do Brasil.* Campinas: Pontes, 1987.

RAPOSO, E. P. On the Null Object in European Portuguese. In: JAEGGLI, O.; SILVA-CORVALÁN, C. (orgs.) *Studies in Romance Linguistics.* Dordrecht: Foris, 1986.

______. *Teoria e gramática*: a faculdade da linguagem. Lisboa: Caminhos, 1992.

______; URIAGUEREKA, J. "Long Distance Case-Assignment". *Linguistic Inquiry.* 21, 4, 1990, pp. 505-38.

ROBERTS, I. *Verbs and Diachronic Syntax.* Dordrecht: Kluwer, 1993.

ROSS, J. R. *Constraints on Variables in Syntax.* Cambridge, 1967. Tese (Ph.D) – MIT.

ROTHSTEIN, S. *The Syntactic Form of Predication.* Cambridge, 1983. Tese (Ph.D) – MIT.

TARALLO, F. *Relativization Strategies in Brazilian Portuguese.* Philadelphia, 1983. Tese (Ph.D) – University of Pennsylvania.

______. The Filling of the Gap: Pro-drop Rules in Brazilian Portuguese. In: KING, L.; MAHLEY, C. A. (orgs.) *Selected Papers from the XIII Linguistic Symposium on Romance Languages.* Amsterdam: John Benjamins, 1985, pp. 354-75.

WILLIAMS, E. "Discourse and Logical Form". *Linguistic Inquiry.* 8, pp. 101-39.

ASPECTOS DIACRÔNICOS DO MOVIMENTO DO VERBO, ESTRUTURA DA FRASE E CASO NOMINATIVO NO PORTUGUÊS DO BRASIL

Maria A. Torres Morais

Este capítulo tem como objetivo principal discutir o percurso diacrônico da posição do verbo em sentenças declarativas, no português do Brasil (PB), considerando as estruturas que envolvem diferentes constituintes na posição pré-verbal, a partir da primeira metade do século XVIII. O quadro teórico adotado é o da Teoria dos Princípios e Parâmetros tal como desenvolvida por Chomsky (1986a, 1986b, 1991). Por sua vez, as suposições assumidas em relação ao movimento do verbo (V), estrutura de frase e colocação dos pronomes clíticos baseiam-se principalmente em Pollock (1989), Belletti (1990), Salvi (1990, 1993), Cardinaletti e Roberts (1991), Galves (1992), Roberts (1993), Benincà (1995). No entanto, por estar baseada em um quadro teórico particular, essa discussão poderá ser repensada à medida que novas evidências exijam que as hipóteses agora assumidas sejam reformuladas e até mesmo abandonadas.

Uma hipótese central assumida neste capítulo com respeito à derivação da ordem sujeito-verbo na diacronia do português é a de que ela envolveu processos derivacionais encontrados nas línguas V2 modernas, entre elas, o alemão, o holandês, as línguas escandinavas.[1] Na primeira seção, apresento alguns pontos relevantes de duas propostas de análise do fenômeno V2. A primeira delas, com base no alemão, argumenta que, para se criar o efeito V2 nas sentenças-raízes, o V deve se mover para C; a segunda, com base no iídiche, postula que a estrutura frasal não envolve a camada CP, de modo que o V se move para I.

Vários estudos, entre eles Adams (1987b) e Roberts (1993), evidenciam que o francês antigo apresentou o fenômeno V2, como mostrado na segunda seção. Aspectos da argumentação de Salvi (1990, 1993), Cardinaletti e Roberts (1991), Galves (1992) e Benincà (1995), conectando a colocação dos clíticos pronominais com movimento de verbo e estrutura de frase nas línguas românicas, são igualmente apresentadas na referida seção. Em particular, discuto a hipótese de uma estrutura de frase mais elaborada, com uma projeção especializada no assinalamento do Caso nominativo, proposta por Cardinaletti e Roberts (1991). Na seção seguinte, serão apresentados alguns fatos já bastante conhecidos sobre a ordem de palavras e colocação dos clíticos no português antigo e na fase clássica dos séculos XVI e XVII. Tais fatos levarão a um melhor entendimento das diferenças observadas no desenvolvimento do PB em relação ao português europeu (PE). Por sua vez, na quarta seção, evidências teóricas e empíricas da perda da inversão sujeito-verbo aparecem como reflexo de uma mudança paramétrica na gramática do PB, no caso, uma mudança na atribuição do Caso nominativo. Da mesma forma considera-se a importância das mudanças nos diferentes padrões de comportamento dos pronomes clíticos.

A pesquisa sobre a mudança sintática dentro da Teoria dos Princípios e Parâmetros engloba a questão da natureza dos parâmetros e da mudança paramétrica, esta última intimamente relacionada a uma teoria de aquisição da linguagem. Dessa forma, postula-se que é no processo da aquisição que a criança reanalisa as estruturas de sua língua e fixa os parâmetros proporcionados pela Gramática Universal. Algumas considerações a respeito da mudança paramétrica serão, portanto, apresentadas na quinta seção.

O FENÔMENO V2

Propostas de análise

As línguas germânicas modernas, com exceção do inglês, são caracterizadas como línguas V2. Nas línguas V2, o V flexionado é o segundo elemento na sentença, ou seja, ele é imediatamente precedido por um constituinte nominal ou adverbial (XP). Como Roberts (1993) observa, com base nos fatos do alemão, embora o sujeito possa preceder o verbo flexionado (1a-b), isto não é obrigatório. Outros constituintes podem preceder o V, contanto que o sujeito o siga imediatamente. Os exemplos em (2) ilustram o fenômeno V2, nos casos em que complemento verbal (2a) e um advérbio (2b) aparecem como constituinte inicial.

(1) a. Ich las schon letztes Jahr diesen Roman
I read already last year this book
b. Ich habe schon letztes Jahr diesen Roman gelesen
I have already last year this book read
"I read this book last year already" (Roberts, 1993: 5)

(2) a. Diesen Roman las ich schon letztes Jahr
This book read I already last year
b. Schon letztes Jahr las ich diesen Roman
Already last year read I this book (Roberts, 1993:5)
c. Du wesst wohl *daß* Ich schon letztes Jahr diesen Roman las
you know well that I already last year this book read

O alemão identifica-se, porém, como uma língua V2 assimétrica, uma vez que a obrigatoriedade do V flexionado em segunda posição não se reflete na estrutura subordinada, na maioria dos casos (2c). De fato, nas subordinadas canônicas, o V flexionado aparece na posição final, o que caracteriza o alemão como uma língua SOV. A partir da extensão da Teoria X-barra para incluir as categorias funcionais (cf. Chomsky, 1986b), a assimetria principal/subordinada em relação à posição do V decorre de uma derivação distinta. A ordem V2 da sentença principal é derivada a partir de dois tipos de movimento:[2] (i) movimento de núcleo para núcleo: o V gerado no interior do VP se move para I e para C; (ii) movimento de um DP sujeito, ou complemento, ou um advérbio, para SpecCP. A projeção da camada CP se justificaria pelo fato de C ter uma natureza especial que torna obrigatório o movimento do V para essa posição As sentenças subordinadas, porém, são tipicamente introduzidas pelo complementizador *daß* (= que), o qual ocupa a posição C, impedindo o movimento do V flexionado para esta posição. A estrutura em (1) expressa a hipótese do CP para uma sentença declarativa do tipo de 2a:

Figura 1

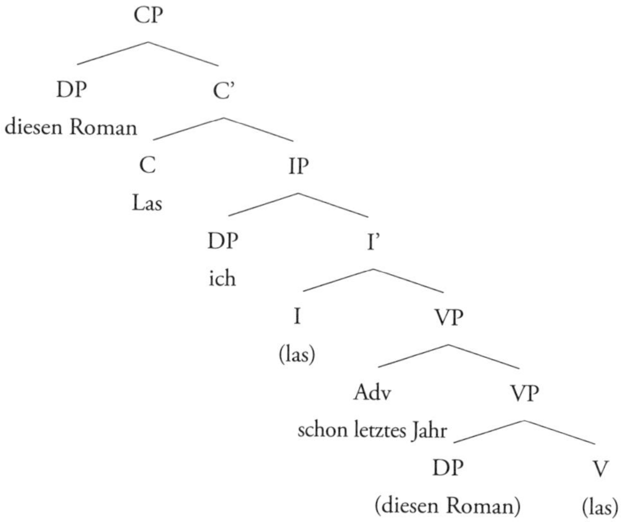

Vale observar que, na derivação da ordem V2 nas sentenças-raízes, se o XP for um complemento, ou um advérbio, o sujeito permanece no SpecIP e recebe Caso nominativo nesta posição. Se o XP for o sujeito, ocorre movimento deste constituinte para SpecCP. Pode-se afirmar que essa análise generalizou-se para outras línguas V2 e tornou-se a análise clássica do fenômeno V2.[3]

Estudos posteriores, porém, mostram que a restrição V2 está longe de ser um fenômeno unitário. No iídiche, por exemplo, uma língua com a ordem básica SVO, não há assimetria sentença principal/subordinada quanto à posição do V finito.[4] Diesing (1990) mostra que a natureza do V2 no iídiche não justificaria postular a camada CP e movimento do V para C. O V permanece em I, e SpecIP deixa de ser uma posição exclusiva do sujeito. Por sua vez o sujeito pós-verbal permanece no interior do VP, e recebe Caso nominativo nesta posição. A seguir apresentamos a derivação da sentença (3) do iídiche, com base na proposta de movimento do V para I nas estruturas V2 (cf. Figura 2).

(3) Dos bukh shil ikh avek
The book send I away (Diesing, 1990: 42)

Figura 2

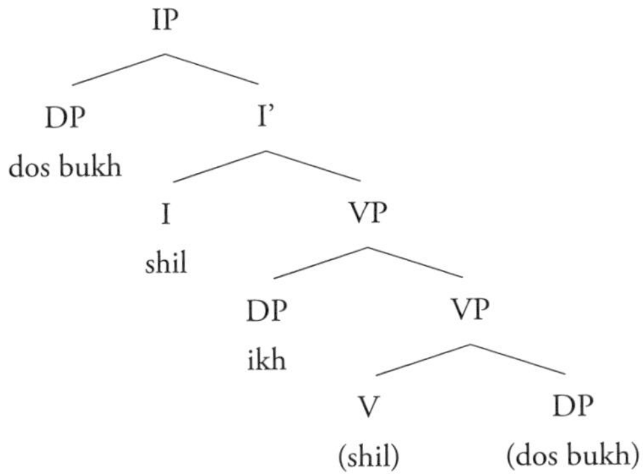

O efeito V2 da sentença (3) resultaria, portanto, do movimento do V para I e do movimento de um constituinte XP (no caso, o complemento do verbo) para SpecIP. O sujeito pronominal permanece no interior do VP. Os dados empíricos provenientes das línguas V2 do tipo do iídiche mostram que existem diferenças entre elas em relação à categoria funcional para a qual o V se move, em relação à estrutura de frase e em relação às diferentes posições do sujeito Nominativo. Outras questões relativas às línguas V2 como, por exemplo, (i) o que ativa o movimento obrigatório do V para a segunda posição? (ii) por que o V deve ser precedido imediatamente de um único constituinte?, têm sido reconhecidas como desafiadoras por todos os pesquisadores e reforçam a ideia de que as questões relacionadas ao movimento do V não são triviais. Recentemente, a essas questões se têm acrescentado outras, como aquelas levantadas por Lightfoot (1991), relacionadas aos aspectos da aquisição da restrição V2.[5]

Neste capítulo, a discussão do percurso diacrônico da inversão sujeito-verbo no PB limita-se às sentenças declarativas raízes. Entretanto, argumentos relacionados à simetria/assimetria da sentença principal/subordinada no movimento do V e a questão de como derivar as ordens com inversão nas orações principais, levando em conta a presença ou ausência dessa assimetria, serão consideradas. A conclusão a que chegamos é a de que o português histórico apresenta uma estrutura frasal mais elaborada condizente com os fatos da inversão sujeito-verbo, os quais, por sua vez, se relacionam com as diferentes posições que o sujeito pode ocupar na frase e com os contextos sintáticos que favorecem a próclise e a ênclise na colocação dos pronomes clíticos. Como veremos a seguir, o fenômeno V2 na história do francês, por um lado, e a relação entre estrutura de frase e colocação dos clíticos no desenvolvimento do português europeu (PE), por outro, serão igualmente relevantes para a discussão do PB.

O caso do francês

O francês perdeu, durante o seu percurso histórico, a restrição V2. Os fatos relativos a este desenvolvimento foram estudados inicialmente por Adams (1987), no quadro da Teoria dos Princípios e Parâmetros, servindo como ponto de partida para outros pesquisadores, entre eles, Vance (1988), Hirschbuhler e Junker (1988), Lemieux e Dupuis (1995), Roberts (1993). Tais análises diferem nos aspectos técnicos, e nas respostas encontradas para explicar a perda da restrição V2. Em dois pontos, porém, há concordância entre elas: a) o francês antigo era uma língua V2 do tipo "rígido", embora com topicalização de V em alguns tipos de subordinadas; b) a restrição V2 estava intimamente relacionada à possibilidade de sujeito pronominal nulo fonologicamente, uma vez que as condições de licenciamento da categoria nula só eram satisfeitas se a mesma estivesse em posição pós-verbal, ou seja, nos contextos V2. Em outras palavras, nas estruturas V2 com sujeito nulo, o V finito estaria imediatamente antecedido por um constituinte adverbial, ou pelo complemento verbal.

Roberts (1993) procura associar a perda da restrição V2, a perda do sujeito nulo e a perda da inversão nas interrogativas na história do francês. Como ele conclui, nenhuma das propriedades do francês histórico estão presentes no francês atual. A inversão nas interrogativas simples não é possível com sujeitos lexicais (4a-b), não mais existe a restrição V2 (4c), e não há mais possibilidade de licenciar sujeito nulo.

(4) a. *A Jean pris le livre?
b. *Quel film a Jean vu? (Roberts, 1993: 25)
c. *Hier a Jean vu le film (Roberts, 1993: cap. 2)

Roberts explica a agramaticalidade dessas construções no francês contemporâneo nos moldes de uma mudança paramétrica, com base na proposta de Koopmam e Sportiche (1991). Segundo os autores há duas configurações estruturais distintas para o assinalamento do Caso nominativo: configuração de concordância e configuração de regência. A primeira supõe que a flexão verbal, instanciada no V em I, esteja numa relação de concordância Spec-núcleo com o sujeito, ou seja, o sujeito está em posição pré-verbal; a segunda, supõe que I esteja numa posição mais alta na estrutura de frase em relação ao sujeito.[6]

Ao assumir a análise clássica de que o movimento do V finito para uma posição mais alta envolve movimento do V para C, o autor conclui que o francês respondeu afirmativamente ao parâmetro do assinalamento do Nominativo sob regência, com projeção CP nas sentenças-raízes. Quando o V flexionado se move para C, cria-se a configuração estrutural para I assinalar Nominativo sob regência ao sujeito no SpecIP. No francês atual, I assinala Caso nominativo apenas por concordância. O movimento do V para C destrói o contexto estrutural relevante. Desse modo, as sentenças em (4) são agramaticais porque o sujeito não tem Caso.

Uma das afirmações do autor é a de que o desenvolvimento histórico do francês tem importância empírica e teórica. Ao assumir que a perda da estrutura V2 reflete não apenas uma mudança paramétrica no assinalamento do Nominativo, mas também a perda do sujeito nulo, ele afirma que "we have a maximally simple account of the near simultaneous disappearence of the three constructions" (Roberts, 1993: 286). Na opinião do autor, essa análise pode ser justificada em outras línguas que sofreram uma evolução semelhante à do francês, como é o caso dos dialetos do norte da Itália. Neste capítulo, como foi dito anteriormente, afirmamos que o português apresentou, em seu desenvolvimento, um comportamento semelhante ao do francês, diferindo, porém, em alguns pontos importantes, a saber:

(i) Como amplamente documentado na literatura, a distribuição dos sujeitos nulos referenciais no português antigo, ou arcaico, ao contrário do que ocorreu no francês, não dependeu dos contextos V2 devido talvez à natureza do seu paradigma flexional. Como se sabe, a concordância sujeito-verbo é um aspecto privilegiado para identificação e licenciamento do sujeito nulo (cf. Benincà, 1995). Ora, se o sujeito nulo só pode ser licenciado em posições marcadas com Caso nominativo, o fato de o português, em oposição ao francês, apresentar o sujeito nulo em posição pré-verbal evidencia que o assinalamento do Nominativo por regência não era a única opção do seu sistema gramatical.

(ii) As estruturas com verbo em posição inicial e sujeito posposto, tanto lexical como nulo, foram muito frequentes nas narrativas medievais portuguesas. No francês, porém, as estruturas V1 eram pouco frequentes e restritas a construções especiais como interrogativas sim/não, optativas e imperativas. Além disso, havia a tendência para se preencher a posição pré-verbal com sujeitos pronominais (cf. Vance, 1988).

(iii) O português antigo não apresentou a assimetria principal/subordinada em relação à colocação do V e a ordem V2 é encontrada nas subordinadas (cf. Salvi, 1990, 1993).

O movimento do V e a colocação dos clíticos

Benincà (1995), Salvi (1990), Cardinaletti e Roberts (1991) descrevem o comportamento dos clíticos nas línguas românicas medievais com uma conclusão em comum: todas elas obedeceram à restrição conhecida na literatura como Lei Tobler-Mussafia, ou "Lei da Ênclise", por serem línguas com movimento de V finito para uma posição mais alta na estrutura de frase. A restrição Tobler-Mussafia (T/M) pode ser resumida na seguinte generalização: se o V está no início da sentença principal, a próclise é excluída. O efeito da restrição nas línguas românicas medievais se reflete nas declarativas VSO ou V1. Por seu lado, as sentenças V2, derivadas com movimento de V para C e movimento de um constituinte para SpecCP, têm a próclise como padrão normal (cf. Salvi, 1990, 1993).

Em relação ao português, é importante destacar dois fatos que hoje diferenciam a variedade lusitana e a variedade brasileira: (a) enquanto as outras línguas românicas, entre elas, o francês, o italiano e o espanhol, perderam a restrição ao clítico em posição inicial absoluta, o português europeu (PE) conservou-a em todo o seu desenvolvimento; (b) no PE, a partir do século XIX, ao contrário do português antigo, a ênclise é dominante nas construções em que o sujeito precede imediatamente o V. Ambos os fatos estão ilustrados em (5a-b):

(5) a. O João ajudou-me.
b. Diverti-me muito na festa.

Benincà (1995) e Salvi (1990) assumem que o português conservou durante a sua evolução a mesma estrutura de frase com projeção de CP nas sentenças-raízes e movimento obrigatório de V finito para C. Porém, como dissemos, a obrigatoriedade da ênclise em sentenças como (5a), é uma propriedade do português atual, inexistente no português antigo, onde a ênclise e a próclise eram possíveis nos contextos com sujeito referencial pré-verbal (cf. seção "O português antigo", adiante).[7] Os autores propõem que, embora a estrutura de frase permaneça a mesma, ocorre uma reanálise do SpecCP, evidenciada pelos elementos que podem ocupar essa posição. Assim, de acordo com Salvi (1990: 180), a posição SpecCP no só poderá ser preenchida por elementos quantificados, ou focalizados, onde a próclise é o padrão normal (6a-c):

(6) a. NINGUÉM o sabia.
b. EU me encarrego disso.
c. UMA COISA te direi.

Na sua análise, sentenças do tipo de (6a-c) são derivadas por duas operações: movimento de V para C, e movimento de elementos focalizados e quantificados para SpecCP. Por sua vez, nas orações como (5a), o sujeito referencial ocupa uma posição fora do CP, denominada posição deslocada por Salvi e posição TOP (topicalizada) por Benincà. A ênclise moderna supõe, portanto, que nenhum elemento ocupe SpecCP. Na proposta de Salvi, o clítico se apresenta linearmente depois do primeiro constituinte interno ao CP. Se SpecCP está vazio, o clítico aparece enclítico ao V em C que, neste caso, é o único constituinte dentro do CP. Se SpecCP está preenchido, o clítico vem depois deste constituinte e fica proclítico ao V.

Neste texto, consideramos ainda a hipótese de Cardinaletti e Roberts (1991), propondo relacionar movimento de V e posição dos clíticos nas línguas românicas medievais, através de uma estrutura de frase com duas projeções de AGR.

Vejamos a seguir como os autores interpretam a restrição Tobler/Mussafia através de uma estrutura frasal com AGR duplo, representada em (3):

Figura 3

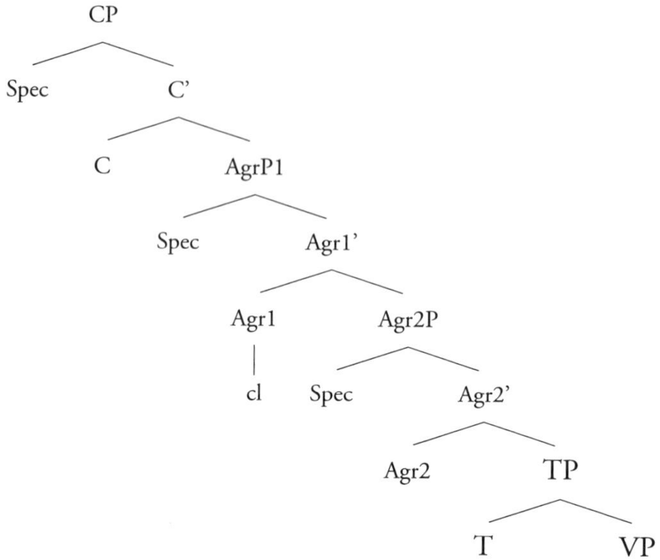

Na estrutura representada acima, temos que AGR1 é um núcleo funcional independente e sua projeção está relacionada ao assinalamento do Caso nominativo. Nas línguas com dois AGRs, AGR1 assinala caso Nominativo, enquanto AGR2 não assinala Caso. AGR2 contém a morfologia flexional e o V se move obrigatoriamente para esta posição. Em algumas línguas, AGR1 pode atribuir Nominativo por concordância ao sujeito no SpecAGR1 e, por regência, ao sujeito no SpecAGR2. As línguas variam quanto às possibilidades de atribuição de Nominativo, e quanto às diferentes posições do sujeito. De acordo com Cardinalletti e Roberts (1991), nas línguas românicas que sofreram os efeitos da restrição T/M, o clítico ocupa a posição AGR1.

A ênclise resultaria, portanto, de um movimento independente do V para C, enquanto o clítico permanece em AGR1. Na próclise, o V se junta ao clítico nesta posição e [cl+V] formam um complexo. O movimento do complexo [cl+V] para C sofre restrições apenas quando resulta na ordem CL1. Como veremos, a hipótese da estrutura de frase com AGR duplo permitirá uma análise do português medieval. Da mesma forma, acreditamos que pode dar conta dos desenvolvimentos posteriores que levaram a uma separação entre o PE e PB, envolvendo movimento do V em estruturas de inversão sujeito-verbo e estrutura V1, colocação dos clíticos e assinalamento do Nominativo ao DP sujeito.

Vale ressaltar que a análise de Galves (1992) para os casos de ênclise obrigatória no PE, como ilustrados em (5a-b), e próclise como ilustrados em (6a-c), também envolvem projeções de AGR. A autora pretende delinear o diferente comportamento do PE e PB em relação à colocação pronominal, sugerindo que os contextos de ênclise nas orações declarativas no PE decorrem de uma estrutura de frase, como representada em (4):

Figura 4

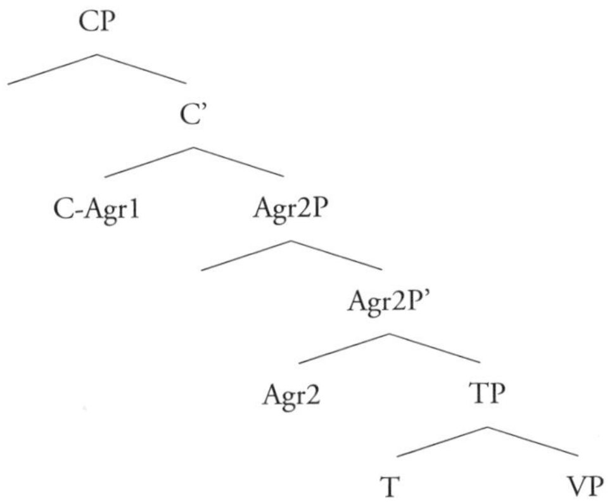

Por essa proposta, a ordem dos constituintes nas sentenças-raízes com ênclise é derivada por movimento obrigatório do V flexionado para C, satisfazendo o traço morfológico [+Agr1] em C, e por movimento do sujeito para SpecCP, onde recebe Nominativo por concordância spec-núcleo. Nos casos de próclise, o V e o clítico em AGR2 se movem para C. Os diferentes tipos de movimento do V mudariam a natureza de C e, consequentemente, a natureza de SpecCP. Na perspectiva da autora, o PE desenvolveu um sistema em que os sujeitos pré-verbais são caracterizados de forma diferente e o que torna visível tal contraste é a posição do clítico. Vale ressaltar que a estrutura de frase proposta por Galves, com AGR duplo, difere daquela proposta por Cardinaletti e Roberts (1991). Para a autora, AGR1 não é um núcleo independente, mas um traço morfológico em C. Por sua vez, AGR2 é posição da morfologia flexional e do clítico gerado em adjunção. A projeção de dois núcleos AGRs, possibilitando duas posições de sujeito, seria um primitivo da gramática. Se AGR1 vai ser um núcleo independente, ou não, é uma escolha paramétrica das línguas, ou seja, "comme deux possibilités instanciées par les langues, l'une constituant peut-être la reanalyse de l'autre" (Galves, 1992: 2). O PE, em seu desenvolvimento, teria reanalisado AGR1 como um traço em C.

Tomando como base a hipótese de Cardinaletti e Roberts (1991) de uma estrutura de frase com dois AGRs e, em particular, a proposta de Galves, de que AGR poderia ter sido reanalisado no PE durante o seu desenvolvimento, a proposta que vou defender é a de que a perda da ordem sujeito-verbo no PB, no sentido do movimento do V para uma posição funcional mais alta, estaria relacionada a uma reanálise na sua estrutura de frase. Ao contrário do PE que reanalisa AGR1 como um traço de C, conserva a restrição T/M e desenvolve a ênclise nas sentenças SVO, o PB teria perdido o traço flexional e C, desenvolvido uma estrutura de frase com projeção de um único AGR, e apresentado novos padrões de colocação proclítica.[8]

PERCURSO DIACRÔNICO DA INVERSÃO V2 NO PORTUGUÊS

O português antigo

Aspectos sintáticos da colocação do V, sistema dos clíticos e estrutura de frase na fase antiga ou arcaica das línguas românicas têm despertado o interesse dos linguistas gerativistas. Esses e outros aspectos têm sido igualmente documentados em inúmeros estudos tradicionais sobre o português antigo. Em particular, Pádua (1960) revela que, nas sentenças declarativas com verbo transitivo direto, as ordens OVS e VSO eram as mais frequentes. A ordem OVS era possível com verbos de diferentes significações e ocorria em orações principais e subordinadas. A ordem VSO, por sua vez, era muito frequente nas interrogativas sim/não, optativas, imperativas e nas sentenças principais de vários tipos. Tanto uma quanto a outra eram muito comuns nas crônicas medievais, as quais se classificam como obras de caráter narrativo. Estudando ainda as sentenças com advérbios em posição inicial, a autora observa que diferentes tipos de advérbios e complementos circunstanciais "atraíam" o verbo para a posição no interior da sentença e "provocavam" a inversão do sujeito com muita frequência.

Destacou-se, na seção anterior, que o português antigo, assim como outras línguas românicas, obedeceu à restrição do clítico em posição inicial. A ênclise é dominante nas sentenças-raízes com verbo em primeira posição, enquanto nos demais contextos a próclise é o padrão normal. O PE, porém, como dissemos, ao contrário do francês, do italiano e do PB, conservou no seu desenvolvimento os efeitos da "Lei da Ênclise" e generaliza a possibilidade de o sujeito não quantificado e não focalizado ocupar uma posição mais alta na estrutura de frase. Observando mais de perto o português antigo em relação à estrutura de frase, inversão sujeito-verbo e colocação dos clíticos, vemos que, já nessa fase, a ênclise não se manifestou apenas para evitar o clítico em posição inicial absoluta. O complemento clítico aparece enclítico em outros contextos, sendo dois deles bastante específicos: (i) em caráter opcional, nas sentenças em que o sujeito referencial precede o V (7a-b); (ii) nas sentenças OVS em que o DP objeto é retomado pelo clítico (7c). Por sua vez, nos contextos em que um DP objeto antecede o verbo e recebe uma interpretação focalizada, diferente daquela que recebe nas sentenças do tipo V2, o clítico está sempre em próclise. Os exemplos a seguir, extraídos de Salvi (1990:178; exs. 7a, b e d) e Salvi (1993: 449; ex. 7c), ilustram os casos:

(7) a. dom Fradarique se tornou pera a terra da hordem de Santiago
b. O porteiro veo-sse a Avrantes
c. a donzela leixaram-na
d. isto sobre dito uos damos áátal preyto

Vale lembrar que a proposta de Salvi (1990, 1993) e de Benincà (1995), para dar conta da colocação dos pronomes clíticos no português moderno, supõe uma estrutura de frase com uma projeção acima do nível CP (cf. seção "O movimento do V e a colocação dos clíticos"). Essa estrutura teria sido a mesma do português antigo. No entanto, as diferentes possibilidades de colocação dos clíticos nas construções em que o sujeito referencial precede o V imediatamente, como exemplificadas nas sentenças do tipo (7a-b), levam os autores a assumirem que o sujeito pré-verbal da fase antiga ocupa diferentes posições. Do mesmo modo, as sentenças do tipo (7c-d) mostram que a posição do objeto é visível através da posição dos clíticos: como no caso do sujeito, se o objeto estiver no SpecCP, ocorre a próclise; se o objeto estiver fora do CP (deslocado ou topicalizado), a ênclise é obrigatória.

A possibilidade de uma estrutura de frase com uma posição fora do CP leva Benincà a classificar o português antigo como uma língua V2 menos "rígida" do que o francês. Como dito anteriormente, pela sua análise, SpecCP não será a única posição disponível na estrutura da frase para um constituinte se mover. O constituinte que antecede o V pode estar numa posição topicalizada. Apesar dessa particularidade, Benincà considera que o fato do V ter se movido para C nas sentenças declarativas é que tornou o português antigo semelhante às línguas V2 (cf. também Ribeiro, 1995).

A seguir, veremos como a hipótese do AGR duplo tem uma vantagem empírica por dar conta das particularidades do português arcaico. A hipótese do AGR duplo reinterpreta a abordagem tradicional de Paiva e a análise de Benincà e Salvi pela suposição de que a inversão V2 das sentenças declarativas, com colocação proclítica, evidenciam o assinalamento do Nominativo em configuração de regência. A ordem SclVO e ordem OclVS, por exemplo, seriam ambas derivadas por movimento do V para AGR1, possibilitando "Caso por regência ao sujeito no SpecAGR2". Posteriormente, temos movimento do DP sujeito ou do DP objeto para o "SpecAGR1", uma posição de elementos topicalizados, produzindo uma configuração típica das línguas V2. A inversão do tipo V2, em AGR1, sem movimento do V para C, dá conta ainda do fato de que, ao contrário do francês, no português antigo o V flexionado aparece em segunda posição também nas orações subordinadas (cf. Salvi, 1990). Desse modo, o português teria sido uma língua V2 simétrica.[9]

Por sua vez, a estrutura SVO com colocação enclítica (cf. 7b) é também uma estrutura V2, mas, neste caso, o V se move para C, sem passar por AGR1, a posição dos clíticos, e o sujeito se move para SpecCP. Essa mesma análise pode ser apresentada na derivação da ordem V1-narrativo. Nesses casos, o V se moveria igualmente para C sem passar por AGR1, enquanto o sujeito receberia Nominativo por regência no SpecAGR2. O movimento do V para C se justificaria por dois motivos: primeiro, porque as sentenças do tipo V1-narrativo só aparecem nas orações independentes; segundo, porque as sentenças com V em posição inicial refletem a ênclise obrigatória na colocação dos clíticos. Como dito anteriormente, pela hipótese do AGR duplo, se o V está em posição inicial, e se a língua tem a restrição T/M, o V não forma uma unidade com o clítico em AGR1. A ordem V1, ou VSO, e a "Lei da Ênclise" justificariam, portanto, postular para o sistema gramatical do português arcaico o movimento do V para C e a projeção CP.

Em outras palavras, a possibilidade de um AGR como posição do clítico, independente do AGR da morfologia flexional, teria a vantagem de tratar os fenômenos que ocorrem apenas nas sentenças-raízes como reflexo do movimento de V para C. Assim é possível postular que o clítico estaria sempre na mesma posição, não somente nos contextos V2, mas também nos contextos V1. Outra justificativa para a projeção de dois AGRs na fase antiga da língua viria do fato muito conhecido e amplamente documentado nos estudos filológicos tradicionais de que o clítico podia estar separado do verbo até mesmo por constituintes como o sujeito (cf. Said Ali, 1930).

O português dos séculos XVI e XVII

Numa pesquisa com cartas, crônicas e novelas dos séculos XVI e XVII, escritas por autores portugueses, pude verificar um porcentual significativo de sentenças-raízes, com sujeito lexical e pronominal posposto, embora a ordem direta SVO fosse a mais frequente. Os exemplos a seguir, extraídos das "Cartas de Anchieta" (A), do século XVI, e da novela *O desgraciado amante Peralvilho* (P), do século XVII, ilustram algumas dessas construções.

(8) a. Cada dia vão os Padres visitar os enfermos (A.23)
b. No ano de 1550 mandou o Padre Manoel da Nóbrega os filhos dos índios ao campo (A.76)
c. E teriam eles poder para nos fazer tal honra (A.165)
d. E tinham eles determinado em conselho ... (A.134)
e. Ficaram eles e elas espantados (A.121)
f. Muito gostou o Fidalgo de o ouvir (P.34)
g. E assim o amava Felícia com grande medo (P.78)
h. E contou-me ela o que se passava (P. 92)
i. Notou meu amo a trouxa (P. 58)
j. Estão ainda as feridas muito abertas (P.65)
l. Deu-lhe o bondoso alcaide crédito (P.86)

Para dar conta das possibilidades de inversão nos textos dos séculos XVI e XVII, são válidas as mesmas afirmações feitas para o português arcaico: o sistema permitiu assinalamento de Caso nominativo por regência ao sujeito posposto, a variação próclise e ênclise em certos contextos (8g-h), e a restrição ao CL1. Nesses termos, parece possível afirmar que AGR1 conserva a propriedade de assinalar Nominativo ao sujeito, por regência ou concordância, de modo que SpecAGR1 pode ser uma posição do sujeito. Há, porém, um desenvolvimento importante a partir do século XVII: o clítico não mais aparece separado do verbo, a não ser pela negação e, assim mesmo, em caráter opcional. Da mesma forma, como se sabe, o PE apresenta ênclise dominante nos contextos em que não se tem um termo "atrator" antes do verbo, como elementos subordinativos, interrogativos, focalizados e negativos. Com isso, pode-se hipotetizar que a ênclise do período clássico está evidenciando um processo de reanálise de AGR1 como um traço em C, nos moldes do que propõe Galves (1992). A ênclise resultaria, agora, do movimento do V para C deixando o clítico em AGR2.

Assim, os textos dessa fase histórica do português podem representar um ponto de partida, para uma abordagem do desenvolvimento do PB. Neste texto, tomaremos como base empírica peças de teatro dos séculos XVIII, XIX e XX para uma reflexão a respeito da perda da inversão sujeito-verbo nos contextos declarativos das sentenças-raízes, e a respeito da perda da ênclise.

Assumiremos que ambos os desenvolvimentos refletem uma reanálise na estrutura frasal, com a perda da ativação de AGR1.

A PERDA DA INVERSÃO SUJEITO-VERBO NO PORTUGUÊS DO BRASIL

O contexto das sentenças interrogativas

Como mencionado no início deste capítulo, estou considerando a hipótese de Roberts (1993) de que a perda da inversão sujeito-verbo nas sentenças interrogativas e perda da restrição V2 nas declarativas estariam relacionadas a uma mudança paramétrica no assinalamento de Caso nominativo.

Da mesma forma, o objetivo deste texto não é o de discutir a inversão sujeito-verbo nas interrogativas do PB. Entretanto, seria importante registrar que tal desenvolvimento parece ter sido bastante semelhante ao que ocorreu nas declarativas. As evidências para tal afirmação estão ancoradas nos resultados da análise quantitativa de Duarte (1992), referentes à perda da ordem sujeito-verbo nas interrogativas diretas e indiretas no PB, a partir do século XVIII. Os resultados de sua pesquisa (cf. em seu texto a Figura 1) mostram-nos que, no século XVIII, a ordem VS nas interrogativas diretas é de 100%, sem nenhuma ocorrência de sujeito anteposto ao verbo. Na primeira metade do século XIX o quadro continua quase inalterado, mas, a partir dos dois períodos seguintes, que correspondem aos textos de 1882 e 1918, há respectivamente um aumento de 20% e 19% na ordem SV. A percentagem aumenta para 63% em 1937, e chega finalmente aos 94% obtidos nos textos recentes de novelas.

Em relação às interrogativas indiretas, Duarte obtém os seguintes resultados: a ordem SV teve preferência sobre a inversão, mantendo-se numa média de 68% até a primeira metade do século XX. Já a partir do início da segunda metade do mesmo século, porém, a percentagem da ordem direta é de mais de 90% atingindo, finalmente, os 100% nos dados sincrônicos. A assimetria principal/subordinada em relação à ordem VS nas interrogativas indica que o movimento de V para C com traços [+qu] era mais frequente nas orações principais.

O importante é concluir, diante dos resultados do estudo quantitativo de Duarte, que a perda da inversão nas sentenças interrogativas não constitui contraevidência para a hipótese da perda da inversão no PB como reflexo de uma mudança paramétrica no assinalamento do Nominativo sob regência. Ao contrário, eles estariam refletindo o efeito dessa mudança (cf. também Lopes Rossi neste volume e sua análise diacrônica das interrogativas através da hipótese do Caso nominativo).

A perda da inversão sujeito-verbo nas declarativas

A seguir, apresento evidências empíricas para a hipótese de mudança paramétrica no assinalamento do Caso nominativo no PB, refletida na perda da inversão sujeito-verbo nos contextos V2 e V1 nas orações declarativas. Tentarei mostrar que a mudança no parâmetro do Caso está relacionada a uma mudança na estrutura de frase, conectando a perda da inversão do V com os novos fatos relacionados à colocação dos pronomes complementos no sistema gramatical do PB, em particular, a perda dos contextos de ênclise nas sentenças finitas.[10]

A amostra foi composta por 5 textos, todos peças de teatro, totalizando 1.500 sentenças declarativas, sendo 300 para cada texto. Embora seja uma amostra pequena, acredito que os resultados obtidos expressam o desenvolvimento da perda da inversão sujeito-verbo no PB. Num primeiro momento, foram também consideradas as sentenças com verbos ergativos. Como sabemos, esses verbos permitem que o sujeito permaneça em posição pós-verbal, ou seja, em posição de base no VP. As declarativas VS com verbos ergativos e posposição do sujeito são muito frequentes no PB contemporâneo, mas refletem um fenômeno totalmente diferente da inversão sujeito-verbo aqui investigada. Não será tratado, neste artigo, a evolução das construções VS (cf. Tarallo e Kato, 1989, para um estudo sincrônico destas construções, e Berlinck, 1989, para um estudo diacrônico). A tabela 1 adiante apresenta os resultados de inversão sujeito-verbo considerando os verbos ergativos.

Tabela 1 – Inversão *vs.* não inversão sujeito-verbo nas sentenças declarativas

Autor	Época	Não inversão N %	Inversão N %	TOTAL
Judeu	séc. XVIII	186 62%	114 38%	300
Martins	séc. XIX	228 76%	72 24%	300
França	séc. XIX	272 91%	28 9%	300
Gonzaga	séc. XX	286 95%	14 5%	300
Millôr	séc. XX	295 98%	5 2%	300
TOTAL		1264 84%	233 16%	1500

Na tabela 1 vemos os resultados percentuais de inversão do V em todas as épocas e autores, levando em conta fatores como tipo de verbo, estrutura de sentença, tipo de sujeito etc. As porcentagens obtidas com os textos revelam o predomínio, em todos os períodos em estudo, da ordem sem inversão sujeito-verbo. Olhando para cada texto em particular, vemos que a frequência das sentenças com inversão diminui a partir do século XVIII e chega a apenas 2% do total de 300 sentenças em Millôr no século XX. Porém, como observaremos a seguir, esses 2% provêm de sentenças com verbos ergativos.

É com a tabela 2, onde foram consideradas somente sentenças sem os verbos ergativos, que obteremos resultados para corroborar a hipótese de mudança que está sendo defendida. Na tabela 2 estão consideradas apenas as sentenças com sujeitos lexicais e pronominais. Não foram computadas as sentenças com sujeito nulo.

Tabela 2 – A inversão *vs.* não inversão sujeito-verbo com verbos transitivo

Autor	Época	SVX		XVS		VSX		XSV		TOTAL
		N	%	N	%	N	%	N	%	
Judeu	séc.XVIII	93	72	16	12	7	5	14	11	130
Martins	séc.XIX	79	70	23	20	7	6	4	4	113
França	séc.XIX	12	82	10	7	7	5	7	5	136
Gonzaga	séc. XX	123	85	0	0	3	2	18	13	144
Millôr	séc. XX	130	93	0	0	0	0	10	7	140
TOTAL		537	81	50	8	24	4	52	9	663

A primeira coluna da tabela 2 apresenta o número de construções com sujeito lexical em posição pré-verbal. SVX inclui as sentenças com verbos transitivos diretos, indiretos e auxiliares que formam locução verbal com o verbo principal.

A segunda coluna apresenta os resultados obtidos com as sentenças que ocorrem em línguas do tipo V2, nas quais o V em segunda posição está antecedido imediatamente por complemento ou advérbio. O sujeito está em posição pós-verbal. A ordem XSV da coluna 4 é a ordem V3 ou V>2, impossível nas línguas V2 do tipo do alemão moderno e do francês antigo, por exemplo. VSX na coluna 3 representa as sentenças com V em posição inicial e sujeito lexical, ou pronominal, posposto. A ordem VSX, embora signifique V em posição inicial, não se confunde com a ordem V1 que considerarei mais adiante, uma vez que, no último caso, o sujeito é nulo. Essa separação foi feita porque a ordem V1 com sujeito nulo tem uma frequência muito mais alta que VSX em todos os textos. Além disso, como veremos na seção "Perda do sujeito nulo em contextos de inversão", a posição do sujeito nulo pode ser ambígua.

A reanálise das construções SVX

Com os resultados da coluna 1 da tabela 2, temos que a ordem SVX é de longe a mais frequente, a partir do século XVIII, consolidando um desenvolvimento que parece ter se iniciado nos períodos anteriores. Das 130 declarativas codificadas no Judeu, 93 apresentam o sujeito em posição inicial pré-verbal, atingindo um percentual de 72%; em Martins Pena, das 113 declarativas com sujeito lexical, ou pronominal, 79 são SVX perfazendo um total de 70% dos casos. Em França, a porcentagem de construções SVX aumenta para 82%. Neste texto, das 136 sentenças codificadas, 112 são SVX. A frequência da ordem SVX continua aumentando no século XX. Em Gonzaga, ela é de 85%, e em Millôr, de 93%.

Se considerarmos ainda que a ordem XSV da coluna 4 não apresenta inversão do V, a porcentagem dos casos sem inversão sujeito-verbo aumenta em todos os períodos. Alguns exemplos ilustram a ordem V>2:

(9) a. Logo minha mãe se sentiu prenhe (J.98)
b. Senhor, isto ninguém tal fêz (J.160)
c. Sem língua ninguém pode falar (J.191)
d. Sem falar ninguém se entende.(J.192)
e. Ainda V. M. se agasta (J.263)
f. Então eu não sabia (M.271)
g. Finalmente, o pequeno tomou juízo (F.13)
h. O resto você viu (G.231)
i. Nem isso eu sabia (Ml.54)

Roberts (1993), analisando o aumento da ordem SVO na história do francês, afirma que o aparecimento das construções V>3 no período medieval evidenciou que o francês estava perdendo a restrição V2 e reanalisando as declarativas SVO como IP e não mais como CP. A adjunção a CP é impossível nas línguas V2 do tipo do francês antigo.

Adaptando essa argumentação para a história do português e para a hipótese da estrutura de frase com AGR duplo assumidas para os períodos anteriores, podemos afirmar que o PB dos séculos XVIII e XIX apresenta uma fase de "transição": a inversão adquire cada vez mais um caráter opcional e as estruturas SVX ocorrem com uma frequência cada vez maior. A progressiva afirmação da ordem SVX com o sujeito em posição pré-verbal parece evidenciar que, a partir do século XVIII, as novas gerações de falantes estavam atribuindo uma análise distinta a essas construções. Elas não seriam mais analisadas como as estruturas V2 do período arcaico e clássico, com movimento do V para AGR1 e movimento de topicalização do sujeito para SpecAGR1. Na reanálise, as declarativas SVX são derivadas sem movimento do V para uma posição mais alta. O V permanece em AGR2, e o sujeito recebe Nominativo por concordância em SpecAGR2. A reanálise de AGR2 como uma posição Nominativa que atribui Caso ao sujeito pré-verbal constituiria um novo passo para a perda da possibilidade de Nominativo por regência e, consequentemente, para a perda de AGR1. A reanálise das estruturas SVX sem movimento do V tornariam mais raras as evidências para se postular AGR1, e a estrutura de frase seria projetada com um AGR único. Esse parece ser o PB da segunda metade do século XX, como veremos mais adiante.

Entretanto, a colocação dos pronomes clíticos, condicionada pelos efeitos da restrição T/M, a possibilidade de ênclise com as sentenças SVX e a frequência de sentenças com inversão sugerem que o PB dos séculos XVIII e XIX ainda instancia Nominativo por regência e movimento do V para uma posição mais alta na sentença. Como dar conta de tal variação? Proponho que teria havido duas possibilidades para as novas gerações de falantes reanalisarem a estrutura de frase dos períodos arcaico e clássico, conservando no sistema a opção de Nominativo por regência. Uma das possibilidades seria a reanálise de AGR1 como um traço em C. O traço [+AGR1] em C atrairia o V flexionado e Spec-CP se identificaria como uma posição do sujeito que recebe Nominativo por concordância. Dessa forma, as construções com a ordem SVX seriam analisadas com movimento de V para C e movimento do sujeito para SpecCP. Essa parece ser a opção concretizada no desenvolvimento do PE (cf. Galves, 1992). Outra possibilidade de reanálise dessas construções seria projetá-las com dois AGRs independentes, sem projeção CP. Embora AGR1 não seja mais uma posição para os clíticos, ela atrairia o V por conservar a propriedade de Nominativo por regência e concordância. Na derivação da ordem SVX, o V flexionado se move para AGR1, e o sujeito se move para SpecAGR1.

Como veremos mais adiante, na tabela 4, nas sentenças SVX a ênclise e a próclise foram possíveis até o século XX. Na reanálise das sentenças com dois AGRs e sem a projeção CP, o V se move para AGR1, tanto nos contextos de próclise como nos contextos de ênclise. No primeiro caso, o complexo [cl+V] se move para AGR1. No segundo, o V se move para AGR1, deixando o clítico em AGR2. A segunda possibilidade parece ter sido aquela que vai caracterizar os rumos da mudança no PB e diferenciá-lo do PE nesses aspectos.

Reanálise da inversão sujeito-verbo

Verificando os contextos de inversão, vemos que a coluna 2 da tabela 2 nos dá a porcentagem das construções do tipo V2 com sujeito posposto. Os números nos revelam que, já a partir da primeira metade do século XVIII, a construção começa a desaparecer nos textos escritos por brasileiros. O texto de 1734 apresenta um percentual de apenas 12% de inversão, num total de 130 sentenças codificadas. No entanto, a afirmação a respeito deste gradual desaparecimento parece incoerente se observamos os resultados obtidos com o texto da primeira metade do século XIX. O que seria de se esperar era que a porcentagem de inversão fosse menor que a do período anterior. Ao contrário, ela aumenta para 20%. Pode-se assumir que o aumento na frequência de sentenças V2 em Martins Pena sugere um texto com preocupações normativas, as quais refletem aspectos do sistema gramatical do PE.

Confirma-se que, em todo o seu desenvolvimento, o PE parece mais conservador e apresenta, nos dados sincrônicos, sentenças declarativas e interrogativas com inversão sujeito-verbo. Observando, por exemplo, o texto de França, de 1882, vemos que a porcentagem das sentenças XVS cai para 7%, o que reforça a hipótese de que o texto de Martins Pena seja mais conservador no sentido de refletir o padrão gramatical do PE. Finalmente, observe-se que não há nenhum caso de sentença do tipo V2, ou XVS, em Gonzaga e Millôr, os textos do século XX. Em (10a-j), temos alguns exemplos das construções do tipo V2 encontradas nas peças do Judeu, Martins Pena e França.

(10) a. Com a língua faz o arrieiro a célebre cantiga (J.193)
b. e verá El Rei Creso o meu valor (J.293)
c. e poderemos ambos ficar bem (J.144)
d. ...também não me disse minha mãe...(J.51)
e. Energia tenho eu (M.15)
f. Então não pensou ela na felicidade de seus filhos (M.80)
g. Cuidado me dá o teu sobrinho Carlos (M.59)
h. Em um momento pode tudo mudar (M.232)
i. E assim o obriga a necessidade (M.108)
j. Ora, não conhecerás tu outra coisa (F.36)

Observemos, a seguir, a porcentagem das sentenças VSX na coluna 3 da tabela 2. No Judeu ela atinge apenas 7% do total de 130 declarativas; em Martins Pena e França, a situação não muda muito. A porcentagem de inversão é de 6%, num total de 113 sentenças em Martins Pena, e em França é de 5%, num total de 136 sentenças declarativas. Finalmente, na primeira metade do século XX, o texto de Gonzaga apresenta uma porcentagem de apenas 2% do total de 144 sentenças com a ordem VSX, enquanto em Millôr não há nenhuma ocorrência dessa ordem em 140 sentenças codificadas. Ilustramos algumas ocorrências da ordem VS em (11a-g):

(11) a. Quis a fortuna trazer para isso Esopo (J.184)
b. Quero eu (M.13)
c. Tem ele nove anos (M.48)
d. Tocou o tenente-coronel justamente no ponto (F.47)
e. Está o tenente-coronel com um nó na garganta (F.224)
f. São ambos excelentes (G.31)
g. Seria isso impossível (G.6)

Para dar conta da possibilidade da inversão sujeito-verbo, pode ser sugerido que o sistema gramatical do PB do século XVIII e do século XIX ainda permite assinalamento de Caso nominativo sob regência e movimento do V para uma posição mais alta. Proponho, portanto, que a derivação da ordem VSX e da ordem XVS confirmam a reanálise da estrutura com a ordem SVX. A hipótese é que, ao contrário do PE, o PB parece ter reanalisado AGR1 não como um traço de C, mas como uma projeção independente. As sentenças declarativas com inversão em (9) seriam, pois, derivadas com movimento do V para AGR1 enquanto, o sujeito permanece em SpecAGR2, recebendo Nominativo por regência. O mesmo se poderia dizer para a derivação das sentenças em (8). A diferença entre elas está em que, no último caso, um constituinte se move para SpecAGR1, configurando a ordem do tipo V2. Observamos ainda que, com a reanálise das sentenças VSX, o V não se move para C, de modo que a estrutura não projeta o nível CP.

Perda do sujeito nulo em contextos de inversão

Anteriormente, na seção "O Caso do francês", observou-se que, ao contrário do francês, o português não teve a perda dos contextos V2 relacionada à perda do sujeito nulo. A razão disso está no licenciamento do sujeito nulo em configuração de concordância durante o seu desenvolvimento. Gostaria de sugerir, porém, que antes da mudança no parâmetro do Nominativo, foi possível licenciar o sujeito nulo em configuração de regência, ou seja, em contextos de inversão. De fato, na análise do *corpus* diacrônico, pude verificar que, no Judeu, das 162 sentenças codificadas com sujeito nulo, 27% poderiam ser consideradas como estruturas de inversão com o sujeito nulo em posição pós-verbal. Em Martins Pena, essa porcentagem seria de 24% num total de 169 sentenças com sujeito nulo. Os critérios utilizados para a análise desses casos foram os seguintes: a) o V está em posição inicial, ou imediatamente precedido de um advérbio, ou complemento; b) aparecem nos textos sentenças com sujeitos pronominais e lexicais pós-verbais semelhantes às sentenças com sujeito nulo. Se o sistema permitia, nesse período, sujeito pronominal pós-verbal em contextos V1 e V2, a conclusão é que também esses seriam contextos sintáticos apropriados para licenciamento do sujeito nulo. Os exemplos em (12) a seguir ilustram as estruturas do tipo V2 com sujeito nulo em posição pós-verbal. Os exemplos em (13), as estruturas do tipo V2 com sujeito pronominal:

(12) a. Nada nos dizes__de novo (J.194)
b. Assim o farei___ (J.209)
c. E nisso tem ___consumido o dote (J.218)
d. Essa fortuna a devo___estimar (J.119)
e. Muito chorei___ (M.166)
f. A respeito do teu filho direi___o mesmo (M.47)
g. Nestes planos estávamos___ (M.126)

(13) a. Assim sou eu asno (J.23)
b. Isso sei eu (J.153)
c. Essa não sabia eu (J.288)
d. Outros tenho eu domado (M.63)
e. Lá estão eles conversando (M.218)
f. E muito chorei eu (M.173)
g. Nada tenho eu contra (M.291)

Em França, Gonzaga e Millôr não mais foram encontradas evidências para postular sujeito nulo em contextos V2 e contextos V1. Sugiro, portanto, que a distribuição dos sujeitos nulos, a partir deste período, já está restrita à configuração de concordância.

As estruturas com sujeito nulo em contextos de inversão ilustram um sistema que ainda permite assinalamento do Nominativo em configuração de regência nos século XVIII e XIX. A perda dessa possibilidade nos períodos subsequentes evidencia que as estruturas com sujeito nulo foram reanalisadas. Essa reanálise aumenta a frequência das estruturas sem inversão e reflete a perda de uma opção paramétrica no sistema gramatical do PB.

A mudança no sistema dos clíticos

Passemos, então, a observar em maiores detalhes a mudança no comportamento dos complementos clíticos. Até agora, argumentei que a baixa frequência das estruturas XVS e das estruturas VSX nos textos do século XVIII, culminando no seu desaparecimento na segunda metade do século XX, evidenciou um forte indício para a hipótese de mudanças no parâmetro do Caso nominativo por regência e na estrutura de frase no PB. Em particular, foi dito que as estruturas SVX seriam reanalisadas pelas crianças com a projeção de um AGR único e que o sujeito pré-verbal receberia Nominativo apenas por concordância Spec-núcleo.[11]

Com relação ao comportamento dos clíticos, foi previsto que, com a reanálise da estrutura de frase e perda da opção de Nominativo por regência ao sujeito posposto em SpecAGR2, iriam desaparecer da gramática do PB os contextos de ênclise nas principais SVX e nas sentenças com V em primeira posição, mesmo quando a próclise significasse violação da lei T/M. Essa previsão parece confirmada nos resultados expostos nas tabelas 3 e 4 a seguir.[12] Na tabela 3, considerei que a colocação dos pronomes clíticos em estruturas V1 não expressa inversão do sujeito. Ao contrário, o sujeito nulo deve ser licenciado em posição pré-verbal. Na maioria dos casos, o V está em posição inicial absoluta e, em alguns outros, está precedido pela negação.

Tabela 3 – Posição do pronome clítico em estruturas V1

Autor	Época	Próclise		Ênclise		TOTAL
		N	%	N	%	
Judeu	séc. XVIII	4	67	2	33	6
Martins	séc. XIX	8	38	3	62	21
França	séc. XIX	3	25	9	75	12
Gonzaga	séc. XX	2	20	8	80	10
Millôr	séc. XX	10	100	0	0	10
TOTAL:		27	46	32	54	59

Na coluna 1 temos os resultados com próclise em cada um dos períodos. Com exceção de Millôr, os percentuais de próclise não significam clítico em primeira posição, porque embora o sujeito seja nulo, o V está sempre precedido de partículas negativas (cf. 14). Em (15), porém, os exemplos evidenciam que a perda da restrição T/M parece estar bem documentada no texto de Millôr, uma vez que em nenhuma ocorrência das declarativas o pronome apareceu enclítico ao verbo. No PE, essas mesmas sentenças exigiriam a ênclise.

(14) a. não te entendo (J.226)
b. Não o pude ver (J.620)
c. Não o quero em casa um instante (J.75)
d. Não lhe falta nada (M.55)
e. Não me espanto (M.171)
f. Não o conhecia (F.121)
g. Nunca nos fez a menor alusão...(G.177)

(15) a. E agora, mais do que nunca, me sinto brasileira (Ml.24)
b. Na verdade, me sentia mais exilada...(Ml.27)
c. Te deu esse cavalo (Ml.105)
d. Me ficou um profundo sentimento de inveja (Ml.151)
e. Te agradeço mesmo (Ml.285)

Os resultados da coluna 2 da tabela 3 nos mostram, por sua vez, os efeitos da ênclise obrigatória para evitar clítico 1 em todos os textos. Como era de se esperar, na segunda metade do século XX a porcentagem de ênclise nessa coluna é de 0%. Ilustramos os casos de ênclise obrigatória:

(16) a. Advinhou-me o gênio (J.25)
b. Rodeia-me de cuidados (M.67)
c. Devo-lhe obediência (M.77)
d. Instalei-o aqui (F.204)
e. Esperava-a lá dentro (F.275)
f. Confesso-me encantado (G.240)
e. Conhecemo-nos em Minas (G.276)

No PB contemporâneo, a variação próclise *vs.* ênclise depende de vários fatores relacionados com o tipo de texto, com o maior ou menos grau de formalidade da fala, com maior ou menor escolaridade dos falantes. Além disso, temos a perda gradual do sujeito nulo referencial nas sentenças principais finitas, o que resulta na perda acentuada da ordem V1. Sugiro que a ausência da restrição T/M em Millôr reflete o português que a criança brasileira ouve ao adquirir a sua língua materna. A mudança na colocação dos clíticos, porém, está fortemente obscurecida não só nos textos de caráter mais formal, mas também nos textos de revistas e jornais. Sabe-se igualmente que a criança só vai adquirir a restrição ao clítico 1 na escola com a gramática prescritiva. Lembramos que o PE conserva intacta a restrição ao clítico em posição inicial, independentemente de fatores sociais ou estilísticos.

Entretanto, para corroborar a hipótese de mudança na estrutura frasal e no sistema de clíticos na gramática brasileira da segunda metade do século XX, tomemos os dados de Millôr como representativos da nova gramática em que o clítico e o verbo finito formam uma unidade em AGR. Em termos da antiga estrutura de frase com AGR duplo, temos a perda de AGR1: a criança não tem evidências para ativar essa posição como uma posição nominativa. Observemos, a seguir, a perda da ênclise nas estruturas SVX em que o V precede o sujeito imediatamente.

Tabela 4 – Colocação do clítico nas estruturas SVX

Autor	Época	Próclise		Ênclise		TOTAL
		N	%	N	%	
Judeu	séc. XVIII	22	88	3	12	25
Martins	séc. XIX	8	40	12	60	20
França	séc. XIX	4	25	12	75	16
Gonzaga	séc. XX	8	80	2	20	10
Millôr	séc. XX	13	100	0	0	13
TOTAL		55	65	29	35	84

Na coluna 1 da tabela 4, temos que, no século XVIII, a próclise ocorre na maioria dos casos com a ordem SVX. Das 25 sentenças com V precedido pelo sujeito, 22 delas têm próclise, perfazendo um total de 88%. A ênclise aparece apenas em 3 sentenças, ou seja, em 12% dos casos. Nos dois períodos do século XIX, observamos uma situação oposta: em Martins Pena, a ênclise aparece em 60% dos casos, enquanto a próclise atinge 40%; em França, 75% das estruturas SVO têm ênclise e 25% aparece com próclise. No século XX, a situação foi revertida desde a primeira metade do século: a próclise atinge 80% dos casos, enquanto a ênclise fica nos 20% no texto de Gonzaga. Em Millôr, no texto da segunda metade do século XX, a mudança para a próclise está consolidada na língua escrita. Os exemplos em (17) ilustram o padrão de colocação dos clíticos em sentenças com a ordem SVX nos diferentes períodos, com base nos diferentes autores.

(17) a. Eu te prometo (J.79)
b. Teu pai o saberá (J.64)
c. Eu te amei Emília (M.123)
d. O jantar nos espera (F.124)
e. Depois eu me sinto bem (G.33)
f. Eu lhe falei (Ml.133)
g. A moça namorou-se de Esopo (J.169)
h. O sol deita-se no horizonte (F.78)
i. Minha mãe declarou-me positivamente ... (M.118)
j. Eu chamo-me Rosa (M.142)
l. Estas cenas de família chocam-me (F.27)
m. Realmente, grandes interesses chamam-me a P.A. (G.250)

O que vemos nos resultados da tabela 4 são novas evidências para afirmar que, no desenvolvimento do PB, as sentenças SVX com AGR duplo foram reanalisadas e o V deixou de se mover para uma posição mais alta criando contextos de ênclise.

Os resultados da tabela 4 acarretam, porém, dois problemas aparentes para a hipótese do desenvolvimento da próclise na história do PB nos contextos SVX: a) no século XVIII, a próclise ocorre numa frequência maior do que a ênclise; 2) em Martins Pena e França, os dois textos do século XIX, o quadro muda para uma direção inesperada e a ênclise aparece em porcentagem maior.[13]

A resposta que pode ser dada para o primeiro problema é a de que a próclise nas estruturas SVX no PB do século XVIII pode não ser a mesma da do século XX, evidenciando diferentes estruturas de frase. A próclise do século XVIII, supondo-se ainda AGR duplo como uma das possibilidades da gramática do PB, estaria evidenciando o movimento do complexo [cl+V] para AGR1, e os efeitos de restrições na colocação dos pronomes clíticos. Assim, no século XVIII, a próclise não é a única opção para as estruturas SVX, embora ocorra numa frequência maior do que a ênclise. Tal possibilidade permite concluir que os contextos de ênclise nas estruturas SVX do século XVIII refletia ainda movimento do V para AGR1, deixando o clítico na posição de base. Na segunda metade do mesmo século, a próclise ocorreu, porém, em todas as sentenças com a ordem SVX. A ausência de ênclise nesses contextos, ao lado da violação da restrição T/M nas construções V1, como vimos na tabela 3, evidenciam que AGR1 deixou de ser uma posição relevante no assinalamento do Nominativo e que AGR2 assume essa função. A próclise nos textos do século XIX reflete já a mudança no parâmetro do Caso nominativo e a perda de AGR1. A figura 5, a seguir, mostra a estrutura da frase declarativa que caracteriza o PB atual:

Figura 5

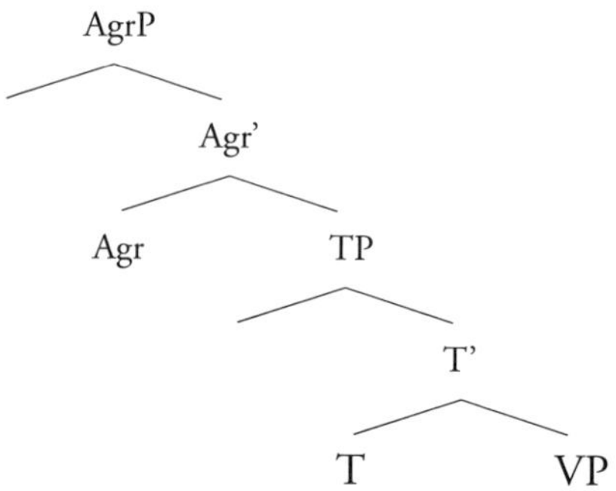

Quanto ao segundo problema, não tenho outra ideia para abordá-lo senão a de que ambos os textos do século XIX encobrem o desenvolvimento da próclise na gramática do PB e refletem tendências conservadoras no sentido de reproduzirem os padrões de desenvolvimento do PE, os quais se diferenciam do PB neste particular. As pesquisas linguísticas recentes documentam que a ênclise categórica nas estruturas SVO no PE se afirma justamente nos textos históricos do século XIX (cf. Salvi, 1990: tabela 1)

Como antes afirmado a próclise do século XX, refletida no texto de Millôr, evidencia que a estrutura de frase projeta AGR como posição para o movimento final do verbo finito nas sentenças declarativas. Considerou-se que esse desenvolvimento deve ter se manifestado nos dados a partir do século XIX. Além disso, a percentagem de 80% de próclise nas estruturas SVX em Gonzaga, o texto da primeira metade do século XX, reforça o argumento de que os padrões de ênclise do século XIX nos textos de Martins Pena e França encobrem as referidas mudanças no sistema gramatical do PB.[14]

A TEORIA DA MUDANÇA

Os trabalhos de Lightfoot (1979, 1982, 1991) trazem resultados relevantes decorrentes da aplicação de uma teoria sintática formal na explicação das mudanças sintáticas e uma nova possibilidade de relacionar teoria gramatical, aquisição da linguagem e certas mudanças que as línguas sofrem. O pesquisador observa que, para se entender a mudança em termos da forma como a criança adquire a linguagem, é preciso assumir certas hipóteses a respeito da experiência linguística à qual ela está exposta. No entanto, não basta afirmar que a experiência linguística se tenha tornado de tal modo ambígua, obsoleta, ou pobre de evidências, para provocar uma mudança paramétrica. A gramática que a criança finalmente atinge é muito mais complexa do que os dados linguísticos a que ela foi exposta.

Se as mudanças sintáticas estão enraizadas numa teoria da aquisição que reconhece a limitação das evidências a que a criança está exposta, estratégias específicas e inatas de aquisição, independentes da Gramática Universal, deverão ser assumidas para explicar a natureza da aquisição e consequentemente a natureza da mudança. Uma dessas estratégias inatas, denominada "Princípio do Subconjunto", foi assumida por Lightfoot e outros linguistas. O Princípio do Subconjunto direcionaria a criança, quando diante de dados ambíguos, a escolher o valor mais restrito do parâmetro na sua interação com a experiência linguística, e determinaria que a primeira escolha que ela faz no desenvolvimento real da aquisição leva sempre a uma gramática menor. Posteriormente, novas evidências serão necessárias para que a criança reanalise a sua percepção inicial, remarcando o parâmetro com o valor menos restrito.

Mais recentemente, o autor tem se preocupado em explicitar os limites estruturais da experiência linguística ativadora e a maneira pela qual os parâmetros são fixados. Ele tem proposto que a exposição a dados relevantes é uma pequena parte da experiência linguística total e se constitui apenas de elementos robustos que se caracterizam por serem simples estruturalmente. Isso significa que as crianças são aprendizes de grau-0, no sentido de não serem sensíveis às estruturas subordinadas no assentamento das opções paramétricas.

Lightfoot afirma ainda que, para caracterizar a experiência ativadora, não se pode partir diretamente dos dados extraídos da fala da mãe, ou das pessoas que convivem com a criança. Muito mais pode ser aprendido a respeito dessa experiência, observando a maneira como as línguas mudam.

Certas mudanças que a línguas sofrem não resultam de fatores de ordem sociológica, empréstimos, ou mesmo de fatores que se pode atribuir ao acaso. Elas ocorrem por necessidade biológica, imposta por princípios inatos da Gramática Universal e por princípios da aquisição. Isso não significa dizer que todas as mudanças sejam dessa natureza e que possam ser explicadas pela teoria gramatical. Os fatores não gramaticais têm sim um efeito causal na mudança porque, embora não reflitam mudanças nas gramáticas individuais, afetam a experiência linguística e a modificam gradativamente. Tais fatores interagem com os princípios da Gramática Universal e com as estratégias de aquisição e pode levar a novos reassentamentos de parâmetros.

Outro ponto importante para uma teoria da mudança diz respeito aos aspectos particulares da mudança sintática. Roberts (1993) distingue três noções no processo de mudança sintática. A primeira, que ele denomina "passos" reflete-se no aparecimento de uma nova construção, ou em uma significativa mudança na frequência de uma construção em vários textos. A observação desse novo passo no *corpus* não implica necessariamente uma mudança na gramática interna dos falantes. Ela significa, principalmente, uma mudança na experiência linguística, uma relação diacrônica entre os conjuntos de sentenças produzidos pelos falantes das diferentes gerações. A segunda noção denominada Reanálise Diacrônica atua de modo a reduzir drasticamente a ocorrência de certas construções, ou permite que elas sejam interpretadas de outra forma. Desse modo, ela pode ser pensada como uma relação entre a experiência linguística (língua externa) da geração mais velha e a gramática interna (língua interna) das novas gerações. Por fim, a noção de Mudança Paramétrica envolve uma explicação da mudança linguística à medida que trata um conjunto de mudanças em termos de um novo assentamento no valor de um único parâmetro. A nova geração de falantes fixa um parâmetro de sua gramática interna que difere da forma como tinha sido fixado pelas gerações anteriores. As mudanças paramétricas são, portanto, relações diacrônicas entre gramáticas internas.

Como Roberts observa, há uma diferença conceitual entre a noção de Reanálise Diacrônica e Mudança Paramétrica. A primeira é mais local em seus efeitos na gramática à medida que afeta somente as construções. A segunda tem um efeito muito mais abrangente. Não há, porém, uma relação lógica entre as duas noções. Na verdade, o que existe entre elas é uma relação causal: as Reanálises Diacrônicas podem afetar a experiência ativadora, levando as crianças a reanalisarem um parâmetro de modo diferente daquele do adulto. O estudo do desenvolvimento de um fato de mudança requer que essas noções sejam claramente definidas, embora essa não seja uma tarefa trivial. Espero que a discussão que apresentei a respeito de uma possível mudança paramétrica na gramática do PB tenha representado uma contribuição para o entendimento da mudança sintática num quadro teórico particular, o qual assume que é no processo de aquisição que as crianças reanalisam as estruturas de sua língua.

NOTAS

1 O termo "inversão sujeito-verbo" não se refere unicamente à ordem linear com sujeito posposto ao verbo. (VS, VSO ou OVS), mas aos casos em que o verbo se move para uma posição mais alta, configurando a estrutura V2. Neste caso, estão incluídas as sentenças SVO, como ficará mais claro ao longo do texto.

2 Pollock (1989) propõe uma revisão da categoria I (= Flexão), subdividindo-a em duas categorias funcionais AGR (= Concordância) e T (=Tempo). Assim, quando dizemos que em uma determinada língua o V se move para I, estamos supondo movimento de V para T e AGR. A teoria de Pollock tem motivado muitas pesquisas em diferentes línguas, todas buscando evidências para afirmar a existência, ou não, de tais categorias funcionais em cada língua. Geralmente, considera-se que uma língua tem movimento para AGR, quando apresenta um paradigma flexional verbal com marcas de pessoa e/ou número.

3 Haider (1986), estudando o fenômeno V2 no alemão, assume a análise clássica de que o V se move para C. Segundo o autor, o movimento do V para C resultaria do fato de que, no alemão, I está em C. Quando o V se move para I, obtém-se o resultado imediato de que os elementos verbais finitos aparecem em C. Do mesmo modo, Roberts (1993), entre outros, afirma que C é "pronominal" nas línguas V2, no sentido de que ele atrai morfologicamente o V finito. Uma análise semelhante às anteriores está em Platzack e Holmberg (1989). Ambos argumentam que as línguas V2 têm um operador abstrato em C, denominado FIN ou Finitude, responsável pelo movimento obrigatório do V para C. Rizzi (1990), por sua vez, propõe uma matriz de traços para as categorias funcionais IP e CP: as línguas V2 com projeção obrigatória de CP, ao contrário das outras línguas não-V2, teriam como núcleo da categoria CP, um C com os traços [+C, +I], atraindo I ou V flexionado para essa posição.

4 O iídiche é uma língua resultante de compilação linguística diversificada: do alemão, do ponto de vista fonético; de dialetos modernos, entre eles, o eslavo, o polonês; e do hebraico e aramaico, dos quais utiliza o alfabeto para a representação fonética e escrita. Atualmente o iídiche é falado em comunidades judaicas de diferentes países europeus, nos Estados Unidos, Brasil, Canadá e outros.

5 Lightfoot (1991) refere-se a estudos que discutem o fato de que, na aquisição do alemão, a criança adquire o movimento obrigatório do V para a segunda posição numa época anterior à criança que fala inglês, por exemplo. Como se sabe, o inglês projeta CP nas interrogativas (o V2 residual de Rizzi, 1996), e tem movimento obrigatório do auxiliar gerado em I para C nestas construções. Entretanto, como Ligthoot observa, ao adquirir as interrogativas V2 do inglês, a criança fixa o movimento obrigatório do auxiliar para C numa época tardia do seu desenvolvimento gramatical, e após ter passado por uma fase em que viola a gramática do adulto, movendo apenas o elemento wh, sem colocar o auxiliar em adjacência a esse elemento.

6 Em Cardinaletti e Roberts (2002) há um refinamento desta proposta. Eles consideram que a escolha para o assinalamento do Nominativo sob concordância não é uma escolha paramétrica "pura", mas depende de outros fatores, em particular, o da natureza do núcleo funcional que atribui o Caso. A escolha paramétrica "pura", ou seja, aquela determinada como opção pela Gramática Universal se restringiria ao assinalamento do Nominativo em configuração de regência. O parâmetro do assinalamento do Nominativo sob regência pode ser formulado como pergunta do tipo sim/não. A língua pode responder afirmativamente, e/ou negativamente a essa opção.

[7] Os autores não consideram as variedades do português, em particular, o português europeu e o português brasileiro.

[8] Na literatura, a lei T/M tem sido comumente interpretada como uma restrição fonológica. Embora se possa assumir uma análise que condiciona a possibilidade de ênclise e próclise à estrutura de frase e movimento do V, é preciso igualmente considerar que a restrição na colocação do clítico ao V e natureza da categoria funcional para a qual ele se move evidenciariam a sua natureza fonológica como elemento clítico.

[9] Ribeiro (1995) desenvolve um estudo aprofundado do fenômeno V2 no português antigo.

[10] Meus agradecimentos a Eunice Nicolau e Emílio Pagotto, aos quais devo o trabalho árduo de checagem da codificação dos dados, a discussão dos resultados quantitativos e a sua organização em quadros.

[11] A perda das ordens de inversão que estou investigando na história do PB pode ser considerada como uma daquelas mudanças mais comuns que ocorrem com maior frequência nas línguas. Ao estudá-la no desenvolvimento do francês, Roberts (1983) explica que a afirmação da ordem SVO e da ordem V3 é causada não por um princípio da gramática, mas por um princípio da aquisição, o qual ele denomina "Least Effort Strategy" e que se manifesta na mudança das línguas. O princípio direcionaria as crianças no processo de aquisição, para atribuírem às sentenças as representações mais simples possíveis no sentido de cadeias mais curtas, ou com menos movimentos, desde que compatíveis com os princípios da gramática e aspectos da experiência linguística. O fato de que essa estratégia de aquisição simplifique a derivação de certas estruturas não significa que em outros pontos do sistema as coisas não se tornem mais complexas.

[12] Emílio Pagotto, em sua dissertação de mestrado (1992), apresenta um estudo quantitiativo sobre a mudança no comportamento dos clíticos na história do PB, relacionada à colocação do verbo. Os resultados da minha amostra são semelhantes aos que ele encontrou em relação a esses contextos específicos.

[13] Agradecimentos à Charlotte Galves por ter discutido comigo esse ponto.

[14] Na teoria da mudança paramétrica considera-se que um novo parâmetro pode se espalhar gradualmente na comunidade de fala de modo que, nos períodos de "transição", os escritores e a comunidade de fala apresentam variação nas formas que empregam. Essa variação parece refletir padrões estilísticos, dialetais, preocupações normativas e influência de padrões literários. Isso parece estar claro no texto de França, assim como no de Martins Pena, por exemplo, onde encontramos a generalização da ênclise na presença de pronomes relativos, conectivos subordinados, pronomes interrogativos e partículas negativas. Alguns exemplos:
a) A minha carta de bacharel, a qual dedico-lhe, em prova dos muitos sacrifícios que... (p. 130)
b) Se a sorte não presenteou-o com uma grande fortuna... (p. 134)
c) ...e confesso que sinto-me cativo de tanta singeleza. (p. 136)
d) Então por que censura-me por não havê-la reconhecido? (p. 137)

REFERÊNCIAS BIBLIOGRÁFICAS

a. Obras consultadas

ANCHIETA, José de. Cartas de São Vicente. In: *Cartas jesuíticas III*. Cartas, fragmentos históricos, sermões do padre Joseph de Anchieta. Rio de Janeiro: Civilização Brasileira, 1933.

RABELO GASPAR, P. O desgraciado Amante Peralvilho. In: *Novelistas e contistas portugueses do século XVII e XVIII*. Lisboa: Imprensa Nacional/Casa da Moeda, 1981.

SILVA, Antônio José da (O Judeu). Esopaida, ou a vida de Esopo. In: *A vida de Esopo e Guerras do Alecrim e da Manjerona*. Rio de Janeiro: Ediouro. Coleção Prestígio, s/d.

PENA, Martins. O noviço. In: *Comédias de Martins Pena*. Rio de Janeiro: Ediouro. Coleção Prestígio, s/d.

JÚNIOR FRANÇA. Como se fazia um deputado. In: *Teatro de França Júnior*. t. II. Funarte/Serviço Nacional do Teatro, 1980.

GONZAGA, Armando. O hóspede do quarto n. 2. São Paulo: Ed. da Sociedade Brasileira de Autores Theatraes, 1939.

FERNANDES, Millôr. Duas tábuas e uma paixão. In: *Coleção teatro de Millôr Fernandes*. Porto Alegre: L&PM, 1982.

b. Referências bibliográficas

ADAMS, M. "Les effets V2 en ancien et en moyen francais." *Revue Québécoise de Linguistique Théorique et Appliquée*. v. 7, 1987, pp.13-40.

BELLETTI, A. "Generalized Verb-Movement. On Some Differences and Similarities Between Italian and French". *GLOW Newsletter*. 20, 1988, pp. 15-6. Disponível em <http://hdl.handle.net/11365/38667>. Acesso em: 19 set. 2017.

BENINCA, P. "Complement Clitics in Medieval Romance: the Tobler-Mussafia Law". In: BATTYE, A.; ROBERTS, I. (orgs.) *Diachronic Syntax*. New York. Oxford University Press, 1995, pp. 325-44.

BERLINCK, R. "A construção V SN no português do Brasil: uma visão diacrônica do fenômeno da ordem". In: TARALLO, F. (org.) *Fotografias sociolinguísticas*. Campinas: Pontes, 1989, pp. 84-95.

CARDINALETTI, A.; ROBERTS, I. Clause Structure and X-Second. In: CINQUE, G. (org.) *Functional Structure in DP and IP*: the Cartograpy of Syntactic Structures. v. I. New York: Oxford University Press, 2002, pp. 123-66.

CHOMSKY, N. *Knowledge of Languages*. New York: Praeger, 1986a.

______. *Barriers*. Cambridge, Mass.: MIT Press, 1986b.

______. Some Notes on the Economy and Derivations. In: Freidin, R. (ed.) *Principles and Parameters in Comparative Grammar*. Cambridge: The MIT Press, 1991, pp. 417-54.

DIESING, M. " Verb-Second in Yiddish and the Nature of the Subjects Position". *Natural Language and Linguistique Theory*. v. 8, 1990, pp. 41-80.

DUARTE, M. E. "A perda da ordem V(erbo) S(ujeito) em interrogativas-qu no português do Brasil". *D.E.L.T.A.* v. 8, n. especial, 1992, pp. 37-52.

GALVES, C. "Ênclise, infinitif fléchi et extraction du sujet: evidence pour deux accords en portugais europeen." Second Colloquium on Generative Grammar. Vitoria, Espanha, 1992.

HAIDER, H. "Verb-Second in German". In: HAIDER, H.; PRINZHORN, M. (orgs.) *Verb Second Phenomena in Germanic Languages*. Dordrecht: Foris, 1986.

HIRSCHBUHLER, P.; JUNKER, M. O. "Remarques sur les sujets nuls en subordonnées en ancien et en moyen français". *Revue Québécoise de Linguistique Théorique et Apliquée*. v. 7, 3, 1988, pp. 63-84.

KOOPMAN, H.; SPORTICHE, D. "The Position of Subjects". *Lingua*. 85, 1991, pp. 211-58.

LIGTFOOT, D. *Principles of Diachronic Syntax*. Cambridge: Cambridge University Press, 1979.

______. *The Language Lottery*: Toward a Biology of Grammars. Cambridge: The MIT Press, 1982.

______. *How to Set Parameters*. Cambridge, Mass.: MIT Press, 1991.

LEMIEUX, M.; DUPUIS, F. "The Locus of Verb Movement in Non-Asymetric Verb-Second Languages". In: BATTYE, A.; ROBERTS, I. (orgs.) *Diachronic Syntax*. New York: Oxford University Press, 1995, pp. 80-109.

PÁDUA, Mariz de; CANAES, Maria da Piedade. *A ordem das palavras no português arcaico (frases de verbo transitivo)*. Coimbra: Instituto de Estudos Românicos, 1960.

PAGOTTO, E. G. *A posição dos clíticos em português*: um estudo diacrônico. Campinas, 1992. Dissertação (Mestrado) – Unicamp.

PLATZACK, C.; HOLMBERG, A. "The Role of AGR and Finiteness in Germanic VO Languages". *Scandinavian Working Papers in Linguistics*. v. 43, 1989, pp. 51-76.

POLLOCK, J. Y- "Verb Movement, UG and Strucutre of IP". *Linguistic Inquiry*. 20/3, 1989, pp. 365- 424.

RIBEIRO, I. *A sintaxe da ordem no português arcaico*: o efeito V2. Campinas, 1995. Tese (Doutorado em Linguística) – IEL/Unicamp.

RIZZI, L. "Residual Verb Second and the Wh Criterion". In: BELLETTI, A.; RIZZI, L. (eds.) *Parameters and Functional Heads*. Oxford University Press, 1996, pp. 63-90.

ROBERTS, I. *Verbs and Diachronic Syntax*. Dordrecht: Kluwer, 1993.

______. "A Formal Account of Grammaticalization in the History of Romance Futures". *Folia Linguistica Historica*. XIII, 1-2, 1993, pp. 219-58.

SAID ALI, M. *Difficuldades da Língua Portugueza*. Rio de Janeiro: Livraria Francisco Alves, 1930.

SALVI, G. "La sopravvivenza della legge di Wackernagel nei dialetti occindentalli della Peninsola Iberica". *Medioevo Romanzo*. Anno XV, v. 2, 1990, pp.177-210.

______. "Difesa e illustrazione della legge di Wackernagel applicata alle lingue romanze antiche: la posizione delle forme pronominali clitiche". *Cadernos de Estudos Lingüísticos*. 24, 1993, pp. 111-30.

TARALLO, F.; KATO, M. "Harmonia trans-sistêmica. variação inter e intra-linguística." *Predição*. 8, Campinas, 1989.

VANCE, B. "L'evolution de pro-drop in Français Mediéval". *Revue Québécoise de Linguistique Théorique et Apliquée*. v. 7, 1988, pp. 85-109.

ESTUDO DIACRÔNICO SOBRE AS INTERROGATIVAS DO PORTUGUÊS NO BRASIL

Maria Garcia Lopes-Rossi

As interrogativas-Q (com pronomes ou adjuntos interrogativos) e interrogativas sim/não do português brasileiro moderno (PBM) passaram por uma mudança sintática com relação ao movimento de elemento interrogativo (Q) e de verbo flexionado (V). O padrão das interrogativas do PBM difere do padrão das interrogativas do português europeu moderno (PEM) e de outras línguas românicas, como espanhol, italiano, francês, por não apresentar movimento obrigatório de V para núcleo de um sintagma complementador (CP) e por permitir grande porcentagem de interrogativas com Q não movido (Q *in situ*) em interrogativas que não são questões-eco.[1]

O caráter facultativo da regra de movimento de V para CP (*V-Front*) no PBM foi observado por Kato (1987) em análise de construções de *V-Front*. Comparando seus resultados com os de Âmbar (1985) sobre esse fenômeno no PEM, Kato observa que a aplicação dessa regra não se vincula praticamente a nenhum contexto categórico, mas a autora mantém aberta a questão de ser ela uma regra sintática ou estilística no português do Brasil. Duarte (1992) buscou subsídios para responder a essa questão em um trabalho empírico, dedutivo, no qual procurou traçar um quadro da mudança diacrônica da ordem VS para SV nas construções interrogativas-Q no português do Brasil. Os dados analisados confirmaram a mudança, o caráter facultativo da inversão (VS) no PBM e a atuação de forte condicionamento estilístico na realização dessa ordem.

Meu objetivo neste capítulo é abordar a mudança diacrônica das interrogativas do português do Brasil segundo o modelo de análise apresentado em Roberts (1993) e apresentar hipóteses sobre a reanálise diacrônica e consequente mudança paramétrica pelas quais as interrogativas passaram. Estudam-se interrogativas extraídas de cinco peças teatrais portuguesas e seis peças teatrais brasileiras, relacionadas a seguir, e de um *corpus* de língua falada coletado de programas de televisão, em situações de fala espontânea, como entrevistas na rua e debates ao vivo.

O século XVI foi escolhido como o período inicial do estudo por ser o século do início da colonização do Brasil e por coincidir, ainda, com o início da normatização da língua portuguesa (início do período clássico) e com o início do teatro português. O teatro é importante fonte de dados para esta pesquisa porque fornece um grande número de interrogativas, possivelmente com uma linguagem popular já que procura reproduzir situações cotidianas das personagens. No entanto, é preciso considerar que, nos primeiros três séculos de colonização do Brasil, não houve autor brasileiro que escrevesse teatro.[2] Utilizei dados de autores portugueses até o século XVIII por supor que, no início da colonização do Brasil, a língua aqui falada apresentava o padrão sintático do português europeu da época, que foi a base para o PBM. Dados de autores brasileiros de teatro são possíveis a partir do século XIX. Algumas referências ao PEM, quando necessárias para efeito de comparação, serão feitas com base em Âmbar (1987) e no *corpus* de língua falada do *Português fundamental* II (1987).

O quadro 1 a seguir apresenta a relação das peças teatrais das quais foram extraídas as interrogativas analisadas.

Quadro 1 – Peças teatrais utilizadas como fontes dos dados analisados

Século	Ano	Peça	Autor
XVI	1562	*Auto da Mofina Mendes* *Auto da alma*	Gil Vicente
XVII	1612	*O soldado prático*	Diogo do Couto
	(?)	*O auto das regateiras de Lisboa*	(desconhecido)
XVIII	1737	*Guerras do alecrim e da manjerona*	Antonio José (O Judeu)
XIX	1838 1844 1861 1891	*O Juiz de paz na roça* *Judas no Sábado de Aleluia* *Sangue limpo* *O tribofe*	Martins Pena Martins Pena Paulo Eiró Arthur deAzevedo
XX	1940 1962	*O sábio* *A invasão*	Joracy Camargo Dias Gomes

Fonte: *Corpus* da pesquisa

O *corpus* quantificado e analisado abrange, portanto, cinco séculos e será dividido, para efeito de referência e de acordo com a mudança diacrônica das interrogativas, em duas partes: português europeu clássico (PEC – séculos XVI, XVII e XVIII) e português brasileiro moderno (PBM – séculos XIX e XX).[3] A fonte e a época dos exemplos serão indicadas entre parênteses pelo autor e século de ocorrência.

O movimento de V em interrogativas

No PEM, conforme Âmbar (1985 e 1987), o movimento de V é obrigatório em todas as interrogativas diretas, exceto nas que contém um nome (N) foneticamente realizado no especificador do sintagma complementador (SpecCP), do tipo "Que vinho João bebe?" (QN NP V) e naquelas em que há a inserção de "é que", do tipo "Que é que João bebe?" (Q é que NP V). A inserção de "é que" é possível em todas as interrogativas-Q do português. Em espanhol, conforme Torrego (1984), a regra de movimento de V para CP também se aplica, mas apenas quando o sintagma-Q é argumento temático do V, seja ele argumento interno ou externo. Quando a interrogativa incide sobre um adjunto, apenas o movimento de Q é obrigatório. Em italiano, a regra de movimento de V e de Q também se aplica, conforme Pesetsky (1987), e em francês há um tipo de interrogativa com sujeito clítico em que o movimento do V é obrigatório, conforme Rizzi (1989).

O movimento obrigatório de V para núcleo de CP em interrogativas-Q de línguas não-V2, como as citadas, é para Rizzi (1991) um caso de V2 residual em línguas não-V2. Esse movimento obedece ao que o autor chamou de "critério-Wh"[4] (critério-Q), segundo o qual:

a. um operador Q deve estar em uma configuração de especificador-núcleo com um X^0 [+Q];
b. um X^0 [+Q] deve estar em uma configuração de especificador-núcleo com um operador-Q.

O autor assume que a flexão principal é especificada como [+Q]; é uma posição na estrutura cujas propriedades e especificações são independentemente licenciadas, ou seja, é um ponto a partir do qual a cadeia de licenciamentos pode ser iniciada e no qual pode ser ancorada. Evidências de várias línguas para a assumpção de que o sintagma flexionado (INFL) pode carregar tal especificação são os casos de verbos que manifestam uma morfologia especial em interrogativas. Esse critério-Q explica o papel funcional do movimento de verbo em interrogativas de línguas como o PEM, o espanhol, o italiano: o movimento de flexão (I) para núcleo de CP proporciona uma configuração de especificador-núcleo entre o operador-Q no especificador de CP e a flexão (núcleo +Q) no núcleo de CP.

Segundo o autor, o critério-Q se mantém universalmente na forma lógica, mas não se aplica obrigatoriamente na sintaxe. O francês coloquial, de acordo com Roberts (1993) e Friedemann (1990), assim como o português do Brasil, perdeu a obrigatoriedade de aplicação desse critério na sintaxe e desenvolveu uma maneira adicional de induzir uma característica [+Q] ao núcleo de CP por meio de um tipo de concordância especificador-núcleo que Rizzi (1991) denominou "concordância dinâmica" entre Q e C. Isso é o que possibilita, no PBM, não mover o V juntamente com o movimento de Q, resultando em interrogativa do tipo Q NP V, ou ainda deixar Q *in situ,* resultando em interrogativa do tipo NP V Q.

Das línguas citadas, o PEM é a que mais aplica na sintaxe o critério-Q estabelecido por Rizzi (1991). Na seção "Interrogativas-Q do português europeu clássico", abordarei com mais detalhes a interrogativa do tipo "Q é que" mostrando que há movimento de V também nesse caso, ao contrário do que afirma Âmbar (1987), e que por isso esse tipo de interrogativa não se caracteriza como uma exceção à regra das interrogativas-Q do PEM. Apenas a interrogativa do tipo QueN NP V não exige movimento de V.

Comparando a descrição de Âmbar (1987) sobre o PEM com dados do PEC (séc. XVI a XVIII), que serão apresentados na próxima seção, observamos que, no que se refere às interrogativas, o PEC tinha características semelhantes ao PEM no sentido de também realizar o critério-Q na sintaxe e de não obrigar o movimento de V apenas em interrogativa do tipo QN NP V. O PEC diferia do PEM, entretanto, por não apresentar interrogativas com "é que"; os dados mostram apenas alguns casos de interrogativas com "é o que" e pronome interrogativo "que" do tipo Que é o que NP V. No PEM, portanto, houve apenas uma mudança nas interrogativas: do tipo Que é o que..., que desapareceu, para Q é que..., com todos os pronomes e advérbios interrogativos. Este último tipo é muito frequente nos dados do PEM falado (*Português fundamental II*, 1987) e não deve ser considerado uma exceção à regra de movimento do V, como será detalhado na seção "Interrogativas-Q do português europeu clássico". Outra característica sintática importante das interrogativas do PEC e do PEM é que, devido ao movimento de V, a atribuição de caso nominativo se dá por regência, conforme Roberts (1993), e a maior parte dos sujeitos é não lexical, não preenchido (*pro*).[5]

No PBM, podemos produzir os seguintes tipos de interrogativas-Q: Q NP V; QN NP V; Q é que NP V; Q que NP V; NP V Q; sendo o sujeito predominantemente preenchido. Esses tipos de interrogativas mostram que há pelo menos dois aspectos na diacronia das interrogativas-Q do PBM que devem ser considerados. Um se relaciona à perda de movimento de V e à não obrigatoriedade de movimento de elemento-Q na sintaxe, ou seja, à não aplicação do critério-Q na sintaxe; o outro se refere à perda de marcação de caso nominativo por regência.

As interrogativas sim/não, de acordo com os dados disponíveis, apresentavam movimento obrigatório de V no século XVI. No século XVII passaram por uma mudança diacrônica e esse movimento se tornou opcional, como o é até hoje no PEM. No PBM, não há mais movimento de V, o que caracteriza outra mudança em relação ao PEM.

INTERROGATIVAS DO PORTUGUÊS EUROPEU CLÁSSICO

A principal característica sintática das interrogativas do PEC era o movimento de V para núcleo de CP, configurando uma estrutura de atribuição de caso nominativo ao sujeito por regência. Isso é facilmente percebido nos dados de interrogativas-Q. Essa também era uma característica importante nas interrogativas sim/não, especialmente no início do PEC. Nessa época, as interrogativas do português apresentavam basicamente o mesmo padrão das interrogativas do francês antigo, descritas por Roberts (1993), ou seja, o padrão de interrogativas de uma língua V2. Uma descrição mais detalhada do movimento de V em línguas do tipo V2 e alguns argumentos para justificar que o português medieval era uma língua V2 mais "livre" do que o francês antigo se encontram em Torres Morais (1995). Nessa perspectiva, dois exemplos de interrogativas do séc. XVI apresentam as seguintes configurações:[6]

(1)

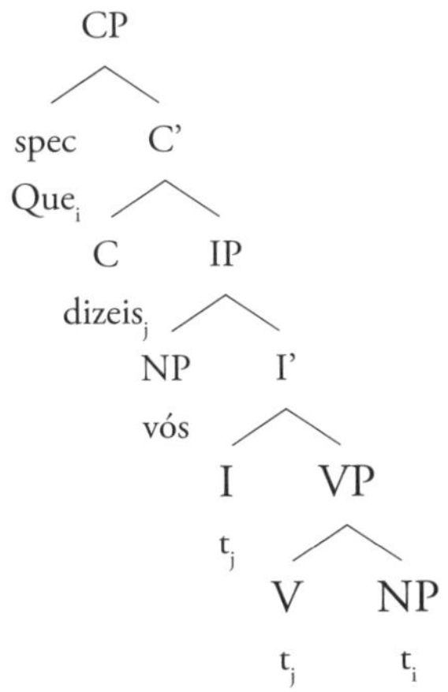

(Gil Vicente, século XVI)

(2)

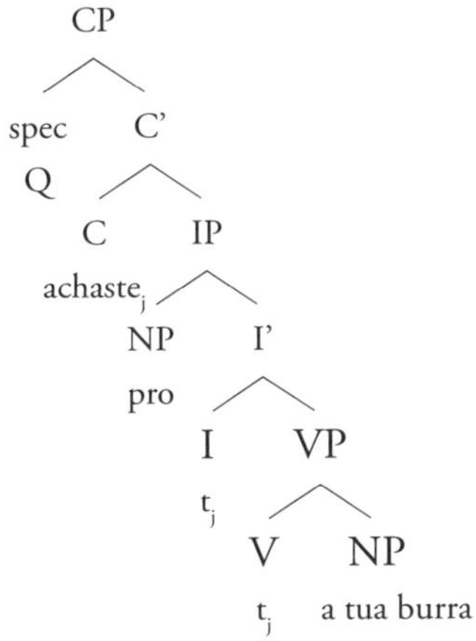

Havia a possibilidade de o V não ser movido e o sujeito receber caso por concordância apenas em um tipo bem definido e pouco frequente nos dados: interrogativa QN NP V, como será detalhado na seção seguinte.

A análise aqui apresentada permite afirmar que as interrogativas sim/não passaram por uma mudança sintática ainda no período clássico. Os dados mostram que, no início desse período, elas apresentavam movimento obrigatório de V e, portanto, seguindo a análise das interrogativas do francês apresentada em Roberts (1990), podemos considerá-las como tendo inicialmente uma matriz CP com operador abstrato "Q" em SpecCP. A seção a seguir demonstra que a possibilidade de sujeito deslocado para uma posição acima de CP possibilitou uma reanálise dessas interrogativas como tendo uma matriz IP, sem movimento de V.

Seguem detalhes das interrogativas-Q e interrogativas sim/não do PEC.

Interrogativas-Q do português europeu clássico

A tabela 1 a seguir apresenta as porcentagens de ocorrência dos tipos de interrogativas-Q encontradas nos dados do PEC. Foram consultadas cinco peças de teatro desse período, de quatro autores diferentes, das quais foram coletadas 176 interrogativas-Q.

Tabela 1 – Interrogativas-Q do PEC

Século	XVI	XVII	XVIII
Tipo de interrogativa	%	%	%
Q V NP	23,2	31,5	37,5
Q V pro	61,5	42,5	48,0
Que é o que V *pro*	/	/	2,0
QN V *pro*	3,8	13,0	6,3
QN V NP	7,7	11,0	6,2
QN NP V	3,8	2,0	/
Total **%** **Número**	100,0 (26)	100,0 (54)	100,0 (96)

Fonte: *Corpus* da pesquisa

É necessário observar que não foram computadas as interrogativas com o elemento interrogativo "quem" pelo fato de apresentarem movimento vácuo e assim não deixarem transparecer o fenômeno sintático pertinente a este trabalho – o movimento de V. Os casos de interrogativas com sujeito não preenchido (tipo Q V *pro*) também não deixam transparecer o movimento de V, mas esses foram computados porque podem ser analisados paralelamente aos casos de interrogativa com sujeito preenchido do tipo Q V NP. Os dados mostram que o movimento de V ocorria nas interrogativas do tipo Q V NP qualquer que fosse o elemento-Q e o sujeito. Portanto, mesmo não sendo visível o movimento do V nas interrogativas com sujeito não preenchido, parece coerente afirmar que também nessas havia esse movimento. Seguindo Roberts (1993), podemos dizer que em interrogativas do tipo Q V NP e Q V *pro* o sujeito (NP ou *pro*) está em especificador de AGRP (o autor divide IP em AGRP e TP) e recebe caso nominativo, por regência, do V movido para núcleo de CP. Em uma estrutura sintática simplificada, podemos dizer que o sujeito está em especificador de IP sem, contudo, alterar a análise de Roberts (1993).

Essas interrogativas (Q V NP e Q V *pro*) são as mais frequentes nos dados do PEC, representando 84,7% no século XVI, 74,0% no século XVII e 85,5% no século XVIII. Alguns exemplos são:

(3) [Q [V [SN (-pron) ...
CP C° IP
a. Que tem Deus de ver comigo? (Gil Vicente, século XVII)
b. ...mas que há um governador de fazer, se não pode viver tão puro que não haja mister os homens, lhe é necessário tê-los granjeados para seus negócios? (Couto, século XVI)

(4) [Q [V [SN (+pron)
CP C° IP
a. Prudência, que dizeis vós? (Gil Vicente, século XVI)
b. ... como quereis vós que negue eu a um fidalgo, com quem me...? (Couto, século XVII)

(5) [Q [V [pro ...
CP C° IP
a. Onde deixais a boiada e as vacas, Mofina Mendez? (Gil Vicente, século XVI)
b. Pois, primas, que dizeis da minha eloquência? (O Judeu, século XVIII)

As interrogativas-Q com movimento de V, além dessas exemplificadas em (3), (4) e (5), também podem apresentar um N foneticamente realizado em especificador de CP quando incidem sobre parte de um NP, como mostram os exemplos abaixo.

(6) [QN [V [SN (+pron) ...
CP C IP
Que recado me dás tu? (Gil Vicente, século XVI)
(7) [QN [V [SN (-pron) ...
CP C IP
Que remédio pode el-rei dar a essas cousas? (Couto, século XVII)
(8) [QN [V [*pro* ...
CP C IP
De que sorte queres que te satisfaça? (O Judeu, século XVIII)

Esse tipo de interrogativa era o único que não exigia o movimento do V no PEC, da mesma forma que não o exige no PEM. Os dados mostram que era um tipo muito pouco frequente no PEC. Os dois únicos casos de QN NP V no *corpus* desta pesquisa são (9) e (10).

(9) Que cuidado vós tendes de me pagar a soldada, que há tanto que me retendes? (Gil Vicente, século XVI)
(10) Donde e por que razão o Estado da India padece faltas, tendo rendimento pera não passar nenhuma? (Couto, século XVII)

A hipótese de explicação para essa possibilidade de interrogativa sem movimento de V está relacionada ao fato de elementos interrogativos como "Que N", "Qual N", "Quantos N" expressarem uma pergunta que incide sobre parte de um NP e serem especificadores dentro desse sintagma. Por isso, esses elementos interrogativos não seriam quantificadores no sentido relevante para movimento de V em português, como constatou Pesetsky (1987) a respeito de *which phrase* não ser quantificador e não se mover na forma lógica de várias línguas. Para o autor, *which phrase* é ligado ao discurso (*D-linked*), ou seja, refere-se a um conjunto limitado de elementos que tanto falante como ouvinte conhecem, e assinala escopo sem movimento, por meio de coindexação com o morfema Q encontrado em CP.

Dobrovie-Sorin (1990) também observa um comportamento peculiar do sintagma interrogativo correspondente a *which phrase* em romeno. Ela afirma que, nessa língua, *Care* (*which*) não funciona como um quantificador da mesma forma que os outros elementos interrogativos. Ele não se liga a uma variável, e seu domínio de quantificação restringe-se ao NP ao qual pertence. Outra hipótese, sugerida por Mary A. Kato (comunicação pessoal), é que esses sintagmas interrogativos "QN" estão relacionados a um caso partitivo, que determina um comportamento sintático diferente. De certa forma, isso me parece relacionado à ligação com o discurso que esses sintagmas interrogativos apresentam.

Finalmente, há um outro tipo de interrogativa no período clássico que aparece apenas duas vezes nos dados, ambas com sujeito não preenchido. Os dois casos são:

(11) Sobrinho desalmado, que é o que fizestes? (O Judeu, século XVIII)
(12) Tenha mão, senhor, que é o que quer? (O Judeu, século XVIII)

Esse tipo de interrogativa com "Que é o que" não ocorre no PEM nem no PBM. De acordo com dados do *Português fundamental II* (PEM falado) e com os dados do PBM que serão detalhados na seção "Interrogativas do português brasileiro moderno", podemos afirmar que, tanto no português europeu quanto no português brasileiro, há uma grande porcentagem de interrogativas do tipo Q é que NP V. Uma primeira comparação dos dois tipos – "Que é o que V *pro*" e "Q é que NP V" – já nos permite observar que houve uma mudança com relação à forma da interrogativa no período moderno. A baixa porcentagem de "Que é o que V *pro*" no período clássico (1% em relação às interrogativas-Q dos três séculos do PEC) permite hipotetizar que era um tipo de interrogativa enfática da mesma forma que era enfática no francês medieval, de acordo com Roberts (1993), a interrogativa francesa com *(qu)'est-ce que*.

Quanto à forma, sabemos por Mattos e Silva (1989) que havia no português arcaico interrogativas do tipo "Que é o que" com sujeito preenchido em posição pré-verbal, conforme o exemplo (13), apresentado pela autora.

(13) Que é o que eu figi?

Os poucos dados desse tipo de interrogativa e os dados desta pesquisa não permitem uma conclusão sobre a mudança diacrônica ocorrida, mas permitem algumas hipóteses. A primeira delas é que esse tipo de interrogativa (tanto do PEC quanto do PEM e PBM) é derivada de sentença clivada do tipo *it cleft sentence* e apresenta, portanto, uma sentença matriz e uma encaixada. Não é, portanto, apenas uma sentença, como tem sido comumente considerada. Fazem parte da sentença matriz do PEC "Que é" e do PEM e PBM "Q é", destacando-se que, nesses últimos, não apenas o pronome interrogativo "que", mas qualquer um dos pronomes ou advérbios interrogativos pode ocorrer. Da sentença encaixada do PEC fazem parte "o que NP V"; e da encaixada do PEM e do PBM, "que NP V".

Os pares abaixo, possíveis no PBM e no PEM, mostram sentenças clivadas com elementos focalizados em várias posições sintáticas e sentenças interrogativas com "é que" incidindo sobre esses elementos focalizados.

(12) Foi *você* que leu o livro.
Quem foi que leu o livro?
(13) É *um livro* que você leu.
O que é que você leu?
(14) É *na escola* que você vai.
Onde é que você vai?

De acordo com as características sintáticas das interrogativas do PEC e também do PEM, podemos dizer que o V da sentença matriz (é) move-se para CP e que o V da encaixada pode ser pré ou pós-verbal porque em oração encaixada no português não há exigência de movimento de V. Com essa análise, as interrogativas com "é que" não precisam ser consideradas como uma exceção à regra do movimento de V no português europeu, como o faz Âmbar (1985 e 1987).

As perguntas que naturalmente surgem são: "Por que nos dados do PEC há poucos casos desse tipo de interrogativa?", "Por que esses poucos casos têm a forma Que é o que...?" e "Por que ocorrem apenas com o elemento interrogativo Que?".

A análise dos dados desta pesquisa permite levantar a hipótese de que, até o século XVIII, essa interrogativa ocorria apenas com o elemento interrogativo "Que" porque o PEC restrigia a formação de sentença clivada (*it cleft sentence*) à focalização de sujeito e objeto, como os poucos casos de sentenças clivadas encontrados nas peças teatrais. Essa restrição pode ser semelhante a uma do espanhol moderno, língua em que apenas os argumentos do V podem ser colocados na posição de foco de sentença clivada, de acordo com Sornicola (1988). Se é verdade que o português arcaico e o português clássico também tinham esse tipo de restrição, fica explicado o fato de observarmos até o século XVIII apenas o interrogativo "Que" nas interrogativas derivadas de sentença clivadas.

A explicação para a estrutura com "é o que" pode vir do fato de o CP encaixado das sentenças clivadas que focalizam sujeito ou objeto poder ser ocupado pelo pronome relativo "o que", já que a sentença adjacente ao constituinte focalizado, nesses casos, é reconhecida como uma sentença relativa. Abaixo estão dois exemplos de sentenças clivadas encontradas na peças teatrais do PEC.

(17) E se ele *é o que* me faz as injustiças... (Couto, século XVII)
(18) E isso *é o que* lhe dá saúde... (Couto, século XVII)

Em resumo, verificamos que o padrão sintático de interrogativas-Q do PEC era o de uma língua V2, ou seja, com movimento de Q e de V para CP. O único tipo de interrogativa em que esse movimento não era obrigatório, embora tenha sido bastante utilizado, é aquele que incide sobre parte de um NP, com o elemento interrogativo "QueN". Os trabalhos de Pesetsky (1987) e Dobrovie-Sorin (1990) levam-me à hipótese de que "QueN" não é um quantificador da mesma natureza que os outros elementos interrogativos. Por esse motivo, não precisamos analisá-lo como uma exceção ao movimento de quantificador Q e de V no PEC.

Interrogativas sim/não do português europeu clássico

As características de língua V2 das interrogativas-Q apresentadas na seção anterior nos levam a supor que também as interrogativas sim/não do PEC do tipo V NP e V *pro* eram uma matriz CP. Deviam ter um operador abstrato Q em SpecCP e apresentar movimento de V para núcleo de CP, como já comentei na seção anterior.

Interrogativas com sujeito não preenchido (*pro*) correspondem à maior parte dos dados do PEC, tanto das interrogativas sim/não quanto das interrogativas-Q. Conforme Adams (1987) e Roberts (1993), em francês antigo havia uma relação estreita entre o licenciamento de *pro* e o movimento de V, pois a condição de licenciamento de sujeitos não preenchidos dependia da regência por concordância. Por isso, *pro* só aparecia em contextos onde V era alçado para núcleo de CP, isto é, em contextos clássicos de V2: orações matrizes e orações complemento com verbo-ponte. Naturalmente essa também era a condição para licenciamento de *pro* nas interrogativas e ele podia aparecer tanto nas interrogativas-Q quanto nas interrogativas sim/não. Estou supondo que o licenciamento de *pro* nas interrogativas do PEC obedecia às mesmas condições que o licenciamento de *pro* no francês antigo; por isso considero *pro* como sendo pós-verbal.

Há, no entanto, nos dados do PEC, NP pré-verbais em interrogativas sim/não. À primeira vista poderiam ser considerados como sujeitos, recebendo caso nominativo por concordância. Isso, no entanto, indicaria uma grande assimetria entre a atribuição de caso nominativo nas interrogativas-Q e nas interrogativas sim/não, como consequência de uma ausência de movimento de V nas interrogativas sim/não, que deveriam então ser consideradas como uma matriz IP. Essa não parece ser a melhor análise para as interrogativas do tipo NP V, pelo menos dos séculos XVI e XVII.

As interrogativas-Q dessa época mostram que havia uma significativa porcentagem de sujeito à esquerda do elemento interrogativo, numa posição acima de CP, o que abre a possibilidade de SN pré-verbais em interrogativas sim/não serem, no início do PEC, sujeitos deslocados para essa posição.

Benincá (1995) afirma que línguas românicas medievais que são completamente *pro-drop*, como o português medieval, têm uma posição de topicalização (Top) acima de CP. Estudando as possibilidades de colocação de clíticos, as quais estão relacionadas à possibilidade de sujeito em Top, a autora afirma que o português medieval difere muito pouco do português europeu moderno e chega a afirmar que neste o sujeito está regularmente em Top. Uma abordagem mais detalhada da proposta de Benincá e da estrutura das sentenças afirmativas do PEC pode ser encontrada em Torres Morais (neste volume). Para esta pesquisa, interessa-me a possibilidade de uma estrutura com uma posição acima de CP na qual pudesse estar o NP sujeito de algumas interrogativas do PEC.

Considero aqui que esse NP sujeito em uma posição acima de CP, que chamarei XP, é um constituinte em adjunção, ou um deslocamento à esquerda, com uma função topicalizadora. Procurarei mostrar que foi essa possibilidade de um elemento com características de sujeito em XP que permitiu uma reanálise nas interrogativas sim/não do PEC, do tipo NP V, que eram matriz CP e passaram a ser matriz IP com sujeito em especIP.

A tabela 2 abaixo apresenta as porcentagens de ocorrência das 103 interrogativas sim/não do PEC.

Tabela 2 – Interrogativas sim/não do PEC

Século	XVI	XVII	XVIII
Tipo de interrogativa	%	%	%
V NP	/	32,6	13,5
V *pro*	78,5	52,0	48,6
NP V	21,5	15,4	37,9
Total **%** **Número**	100,0 (14)	100,0 (52)	100,0 (37)

Fonte: *Corpus* da pesquisa

É difícil dizer *a priori* se uma interrogativa sim/não do tipo NP V apresenta sujeito pré-verbal em especificador de IP (SpecIP) ou sujeito em XP. Certamente a entonação dos dois tipos é diferente, mas, como os textos antigos não apresentam uma pontuação baseada em regras estritas, fica realmente difícil fazer a distinção com base em entonação.

A possibilidade de sujeito acima de CP (em XP) é facilmente observada em interrogativas-Q porque esse sujeito se posiciona antes do elemento-Q. Fica claro que ele não está em sua posição normal, em SpecIP. Os exemplos (19) e (20) são de constituinte sujeito em uma posição acima de CP em interrogativa-Q.

(19) Tu que hás, ou que me queres? (Gil Vicente, século XVI)
(20) E os viso-reis que fazem? (Couto, século XVII)

No século XVI, há 23% de interrogativas-Q com sujeito em XP, como nos exemplos acima; no século XVII, há 13,7% desse tipo de sujeito. É importante observar que apenas sujeitos aparecem em posição acima de CP em interrogativas-Q dos dados analisados, nesses dois séculos. No século XVIII, esse tipo de sujeito cai para 4,1% e ocorre um caso de outro constituinte em XP. Esses fatos são argumentos para supormos que, até o século XVII, esse posicionamento de sujeito em XP era um recurso bastante utilizado para a ênfase do sujeito em interrogativas-Q.

A comparação das porcentagens desses sujeitos em XP e NP pré-verbais em interrogativas sim/não mostra uma semelhança de números que me leva a crer que também as interrogativas sim/não permitiam sujeito em XP para ênfase até o século XVII. Por isso assumo que o NP pré-verbal em interrogativas sim/não é o sujeito em XP até o século XVII. As porcentagens que devem ser comparadas para essa assumpção são as seguintes:

Tabela 3 – Sujeito em XP e NP V no PEC

Século	XVI	XVII	XVIII
	%	%	%
Sujeito em XP em interrogativa-Q	23,0	13,7	4,1
Interrogativa sim/não do tipo NP V	21,5	15,4	37,9

Fonte: *Corpus* da pesquisa

As porcentagens do século XVIII sugerem que, nessa época, o posicionamento do sujeito em XP já não era um recurso muito usado em interrogativas-Q e que a alta porcentagem de SN pré-verbal em interrogativas sim/não já não deve mais, portanto, ser atribuída a esse recurso. Os dados apontam para uma mudança diacrônica na sintaxe das interrogativas sim/não: a partir do século XVIII começaram a permitir sujeito em SpecIP e V não movido.

O INÍCIO DA MUDANÇA: A REANÁLISE

Os dados dos séculos XVI e XVII sugerem que os falantes dessa época tinham evidências de que uma interrogativa sim/não poderia ter sujeito em XP, como no exemplo (21) a seguir, por causa de interrogativas-Q com sujeitos na mesma posição, que também tinham a mesma estrutura, como o exemplo (22). O posicionamento de sujeito em XP nos dois tipos de interrogativas ocorria praticamente nas mesmas proporções, como mostrou a tabela 3. Seguem os exemplos de uma interrogativa sim/não e de uma interrogativa-Q desse período.

(21)

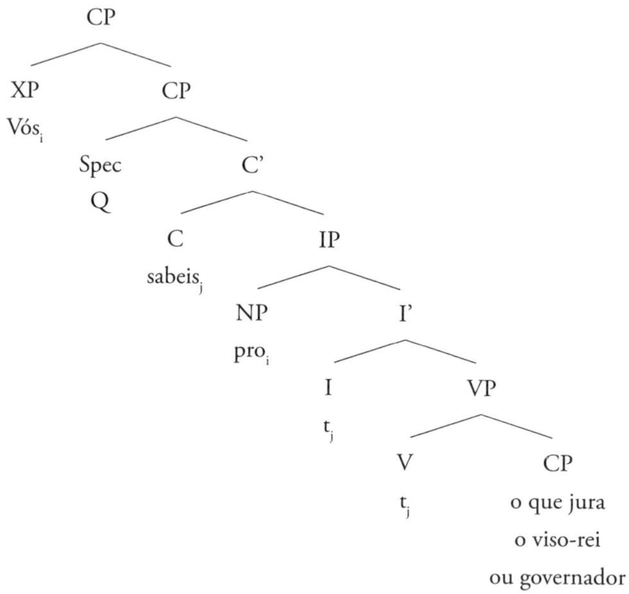

(Couto, século XVII)

(22)

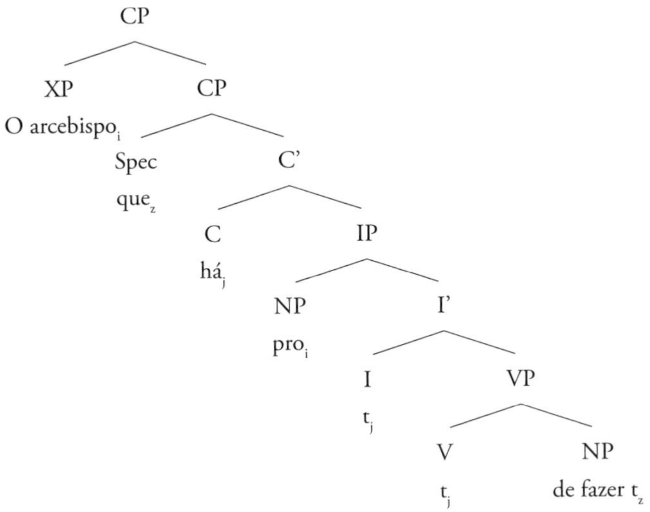

(Couto, século XVII)

No século XVII, em interrogativa sim/não, havia ainda a possibilidade de constituintes não sujeito aparecerem em XP. Houve 11,7% de interrogativas do tipo de (23).

(23)

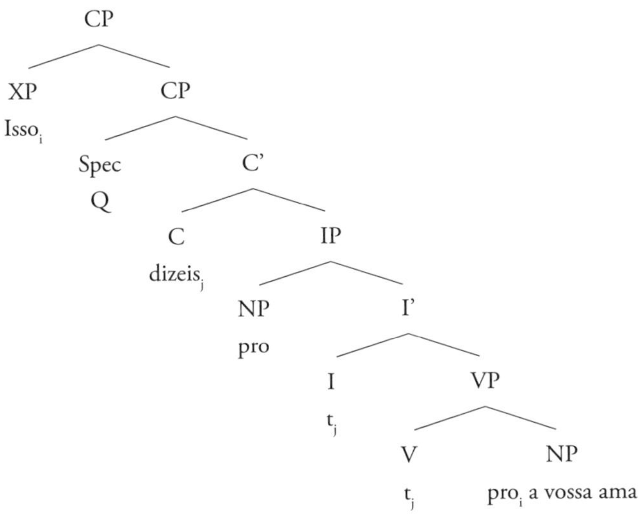

(Autor desconhecido, século XVII)

No século XVIII, como já comentei, a colocação de sujeito em XP em interrogativa-Q torna-se um recurso marginal. A grande porcentagem de NP pré-verbal em interrogativa sim/não sugere que houve uma reanálise, no sentido de Roberts (1990), de um NP sujeito em XP para sujeito em SpecIP. Dessa forma, estruturas como (21) foram reanalizadas como (24).

(24)

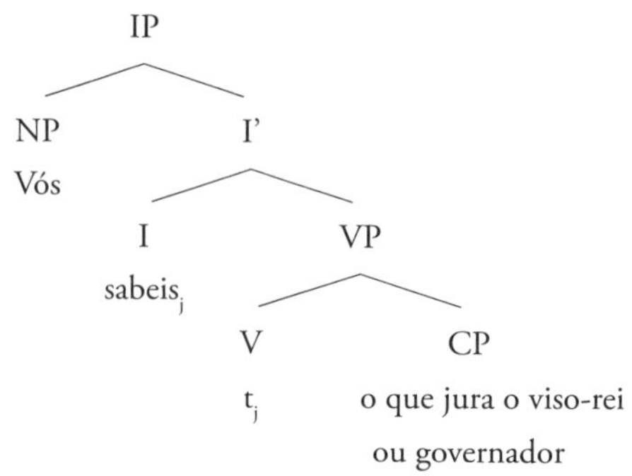

(Couto, século XVII)

Dizer que a estrutura (24) foi possível no século XVIII significa dizer que caso nominativo estava sendo atribuído por concordância nessas interrogativas, pois o verbo, uma vez movido para I para receber concordância, não estava mais sendo movido para núcleo de CP. Essa reanálise parece ter sido a primeira mudança no padrão das interrogativas portuguesas. Houve também no francês, conforme Roberts (1993), uma reanálise de NP deslocados à esquerda como NP em posição de sujeito, exatamente em interrogativas sim/não. No francês, porém, a existência de um sujeito pós-verbal clítico determinou uma estrutura para a interrogativa reanalisada diferente dessa estrutura interrogativa reanalisada do português. Antes dessa mudança, as interrogativas do português apresentavam o padrão de interrogativas de línguas V2, da mesma forma que as interrogativas do francês.

Conforme Roberts (1993), o C de interrogativas de línguas V2 é [+wh, +AGR] (+Q, +Concordância), o que significa que C seleciona morfologicamente concordância, acionando o movimento de V (que contém AGR) para C. No francês do século XV, o V2 estava se erodindo e o movimento de V para C deixou de ser obrigatório porque o C não mais selecionava obrigatoriamente AGR, sendo o movimento de V para C acionado apenas pela característica [+Q]. Para crianças que estão adquirindo uma língua no momento em que apenas a característica [+Q] aciona o movimento de V nas interrogativas, não há evidências de que C é [+AGR] e não há uma exigência independente para C ser [+AGR]. No caso do francês, segundo o autor, as interrogativas com inversão complexa resultantes da reanálise do NP sujeito deslocado eram incompatíveis com V2 e deram evidências de que C [+Q] não podia ser [+AGR]. Ele passou a ser consistentemente analisado como [-AGR], o que significou que interrogativa matriz C poderia ter um especificador duplo.

Pelo que ocorreu com o francês e pela semelhança entre o padrão de interrogativas do francês antigo e do PEC, é possível supor que as características de língua V2 das interrogativas do PEC já estavam em erosão no século XVII. Por causa dessa erosão e por causa das características das interrogativas sim/não com sujeito em XP, houve um ambiente sintático favorável para a reanálise de uma interrogativa sim/não como uma matriz IP, e não mais como uma matriz CP. Isso não dava mais evidências para o aprendiz da língua de que C obrigatoriamente selecionava AGR, o que era feito somente pelo operador. Conforme Roberts (1993), não está claro se "Q" é um operador no sentido relevante, mas é certo que as interrogativas sim/não têm a inversão menos rigidamente acionada do que as interrogativas-Q. De fato, no português do século XVIII, do total de interrogativa sim/não com sujeito preenchido, havia apenas 26% com sujeito em posição pós-verbal.

A possibilidade de sujeito em XP em interrogativa-Q e em interrogativa sim/não e posivelmente a erosão do V2 foram passos (*steps*) que levaram os falantes a reanalisar as interrogativas sim/não com sujeito em XP, de uma estrutura como (21) para outra como (24), abaixo repetidas em outra forma de representação de sua estrutura, agora identificadas como (25a) e (25b):

(25)	a.	[Vós$_i$	[Q	[sabeis$_j$	[pro$_i$	[t$_j$	[t$_j$	[o que jura o viso-rei...
		XP	CP	C'	IP	I'	VP	CP
	b.	[Vós	[sabeis$_i$	[t$_i$	[o que jura o viso-rei...			
		IP	I'	VP	CP			

Como a reanálise não elimina totalmente a estrutura antiga, vemos nos dados do PBM, detalhados a seguir, que na primeira metade do século XIX ainda havia interrogativas sim/não com estrutura CP, pois ainda havia grande porcentagem de sujeito nulo (embora esse não dê muita evidência da estrutura CP ao falante) e havia interrogativa com sujeito pós-verbal. Essas interrogativas se tornaram mais raras na segunda metade do século XIX e, no século XX, já estavam eliminadas do PBM. É interessante observar que dados do PEM (*Português fundamental II*,

1987), que não foram analisados neste trabalho, mostram que nessa língua há interrogativas sim/não dos tipos "NP V", "V NP" e "V *pro*". Ao que parece, o PEM manteve um padrão de interrogativa sim/não com a possibilidade de atribuição de Caso nominativo por regência e por concordância.

INTERROGATIVAS DO PORTUGUÊS BRASILEIRO MODERNO

O *corpus* do PBM é composto por interrogativas obtidas de peças teatrais e da língua falada atualmente. As interrogativas referentes às peças teatrais são dos séculos XIX e XX (conforme quadro 1 já apresentado); as de língua falada são da segunda metade do século XX.

Até a primeira metade do século XX, as interrogativas apresentam grande percentual de sujeito não preenchido – 66,5% dos casos de interrogativa sim/não e 41,0% dos casos de interrogativa-Q. Essas interrogativas com sujeito não preenchido, no entanto, não serão comentadas aqui porque não deixam transparecer a mudança diacrônica pela qual passaram as interrogativas do PBM. Elas serão apenas computadas nos quadros referentes aos períodos estudados. Comentarei, portanto, as características das interrogativas com sujeito preenchido e, em seguida, comentarei a grande redução de sujeito nulo nos dados da fala do século XX e as possíveis consequências dessa redução para o padrão das interrogativas.

Interrogativas sim/não do PBM

As interrogativas sim/não do PBM confirmam a reanálise proposta na seção "O início da mudança: a reanálise", pois as ocorrências de sujeito pré-verbal aumentaram gradativamente até atingirem 100% na primeira metade do século XX. Nos dados de língua falada aparece um caso com NP pós-verbal, uma construção inacusativa, reproduzida em (26).

(26) Acabou isso? (língua falada, século XX)

Embora esse seja o único caso nos dados, é possível afirmar que outros casos de NP pós-verbal possam ocorrer no PBM, porém todos sem movimento de V. Estudos sobre a sintaxe "V NP" no português do Brasil, como Kato e Tarallo (1987, 1989) mostram que essa ordem, nas orações afirmativas, ocorre em construções inacusativas e em construções com movimento do sujeito para uma posição não argumental, isto é, de antitópico, simétrica à de tópico, como (27) a seguir. Essa construção de antitópico, ou *afterthought*, corresponde à inversão de sujeito em línguas *pro-drop* e ocorre geralmente com verbos de ligação. É rara porque, segundo os autores, no português do Brasil temos normalmente o sujeito preenchido pronominalmente nesse caso, como no exemplo (28).

(27) Tá pronto o vestido azul.
(28) Ele tá pronto, o vestido azul.

De acordo com os autores, uma construção como (27) não tem inversão; os antitópicos são gerados como antitópicos e os sujeitos nulos ou pronominais são interpretados como correferentes a esses antitópicos. As construções inacusativas também não apresentam movimento de V; sua ordem "V NP" decorre da permanência do NP em sua posição básica de argumento interno do V.

Essa análise é interessante para outras interrogativas possíveis no PBM, como (29), pois mantém a afirmação de que o PBM perdeu o movimento de verbo nas interrogativas sim/não.

(29) Tá pronto o vestido azul?

Os dados das interrogativas sim/não mostram que houve uma mudança paramétrica no sentido da perda da estrutura CP e da atribuição de caso nominativo, que passou a ser atribuído unicamente por concordância aos sujeitos lexicais. Não analisei neste trabalho a posição de *pro* depois dessa mudança diacrônica. Para efeito de registro da porcentagem de interrogativas com *pro*, mantive a representação "V *pro*" nas tabelas a seguir. De acordo com Torres Morais (1995), no entanto, o PBM apresenta as condições necessárias para o licenciamento desse *pro* em posição pré-verbal.

Outra característica importante das interrogativas sim/não é a baixa porcentagem de sujeito não preenchido nos dados de língua falada da segunda metade do século XX. Isso evidencia o enfraquecimento da concordância no PBM, o que traz consequências também para as interrogativas-Q, como comentarei a seguir.

As porcentagens de ocorrência das interrogativas sim/não do PBM são apresentadas na tabela 4 a seguir.

Tabela 4 – Interrogativas sim/não do PBM

Metade do Século	1ª XIX	2ª XIX	1ª XX	2ª XX
Autor	Eiró Pena	Azevedo	Camargo	Língua falada
Tipo de interrogativa	%	%	%	%
V NP	11,7	5,8	/	0,7
V *pro*	71,8	61,5	62,7	21,1
NP V	16,5	32,7	37,3	77,3
Total % Número	100,0 (163)	100,0 (52)	100,0 (67)	100,0 (128)

Fonte: *Corpus* da pesquisa

Interrogativas-Q do PBM

Na seção "Interrogativas-Q do português europeu clássico" argumentei que as interrogativas-Q do PEC apresentavam movimento de quantificador e de V, de acordo com o critério-Wh (Q) de Rizzi (1991). Nos dados do PBM, já na primeira metade do século XIX, começa a surgir a primeira indicação de uma mudança no padrão sintático dessas interrogativas: um caso de interrogativa com movimento de Q, mas sem movimento de V (do tipo Q NP V). Os dados da segunda metade do século XX mostram que o português brasileiro já não tem mais movimento de V e que o movimento de Q não é obrigatório. Os casos de NP pós-verbal ocorrem apenas em construções inacusativas.

Os números da segunda metade do século XX apresentados na tabela 5, a seguir, especialmente os da língua falada, evidenciam: a) a diminuição radical de interrogativas com sujeito não preenchido (*pro*); b) o aumento de interrogativa do tipo Q é que NP V; c) o surgimento de uma interrogativa do tipo Q que NP V, provavelmente uma variante mais informal de Q é que NP V; d) o aumento de interrogativa apenas com movimento de Q (tipo Q NP V); e) uma grande porcentagem de interrogativa com Q não movido, *in-situ* (tipo NP V Q).

Seguem as porcentagens e os tipos de interrogativa-Q encontradas nos 481 dados do PBM, sendo que 181 interrogativas-Q foram obtidas de seis peças de teatro e 300 foram obtidas de programas de televisão.

Tabela 5 – Interrogativas-Q do PBM

Metade do Século	1ª XIX	2ª XIX	1ª XX	1ª XX	2ª XX
Autor	**Eiró Pena**	**Azevedo**	**Camargo**	**Gomes**	**Língua falada**
Tipo de interrogativa	%	%	%	%	%
Q V NP	39,5	47,2	22,2	10,4	13,0
QN V NP	10,5	2,8	2,8	/	/
Q V *pro*	44,7	36,0	44,5	12,5	2,0
Q é que V NP	/	/	2,8	/	3,0
Q é que V *pro*	2,6	2,8	8,3	/	/
Q é que NP V	0,9	2,8	16,6	37,5	15,0
Q que NP V	/	/	/	/	18,0
Q NP V	1,8	2,8	2,8	12,5	18,0
pro V Q	/	2,8	/	/	/
V [-fin] Q	/	2,8	/	18,8	/
NP V Q	/	/	/	8,3	31,0
Total % Número	100,0 (61)	100,0 (36)	100,0 (36)	100,0 (48)	100,0 (300)

Fonte: *Corpus* da pesquisa

A interrogativa do tipo Q é que..., incluindo a sua variante Q que..., é a mais frequente na segunda metade do século XX. Realmente essa forma representou uma alternativa importante para os falantes. Na seção "Interrogativas-Q do português europeu clássico" apresentei uma hipótese sobre seu aparecimento e argumentei que, no PEM, ela deve ser analisada como tendo movimento de V (é) para CP. Sobre o PBM, dadas as evidências do desaparecimento de movimento de V, é coerente afirmar que, nesse tipo de interrogativa, há apenas movimento de Q. Alguns exemplos de língua falada do século XX são:

(30) Por que é que ele não veio com você?
(31) Por que que você foi provocar ela?
(32) O que é que você escolhe?
(33) O que que você pode fazer pra que isso não aconteça?

Dados de fala do PEM, analisados qualitativamente para efeito de algumas comparações, mostram que a interrogativa com "é que" é muito produtiva em Portugal, mas não eliminou os outros tipos com movimento de V. Esse é um argumento contra a afirmação de Duarte (1992) de que o aparecimento da interrogativa com "é que" foi um fator determinante para a perda do movimento de V nos outros tipos de interrogativas do PBM. A interrogativa com "é que" aparece nos dados de teatro português na mesma época em que aparece no teatro brasileiro (primeira metade do séc. XIX). Se o PBM tivesse passado apenas por essa mudança seria igual ao português europeu. No entanto, o PBM perdeu também o V2 residual em todas as interrogativas-Q, como mostram os dados da tabela 5, já apresentada.

Interrogativas dos tipos Q NP V e NP V Q, não encontradas nos dados do PEM, mas muito frequentes nos dados do PBM, são a confirmação de que houve uma mudança no parâmetro de marcação de caso nominativo e no parâmetro do movimento Q e de V no PBM. Alguns exemplos desses tipos, de língua falada do século XX, são:

(34) Onde você estuda?
(35) O que você fabrica aqui?
(36) Eu tenho quantos anos de vida?
(37) A senhora veio fazer o que aqui?
(38) Você mora em que andar aí no Itaim?

HIPÓTESE SOBRE A MUDANÇA DO PARÂMETRO DE MOVIMENTO DE Q E DE V NO PBM

A análise apresentada leva à hipótese de que o passo (*step*) que concorreu decisivamente para a mudança do parâmetro de movimento de Q e de V no PBM foi o enfraquecimento da concordância verbal. Este capítulo não objetivou estudar esse enfraquecimento, mas a radical diminuição de sujeito não preenchido nos dados analisados o evidenciam. O enfraquecimento da concordância verbal no PBM é assumido nesta pesquisa com base em Duarte (neste volume). O critério-Q proposto por Rizzi (1991) atribui à flexão verbal a propriedade de iniciar a cadeia de licenciamento envolvida no movimento Q, o que sustenta a hipótese de alguma mudança na flexão verbal do PBM ter contribuído para uma mudança na aplicação do critério-Q.

Ao mesmo tempo em que se verifica nos dados o enfraquecimento da concordância, evidenciado pelo aumento do preenchimento do sujeito, observa-se o surgimento do pronome interrogativo não clítico "O que", que começa a substituir, a partir do século XIX, o pronome interrogativo clítico "Que". Este parece ser clítico como "Que" do francês, observado sempre em interrogativas com movimento do V porque precisa cliticizar-se a um V movido para CP, segundo Friedemann (1990). O pronome interrogativo tônico "O que", por suas propriedades de não clítico, pode ocorrer sem movimento de V e *in situ* no PBM.

O PBM não perdeu totalmente o operador clítico "Que", mas o restringiu às interrogativas "QueN NP V" e "Q é que NP V", dois tipos nos quais "Que" está cliticizado ao N ou ao V. "Que" não pode ficar *in situ*. Dois exemplos de interrogativas impossíveis no PBM por falta de possibilidade de cliticização de "Que" são:

(39) *Que você vai fazer hoje?
(40) *Você vai fazer que hoje?

Os dados permitem concluir, portanto, que o enfraquecimento da concordância no PBM e o surgimento do pronome interrogativo "O que" permitiram a mudança na atuação do critério-Q em todos os tipos de interrogativas-Q. Esse critério deixou de ser aplicado na sintaxe, e o PBM passou a ter elementos interrogativos não clíticos em todas as interrogativas-Q. "O que" substituiu "Que" porque este não pode se realizar em um sistema sem movimento de V e de Q, a não ser nos dois casos específicos – "QueN NP V" e "Q é que NP V". Esses dois tipos de interrogativas são possíveis no PBM porque "Que" se cliticiza ao NP ou ao verbo "é".

O surgimento de "O que" foi uma das condições para que o PBM pudesse ter as interrogativas dos tipos "Q NP V" e "NP V Q", porém não foi suficiente para eliminar a atuação do Critério-Q na sintaxe. O PEM também desenvolveu o pronome interrogativo "O que" na mesma época, sem, contudo, ter deixado de aplicar tal critério. Acredito que a concordância verbal forte do PEM manteve a aplicação do critério-Q e os pronomes interrogativos "Que" e "O que" permaneceram em variação livre porque ambos podem ocorrer em um sistema que apresente movimento de V e de Q.

CONSIDERAÇÕES FINAIS

A confirmação das hipóteses lançadas neste capítulo, a demonstração do processo de reanálise sintática e de mudança paramétrica das interrogativas-Q e a caracterização exata da concordância dinâmica (nos termos de Rizzi, 1991) que se estabeleceu entre o operador Q movido ou *in situ* e o C, que não mais recebe o V no PBM, são objetivos de minha tese de doutoramento. No que diz respeito aos dados do PEC e PBM analisados neste capítulo, foi possível chegar às conclusões expostas a seguir.

As interrogativas sim/não apresentavam movimento obrigatório de V para CP nos séculos XVI e XVII. Nessa época, era possível a ordem NP V por causa do movimento de NP sujeito para uma posição acima de CP e por causa do movimento de V. No séc. XVIII, houve uma reanálise desse sujeito como um sujeito em IP, possibilitando uma ordem NP V sem movimento de V. Houve, portanto, uma mudança paramétrica no sentido da perda da estrutura CP nas interrogativas sim/não e da atribuição de caso nominativo, que passou a ser unicamente por concordância aos sujeitos lexicais. As interrogativas sim/não do tipo V NP são observadas como casos residuais no século XIX. No século XX, não se observa mais movimento de V nas interrogativas sim/não do PBM. Os casos de interrogativas sim/não em que a ordem V NP é observada são de construções inacusativas ou de antitópico, que não apresentam movimento de V, de acordo com Kato e Tarallo (1987 e1989).

No PEC (séculos XVI a XVIII), predominavam as interrogativas-Q dos tipos Q V NP e Q V *pro*. Com um padrão sintático de língua V2, apresentavam movimento obrigatório de V e de Q. Em percentual menor, observavam-se QN V *pro*, QN V NP e QN NP V. Essas últimas são interrogativas que incidem sobre parte de um NP, como em "Que recado...?", "De que sorte...?", "Por que razão...?". Levantou-se a hipótese de que esses elementos interrogativos não são quantificadores relevantes para movimento de V em português, daí a possibilidade de QN NP V. Nesse período, observou-se uma restrição à formação de um dos tipos de interrogativa-Q, a interrogativa derivada de sentenças clivadas. Essas ocorriam apenas com a clivagem de sujeito ou objeto, o que possibilitava a formação de interrogativa apenas com o elemento interrogativo "Que", do tipo Que é o que NP V.

A partir do século XIX, início do PBM, o padrão das interrogativas-Q começou a mudar. Constatam-se no PBM: a) a diminuição radical de interrogativas com sujeito não preenchido (*pro*); b) o aumento de interrogativa do tipo Q é que NP V, derivada de sentenças clivadas, agora a partir da clivagem de qualquer constituinte da oração; c) o surgimento de uma interrogativa do tipo Q que NP V, provavelmente uma variante mais informal de Q é que NP V; d) o aumento de interrogativa sem movimento de V, apenas com movimento de Q (tipo Q NP V); e) uma grande porcentagem de interrogativa sem movimento de V e de Q, este denominado Q *in-situ* (tipo NP V Q).

Constatou-se, em resumo, que o enfraquecimento da concordância no PBM (ver Duarte, neste volume) levou à perda de movimento de V em todos os tipos de interrogativas-Q e proporcionou o surgimento do pronome interrogativo "O que", em substituição ao "Que", pois este, por sua natureza clítica, não pode se realizar em um sistema sem movimento de V e de Q. Os dois casos específicos – "QueN NP V" e "Q é que NP V" – são possíveis no PBM porque "Que" se cliticiza ao NP ou ao verbo "é". O critério-Q deixou de ser aplicado no PBM.

NOTAS

1 De acordo com Roberts (1993) e Friedemann (1990), as interrogativas do francês coloquial permitem Q *in situ* e Q movido, porém sem movimento de V.

2 Antonio José da Silva, O Judeu, nasceu no Brasil, mas mudou-se ainda criança para Portugal e lá escreveu toda a sua obra. Por isso, classifiquei os dados obtidos em sua peça de teatro como pertencentes ao português europeu clássico (PEC). De fato, as características das interrogativas analisadas são as mesmas das outras interrogativas do período.

3 Mattos e Silva (1991: 19) apresenta quatro propostas de diferentes autores para a periodização da história da língua portuguesa. Duas delas consideram o período de 1550 até o século XVIII como "português clássico" e o período dos século XIX e XX como "português moderno". Para a análise da diacronia do português brasileiro, julguei necessário dividir esse período do português moderno em "português europeu moderno" e "português brasileiro moderno".

4 Wh refere-se a pronomes e advérbios interrogativos em inglês: *what, who, where, when, how, why*. Para me referir a esses elementos interrogativos em português, uso Q.

5 Embora haja essa predominância de sujeito não preenchido no PEC e PEM, usarei o símbolo NP para marcar a posição de sujeito quando estiver me referindo à tipologia das interrogativas.

6 As estruturas sintáticas apresentadas neste trabalho estão simplificadas no sentido de IP não estar dividido em AgrP e TP como em Roberts (1993), porque para os aspectos aqui analisados essa divisão não é pertinente. Contudo, a simplificação adotada não altera a proposta do autor com relação ao movimento de V e de Q.

REFERÊNCIAS DAS PEÇAS ANALISADAS

AZEVEDO, Arthur. *O tribofe.* Rio de Janeiro: Nova Fronteira; Fundação Casa de Rui Barbosa, 1986.

BUENO, Silveira. *O auto das Regateiras de Lisboa* – composto por hum frade loyo filho de hua dellas. São Paulo: Livraria Acadêmica/Saraiva & Cia, 1939.

CAMARGO, Joracy. *O sábio.* Rio de Janeiro: Livraria Editora Zelio Valverde, 1945.

COUTO, Diogo. *O soldado prático.* Lisboa: Livraria Sá da Costa Editora, 1980.

EIRÓ, Paulo. *Sangue limpo.* 2. ed. São Paulo: Departamento de Cultura/Divisão do Arquivo Histórico, 1949.

GOMES, Dias. *A invasão.* Rio de Janeiro: Civilização Brasileira S.A.,1962.

JUDEU, Antonio José, O. *A vida de Esopo e Guerras de Alecrim e da Manjerona.* Rio de Janeiro: Civilização Brasileira S.A., 1957.

PENA, Martins. *Juiz de Paz da roça e O Judas no Sábado de Aleluia.* Rio de Janeiro: Edição da Organização Simões, 1951.

VICENTE, Gil. *Dois autos de Gil Vicente (o da Mofina Mendes e o da Alma).* Rio de Janeiro: Ministério da Educação e Cultura/Fundação Casa de Rui Barbosa, 1973.

REFERÊNCIAS BIBLIOGRÁFICAS

ADAMS, M. P. *Old French, Null Subjects, and Verb Second Phenomena.* Berckley, 1987. Tese (Ph.D) – University of California, 1987.

ÂMBAR, M. "Sobre a estrutura dos constituintes interrogativos: governo e inversão". *Actas do I Encontro da Associação Portuguesa de Linguística.* Lisboa, 1985, pp. 247-68.

______. "Gouvernement et Inversion dans les Interrogatives QU- en Portugais." *Recherches Linguistiques.* v. 16, 1987, pp. 5-47.

BENINCÁ, P. Complement Clitics in Medieval Romance: the Tobler-Mussafia Law. In: BATTYE, A.; ROBERTS, I. (eds.) *Clause Structure and Language Change.* New York: Oxford University Press, 1995, pp. 325-42.

DOBROVIE-SORIN, C. "Clitic Doubling, Wh-movement, and Quantification in Romanian". *Linguistic Inquiry.* v. 21, 1990, pp. 351-97.

DUARTE, M. E. L. "A perda da ordem V(erbo) S(ujeito) em Interrogativas Qu- no português do Brasil." *D.E.L.T.A.* v. 8, n. especial, 1992, pp. 37-52.

FRIEDEMANN, M. A. "Le pronom interrogatif que et la montée du verbe en C0". Université de Geneve, 1990. Manuscrito.

KATO, M. A. "Inversão da ordem S-V em interrogativas no português: uma questão sintática ou estilística?" *D.E.L.T.A.* v. 3, n. 2, 1987, pp. 243-52.

______; TARALLO, F. "Restrictive VS Syntax in Brazilian Portuguese: its Correlation with Invisible Clitics and Visible Subjects." Trabalho apresentado em colóquio na University of Pennsylvania e na University of Georgetown, 1987. Manuscrito.

______. "*Harmonia trans-sistêmica*: variação intra- e inter- linguística". *Preedição*. 5, Campinas: Unicamp, 1989.

MATTOS E SILVA, R. V. *Estruturas trecentistas*: elementos para uma gramática do português arcaico. Lisboa: Imprensa Nacional/Casa da Moeda, 1989.

______. *O português arcaico:* fonologia. São Paulo/Salvador: Contexto/Editora da Universidade Federal da Bahia, 1991.

PESETSKY, D. Wh-in-situ: Movement and Unselective Binding. In: Reuland, E. J.; Ter Meulen, A. G.B. (eds.) *(In)definiteness*. Cambridge: MIT Press, 1987, pp. 99-199.

PORTUGUÊS FUNDAMENTAL II: Métodos e Documentos. t. I. Lisboa: INIC-CLUL, 1987.

RIZZI, L. "Speculations on Verb Second". Université de Genève, 1989. Manuscrito.

______. "Residual Verb Second and the Wh-criterion." Université de Genève, 1991. Manuscrito.

ROBERTS, I. *Verbs and Diachronic Syntax*: a Comparative History of English and French. Dordrecht: Kluwer, 1993.

SORNICOLA, R. "It-Clefts and Wh-Clefts: Two Awkward Sentence Types." *Journal of Linguistics*. n. 24, 1988, pp. 348-79.

TORREGO, E. "On Inversion in Spanish and Some of Its Effects". *Linguistic Inquiry.*, n. 15, 1984, pp. 103-29.

TORRES-MORAES, Maria A. C. R. *Do português clássico ao português europeu moderno*: Um estudo da cliticização e do movimento do verbo. Campinas, 1995. Tese (Doutorado em Linguística) – Unicamp.

A FORMAÇÃO DOS TEMPOS COMPOSTOS: A EVOLUÇÃO HISTÓRICA DAS FORMAS *TER*, *HAVER* E *SER*

Ilza Ribeiro

A evolução do sistema verbal latino nas línguas românicas tem sido um dos mais constantes temas de estudo da Linguística Histórica Românica. Dentro desse campo geral de pesquisa, um dos tópicos que tem despertado grande interesse dos estudiosos é o da emergência dos paradigmas *ter/haver/ser + particípio passado* (PtP), isto é, a substituição das formas flexionadas do latim por perífrases que deram origem aos comumente denominados "tempos compostos" perfectivos.[1]

No latim, a forma flexionada do presente perfectivo dos verbos transitivos foi gradualmente substituída pela perífrase *habere + particípio passado*. De modo semelhante, a passiva flexionada latina dá origem à perífrase passiva *esse + particípio passado*. Essa mesma perífrase também era usada em construções perfectivas ativas, com uma subclasse de verbos intransitivos, os verbos ergativos ou inacusativos, também conhecidos como verbos depoentes (em geral, verbos de movimento, de mudança de estado etc.).

Vincent (1982: 82), citando Tekavcic (1972), apresenta um exemplo típico do tipo de construção latina com *habere* que possivelmente deu origem às perífrases perfectivas do romance:

(1) in ea provincia pecunias magnas collocatas habent (Cícero)

e observa que Tekavcic diz que (1) significa "eles têm muitas riquezas investidas nesta província",[2] e não ainda "eles têm investido muitas riquezas nesta província".[3] Só quando a construção em (1) permite a segunda leitura pode-se falar em tempos do *perfectum* nesse contexto. Vincent (1982) analisa o PtP *collocatas* como um modificador do objeto de *habere*. Nesse tipo de construção há concordância de traços gramaticais entre o PtP e o NP complemento.

O tipo de perífrase latina ilustrada em (1) aparece no português arcaico (PA). No estudo das estruturas com os verbos *haver/ter + PtP*, nos *Quatro livros dos diálogos de São Gregório* (DSG), *corpus* datado como trecentista, Mattos e Silva (1981, 1987, 1989, 1990)[4] afirma que *haver e ter* ocorrem em construções com PtPs sempre de natureza transitiva, concordando em traços gramaticais com o NP complemento direto. Há uma predominância de *ter* sobre *haver* nessas construções, numa proporção de 34:5 ocorrências, respectivamente. As construções com *ser + PtP* perfectivas também só ocorrem com verbos ergativos, como *morrer, nascer, chegar,* e sinônimos.

No desenvolvimento das línguas românicas, a distribuição complementar entre *haver/ter* e *ser* segundo as características do PtP (transitivo ou ergativo) permaneceu quase intacta em línguas como, por exemplo, o italiano e o francês modernos,[5] mas desapareceu gradualmente em outras línguas, como no espanhol, que generalizou o uso do continuador de *habere* para todos os verbos nas formas dos tempos compostos.

No PB moderno as formas verbais *ter* e *haver* podem aparecer combinadas com PtPs de natureza transitiva, intransitiva e ergativa, nas construções dos tempos compostos. No entanto, como Said Ali (1967: 73) observa, são as formas compostas com o verbo *ter* as mais usadas; a combinação do auxiliar *haver* com um PtP, "empregada com moderação, dá à linguagem feição mais solene; empregada sistematicamente, torna-a rebuscada e pedantesca". Está implícito, nessa citação, que as formas com *ter + PtP* têm ocupado o espaço que outrora dividiam com *haver + PtP*, sendo estas, hoje, de uso muito restrito. Nas formas compostas com *ter/haver*, o PtP transitivo não apresenta os traços de concordância com o NP complemento, característicos da fase arcaica da língua.

No português europeu (PE) moderno, ambas as formas *ter* e *haver* ainda são usadas nas realizações dos tempos compostos. No seu estudo sobre o PB e o PE, Teyssier (1984: 147) diz que "*haver* n'existe plus comme auxiliaire que dans certains registres de la norme écrite, en particulier au Brésil". A afirmação de Teyssier (1984) indica haver também no PE uma tendência a *ter* substituir *haver* nos tempos compostos; contudo, a ressalva presente na sua afirmação mostra que o processo de substituição de *haver* por *ter* está mais concretizado no PB que no PE.

A formação de perífrases verbais é um tipo de mudança gramatical que tem sido denominado "gramaticalização", um processo através do qual um verbo pleno (neste caso, *habere*, um verbo de conteúdo semântico de posse) se desenvolve historicamente em um elemento gramatical. Ramat (1998)[6] define o processo de gramaticalização através dos seguintes estágios: a) verbos plenos, b) "construções predicativas", c) formas perifrásticas, d) aglutinação. Tal desenvolvimento é geralmente acompanhado por um esvaziamento semântico (*semantic bleaching*), ou seja, por uma perda do conteúdo lexical do elemento em questão.

Neste capítulo nos concentraremos no desenvolvimento das formas verbais plenas *haver*, *ter*, *ser* do português arcaico em formas perifrásticas dos tempos compostos, analisando-o, como outros estudiosos já propuseram, como um caso típico de gramaticalização, em que essas formas verbais foram reanalisadas como verbos auxiliares. Contudo, seguindo Roberts (1993b), procuraremos analisar esse fenômeno em termos formais, dentro do arcabouço da teoria sintática de princípios e parâmetros. O trabalho está organizado como segue. Na próxima seção, apresentamos a proposta do autor no tratamento formal da noção informal de gramaticalização, em termos de reanálise diacrônica (RD), assim como a definição formal e a tipologia da categoria auxiliar. Na seção seguinte, nos deteremos no estudo do desenvolvimento das formas verbais *seer/teer/aver* do PA em formas auxiliares perfectivas. Esboçaremos em linhas gerais as características estruturais dessas formas verbais em construções sem PtP (seção "As propriedades de *haver*, *ter* e *ser* no português arcaico") e com PtP (seção "*Haver*, *ter* e *ser* seguidos de particípio passado"). Tentaremos apresentar evidências de que uma análise que considere as relações entre os usos dessas formas verbais nas "construções locativas" (existencial, possessiva e locativa) e nas construções com PtP pode oferecer uma melhor explicitação da gramaticalização das formas verbais *seer, aver e teer* e das propriedades de seleção dessas formas como auxiliares no desenvolvimento histórico dos tempos compostos no português.[7] Como Mattos e Silva (1987: 1) observa, um estudo que deseje abarcar o uso de *ter* e *haver* no PA deve abranger não só as estruturas de posse, as estruturas com PtP e as com infinitivo, mas também aquelas em que os campos semânticos de *ter* e *haver* se inter-relacionam com *ser* e *estar*: as estruturas descritivas, situativas ou locativas.

GRAMATICALIZAÇÃO E REANÁLISE DIACRÔNICA

Noção de gramaticalização e a definição formal de verbo auxiliar

A teoria sintática tem distinguido dois tipos de categorias sintáticas: as lexicais e as não lexicais. As categorias lexicais são projeções de núcleos com conteúdo lexical, tais como: N (nome), V (verbo), A (adjetivo) e P (preposição). As categorias não lexicais ou funcionais são projeções de núcleos funcionais ou traços gramaticais, sem conteúdo lexical, tais como: C (complementador), I (flexão), D (determinante), N (negação), T (tempo), Asp (aspecto) etc.

Roberts (1993b: 4) formaliza a noção de gramaticalização como um processo de mudança de categoria:

(2) "Grammaticalization is a change from a lexical to a functional category (with associated semantic bleaching)"

Os núcleos lexicais podem se mover para núcleos funcionais, mas isso não implica necessariamente numa mudança de categoria. O movimento do núcleo V para I, ou seja, o movimento da categoria lexical V para a categoria funcional I, é um dos casos recentemente mais discutidos na literatura linguística, e que nos interessa diretamente neste estudo.

Emonds (1978) e Pollock (1989) observam que esse movimento apresenta características distintas em francês e em inglês. O contraste entre essas duas línguas pode ser assim resumido:

(3) a. em francês todos os verbos finitos (verbos plenos ou auxiliares) podem se mover para I
b. em inglês só os verbos finitos auxiliares aspectuais (*have* e *be*) podem se mover para I

Tal distinção sintática entre auxiliares e verbos plenos, fenômeno também encontrado em outras línguas (cf. Pollock, 1989, Rizzi, 1982, Roberts, 1987, 1993b, entre outros), atesta que auxiliares podem se mover mais livremente do que verbos plenos. A questão que se coloca então é: a maior liberdade de movimento dos auxiliares deriva de distinções categoriais entre esses dois elementos?

Roberts (1993b) analisa os auxiliares aspectuais do inglês e das línguas românicas como pertencentes à categoria lexical V e diz que, portanto, a distinção entre esses auxiliares e verbos plenos não deve ser feita em termos categoriais. Roberts (1987, 1993b) e Pollock (1989) tratam a distinção entre auxiliares e verbos plenos em termos da teoria temática: os verbos auxiliares não selecionam argumentos temáticos tipo AGENTE, TEMA e META, enquanto os verbos plenos os selecionam. Assim, eles concluem que a grande liberdade de movimento dos verbos auxiliares está relacionada à sua defectiva estrutura temática. Chega-se, desse modo, a uma distinção dentro da classe lexical de verbos: verbos designadores de papel temático, *os verbos plenos*, e verbos não designadores de papel temático, *os verbos auxiliares aspectuais*.

Roberts (1993b) diz que certos verbos auxiliares podem ser membros da categoria funcional I, como, por exemplo, os modais do inglês, desde que categorias funcionais não designam papel temático. Isto permite estabelecer uma distinção entre auxiliares lexicais, membros da categoria V, e *auxiliares funcionais*, membros da categoria I (cf. também Lema e Rivero, 1989, e Lema, 1991, para uma distinção entre esses tipos de auxiliares). Como ele mesmo coloca, "the difference between lexical and functional auxiliaries can be characterized by saying that lexical auxiliaries move to I, while functional auxiliaries are base-generated in I" (1993b: 11-2).

Dentro da classe de auxiliares funcionais uma distinção é ainda estabelecida entre auxiliares funcionais que são *morfemas livres* e auxiliares funcionais que são *afixos* marcadores de tempo e concordância. Roberts (1993b)[8] propõe que morfemas marcadores de tempo e concordância são núcleos do nível X^{-1}, enquanto morfemas livres são núcleos do nível X^0.

Assim, em termos gerais, gramaticalização e esvaziamento semântico de um elemento verbal implica na perda de estrutura temática, com a consequência de uma possível mudança de categoria V para categoria I. Se o elemento gramaticalizado se torna um afixo verbal, uma outra mudança ocorre no nível X', de um elemento do nível I^0 para I^{-1}. Roberts (1993b: 12) sumariza essas distinções como segue:

(4) a. verbos que designam papel temático = verbo lexical
b. verbos que não designam papel temático = auxiliar lexical
c. elementos verbais gerados em I = auxiliar funcional
d. elementos morfológicos de tempo e concordância = auxiliar funcional do nível I^{-1}

Reanálise Diacrônica

Roberts (1993b) distingue três noções na teoria da mudança sintática:

(i) *Steps* (= passos) que consistem no aparecimento de uma nova construção ou na mudança significativa na frequência de uma construção, num conjunto de textos. Quando uma língua dá um novo *step* não implica, necessariamente, em uma mudança na gramática.

(ii) *Reanálise Diacrônica* ocorre quando uma dada construção muda uma estrutura S de uma dada época P para uma estrutura S' # S na época P'. No caso em estudo, a gramaticalização de um elemento da categoria V para I pode ser representada em termos configuracionais como em (cf. Roberts,1993b: 14):

(5)

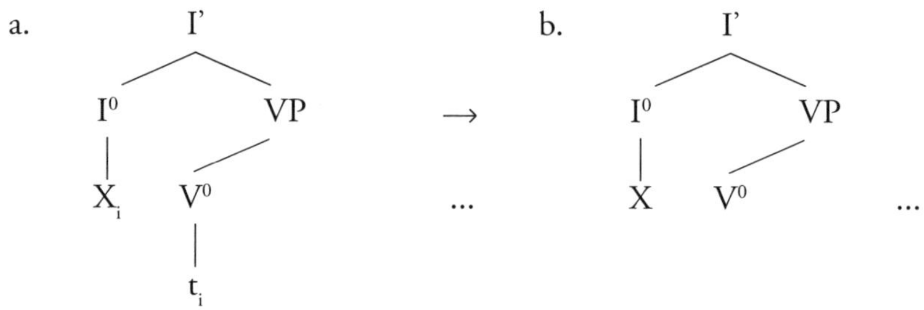

A seta dupla indica a RD. Como (5) ilustra, a RD ocorre quando em uma estrutura em que o V movido de sua posição básica para I (cf. representação (5a)) é reanalisado como um elemento verbal gerado em I, como representado em (5b). A reanálise de X como I^0 leva a uma simplificação estrutural, com um menor número de posições na cadeia (cf. a seguir). A preferência pela simplificação estrutural se deve à estratégia de aquisição da linguagem, caracterizada como:

(6) *Least Effort Strategy* (LES)
Representations assigned to sentences of the input to acquisition should be such that they contain the set of the shortest possible chains (consistent with (a) principles of grammar, (b) other aspects of the trigger experience (cf. Roberts, 1993b: 15)

A LES diz que as crianças optam por representações com um menor número de ligações.[9] Na estrutura (5a), há uma cadeia formada por dois elementos, pelo movimento de V para I, C = (X_i, t_i); na estrutura em (b), só há a cadeia C = (X) em I, com um só elemento.

Assim, na RD uma posição foi economizada na cadeia. Roberts (1993b) considera, desse modo, que a gramaticalização é uma RD impulsionada pela

LES, sendo, por isso, um tipo de mudança diacrônica frequentemente encontrado. Contudo, a RD impulsionada pela LES não é a única força subjacente à mudança sintática, desde que não se pode olhar todas as mudanças sintáticas como simplificação.

(iii) *A Mudança Paramétrica*, que explica um conjunto de mudanças em termos de marcação (ou melhor, remarcação) do valor atribuído a um único parâmetro.[10]

Só a mudança paramétrica está relacionada com a eliminação de uma ou mais construções da gramática de uma língua. Os *steps* tornam certas construções raras, mas não as eliminam totalmente, no sentido de que o sistema gramatical continua a permitir sua realização. As RDs resultam em construções inovadoras, paralelas a outras mais antigas que não são eliminadas dos textos, embora apresentem frequência reduzida.

Roberts (1993b) conclui que a LES é relevante para as três noções de mudança: (a) é uma condição suficiente para a passagem de um *step* para o outro; (b) a RD envolve a redução de um número de posições em uma cadeia, em uma dada estrutura, e (c) a RD cria condições para mudanças paramétricas, ao remover grupos de sentenças que desencadeariam o valor conservador (= antigo) do parâmetro. Assim, a mudança paramétrica interage com as RDs, visto que essa pode forçar um certo número de reanálises, manifestadas como *steps*.

Observando esses três aspectos da mudança sintática, pretendemos apresentar evidências de que a oposição entre V plenos/auxiliares de *ser*, *ter*, *haver* se insere dentro de uma RD dessas formas, favorecida pelas propriedades léxico-semânticas dessas formas verbais e de outros elementos das construções em que elas ocorrem.

O DESENVOLVIMENTO DAS FORMAS *SER*, *HAVER* E *TER* NO PORTUGUÊS

Nesta seção pretendemos aplicar as noções introduzidas no item anterior à análise da formação dos tempos compostos no PA, ou seja, estudar a gramaticalização das formas verbais *seer*, *aver* e *teer*, relacionada à reanálise diacrônica que deu origem às construções com particípio passado, com ou sem concordância do PtP com o NP complemento.

Lyons (1967, 1968) e Clark (1978) propõem que as construções existenciais, locativas e possessivas estão intimamente relacionadas, todas elas sendo originalmente "locativas". Essas construções descrevem a localização de um objeto ou de um ser animado em algum espaço físico ou na posse de alguém. Assim, cada uma dessas construções contém um objeto possuído e um possuidor, este último analisado como um sintagma locativo quando contém o traço [+animado]. O sintagma locativo [-animado] é quase sempre preposicional ou adverbial. Em geral, a coisa possuída é indefinida.

Na análise dos dados do português arcaico (século XII até meados do século XVI), centralizaremos nossa atenção nas relações entre essas "construções locativas" e o desenvolvimento das estruturas com *ser, aver, teer* + *PtP* + *NP complemento*, considerando que a seleção e propriedades dos verbos das "construções locativas" se refletem diretamente na seleção de coocorrência entre esses verbos e os PtPs de natureza transitiva, intransitiva e ergativa, e na sua definição como construções perfectivas ou aspectuais.

Com base nas hipóteses defendidas por Roberts (1993b) e Lema e Rivero (1989) no estudo da formação dos tempos do futuro e do condicional derivados de construções latinas com *infinitivo* + *habere*, e na tipologia de auxiliares apresentada em Roberts (1993b), proporei que *seer* e *aver*, por um lado, e *teer*, por outro, apresentam no PA propriedades semânticas e sintáticas distintas nas construções com particípio passado. Consideraremos que nessas estruturas os verbos *seer* e *aver* são fundamentalmente verbos auxiliares temporais, diferente de *teer*, um verbo que seleciona um complemento passivo/aspectual.

As propriedades de *haver*, *ter* e *ser* no português arcaico

HAVER, *TER* E *SER* NAS "CONSTRUÇÕES LOCATIVAS"

Clark (1978) distingue quatro tipos de "construções locativas". Ilustramos essas construções, com os seus exemplos do francês e do inglês (1978: 87):[11]

(7) a. existencial: Il y a un livre sur la table.
There is a book on the table.
b. locativa: Le livre est sur la table.
The book is on the table.

c. posse1: Jean a un livre.
Tom has a book.

d. posse2: Le livre est à Jean.
The book is Tom's.

Algumas das correlações definidas pelo autor entre construções existenciais, locativas e possessivas nos permitem certas conclusões bastante interessantes na análise dos dados do português arcaico. As que mais diretamente nos interessam são essencialmente as seguintes:

(i) Em muitas línguas, os verbos usados nos diferentes tipos de "construções locativas" estão relacionados com a cópula e com verbos auxiliares. Em geral, os verbos são mais frequentemente os mesmos nos pares de construções existencial/posse1, por um lado, e locativa/posse2, por outro.
(ii) Se a forma verbal usada nas construções existenciais for a mesma usada nas construções de posse1, essa forma verbal pode também ser o verbo auxiliar em outras estruturas.
(iii) Línguas que usam dois diferentes verbos para construções existencial e locativa, ou para as construções possessivas, usualmente têm ambos os verbos como auxiliares em outras estruturas.
(iv) Se uma língua tem um só verbo auxiliar, ele é usualmente idêntico ao verbo existencial; se a língua tem dois (ou mais) verbos auxiliares, um deles pode ser usado também como cópula e ser o verbo das construções locativas e de posse2.

Observaremos inicialmente os dados do português arcaico à luz dessas generalizações. No item "*Haver*, *ter* e *ser* seguidos de particípio passado", procuraremos uma explicação formal para esses fatos: na definição da estrutura sintática das "construções locativas", assim como da inter-relação entre existência e posse, de um lado, e da inter-relação entre verbos auxiliares, existenciais e possessivos, do outro. Começaremos nossa análise com base nos estudos de Mattos e Silva (1981, 1987, 1989, 1990) de um *corpus* trecentista, Diálogos de São Gregório (DSG) (cf. Mattos e Silva, 1971).

Segundo Mattos e Silva, *aver* e *teer* eram empregados com o traço semântico de posse. Os contextos de posse são assim definidos:

(8) a. *teer* = posse (hoje = possuir)
Livros que tiinha (4.12.9)
b. *teer* = obter (equivale a "passar a ter")
E assi parece que no outro mundo ha fogo de purgatorio per que se purgan os pecados veniaes e en que homen ten as peendenças que en este mundo non teve polos pecados que fez (4.37.10)
c. *teer* = deter, reter, manter (equivale a "continuar a ter")
Vinho que tiinha no vaso (1.17,13)?
d. *aver* = posse
An vertudes (2.1.14)
Avian hua eigreja (4.6.5)

A primeira observação sobre os dados em (8) é que o verbo *aver* perdeu os vários significados do *habere* latino. O *Latin Dictionary* de Cassell[12] registra um número de significados para *habere* no latim clássico: *possuir*, *obter*, *manter*, *reter*, *segurar*, *conter*, *deter* e outros equivalentes. No PA, o verbo *aver* conserva o sentido de "possuir", mas perdeu as outras acepções semânticas para *teer*.

Por outro lado, *aver* adquire no PA a significação existencial que não existia no latim clássico, cujo verbo existencial era *esse*. Mattos e Silva (1990: 11) observa que "o processo de mudança de haver 'de posse' para 'existencial' já está documentado no chamado 'latim vulgar', segundo Grandgent (1952: 27-8) nos séculos IV e V, concorrendo já então com *esse*..." Essa concorrência entre *aver* e *seer* nas construções existenciais ainda permanece no PA, como ilustrado a seguir:

(9) a. *aver* = existencial
Ali hu á vida (4.4.26)
Γ hi fogo (4.36.57)
(10) a. En terra de Campanha foi huu homen muito honrado (3.17.2)
b. En terra de Sania foi hua vila duu homen (1.2.1)

Assim, ambos podiam ocorrer em construções existenciais nos DSG.

Os verbos *seer* e *estar* variavam nas construções locativas/situativas do PA, como em:

(11) a. Seendo o honrado padre en sa cela (2.7.2)
Alma que é no inferno (4.41.1)
b. O servo de Deus estando en sa cela (2.11.3)
Está en hua torre muito alta (2.35.18)

Mattos e Silva (1990) observa que nos DSG *seer* predomina nas locativas, embora com pequena diferença para estar: 52.8%: 47.2%. No seu desenvolvimento histórico, *seer* perde esse traço semântico para *estar*.

A distribuição dos predicados *teer* e *aver* nas significações possessivas estava condicionada à natureza semântica dos seus complementos, definida por Mattos e Silva (1990) como segue:

(12) a. bens adquiridos materiais (AM)
TEER: 82% (arca, vinho, medio...)
AVER: 20% (pan, casa, moeda...)
b. bens ou qualidades imateriais adquiridos (AI)
AVER: 80% (fé, graça, poder, ira, medo...)
TEER: 18% (só ocorre com fé)
c. qualidades inerentes ao possuidor (QI)
AVER: 80% (barvas, ceguidade, enfermidade, idade...)
TEER: 0% (não ocorre casos de ter com qualidades inerentes)

Uma análise das restrições semânticas apresentadas em (12) indica que *aver* se especializa como verbo de posses inalienáveis e *teer* é o verbo de posses materiais. Os 20% de ocorrências de *aver* nas posses materiais podem ser analisados como resíduos da fase em que esse verbo cobria todo o campo semântico de *habere*. Por outro lado, os 18% de *teer* com posse inerente, embora só ocorra com o item lexical *fé*, podem ser vistos como indícios da futura ampliação do domínio de *teer* sobre todas as construções de posse, como ocorreu no português moderno.

Essas reflexões encontram apoio nos resultados apresentados por Mattos e Silva (1990: 9-10) do seu estudo em *corpora* do século XV:

(i) *A lenda do rei Rodrigo*: embora apresente uma situação análoga ao DSG, nos contextos de AI o verbo *teer* surge em construções como *ter filho*; nos contextos de QI, só ocorre o verbo *aver*; os de AM são expressos por *teer* e *haver* (texto escrito entre 1410-1420, cópia de manuscrito trecentista).

(ii) *A crônica de d. Pedro*, de Fernão Lopes: o verbo *aver* ainda predomina nas estruturas de posses inerentes, mas *teer* já ocorre nos três tipos de estruturas, inclusive nos contextos de QI: *teer voz* (texto escrito entre 1418-1442, manuscritos dos fins do século XV).

(iii) *A linguagem da Imitação de Cristo*: em que a forma verbal *teer* ocorre em todos os três contextos, predominando sobre *aver*: *ter oolhos* (única ocorrência de QI); AI é expresso por *aver* ou *teer*, predominando, entretanto, *teer* (*ter paz*); *aver* coocorre com *teer* nos contextos de AM, embora *teer* predomine. (texto escrito entre 1468-1477).

Observando as generalizações descritivas de Clark (1978), podemos levantar certas questões teóricas em relação aos dados anteriormente apresentados:

(13) a. Considerando a generalização (i), o verbo existencial *aver* é o mesmo da posse1, embora com a restrição semântica de que a posse seja inalienável. O verbo *seer*, apesar de ainda ser usado em construções existenciais, não ocorre na posse1. Que relações lexicais e estruturais podem ser estabelecidas entre sentenças existenciais e sentenças de posse1?

b. De acordo com a generalização (ii), a forma verbal *aver*, sendo usada nas sentenças existenciais e nas de posse1, pode ocorrer como um verbo auxiliar em outras construções. Isso implica em que, nas construções de *aver* + *PtP*, o verbo *aver* pode ser um auxiliar? Qual é a relação formal entre verbo existencial e verbo auxiliar?

c. Desde que ocorrem nos *corpora* dois diferentes verbos para as construções existenciais, *seer* e *aver*, assim como para as construções de posse1, *teer* e *haver*, segundo a generalização (iii), esses três verbos são também auxiliares nas construções com PtP? A generalização (iv) também permite supor que esses verbos podiam ocorrer nos textos como auxiliares em certas estruturas?

São essas algumas das questões que tentaremos responder no item a seguir, na tentativa de definir o estatuto sintático das formas verbais *aver*, *teer*, *seer* nas construções com particípio passado.

PROPRIEDADES FORMAIS DAS "CONSTRUÇÕES LOCATIVAS"

Nesta seção, abordaremos inicialmente as questões teóricas relacionadas com as "construções locativas" e as possíveis relações estruturais das formas verbais características dessas construções. A seguir, aplicaremos as noções de gramaticalização e reanálise diacrônica na definição das propriedades dessas formas verbais, as quais possibilitaram sua reanálise em formas auxiliares nas perífrases com particípio passado (cf. seção "*Haver*, *ter* e *ser* seguidos de particípio passado").

As generalizações propostas por Clark (1978) mostram que, de modo geral, são os verbos das “construções locativas” que atuam como auxiliares nas construções perifrásticas. Guéron (1986) e Kato e Nascimento (1990) defendem a tese de que os verbos das construções locativas são verbos inacusativos que selecionam uma minioração (*small clause* (SC)), à qual não designam papel temático. Guéron (1986) estuda o emprego do verbo *avoir* do francês (*haver* e *ter*) em construções existenciais, possessivas e perifrásticas (os tempos compostos) e propõe que essas construções todas têm a mesma estrutura sintática. Grande parte da análise que desenvolveremos aqui está apoiada nas hipóteses de Guéron (1986) e Kato e Nascimento (1990), embora com algumas simplificações formais devido aos limites do nosso texto.

A estrutura sintática dessas construções pode ser representada simplificadamente como em:

(14)

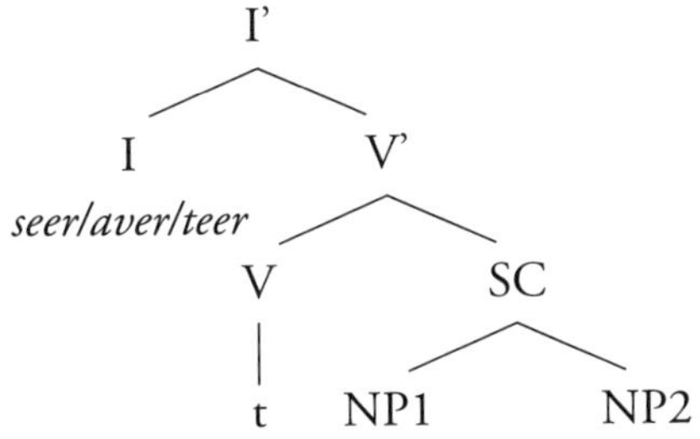

Nas estruturas existenciais, *seer* e *aver* selecionam uma SC com valor semântico aspectual. A SC é interpretada como denotando um estado. O quantificador existencial NP1, realizado por *y* e *there* em francês e inglês, respectivamente, e opcionalmente representado por *hi* ou por um PP nos DSG (cf. exemplos em (9) e em (10)), funciona como um operador LOCATIVO que licencia o predicado estrutural, o NP2 indefinido que ocorre nesse tipo de construção (para o português contemporâneo, Kato e Nascimento (1990) propõem um locativo nulo (*hi* → 0)).

As construções existenciais em (15) podem ser representadas como em (16) a seguir (cf. Guéron, 1986, para maiores detalhes técnicos; NP em (16) representa a posição do sujeito expletivo):

(15) a. E á hi aguas mui frias e mui fremosas (2.1.38)
b. en tempo de rei Totilo foi huu homen muito honrado (1.2.33)
c. en toda terra de Italia aja homens de grandes vertudes (1.1.26)

(16) a. [NP hi_1 aver [SC [NP1 t_1] [NP2 aguas mui..]]
PP_1 seer huu homen....
homens....

Considerando a tipologia dos auxiliares apresentada em Roberts (1993b), *seer* e *aver* nessas construções podem ser vistos como auxiliares verbais, visto não estarem associados a um papel temático lexical. O traço LOCATIVO (papel temático secundário) preenchido por *hi/PP* não conta como argumento lexical do verbo. Um argumento lexical de um verbo recebe um conteúdo semântico tipo AGENTE, TEMA e ORIGEM.

A diferença essencial entre as construções existenciais e possessivas é que o operador da possessiva é um NP [+animado] e [+afetado]. Guéron (1986) diz que um verbo de posse pode designar facultativamente o traço [+afetado] a um NP sob sua regência e que "un SN porteur du trait "affecté" est interprété comme BENEFACTIF" (1986: 160). O papel temático pode ser realizado por um clítico dativo, por um complemento preposicional ou por um NP possuidor da posse. O papel temático BENEFACTIVO também não é lexicalmente determinado, nunca é obrigatório e, portanto, não conta para o Critério Temático.[13] Assim, a atribuição de BENEFACTIVO não altera o estatuto sintático do verbo nas construções possessivas.

Já observamos anteriormente que *aver* e *ter* são os verbos das estruturas de posse1 no PA. A ocorrência desses verbos nessas estruturas indica que eles se comportam como auxiliares verbais. O NP BENEFACTIVO que desempenha o papel de sujeito nessas construções não é um argumento do verbo, e sim um operador que liga o NP2 indefinido (o efeito de definitude é uma marca da propriedade inacusativa do verbo). Como NP2 não ocupa uma posição temática, ele só pode ter valor referencial se estiver sob domínio de um operador, BENEFACTIVO nas construções possessivas, e LOCATIVO nas existenciais, conforme Guéron (1986).

A diferença entre *ter* e *aver* nas estruturas de posse1 se define por ser *aver* o único verbo das posses inerentes ou inalienáveis. Segundo Guéron (1986), as expressões que denotam esses tipos de posse não são NP referenciais e não funcionam como argumentos dos verbos. Por isso, esses NPs não são definidos, nem indefinidos, isto é, não apresentam efeito de definitude.

Nas posses1 que Mattos e Silva (1990) denomina qualidades imateriais adquiridas, o NP que representa a posse não tem referência isolada, e, seguindo análise de Guéron (1986), ele faz parte integral do predicado verbal. As construções de posse1 inerente ou inalienável são também estruturas do tipo em (14), sendo que a SC denota uma propriedade do sujeito, como numa predicação semântica. A restrição do verbo *aver* nessas construções favorece uma análise em que ele parece se comportar como uma "cópula" auxiliar. Nesse caso, é possível que *aver* nas posses inerentes seja mais um auxiliar funcional, gerado em I, do que um auxiliar verbal.

Tendo por base a possibilidade de construções possessivas com *avoir* do tipo em (17a), com uma estrutura sintática como em (17b):

(17) a. *Jean a le livre*
b.

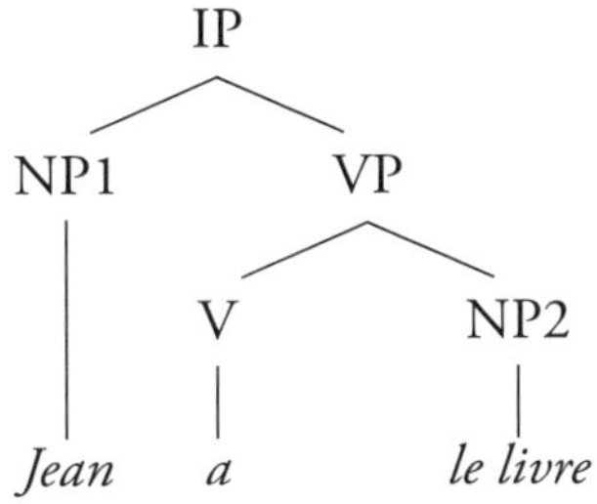

em que o sujeito temático é selecionado por *avoir* e o NP2 *le livre* é definido, Guéron (1986) defende a hipótese de que *avoir* pode ter duas entradas lexicais. Na relacionada a uma construção como em (17), *avoir* designa o papel temático TEMA ao NP possuído e o traço [+afetado] do predicado *avoir* permite a designação do papel temático não lexical POSSUIDOR ao NP sujeito. Sendo *Jean* um argumento, ele recebe necessariamente um conteúdo semântico do verbo. Segundo Guéron (1986: 163), considera a seguinte hipótese:

(18) "Si X' contient à la fois une position sujet et un argument "défini", alors X' contient un sujet thématique"

Com base nessa análise, podemos dizer, a partir de construções dos DSG do tipo:

(19) o monge que tinha o celeiro (2.28.5)

que o verbo *teer* também pode estar relacionado com uma estrutura temática selecionada por ele, caracterizando-se, assim, como um verbo lexical nesse tipo de construção. Por outro lado, como *aver* ocorre essencialmente com posses inerentes/inalienáveis, a possibilidade de *aver* ser um verbo lexical parece, em princípio, estar excluída (ou ao menos bastante restrita, considerando as limitadas possibilidades de ocorrências desse verbo em posse material) nos DSG.

Assim, o fato de que *teer* pode definir duas configurações sintáticas, lexicais e estruturais, diferindo uma da outra pelo papel temático TEMA do seu complemento, permite-nos explicar, sob bases lexicais e formais, as possibilidades nas estruturas de posse e as variações sutis na interpretação das construções com *aver* e *teer* + *PtP*, tópico que será abordado na seção seguinte.

Nas construções perifrásticas, o verbo auxiliar rege uma SC com estatuto verbal. No exemplo de Guéron (1986), exemplificado em (20a) adiante, a SS (estrutura-S) pode ser como em (20b):

(20) a. *Jean a chanté*

b.

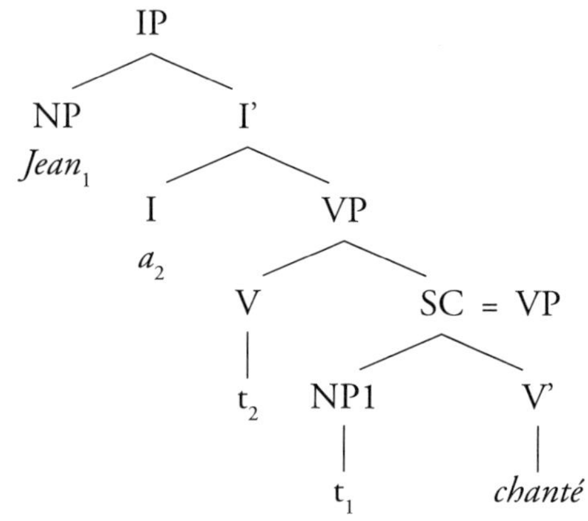

Segundo Guéron o verbo *avoir* dessas construções são verbos inacusativos que não atribuem Caso a seu objeto e também não selecionam um argumento externo, ou seja, não selecionam um argumento sujeito = NP (generalização de Burzio, 1981). Assim, os NPs que antecedem os verbos nessas construções são sujeitos derivados: eles são alçados da posição de complemento dos verbos (NP1) para a posição sujeito não temática NP, para receberem Caso nominativo.

Em resumo, seguindo as generalizações de Clark (1978) e o estudo de Guéron (1986) e Kato e Nascimento (1990), procuramos apresentar uma hipótese unitária para o emprego dos verbos das "construções locativas" nos DSG, a partir de uma única estrutura sintática para esses verbo, a qual permite uma leitura de seus elementos como auxiliares verbais, não designadores de papéis temáticos lexicais. A interpretação auxiliar, existencial, possessiva e locativa dessas estruturas depende essencialmente dos traços lexicais associados a esses verbos. A análise que estamos propondo para esses verbos, nesses contextos, considera que nos DSG:

(i) *aver* é um auxiliar verbal nas estruturas existenciais, e possivelmente um auxiliar funcional nas de posse1, devido às restrições de ocorrência com posse inalienável;
(ii) *teer* pode ser um verbo pleno ou um auxiliar verbal nas construções de posse1, a depender, respectivamente, do traço [+/- definido] do NP possuído;
(iii) *seer* é um auxiliar verbal nas construções existenciais e locativas.

Em resumo, a relação formal entre os verbos das "construções locativas" e os verbos das perífrases perfectivas é a de que eles se caracterizam como verbos auxiliares, não atribuidores de papel temático.

Haver, *ter* e *ser* seguidos de particípio passado

Tentaremos nesta seção esboçar uma breve explicação teórica que nos permita ver certas relações internas no desenvolvimento das formas latinas *habere*, *tenere* e *esse/sedere* em construções perifrásticas dos tempos compostos em português. Seguindo propostas desenvolvidas em Roberts (1993b), tentaremos mostrar como a noção de gramaticalização, no desenvolvimento dessas formas, pode ser capturada pela postulação de uma RD das estruturas em questão. Abordaremos o desenvolvimento de cada uma dessas formas verbais separadamente, em três partes. Na primeira, apresentaremos argumentos que favorecem uma análise em que a forma portuguesa *aver*, derivada da latina *habere*, nas construções com PtP já é no PA um verbo auxiliar temporal. Consideramos que a formação perifrástica de *habere* + PtP, que deu origem à formação dos tempos compostos, encontra muitos pontos de semelhança formal com a formação perifrástica de *habere* + infinitivo, que deu origem aos tempos do futuro e do condicional no romance. Abordaremos essas semelhanças formais, observando o desenvolvimento dessas formas do latim clássico ao PA. Na segunda seção, propomos que, nas construções perifrásticas com *teer*, a forma verbal *teer* (derivada de *tenere*) seleciona um NP complemento passivo. Analisamos *teer* como um verbo pleno nestas construções. Na terceira parte, abordaremos as restrições selecionais das estruturas com *seer* + PtP de verbos ergativos e seu posterior desenvolvimento. Analisamos *seer* como um verbo auxiliar temporal.

O ESTATUTO SINTÁTICO DE *AVER* NO PORTUGUÊS ARCAICO

Roberts (1993b) analisa o desenvolvimento dos tempos do futuro e do condicional das línguas românicas,[14] derivados da construção do latim clássico com infinitivo + *habere,* e demonstra ser esse um caso padrão de gramaticalização: a forma verbal plena *habere* foi (a) formalmente reduzida a um afixo, (b) semanticamente reduzida a um marcador de tempo futuro/condicional, nesse contexto (1993b: 19-20). A gramaticalização de *habere* como marcador de futuro dá origem a uma separação lexical, em que *habere* sobrevive em outros contextos como forma plena e entidade semântica, retendo as significações de posse e relacionadas. Como Roberts (1993b) observa, "the earliest cases are in embedded contexts, typically relative clauses". Ele analisa esse tipo de perífrase como um tipo de complementação nominal de *habere.* Como *habere* pode selecionar a voz do infinitivo (sistematicamente passiva, segundo Benveniste, 1968), ele propõe que a estrutura do infinitivo é a de um DP dominando um IP, em que o núcleo I^0 contém os traços de voz.

Considerando a proposta de Benveniste (1968) de que essa perífrase envolvia sempre um infinitivo passivo que equivalia funcionalmente ao particípio passivo futuro, Roberts (1993b) propõe que *habere* marca futuridade enquanto o infinitivo marca passividade. Assim, *habere* contém o conteúdo funcional e o infinitivo, o lexical ou temático. Nesse sentido, *habere* é quase um auxiliar aspectual, um verbo auxiliar que não designa papel temático ao seu complemento IP.

Nos séculos VII e VIII, *habere* tem claramente um sentido temporal e foi gramaticalizado como um marcador de futuro. Em termos da análise de Roberts (1993b: 24), *habere* sofreu uma reanálise diacrônica deixando de ser um auxiliar lexical e passando a ser um auxiliar funcional, selecionando um complemento TP (ou VP), tornando as construções infinitivo + *habere* monoclausais. Ele representa tal RD como em 21:

(21)

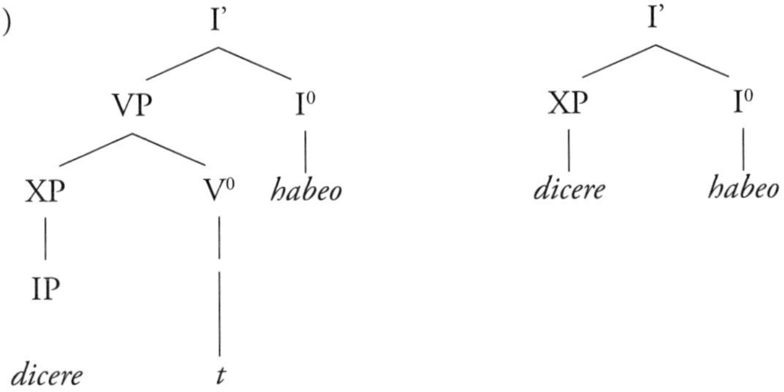

Em (21), XP à esquerda da seta dupla é um DP e *habere* é um auxiliar lexical que se move de V^0 para o núcleo I^0; XP à direita da seta dupla é um VP ou talvez TP. O auxiliar funcional *habere* é gerado em I^0. A RD foi forçada pela LES; a estrutura inovadora tem menos um movimento do que a estrutura antiga.[15]

Observaremos agora o desenvolvimento das formas perifrásticas *habere* + PtP, à luz do que foi exposto anteriormente quanto à formação do futuro a partir da perífrase *habere* + infinitivo. Filólogos em geral concordam que o particípio latino se originou de uma forma puramente adjetival (cf. Vincent 1982, Harris 1982 e suas citações referenciais). Segundo Vincent (1982), já no latim clássico (e também no latim vulgar), *habere* ocorria em construções com um PtP que expressava propriedades ou atributos dos objetos/nomes aos quais estavam associados, como ilustram seus exemplos (22) e (14) (a construção (14) é a mesma apresentada em (1) no nosso texto e aqui a repetimos):[16]

(22) inclusum in curia senatum habuerunt (Cícero)
confined in senate-house senate they-had
(14) in ea provincia pecunias magnas collocatas habent (Cícero)

Em (22/14), os PtPs indicam um estado em relação aos NPs *senatum /pecunias magnas*, e, assim, os PtPs impõem uma interpretação passiva ao complemento de *habere*.

Portanto, assim como nas construções com infinitivo, nas construções com particípio *habere* impõe o traço passivo ao seu particípio. Isso explica por que só particípios transitivos podiam ocorrer nessas construções. Apesar dessas perífrases envolverem unicamente um sentido passivo, ou seja, apesar dele poder selecionar a voz do PtP, não há indícios de que *habere* defina um tipo de relação temporal com seu complemento, como *habere* define futuridade com o infinitivo. A perífrase com PtP serve para indicar uma relação aspectual de um evento concluso ou durativo.

Nesse tipo de construção, o agente da passiva está geralmente omisso, o que permite duas possibilidades de interpretação da sentença; por exemplo, na construção (14), o sujeito de *habere* pode ou não ser o agente da passiva, quer dizer, os investidores do dinheiro. O fato de que o sujeito de *habere* e o agente da passiva possam ser referencialmente diferentes pode implicar em que o verbo *habere* era um atribuidor de papel temático ao NP sujeito, um POSSUIDOR, possibilitado pela sua propriedade de atribuir traço [+afetado] (cf. Guéron 1986). O NP complemento pode receber o papel temático TEMA. Esses fatos nos levam a analisar *habere* nessas construções como um verbo pleno, com um complemento IP contendo um PtP passivo.

As conclusões a que se chega a partir das análises anteriormente apresentadas é que *habere* ainda não foi gramaticalizado como verbo auxiliar aspectual nas estruturas com PtP no latim, mas é um auxiliar funcional temporal nas estruturas com infinitivo, já no latim clássico/vulgar. Isto dá origem a uma separação lexical dessa forma verbal, desde que nos contextos com PtP e nos de posses (e similares) *habere* sobreviveu como entidade formal e semanticamente plena, mantendo seus sentidos etimológicos: *conter*, *manter*, *possuir* (*ter*) etc.

No desenvolvimento histórico de *habere* para as formas do português arcaico = *aver*, outras mudanças ocorreram:

(I) *Aver* já ocorre no PA como uma forma gramaticalizada, um auxiliar funcional nos tempos do futuro e do condicional, uma forma livre do nível X^0 (cf. Lema e Rivero 1989 e Roberts 1993b).

(II) Nas estruturas de posse, *aver* se restringe essencialmente a posses inerentes/inalienáveis (cf. Mattos e Silva 1981, 1987, 1989, 1990), caracterizando-se possivelmente como um auxiliar funcional. Como observa Said Ali (1967: 119), não se pode "descobrir no seio da nossa língua a noção de posse perfeita identificada com o verbo *haver*".

(III) *Aver* disputa com *seer* seu espaço nas construções existenciais. Já observamos na seção "As propriedades de *haver*, *ter* e *ser* no português arcaico" que os verbos que ocorrem nessas construções são verbos que não atribuem papel temático, caracterizando-se como verbos auxiliares.

Assim, em todos os contextos apresentados anteriormente *aver* se identifica como um auxiliar funcional (contextos I e II) e como um auxiliar verbal (contexto III). Também nas estruturas com PtP o elemento verbal *aver* parece ter adquirido valor de auxiliar verbal, como os exemplos seguintes ilustram:

(22) a. e dezia que avia perdudo todo aquelo per que se avia de manteer todo o ano (DSG 1.22.10)
b. Abride-me as portas da justiça e entrarei en elas e confessarei e reconhocerei a Nosso Senhor todolos bees que mh'a feitos (DSG 4.32.8)
c. e perdoar-lh'ia quanto avia feito (DSG 3.32.11)
d. cuidou-se ca se queria ir do moesteiro polo torto que lhi avia feito (DSG 1.5.9)

Embora os PtPs que ocorrem nessas construções sejam sempre de natureza transitiva nos DSG, e a concordância entre o PtP e o NP complemento ocorra sistematicamente, as construções em (22) permitem uma leitura temporal, o que nos leva a propor que *aver* é aí um auxiliar verbal temporal que seleciona um TP e não um IP com propriedades de passiva, como seu antecessor latino. Não consideramos a presença ou a ausência de concordância entre PtP e NP como elementos definidores de formação dos tempos compostos: os tempos compostos com *être + PtP* do francês apresentam até hoje concordância sistemática entre esses dois elementos, assim como algumas das construções com o auxiliar temporal *avoir* (cf. Ribeiro, 1990, para uma proposta sobre essa questão).[17]

As observações anteriores nos permitem certas especulações sobre o estatuto de *aver* no PA, como, por exemplo, a de que *aver* já podia ocorrer como um auxiliar temporal nas construções com PtP de qualquer tipo de verbo desde os primeiros textos escritos em português, devido ao seu estatuto de verbo auxiliar temporal já nos DSG. Também acreditamos que estruturas como as latinas, em que o PtP era passivo, devem aparecer em documentos do PA, desde que *aver* ainda podia aparecer em estruturas de posse1 material, que permite uma representação como em (17). As duas construções devem ter sobrevivido durante certo período de tempo, desde que *aver* nas posses1 materiais é documentado até fins do século XV (cf. item "As propriedades de *haver*, *ter* e *ser* no português arcaico"). As restrições observadas por Mattos e Silva quanto ao traço transitivo dos PtPs nos DSG podem ser vistas como ocasionais, características de terminados documentos, mas não de outros. Infelizmente não temos dados que comprovem empiricamente esses fatos. Fica aberta a questão para pesquisas futuras.

Apesar de nossas conjeturas anteriores, os estudos sobre a formação dos tempos compostos no português que conhecemos – Mattos e Silva (1990) e Naro e Lemle (1976) – observam que, só a partir do século XV, *aver* aparece em construções com PtP transitivos, intransitivos e ergativos. Confira exemplos do documento "Crônica de D. João I" (doravante CDJI), século XV:

(23) a. jumtarsse em magotes a fallar na morte do Comde e cousas que aviam acomteçido (CDJI, Cap. XIV)
b. omde o Prior com seus irmaãos aviam estomçe chegado (CDJI, Cap. XX-XIX)
c. os trautos que antrelle e os de Portugal avia firmados (CDJI, Cap. LVII)
d. dizendo que vira a carta do Comçelho da obra muito de louvor que todos aviam feita por serviço de Deos e homrra do rreino e de sua pessoa (CDJI, Cap. XLIV)
e. Acabado esto que avees ouvido (CDJI, Cap. XLII)
f. pollas menagees que lhe aviam feitas segumdo nos trautos era comtheudo (CDJI, Cap. XXXVI)
g. Oo treedor! vendido nos as! (CDJI, Cap. CII)

Pode-se considerar que a perda da restrição do traço [+transitivo] dos PtPs é evidência clara de reanálise de *aver* como verbo auxiliar, nessas construções. Como os exemplos ilustram, a RD de *aver* como verbo auxiliar temporal não implica em que estruturas com *aver* + PtP passivo não possam ocorrer na língua, desde que a RD leva a uma simplificação estrutural e pode tornar as construções reanalisadas menos frequentes, mas não as elimina da língua. Desse modo, podemos observar que nos exemplos acima as duas estruturas coocorrem: em (a), (b), (e) e (g), os PtPs são ativos, enquanto em (c), (d) e (f) eles parecem ser passivos, ou, ao menos, são ambíguos quanto a uma leitura do PtP como ativo ou passivo. A construção (c), por exemplo, pode ser interpretada como "(ele) avia firmado tratos entre ele e os de Portugal" ou a leitura "(ele) avia os tratos firmados (= os tratos foram firmados) entre ele e os de Portugal". Se essa análise está correta, isso pode ser um indício a favor das nossas conjeturas de que *aver* + PtP passivo e ativo já devem ocorrer nos primeiros textos do PA.

No português brasileiro (PB) contemporâneo falado, *haver* perdeu todos os domínios de posse e perdeu também sua posição de auxiliar, restringindo-se a construções raras. Como verbo existencial, *haver* também perde essa acepção na língua falada. Esse processo de perda dos campos de atuação de *haver* já vem se desenvolvendo desde o PA, quando *haver* começa a deixar de ser o verbo de posse1. A aquisição do traço existencial e a perda da posse1 da forma verbal *haver* no PA conspiram contra a permanência de *haver* existencial e auxiliar na língua, talvez por serem fenômenos contraditórios, se consideramos as generalizações de Clark (1978) apresentadas em (i) e (iv): (a) em geral os verbos das construções existencial e posse1 são os mesmos; (b) se uma língua tem um só verbo auxiliar, ele é usualmente idêntico ao verbo existencial.

A generalização da relação entre ser verbo existencial/ ser verbo auxiliar parece poder ser empiricamente observada na evolução histórica do português, desde que *haver* ainda permanece no PB de estilo formal/literário como verbo auxiliar e existencial, mas não mais como possessivo (voltaremos a esse tópico na seção "As construções com *seer* + PtP" mais adiante). No português europeu (PE) moderno *haver* perdeu para *ter* as estruturas de posse1, mas permanece como verbo existencial. Como auxiliar dos tempos compostos, *ter* tende a predominar sobre *haver*, embora ambos ainda sejam de uso na língua falada. Teoricamente, julgamos ser possível encontrar uma explicação para essas diferenças entre PB e PE na consideração dos seguintes *steps* nas RDs dessa forma verbal:

(i) No PA *haver* já é um núcleo lexical semanticamente restrito nas estruturas de posse1, um auxiliar funcional do futuro, um auxiliar verbal temporal nas construções com PtP, e também um verbo existencial. No seu desenvolvimento histórico, *haver* foi formalmente reduzido a um afixo de futuro/condicional no PB (uma forma presa), tornando-se um elemento funcional do nível X^{-1}. Esse fato se reflete na perda da mesóclise no PB falado (cf. Lema e Rivero, 1989, e Roberts, 1993b, para maiores detalhes técnicos). A sua reanálise como morfema preso, um afixo verbal de futuro no PB, parece ter desencadeado a perda das significações contextuais de *haver* como auxiliar verbal e como verbo existencial.

(ii) *Haver* é um auxiliar funcional (um clítico verbal) em PE, um constituinte do nível X^0, nos tempos do futuro/condicional, uma forma livre. Desse modo, ele pode permanecer separado do verbo, como nos casos de uso mesoclítico dos pronomes complementos, comportamento padrão do PE falado (cf. referências citadas no item anterior). Possivelmente é esse traço de morfema livre que possibilita a existência de *haver* como auxiliar verbal e como verbo existencial no PE.

AS CONSTRUÇÕES COM *TER* + PARTICÍPIO

A gramaticalização de *aver* como auxiliar temporal no PA dá origem a uma separação lexical, em que os reflexos das significações possessivas e relacionadas da forma latina *habere* sobrevive somente nas posses1 inerentes. *Aver* adquire no PA a significação existencial, que não existia no latim clássico. Por outro lado, os dados dos DSG mostram que *teer* sobrevive como forma plena e entidade semântica nas significações das posses1 materiais relacionadas à forma latina *habere*, e já está ampliando seu campo para as posses1 inerentes/inalienáveis.

São também com *teer* que aparecem nos DSG as perífrases tipicamente correlacionadas às de *habere*, exemplificadas com as construções (24) e (14) de Vincent (1982). Nos DSG ocorrem 34 perífrases de *teer* + PtP transitivo, havendo concordância de gênero e número entre o NP complemento e o PtP. Nessas estruturas o PtP é claramente passivo e serve para indicar o estado (aspectual concluso/ durativo) de um objeto, coisa, pessoa, em certo. Apresentamos a seguir alguns exemplos dessas construções. De modo geral, elas ocorrem em contextos de sentenças relativas (com exceção das construções (a) e (c) abaixo):[17]

(24) a. a hoste dos godos teve cercada aquela meesma cidade de Parusio per sete anos continuadamente (DSG 3.14.05)

b. E parando el mentes ao manto que tiinha tendudo antr'os braços (DSG 1.19.13)

c. E a mha cabeça ja a el ten metuda na sa boca (DSG 4.36.17)

d. e que lhi mostrasse quen era aquel San Beento que aqueles seus bees tiinha guardados (DSG 2.31.7)

e. huu gram penedo que nascia hi naturalmente e tiinha todo o logar coberto (DSG 1.13.10)

Pode-se dizer que em todas elas *teer* tem um significado próximo de "*manter/ reter*". Adaptando a essas construções a análise estrutural proposta por Roberts (1993b) para as construções com *habere* + infinitivo, podemos dizer que *teer* seleciona um complemento nominal NP. Sendo o PtP sistematicamente passivo, então *teer* é capaz de selecionar a voz do PtP. Assim, a estrutura com PtP poderia talvez ser a de que *teer* seleciona um NP dominando um IP, onde I^0 contém os traços de voz (cf. representação (26)).

O problema que se coloca para nós nessa análise é a definição do estatuto categorial de *teer*. Na análise de Roberts (1993b), nas estruturas de *habere* + infinitivo, *habere* é um auxiliar lexical e marca futuridade; o infinitivo marca passividade. Nas construções com *teer* + PtP, o particípio marca passividade, mas *teer* não define tempo em relação ao PtP (embora defina uma relação aspectual), o que nos leva a propor que *teer* ainda não é um verbo auxiliar nessas construções (como não o era *habere* nas construções desse tipo).

Observando que em todos os exemplos anteriores o NP complemento de *teer* é [+definido] e considerando a análise de Guéron (1986) sobre possel definida (cf. item "As propriedades de *haver*, *ter* e *ser* no português arcaico"), propomos que *teer* é aí um verbo pleno que seleciona seu NP sujeito e atribui um papel temático a seu complemento. Assim, tanto *teer* como PtP têm conteúdo lexical e selecionam papéis temáticos para seus argumentos. Desse modo, pensamos que uma análise que melhor daria conta dos dados é a de que *teer* seleciona um complemento IP (ou talvez CP), ao qual ele atribui um papel temático TEMA. O NP complemento que ocorre nessas construções é um argumento selecionado pelo PtP, que, sendo passivo, leva esse NP a ser analisado como argumento interno do PtP, que exerce a função de sujeito da cláusula passiva.

Já vimos que *teer* amplia seu domínio sobre as construções de posse1. Também nas estruturas com PtP, *teer* disputa seu espaço com *aver*, já aparecendo no século XV gramaticalizado como um auxiliar temporal. Evidentemente, as duas construções podem coocorrer num mesmo texto: a RD de *teer* como auxiliar temporal não elimina da língua as construções em que *teer* é um verbo pleno e seu PtP é passivo. Ilustramos esses fatos com os exemplos abaixo, do documento "Crônica de D. João I", séc. XV, *Os Lusíadas* e "Décadas", século XVI:[18]

(25) a. em quallquer cousa que lhe avehesse sobresta demanda que começada tinha (CDJI, Cap. CXLI)
b. ataa que camssaço e desperaçõ de nom poder comprir o que começado tinham (CDJI, Cap. CXXXIX)
c. queria sojugar e aver imjustamente, contra ostrautos que prometidos tinham (CDJI, Cap. CXLI)
d. era com gram medo e periigo, por a frota de Castella, que tiinha o rrio tomado (CDJI, Cap. CXLII)
e. Diego Lopes foi tragido a ElRei de Castella, e iinha-o preso no arreal (CDJI, Cap. 200)
f. Sometida Bizancio tem a seu serviço indino (Camões, *Lus.* 3,12)
g. ElRey per dezoito ou vinte dias continuos teve os nossos cercados (Barros, Déc. 3,3,2) (entre 1552-1563)

Nas construções (a, b, c), *teer* funciona como um auxiliar temporal e o PtP é ativo; nas em (e, f, g), *teer* é um verbo pleno (= *manter*), sendo o PtP passivo. Em algumas construções é às vezes difícil de se saber qual das estruturas está sendo realizada. Por exemplo, em (d) acima, as duas leituras parecem ser possíveis, visto que o sujeito de *tiinha* também pode ser o agente de *tomar*: (a) a frota de Castella tomara o rio ou (b) a frota de Castella mantinha o rio tomado (por eles).

Assim, nas perífrases de PtP passivo *teer* parece ser um verbo lexical; nas perífrases de PtP ativo, *teer* foi gramaticalizado como um marcador temporal, sofrendo uma RD, simplificadamente representada como em:

(26)

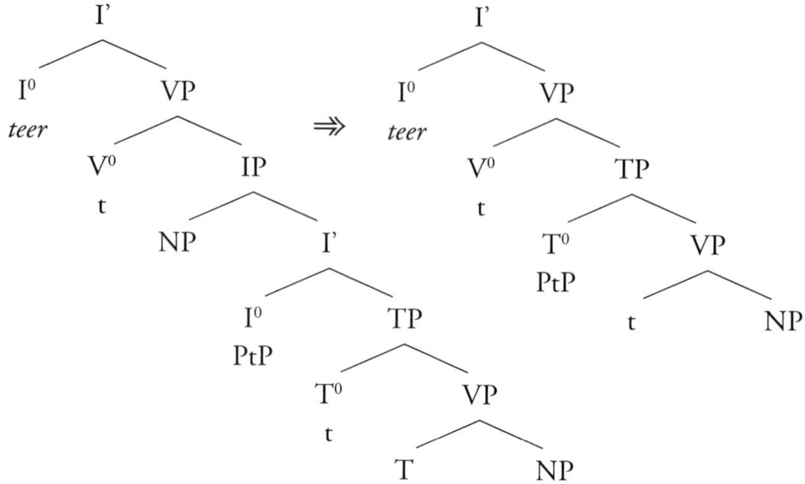

Na representação à esquerda da seta dupla há duas cadeias: uma formada de dois elos, pelo movimento de *teer* para I^0, e a outra formada de três elos, pelos movimentos do PtP para T^0 e depois para I^0, onde ele recebe o traço passivo. Na estrutura reanalisada, à direita da seta, há também duas cadeias, mas cada uma só com dois elos. Na estrutura reanalisada há um movimento a menos, favorecido pela LES (de qualquer modo (26) é uma representação simplificada, desde que precisaríamos de mais projeções funcionais para representar adequadamente as estruturas).

Aver e *teer* podiam ocorrer em estruturas similares, como:

(27) a. acabado esto que avees ouvido (CDJI. Cap. XLIII)
b. segumdo em cima ja téedes ouvido (CDJI, Cap. XXVII)

em variação livre. Essas construções indicam que ambos eram verbos auxiliares temporais no século XV.

No PB contemporâneo falado, *ter* sobrevive como forma plena e entidade semântica nas posses1, substituiu *haver* nos tempos compostos e coocorre com *haver* nas estruturas existenciais, havendo um predomínio de *ter* existencial sobre *haver* existencial na língua oral. O que pode ter favorecido a RD de *teer* como verbo auxiliar? Pensamos que a ocorrência de *teer* nas posses1 inerentes foi um dos passos desencadeadores da RD. Os verbos que ocorrem nessas construções funcionam como auxiliares funcionais, possivelmente gerados em I^0. Segundo passo, mesmo nas posses1 materiais, geralmente indefinidas, o verbo *ter* seleciona papéis temáticos secundários. Lembramos que a não seleção de papéis temáticos primários é uma característica de auxiliaridade. O terceiro passo que queremos considerar é sobre a realização de *ter* como existencial.

Mattos e Silva não registra ocorrência de *teer* como existencial nos DSG. Embora não tenhamos dados que confirmem esta hipótese, supomos que a RD de *ter* como auxiliar temporal e como verbo das posses1 materiais e inerentes deve estar mais ou menos correlacionada com a possibilidade de *ter* também aparecer em estruturas existenciais. Não temos informações sobre as primeiras ocorrências de *ter* existencial, mas, numa observação assistemática do Índice Analítico do Vocabulário de *Os Lusíadas* (Cunha, 1980), encontramos as seguintes construções em que analisamos *ter*, *haver* e *ser* como existenciais:

(28) a. ....e assim caminha
Para a povoação, que perto tinha (*Lus.* V, 29)
b. Que aqui gente de Cristo não havia (*Lus.* I, 102
c. Um Rei, por nome Afonso, foi na Espanha (*Lus.* III, 23)

Se em português a correlação entre ser verbo auxiliar e ser verbo existencial pode ser mantida, esperamos que esses três verbos possam coocorrer nas duas construções, como acontece em Camões:

(29) a. Meio caminho a noite tinha andado (*Lus.* II, 60)
b. Que tamanhas vitórias, tão famosas,
Hajam os Portugueses alcançado (*Lus.* I. 74)
c. Estas que ora de novo são chegadas (*Lus.* I, 78)

Assim, parece-nos provável se poder estabelecer para o português uma relação diacrônica entre o traço existencial de um verbo e a sua realização como auxiliar dos tempos compostos. Essa é um tópico a ser mais bem pesquisado e empiricamente fundamentado. Uma questão que também fica sem resposta no momento é sobre o uso de *ter* como existencial no PE contemporâneo falado. As correlações anteriores implicam em que se *ter* é um verbo auxiliar, ele também deve (ou deveria) ocorrer como existencial.

AS CONSTRUÇÕES COM *SEER* + PTP

Vincent (1982) observa que a perífrase de *esse* + PtP era comum no latim clássico, não só na formação da passiva perfectiva (*amatus est)*, como também em construções com PtPs dos chamados verbos depoentes, tipicamente verbos de movimento e de mudança de estado (*locutus est*).

Essas duas construções sobrevivem no PA, em que o verbo *seer* ocorre com PtPs de verbos transitivos e depoentes ou ergativos. Ilustramos a seguir essas construções com dados dos DSG:

(30) a. Este livro foi feito pelo nobre San Gregorio (1.1.2)
b. Pera saberen os que nados eran e os que avian ainda de nacer (2.1.36)

As perífrases de *seer* + PtP de verbo ergativo são analisadas como tempos compostos, sendo *seer*, neste caso, um auxiliar temporal. Segundo a generalização de Burzio (1981), só um verbo que atribui papel temático ao seu argumento externo pode aparecer em construções passivas. Desse modo as construções em (30) diferem em que (30a) só pode ter uma interpretação passiva, mas (30b) não pode ter essa interpretação. Sendo *seer* um verbo inacusativo (cf. acima análise sobre *seer* existencial) e *morrer* também um verbo inacusativo, a construção em (30b) só pode ter uma leitura em que *seer* é um auxiliar de tempo composto.

Mattos e Silva (1989: 44-5) observa que só um número restrito desses verbos ocorrem em construções do tipo (30b): *morrer* (o mais frequente), *partir* e *passar* (ambos como parassinônimos ou mesmo sinônimos de *morrer*), *nacer*, *chegar* e *criar*. Contudo, em outros *corpora* de outras épocas, esses e outros PtPs ergativos aparecem nessas construções:[19]

(31) a. dizendo lhe que soomente por elle forom alli viimdos (CDJI, Cap. CII)
b. Era ido o capitão (Barros, Déc. 3,1,5) (séc. XVI, entre 1552 e 1563)
c. Quasi dous annos que eram corridos depois de aberto o Concílio (Sousa, Arc. 1,349) (séc. XVI)
d. Melhor lhe fora a tal homem nunca ser nascido (Vieira, Serm. 3, 238) (fins do séc. XVII)

As perífrases com *ser* sobreviveram em algumas línguas românicas, como no italiano e no francês moderno, mas não em outras, como no português e no espanhol modernos. Verbos que requeriam sempre auxiliar *ser* nos DSG já coocorrem com *aver* e *ter* ao menos a partir do século XV:[20]

(32) a. onde o Prior com seus irmaãos aviam estomçe chegado (CDJI, Cap. XXXIII)
b. Respondeo elle que já tinha morto hum urso e hum leão (Vieira, Serm. 2,318) (fins do séc. XVII)
c. que ja era partido caminho de Samtarem (CDJI, 383 A.D)

A coocorrência dessas três formas verbais como auxiliares temporais parece ter permanecido por algum tempo no português, como os exemplos em (32) indicam. Na construção a seguir:

(33) por tamto he avudo por boõ quallquer que per comthinuada batalha veemçe (CDJI. Cap. XXXI)

o verbo *ser* é o auxiliar de *aver*, ambos verbos inacusativos.

Não sabemos até quando as perífrases de *ser* + PtP inacusativo permaneceram no português. Em uma primeira versão desse estudo (cf. Ribeiro, 1990), considerei a hipótese proposta por Mary Kato (comunicação pessoal) de que o traço locativo desses predicados pode oferecer uma explicação para o desenvolvimento histórico dessas construções. Vimos no item "As propriedades de *haver*, *ter* e *ser* no português arcaico" que *ser* coocorria com *estar* nas estruturas locativas no PA (cf. exemplos em (11)). Posteriormente, *ser* perde esse traço locativo para *estar*. *Ser* também detém o traço locativo nas estruturas existenciais, concorrendo com *haver*. Assim, parece-nos bastante viável admitir essa hipótese para o desenvolvimento histórico de *ser*, considerando os seguintes passos: (a) a perda do traço LOCATIVO nas construções locativas leva à (b) exclusão de *ser* das estruturas existenciais (que requerem um operador LOCATIVO), o que por sua vez favorece (c) a exclusão de *ser* como auxiliar temporal. Parece-nos, desse modo, que é o traço LOCATIVO das construções existenciais que está relacionado com as propriedades de um verbo ser ou não auxiliar, em português.[21]

CONCLUSÃO

Neste capítulo, vimos evidências para diferentes estágios de desenvolvimento dos verbos *ter*, *haver* e *ser*, em "construções locativas" e em construções com PtPs passivos e ativos. Cada estágio se identifica como um passo para a gramaticalização e posteriores RDs desses elementos na sua história no português. Podemos sumarizar esses estágios seguindo o processo de gramaticalização como:

(i) *Haver*, um verbo lexical semanticamente pleno no latim, já aparece no PA como um auxiliar funcional em construções de posse inalienável, e como verbo auxiliar nas formas perifrásticas e nas construções existenciais. No PB contemporâneo falado *haver* se reduziu a um afixo gramatical de futuro, desaparecendo de todos os outros contextos.

(ii) *Ter* é um verbo lexical semanticamente pleno no PA, compete com *haver* como verbo auxiliar nas perífrases perfectivas e nas construções existenciais, ocupando hoje todos esses contextos.

(iii) *Ser* se caracteriza no PA sempre como um auxiliar verbal, nas perifrásticas passivas e ativas, e nas construções existenciais e locativas. No PB contemporâneo conserva só o seu estatuto de auxiliar nas perífrases passivas.

O aparecimento de uma nova construção ou a mudança significativa na frequência de uma construção em um conjunto de textos é analisado por Roberts (1993b) como um passo para que uma RD ocorra, mas não implica uma mudança na gramática. Gramática aqui é entendido como a língua internalizada na mente do falante, e não como um conjunto de sentenças de um *corpus*. A RD muda uma estrutura S no período P para uma estrutura S' de S num período P'. Cada RD conduz a uma simplificação estrutural, mas não a uma mudança na gramática. Essa é a segunda noção da teoria de mudança de Roberts (1993b). Uma mudança na gramática é desencadeada pela mudança no valor de um parâmetro no processo de aquisição da linguagem pela criança. Uma dada geração pode marcar um parâmetro de sua gramática diferentemente da gramática em uso no seu ambiente linguístico (cf. Roberts, 1993b, e Lightfoot, 1991).

Roberts (1993b) diz que a maior diferença conceitual entre RD e mudança paramétrica é que a primeira afeta somente as construções, tendo um efeito "local" na gramática. A mudança paramétrica, por outro lado, apresenta um impacto mais global na gramática. Como Lightfoot (1991) observa, certas mudanças podem ocorrer gradualmente, afetando as classificações lexicais, mas sem afetar as propriedades estruturais das gramáticas dos indivíduos. É necessário que as mudanças graduais (ou reanálises diacrônicas) interajam com outros fatores para que a mudança na gramática ocorra.

Roberts (1993b) afirma que há uma relação causal entre RD e mudança paramétrica: a RD, derivada da LES, pode afetar de tal modo os dados desencadeadores da aquisição que leva a criança a mudar o valor de um parâmetro da gramática dos falantes adultos do seu ambiente linguístico. Nesse sentido, a RD e a LES podem causar uma mudança paramétrica. Assim, a mudança paramétrica pode ser observada por um conjunto de RDs, um conjunto de mudanças que resultam na eliminação simultânea de um certo número de estruturas superficiais.

Nos fatos da reanálise de *haver*, *ter* e *ser*, vimos que essas formas coocorriam em contextos semelhantes durante um determinado período de tempo. Em termos teóricos, podemos explicar essa coocorrência dizendo que as RDs dessas formas não afetaram inicialmente a estrutura interna da gramática dos indivíduos, desencadeando uma mudança paramétrica. Ela reflete, na realidade, uma mudança na *performance* do falante, em termos de probabilidades de escolha entre expressões ou análises válidas (cf. Lightfoot, 1979).

Segundo Roberts (1993b) e Lightfoot (1991), a obsolescência de uma estrutura resulta de um novo valor paramétrico. No caso das estruturas com *haver*, a sua gramaticalização como afixo de futuro (reanálise de categoria de nível X^0 para X^{-1}) com a consequente perda da mesóclise, por sua vez também relacionada com a perda da restrição de clítico em segunda posição no espanhol do século XVI (cf. Pagotto, neste volume, sobre o comportamento dos clíticos no português do século XVI), aliada a mudanças nas estruturas básicas das sentenças, ambos os fatos derivados do enfraquecimento de AGR no português brasileiro (cf. Galves 1987, 1991 e neste volume). Esses fenômenos refletem uma mudança paramétrica na gramática do português, sendo uma possível explicação para a obsolescência das formas com *haver* no PB.

A mudança nas estruturas básicas das sentenças e o enfraquecimento de AGR também se refletem na obsolescência das estruturas com *ser*, no sentido de que as estruturas dos verbos inacusativos no português também devem apresentar propriedades estruturais distintas após a mudança do valor paramétrico. Por exemplo, os verbos dessas construções tendem a não mais realizar concordância de traços gramaticais com o NP argumento que é analisado como seu sujeito de estrutura-S (cf. estudo de Tarallo e Kato, 1989). Também se tem registrado a perda de concordância de construções passivas com *se* (construções inacusativas), reanalisadas como estruturas impessoais (*vende-se casas*, *forra-se botões* (cf. Nunes, 1990, 1991). Os fenômenos relacionados com enfraquecimento de AGR derivam de mudança paramétrica na gramática, que consideramos também ter atuado na exclusão de *ser* das construções perifrásticas com verbos inacusativos e das existenciais.

NOTAS

1 Agradecemos a Rosa Virgínia Mattos e Silva e Charlotte Galves pelas sugestões e comentários feitos à primeira e a esta segunda versão deste estudo; a Vicente Cerqueira e Alvana Boff, pelas horas de discussões sobre esse tema.

2 No original: "they have great capital invested in that province" (nossa a tradução portuguesa).

3 No original: "they have invested great capital..." (nossa a tradução portuguesa).

4 Sobre esse tópico, cf. Vincent (1982) e Ribeiro (1990).

5 Em Mattos e Silva (1981, 1990), são também estudados *corpora* do século XV (cf. seção "*Haver, ter* e *ser* nas 'construções locativas'").

6 Apud Roberts (1993b).

7 Essa também é uma ideia defendida por Mary Kato (cf. a apresentação geral das hipóteses de Mary Kato sobre essas estruturas em Ribeiro (1990), em Kato (1990) e em Kato e Nascimento (1990))".

[8] Roberts (1993) estabelece uma distinção entre afixos morfológicos do nível X^{-1}, aqueles que apresentam marcas morfológicas para o plural distintas das do singular, e afixos morfológicos do nível X^0, evidentemente aqueles que não apresentam tal distinção.

[9] Cf. nota 10.

[10] A aquisição da linguagem tem sido vista como um problema de fixação de parâmetros pela criança, parâmetros definidos na Gramática Universal. Nestes termos, adquirir uma língua significa operar um número de escolhas, selecionando-as dentro de um conjunto de possibilidades pré-determinadas; a interpretação dos dados diz respeito à forma e às propriedades dos itens lexicais. Portanto, a criança constrói sua gramática a partir do que ela ouve (os dados primários ou experiência) e do que ela possui de inato (os princípios da GU), visto que ela não tem acesso direto à gramática das pessoas à sua volta (cf. Lightfoot, 1991, Rizzi, 1988, entre outros). Assim, a LES pode ser vista como estratégias de aprendizagem, válidas para as crianças.

[11] As relações entre "construções locativas" apresentadas em Clark (1978) se apoiam no estudo de 32 línguas, incluindo entre elas o francês, o espanhol e o italiano. Não discutiremos neste estudo as diferenças entre o português e as línguas românicas referidas, no que se refere às "construções locativas" e à seleção do auxiliar quanto às propriedades do particípio, devido aos limites do nosso texto. Também não abordaremos aqui as propriedades das construções de posse2 no português.

[12] Apud Roberts (1993b: 20). As significações citadas no nosso trabalho são traduções dos seguintes termos: *to have, to hold, to carry, to wear, to possess, to own, to keep.*

[13] Simplificadamente o Critério Temático determina que cada NP referencial deve receber um papel temático (cf. Chomsky, 1981/1982).

[14] Cf. também Lema e Rivera (1989) e Lema (1991) sobre esse tópico.

[15] Em Roberts (1993b) outros desenvolvimentos desse núcleo funcional são discutidos, mas para o nosso trabalho o apresentado é suficiente.

[16] Eles haviam (= mantinham) senadores confinados (= presos) no senado (tradução nossa). A tradução do exemplo (14) = (1) está na primeira página do texto.

[17] Em Ribeiro (1990), relacionamos as possibilidades e impossibilidades de concordância entre PtP e NP no desenvolvimento histórico do português e do francês aos mecanismos de licenciamento de sujeito nulo, o que implica a abordagem de princípios relacionados com o parâmetro de atribuição de Nominativo/parâmetro do sujeito nulo.

[18] Das 34 construções com *teer* + PtP nos DSG, 26 são sentenças relativas, 3 são completivas, 1 é adverbial e 4 são sentenças raiz.

[19] Os exemplos (f/g) estão citados como em Said Ali (1965: 159).

[20] Os exemplos (b/c/d) estão citados conforme Said Ali (1965: 159).

[21] Os exemplos (b/c) estão citados como em Said Ali (1965: 159)

[22] Cf. Guéron (1986) e Clark (1978) sobre problemas relacionados com a auxiliaridade em espanhol, inglês, francês etc.

REFERÊNCIAS BIBLIOGRÁFICAS

BRAAMCAMP FREIRE, A. *Cronica Del Rei Dom Joham I de boa memoria e dos Reis de Portugal o decimo.* Escrita por Fernão Lopes. Reprodução fac-similada da edição do Arquivo Histórico Português, 1977.

BENVENISTE, E. Mutations of Linguistic Categories. In: LEHMANN, W.; MALKIEL, Y. (orgs.) *Directions for Historical Linguistics*: a Symposium. Austin: University of Texas Press, 1968.

BURZIO, L. *Intransitive Verbs and Italian Auxiliares.* Cambridge, 1981. Tese (Ph.D) – MIT.

CHOMSKY, N. *Lectures on Government and Binding.* Dordrecht: Foris Publications, 1981.

______. *Some Concepts and Consequences in the Theory of Government and Binding.* Cambridge: The MIT Press, 1982.

______. "Some Notes on Economy of Derivation and Representation". MIT *Working Papers.* 10, 1988, pp. 43-74.

CLARK, E. V. Locationals: Existential, Locative and Possessive Constructions. In: GREENBERG, Joseph H. (org.) *Universals of Human Language.* Syntax. v. 4. Stanford: Stanford University Press, 1978, pp. 85-126.

CUNHA, A. G. *Índice analítico do vocabulário de* Os Lusíadas. 2. ed. Rio de Janeiro: Presença, 1980.

EMONDS, J. "The Complex V - V' in French". *Linguistic Inquiry.* 9, 1978, pp. 151-75.

GALVES, C. "A sintaxe do português brasileiro". *Ensaios de Linguística.* 13, 1987, pp. 31-50.

______. "Agreement and Subjects in Brazilian Portuguese". *PROBUS.* 1991.

GUERON, J. "Le verbe avoir". *Recherches Linguistiques de Vincennes*: Hommage à Mitsou Ronat. Paris: Formes, 1986, pp. 155-83.

HARRIS, M. "The Past Simple and the Present Perfect in Romance" In: VINCENT, N.; HARRIS, M. (orgs.) *Studies in the Romance Verb*. London: Croom Helm, 1982.

______.; VINCENT, N. (orgs.) *The Romance Languages*. New York: Oxford University Press, 1988.

HUBER, J. *Gramática do português antigo*. Lisboa: Fundação Calouste Gulbenkian, 1986.

KATO, M. A. "Free and Dependent Small Clauses in Brazilian Portuguese". *D.E.L.T.A.* 23, n. especial (Homenagem à Lucia Lobato), 2007, pp. 85-111.

______. "The Reanalysis of Unaccusative Constructions as Existentials in Brazilian Portuguese". *Revista do GEL*. n. especial, 2002, pp. 157-86.

______; NASCIMENTO, M. "Unaccusatives as Raising Verbs". Comunicação apresentada no 3º Encontro da ANPOLL (Recife), 1990. Manuscrito.

LEMA, J. *Licensing Conditions on Head Movement*. Ottawa, 1991. Tese (Ph.D) – University of Ottawa.

______; RIVERO, M-L. "Inverted Conjugations and V-Second Effects in Romance". University of Ottawa, 1989. Manuscrito.

LIGHTFOOT, D. *Principles of Diachronic Syntax*. Cambridge: Cambridge University Press. 1979.

______. *How to Set Parameters*: Arguments from Language Change. Cambridge: The MIT Press, 1991.

LYONS, J. "A Note on Possessive, Existencial, and Locative Sentences". *Foundations of Language*. 3, 1967, pp. 390-6.

______. *Introduction to Theoretical Linguistics*. London: Cambridge University Press, 1968.

MATTOS E SILVA, R. V. *A mais antiga versão portuguesa dos "Quatro livros dos diálogos de São Gregório"*. Edição crítica com introdução e índice geral das palavras lexicais. São Paulo, 1971. Tese (Doutorado) – Universidade de São Paulo.

______. "Um aspecto auxiliar no Português Arcaico". *Tulane Studies in Romance Languages and Literature*. 10, 1981, pp. 93-109.

______. "Variação e mudança no português arcaico: *TER* ou *HAVER* em estruturas de posse". *Miscelânea de Estudos em Homenagem a Celso Cunha*. 1987.

______. Estruturas Trecentistas; elementos para uma gramática do Português Arcaico. *Estudos gerais; Imprensa Nacional*. Lisboa, 1989.

______. Caminhos de mudança sintático-semânticas no português arcaico. *V Encontro Nacional da ANPOLL*. Fortaleza, 1990.

NARO, A. J.; LEMLE, M. "Syntactic Diffusion". *Ciência e Cultura*. 29 (3), 1976, pp. 259-68.

NUNES, J. *O famigerado 'se'*. Campinas, 1990. Dissertação (Mestrado) – Unicamp.

______. "*Se* apassivador e *se* indeterminador: o percurso diacrônico no português brasileiro". *Cadernos de Estudos Linguísticos*. 20, 1991, pp. 33-58, 1991.

PÁDUA, M. P. *Ordem das palavras no português arcaico (frases de verbo transitivo)*. Coimbra: Ed. Coimbra/Instituto de Estudos Românicos Faculdade de Letras da Universidade de Coimbra, 1960.

POLLOCK, J-Y. "Verb Movement, UG and the Structure of IP". *Linguistic Inquiry*. 20, 1989, pp. 365-424.

RAMAT, A. G. Testing the Boundaries of Grammaticalization. In: RAMAT, A. G.; HOPPER, P. *The Limits of Grammaticalization*. Amsterdam/Philadelphia: John Benjamins, 1998.

RIBEIRO, I. "A evolução histórica das formas *ter/haver*". 1990. Manuscrito.

RIZZI, L. *Issues in Italian Syntax*. Dordrecht: Foris Publications, 1982.

______. "The New Comparative Syntax: Principles and Parameters of Universal Grammar". Universidade de Genebra, 1988. Manuscrito.

ROBERTS, I. *The Representation of Implicit and Dethematized Subjects*. Dordrecht: Foris Publications, 1987.

______. *Verbs and Diachronic Syntax*. Dordrecht: Kluwer, 1993a.

______. "A Formal Account of Grammaticalisation in the History of Romance Futures". *Folia Linguistica Historica*. 13, 1993b, pp. 219-58.

SAID ALI, M. *Dificuldades da língua portuguesa*: estudos e observações. Rio de Janeiro: Livraria Acadêmica, 1967.

______. *Gramática histórica da língua portuguesa*. São Paulo: Melhoramentos, 1965.

TARALLO, F. Turning Different at the Turn of the Century: 19th Century Brazilian Portuguese. In: GUY, G.; BAUGH; SCHIFFRIN, D. (orgs.) *Festschrift to William Labov*. Cambridge: Cambridge University Press, 1992.

______; KATO, M. "Harmonia trans-sistêmica: variação intra e inter-linguística". *Preedição*. 5, Campinas, 1989.

TEYSSIER, E. *Manuel de langue portugaise (Portugal-Brésil)*. Paris: Editions Klincksieck, 1984.

VINCENT, N. The Development of the Auxiliaries *HABERE* and *ESSE* in Romance. In: VINCENT, N.; HARRIS, M. (orgs.) *Studies in the Romance Verb*. London: Croom Helm, 1982, pp. 71-96.

O ENFRAQUECIMENTO DA CONCORDÂNCIA NO PORTUGUÊS BRASILEIRO

Charlotte Galves

É nos documentos do século XIX, em particular da segunda metade, que surgem os fenômenos que caracterizam a sintaxe do português falado atualmente no Brasil. Mas é preciso ressaltar que a visibilidade dessa emergência só se tornou possível, além de anotações impressionísticas que encontramos na literatura desde essa época, graças a trabalhos sistemáticos liderados por Fernando Tarallo, a partir da sua própria tese. Seu último texto, "Turning Different at the Turn of the Century", escrito para um volume em homenagem a William Labov, retoma os grandes ensinamentos da pesquisa que ele coordenou, mostrando que as mudanças aparecem em dois grandes aspectos da sintaxe da língua: o sistema pronominal e a ordem das palavras. Ele mostra também, e sobretudo, que as mudanças de frequência relativas a diversos aspectos da língua que a análise quantitativa faz aparecer podem ser interpretadas como resultando de uma mudança gramatical e não de uma simples variação, porque aparecem intimamente ligadas umas às outras no tempo.

Este capítulo tem como objetivo continuar essa reflexão e retomá-la mais estritamente dentro do modelo chomskiano. É composto de duas partes: a primeira é em grande parte baseada no texto de Tarallo, enfatizando em certos casos, e acrescentando em outros, os fatos que atestam qualitativamente a mudança. Além da simultaneidade dos saltos quantitativos, encontramos nos *corpora* outra evidência de que estava se implementando uma mudança gramatical no século XIX no Brasil: a existência de fenômenos que a gramática anterior não podia gerar. Fazendo referência ao modelo de Princípios e Parâmetros elaborado a partir de Chomsky (1981), podemos interpretar esses novos fatos como decorrendo de mudança paramétrica, isso é, de novo valor atribuído a um parâmetro pelas crianças adquirindo sua língua, originando uma nova gramática.

No segundo momento, tentarei localizar essa mudança. Qual é a mudança profunda, origem das mudanças superficiais? Qual é o parâmetro fixado diferentemente pelas crianças brasileiras a partir de então? Proporei que se trata da *natureza do morfema de concordância* presente na flexão verbal. Mostrarei que a mudança na caracterização desse morfema acarreta uma reestruturação da oração subjacente a todas as mudanças superficiais.

A EMERGÊNCIA DO "BRASILEIRO"

A modificação do sistema pronominal

Na sua tese, Tarallo mostra que na segunda metade do século XIX vemos aparecer claramente nos textos uma tendência ao maior preenchimento pronominal da posição sujeito e ao menor preenchimento pronominal da posição objeto. Em outros termos, há menos sujeitos nulos e mais objetos nulos. Na tabela 1 – tirada de Tarallo (1983, 1992) – observamos esta evolução até o século XX:

Tabela 1 – Evolução da retenção pronominal em posição sujeito e objeto em cinco períodos de tempo

Tempo	1725	1775	1825	1880	1981
Sujeito	23,3%	26,6%	16,4%	32,7%	79,4%
Objeto	89,2%	96,2%	83,7%	60,2%	18,2%

Observe-se que, se considerarmos os valores de 1981, verificamos uma inversão total em relação aos de 1825: a "retenção pronominal", ou seja, o preenchimento da posição por um pronome, atinge em posição sujeito valores próximos daqueles que se constatavam em posição objeto no século XVIII e na primeira metade do século XIX, e vice-versa. Isso aponta sem dúvida para uma mudança qualitativa de gramática, e não só uma variação quantitativa produzida dentro de uma mesma gramática. Em 1880, tal inversão não se verifica ainda, e encontramos, além disso, no que diz respeito à posição sujeito, valores que se encaixam nos limites de uma flutuação que aparece desde o primeiro período. Porém, o preenchimento da posição objeto apresenta um nítido decréscimo em relação às épocas anteriores consideradas. A tendência ao objeto nulo, tão nítida no português brasileiro moderno, parece já estar se implementando. Temos mais elementos para comprovar a mudança já nessa época, ou se tratará só de uma variação de ordem estilística? Há evidências para a primeira hipótese. Sabemos que a natureza do objeto nulo varia de uma língua para a outra. Em particular, estudos recentes[1] mostraram que o objeto nulo tem um comportamento diferente no português europeu (PE) e brasileiro (PB). No primeiro, sua ocorrência é limitada a certas estruturas, no segundo parece praticamente irrestrito. Essa diferença de comportamento tem sido interpretada, no quadro gerativo, como o reflexo do fato de que no PE se trata de um elemento de mesma natureza do que os vestígios de movimento de elementos-Q, que são fortemente submetidos a restrições de localidade, enquanto no PB se trata de um *pronome* nulo, livre de correferir, em qualquer contexto, com um elemento do contexto linguístico ou extralinguístico. Para interpretar qualitativamente os números anteriores, precisamos portanto investigar a natureza do objeto nulo na segunda metade do século XIX. Cyrino (1990) aponta para a existência, já nessa época, de objetos nulos que, dado o contexto em que ocorrem, só podem ser gerados por uma gramática que permite *pronomes* nulos em posição objeto. O objeto nulo num contexto onde um vestígio de movimento-QU é impossível aparece nos *corpora* pela primeira vez na segunda metade do século XIX. Cyrino ilustra essa afirmação com o seguinte exemplo, tirado da peça *O tribofe*, de Arthur de Azevedo:

(1) Inferno, isso é; se de Dante não sei, porque não conheço.

Em (1), observamos um objeto nulo, complemento de "conheço", numa oração da qual não seria possível fazer uma extração por movimento-QU: uma oração adjunto. Só pode se tratar, portanto, de um elemento pronominal. Temos aí a mudança qualitativa atestada.[2] Por outro lado, na mesma época, aparece um outro fenômeno, ausente dos *corpora* do século XVIII,[3] o pronome tônico em posição objeto, cujo aparecimento é retratado na seguinte tabela:

Tabela 2 – Preenchimento da posição ao objeto por pronomes[4]

Século	Clítico	Tônico
1ª met. séc. XVIII	100%	0%
1ª met. séc. XIX	100%	0%
2ª met. séc. XIX	91,3%	8,6%
1ª met. séc. XX	81,6%	18,3%
2ª met. séc. XX	47,3%	52,6%

Fonte: Tabela 3 de Cyrino, 1990.

Veremos mais adiante que o aumento do objeto nulo, a ampliação dos contextos em que aparece e o surgimento do pronome tônico em posição objeto se articulam também à diminuição da frequência dos clíticos e à alteração na sua colocação na oração. Tudo isso constitui um conjunto de fenômenos intimamente relacionados, que apontam para uma reorganização do sistema pronominal na língua.

A fixação da ordem SVO

Berlinck (1989) retrata o decréscimo da ordem VS nas frases afirmativas do século XVIII ao século XX:

Tabela 3 – Frequência da ordem VS

Séc. XVIII	42%
Séc. XIX	31%
Séc. XX	21%

Fonte: Berlinck, 1989; tabela 5 apud Tarallo, 1992.

Esta tabela só mostraria uma evolução regular desde o século XVIII, sem nenhum acontecimento particular no século XIX se, como Tarallo (1992) enfatiza, Berlinck não apontasse para um fato extremamente importante: a mudança operada, nessa época, na hierarquização dos fatores favorecendo a ordem VS.

Tabela 4 – Fatores favorecendo a ordem VS

Séc. XVIII	Séc. XIX	Séc. XX
1. *Status* informacional do SN	1. Tipo de predicador	1. Transitividade do verbo
2. Realização do SN	2. Realização do SN	2. Realização do SN
3. Distinção aspectual operação/resultado	3. Estatuto de oração	3. Animacidade do SN
4. Tipo de predicador		4. Distinção aspectual operação/resultado
		5. Concordância nominal

Fonte: Berlinck, 1989: 97 apud Tarallo, 1992.

Observamos que a ordem VS passa a ser condicionada em primeiro lugar pelo tipo de verbo enquanto isso era o último fator no século XVIII. A ordem VS continua a existir na língua, mas, além de sofrer uma nítida diminuição de frequência, a sua significação gramatical muda: até o século XVIII, a sintaxe oferece essa opção, que é escolhida na base da organização informacional da sentença. A partir do século XIX, passa a depender das propriedades lexicais dos verbos.

A questão da evolução da ordem, no sentido de uma fixação de SVO é também estudada por Duarte (1992) nas estruturas interrogativas. A tabela (5) mostra o aparecimento, no *corpus* considerado, da ordem SV nesse tipo de estruturas num texto de 1845, e o uso de "é que" com essa ordem no final do século.

Verifica-se que se trata de uma evolução mais demorada e tardia do que as outras, com o salto qualitativo dando-se somente no século XX. Aqui só a tomarei como um reforço da tendência verificada no trabalho de Berlinck. Contudo, um fato que não pode deixar de chamar a atenção é que mais uma vez presenciamos o início da mudança no século XIX, mais exatamente na segunda metade, com 20% de ordem SV em 1882 e o aparecimento do expletivo *é que* como suporte dessa ordem.[5]

Tabela 5 – Distribuição das interrogativas diretas segundo o período, a ordem e o uso do expletivo *é que*

	Ordem VS		**Ordem SV**	
	Expletivo ausente	**Expletivo presente**	**Expletivo ausente**	**Expletivo presente**
Período				
1734	100%	-	-	-
1845	96%	-	-	-
1882	77%	3%	4%	13%
1918	81%	-	9,5%	9,5%
1937	37%	-	-	63%
1955	20%	-	23%	57%

Fonte: Adaptado da tabela 2,em Duarte, no prelo; tabela 9, em Tarallo, 1992.

A diminuição da concordância com SE

Um terceiro aspecto da mudança ocorrida no século XIX é a diminuição da frequência da concordância em estruturas com o pronome "se" estudada por Nunes (1990, 1991), que analisa essa evolução como um sinal de que "se" tende a ser interpretado como indeterminador e não mais como apassivador.

Tabela 6 – Passivas pronominais: discordância entre verbo e argumento interno por período de tempo

Séc. XVI	0%
Séc. XVII	13%
Séc. XVIII	19%
Séc. XIX	62%
Séc. XX	84%

Fonte: Tabela II.1, Nunes, 1990.

Mais uma vez, podemos perguntar-nos se essa tendência corresponde a uma mudança profunda (uma mudança de gramática) ou se reflete somente uma escolha dentro da variação permitida pela gramática do português clássico (note-se que o PE também tem essa variação). Mais uma vez, um fato vem reforçar a primeira hipótese, já fortemente favorecida pelo salto quantitativo que se verifica entre o século XVIII e o século XIX. Baseado em estudos mostrando a possibilidade da interpretação indeterminada do sujeito nulo sem a presença do pronome "se" no PB (Kato e Tarallo, 1986; Galves, 1987), Nunes procurou ocorrências desse tipo de estruturas no seu *corpus*. Os primeiros casos (5%) aparecem no século XIX.[6] Isso mostra que a partir dessa época, o elemento de concordância sofre uma reanálise tal que a terceira pessoa do singular pode receber uma interpretação indeterminada. Veremos na segunda parte que esta reanálise está de fato na base da mudança gramatical ocorrida no português do Brasil.

O caso dos pronomes clíticos

A posição dos pronomes clíticos na oração é certamente um dos fenômenos mais significativos da gramática de uma língua, e vem sendo estudada com bastante detalhe no domínio românico, inclusive de um ponto de vista diacrônico, e em particular no quadro teórico da gramática gerativa. Esse é um dos aspectos mais fascinantes da emergência da gramática do português brasileiro. Referir-me-ei aqui a dois trabalhos que se situam na linha de trabalho proposta por Tarallo e Kato (1988), de convergência da teoria chomskiana com a Sociolinguística Quantitativa de Labov. Trata-se de Cyrino (1990) e Pagotto (1992).

É importante ressaltar que o estudo diacrônico dos clíticos, apesar de trazer uma das maiores evidências da mudança, é também o mais delicado no que diz respeito à interpretação dos fatos. Com efeito, não é só o português brasileiro que muda em relação a isso no século XIX, mas também o português europeu. Isso está na origem de um aparente paradoxo nos dados colhidos em cartas por Pagotto: o que a gente vê acontecer no PB do século XIX é o aumento da ênclise. Ora sabemos que o PB moderno é fundamentalmente proclítico. Essa aparente contradição pode ser atribuída à forte pressão da norma portuguesa na escrita, mesmo na escrita informal. Na realidade a mudança gramatical também é visível na distribuição dos clíticos, se soubermos olhar melhor para os dados. É o que Pagotto mostra claramente. É preciso ressaltar que os dados de Cyrino, que trabalha com peças de teatro, preocupadas em reproduzir o oral, não sofrem tanto essa contradição. Ela encontra em particular, sempre na segunda metade do século XIX, o aparecimento do imperativo com próclise, bem como o início da tendência à próclise sistemática com infinitivo flexionado.

O que aparece muito claramente nos dois *corpora* é a emergência, até mais precoce do que os outros fenômenos estudados, da próclise ao verbo principal (não flexionado) nas locuções verbais. Nos textos mais próximos do oral estudados por Cyrino, é na primeira metade do século que se verificam os primeiros casos inequívocos de que o pronome está em próclise ao segundo verbo e não em ênclise ao auxiliar. Observe-se a seguinte tabela:

Tabela 7 – Posição do pronome clítico em presença de partícula atrativa

	Neg/CP cl "Aux" V (ex.: não lhe tinha dito)	**Neg/CP "Aux" cl V (ex.: não tinha lhe dito)**
1ª met. séc. XVIII	100%	0%
1ª met. séc. XIX	87,5%	12,5%
2ª met. séc. XIX	90%	10%
1ª met. séc. XX	0%	100%
2ª met. séc. XX A	20%	80%
2ª met. séc. XX B	0%	100%

Fonte: Tabela 8 de Cyrino, 1990.

A presença da negação ou do complementador assegura que o clítico não está em ênclise ao verbo principal, uma vez que essa ênclise seria bloqueada por elementos "atratores", que exigiriam próclise. O que a tabela mostra é que, a partir da primeira metade do século XIX, a gramática produz estruturas em que a posição do clítico não é mais sensível a modificações afetando o complementador ou o complexo flexional.

Nos dados de Pagotto, é no século XVIII que essa variante aparece, atestando a raiz da mudança nesse século e o caráter particularmente revelador deste fenômeno. Apesar de o seu *corpus* ser menos transparente, porque mais marcado pela escrita, aparece ainda um outro revelador da mudança: a queda drástica do número de clíticos no século XIX: de um total de 239 ocorrências nos três séculos anteriores (80 de média), passa-se para 31 no século XIX. Esta queda afeta particularmente o clítico de 3ª pessoa "o"/"a", que passa de 62 ocorrências (20 de média) nos séculos XVI a XVIII para 3 no século XIX. Quando ele reaparece no século XX (com 15 ocorrências), parece ter recebido um estatuto diferente dos outros, uma vez que é o único a não aparecer prioritariamente em próclise ao verbo principal das locuções, mas em ênclise a este (10 ocorrências em 15).

Consideremos agora a natureza do parâmetro envolvido.

A MUDANÇA PARAMÉTRICA: A NATUREZA DA CONCORDÂNCIA

A consequência fundamental dos postulados da teoria de Princípios e Parâmetros para os estudos diacrônicos é que o conjunto de fenômenos atestando uma mudança deve ser explicado por uma só causa profunda. Isso fornece uma explicação para a noção de encaixamento proposta pela teoria laboviana, supondo, claro, um grau de abstração maior nas representações, que é, aliás, o que distingue fundamentalmente as duas abordagens. Que elas não são antagônicas, mas complementares, e se reforçam mutuamente, foi defendido por Kato e Tarallo (1987), e ainda é afirmado por Tarallo (1992).[7] Meu objetivo agora é localizar essa mudança profunda, que caracteriza uma mudança *gramatical,* o que me levará a trabalhar com uma representação abstrata da sentença.

Em Galves (1991), propus considerar o elemento de concordância da flexão do PB como "fraco", definindo essa noção da seguinte maneira: é fraca a concordância que não contém pessoa, ou contém pessoa como um traço puramente sintático. É o que acontece no PB onde não se encontra na flexão verbal a oposição 1ª, 2ª e 3ª pessoas, mas somente uma oposição binária, pessoa (1ª)/ não pessoa (3ª), articulada a uma oposição singular/plural. Isso corresponde a uma concordância fraca morfologicamente (ausência da 2ª pessoa) e semanticamente (possibilidade de interpretar a terceira pessoa do singular como indeterminada). Lembro que essa possibilidade aparece nos textos na segunda metade do século XIX (cf. anteriormente o comentário de Nunes, 1990). Como relacionar esse enfraquecimento da concordância com as outras características da mudança observadas?[8] Isso passa por uma análise da oração em que a flexão desempenha um papel crucial, o papel de núcleo (Chomsky, 1986). Trabalhos recentes em Gramática Gerativa propuseram considerar os dois componentes da flexão, Tempo (T) e Concordância (AGR), como dois núcleos independentes na estrutura profunda, que se afixam no decorrer da derivação, sendo que AGR domina T:

(2)

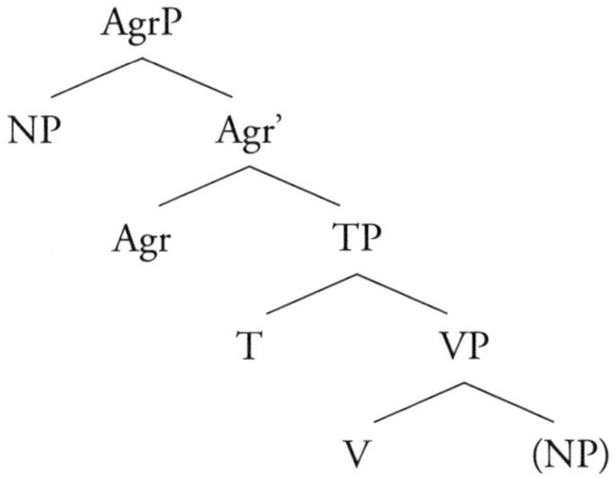

Note-se que a consequência desta análise é que, no final da derivação, a flexão tem como núcleo a concordância (AGR), uma vez que é o elemento mais alto, ao qual o tempo – junto com o verbo – se afixa. Contudo, proporei que um morfema de concordância *fraco* não é gerado debaixo de um núcleo independente, mas antes como um simples afixo a T, desde o início da derivação, como representado em (3):

(3)

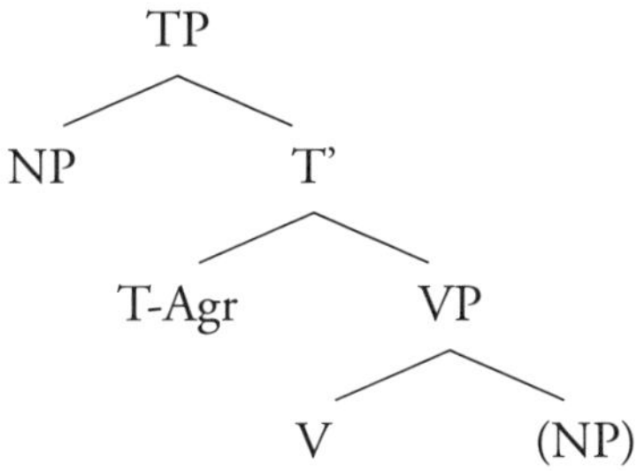

Existem, porém, evidências de que um núcleo AGR, independente de realização morfológica, e dominando o sintagma temporal representado anteriormente, existe no PB, definindo uma posição de sujeito suplementar. Isso explica os diversos fenômenos típicos de "língua orientada para o tópico" encontrados no PB e originalmente apontados por Pontes (1981).[9,10]

A representação completa da oração, incluindo o complementador, será portanto a seguinte:

(4)

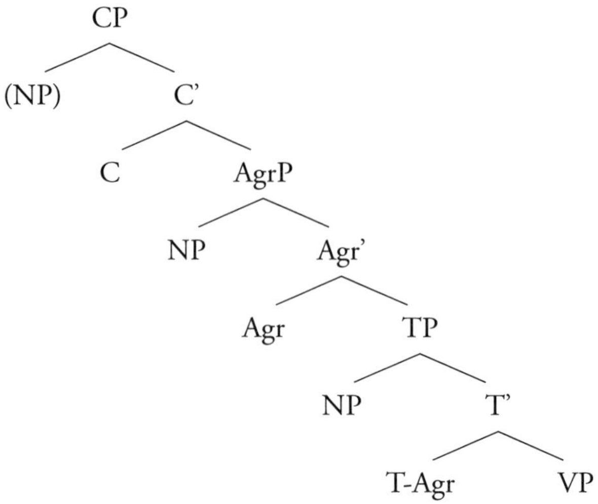

À guisa de ilustração da estrutura (4), a representação (5) dá exemplos de como essa estrutura é subjacente a frases topicalizadas típicas do PB, como "esse buraco taparam ele outro dia", ou "essa competência ela é de natureza mental", tirados do estudos de Pontes (1981):

(5)

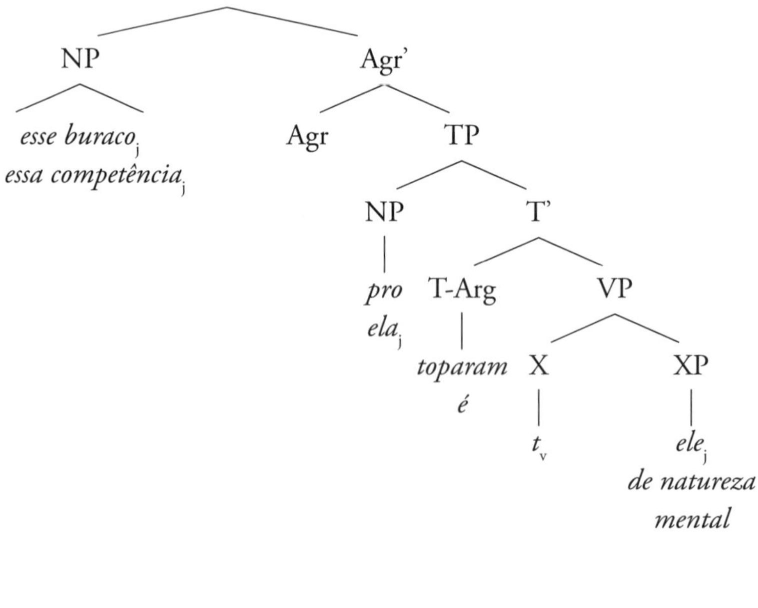

O enfraquecimento da flexão tem portanto como efeito uma reorganização da oração, em que o sujeito, no sentido tradicional do termo, se encontra numa posição mais baixa do que numa língua de concordância forte. Com efeito, o verbo encontra em T todos os seus elementos flexionais, não tendo mais nenhuma razão de subir para AGR, e o sujeito *(pro, ela)* recebe o nominativo na posição de especificador de T. O especificador de AGR pode assim ser o lugar de geração de um outro sintagma nominal, interpretado como sujeito cujo predicado é a oração, que contém um pronome correferente com ele (*ele* em posição objeto na primeira frase, e *ela,* em posição sujeito na segunda).[11]

Numa língua de concordância forte, o sujeito, no sentido tradicional, recebe o nominativo na posição de especificador de AGR, não havendo posição, no interior da oração para um outro sujeito. Por outro lado, o verbo está em AGR, numa posição adjacente ao Complementador para o qual pode mover-se, seja facultativamente, por razões de topicalização do verbo ligadas à organização informacional da oração, seja obrigatoriamente, nas estruturas interrogativas, devido a características interpretativas particulares dessas construções.

Uma vez que AGR se enfraquece, e há uma dissociação entre o morfema AGR e o núcleo AGR, como representado em (4) e (5), a posição COMP tornase de acesso difícil para o verbo, já que um núcleo intermediário se interpõe entre a posição normal do verbo (Tempo) e COMP. Podemos interpretar assim a tendência à ordem Sujeito-Verbo que se afirma nas frases simples e nas interrogativas a partir do século XIX, explicando a mudança observada por Berlinck. A ordem Verbo-Sujeito passa a depender essencialmente da projeção de verbos monoargumentais, cujo argumento é gerado em posição pós-verbal.

Em compensação, o núcleo AGR vai ser responsável pela legitimação de fenômenos típicos do PB, em particular o objeto nulo, como *propus* no meu artigo de 1991. É por intermédio dessa estrutura que podemos relacionar a emergência do pronome objeto nulo com a fraqueza da concordância. O elemento de concordância abstrato que domina a oração legitima, entre outras coisas, um tópico nulo que liga a categoria vazia objeto e permite que ela seja referencialmente identificada. A ausência de restrições de localidade sobre esse objeto deriva do fato de ele estar sempre ligado no interior da sua própria oração. A representação da oração correspondente será, portanto, a seguinte:

(6)

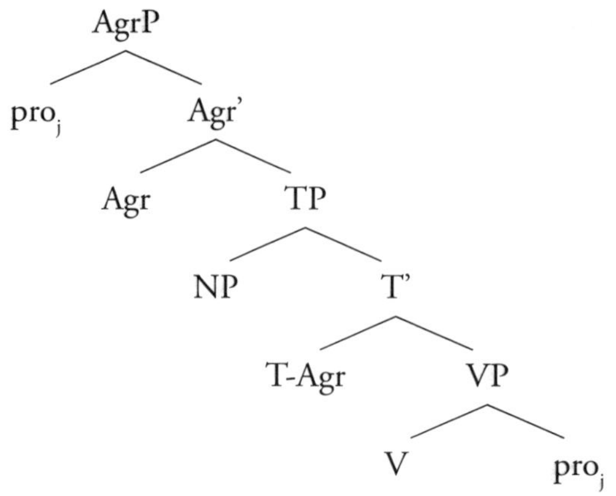

A questão do objeto nulo está intimamente ligada à dos pronomes clíticos: vimos que estes tendiam a desaparecer, sendo substituídos pelo pronome nulo e pelo pronome tônico.

Como a natureza da flexão afeta os pronomes clíticos? A resposta que proporei é que um verdadeiro sistema de clíticos, ou seja, de pronomes cuja caracterização lexical é serem núcleos – e não sintagmas – que se movem para a flexão na derivação sintática, implica uma concordância rica. Isso explica o quase desaparecimento do clítico *o/a*, particularmente sensível nos dados de Pagotto (1992). O fato de os outros clíticos terem sobrevivido, embora com menos saliência na língua, se deu porque puderam ser reinterpretados como *pronomes plenos* (sintagmas), deslocados por uma regra de adjunção, e não mais como *núcleos* movendo-se para AGR. Isso explica as importantes mudanças de colocação emergindo já no final do século XVIII. O fato de o pronome ficar nas locuções sempre próximo ao verbo principal, isto é, ao verbo que lhe atribui função temática, deriva de uma restrição de localidade sobre essa adjunção. O pronome adjunge-se à primeira projeção funcional que contém o verbo em estrutura-S. Da mesma maneira, a insensibilidade ao que acontece com a negação e o complementador deriva do fato de que esses pronomes, contrariamente aos verdadeiros clíticos, não estão afixados ao elemento flexional da oração, e independem dos processos que afetam este.[12] Uma oração com clítico no PB moderno tem assim a seguinte estrutura:

(7) posição do clítico com um só verbo:[13]

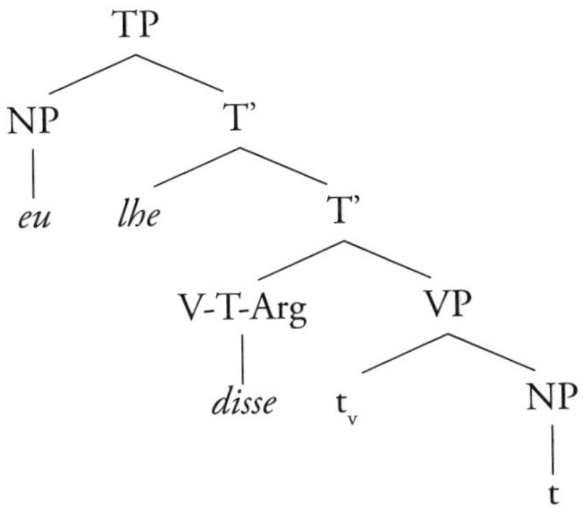

Vemos, portanto, que posição preverbal do clítico, característica do português moderno, não corresponde à mesma estrutura do que no português clássico, apesar deste ser também predominantemente proclítico. A base dessa afirmação encontra-se na posição diferente dos pronomes clíticos nas locuções verbais nas duas variantes. No português clássico, ele encontra-se junto à forma flexionada, atestando ser um elemento ligado a AGR. No português brasileiro, mantém-se junto ao verbo principal, na posição de adjunção à categoria funcional que domina este imediatamente, como representado em (8):

(8) posição do clítico como uma locução verbal:[14]

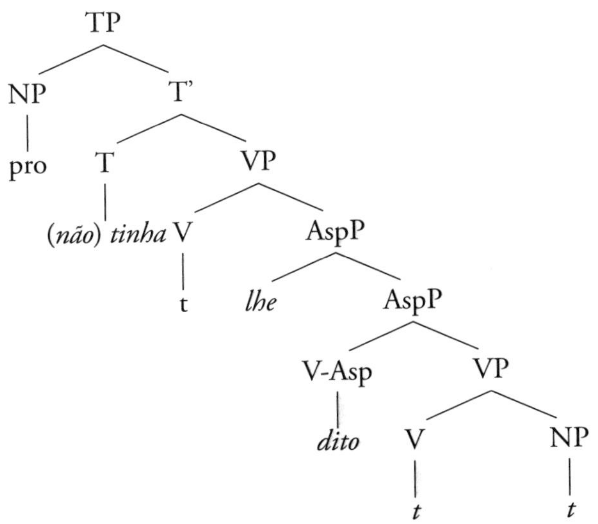

Por outro lado, os dados do século XX mostram que os falantes que usam (marginalmente) o pronome *o/a* atribuem-lhe um estatuto diferente uma vez que a sua colocação não se pauta com a dos outros pronomes (Pagotto, 1992). Parece ser adquirido durante a escolarização,[15] junto com uma regra particular de adjunção à flexão verbal que faz com que, nas frases com locução verbal, apareça junto ao auxiliar e nas infinitivas em ênclise ao verbo.

Tudo isso implica uma reorganização lexical do sistema de pronomes. A oposição *clítico/não clítico* cede o lugar para a oposição *morfologicamente marcado com caso (me/te/lhe/se)/ não morfologicamente marcado com caso (eu/ele/você)*. Os pronomes da segunda categoria podem então aparecer em qualquer posição, inclusive na posição objeto. Explica-se, assim, como é legitimado, nesse sistema, o pronome tônico em posição objeto.

Explica-se também o desaparecimento do "se" apassivador, cuja função é detematizar a posição sujeito, estando em estreita relação com a concordância. No sistema novo que delineei anteriormente, não há espaço para esse tipo de processo sintático, uma vez que o "se" não se move para AGR, o que é visível nas locuções verbais, onde se mantém próximo ao verbo principal.[16]

Assim, expliquei em termos da teoria dos parâmetros o conjunto de mudanças sintáticas que aparecem no português do Brasil a partir do século XIX, derivando esse conjunto de uma só mudança subjacente. Sabemos que as mudanças morfológicas afetando os sistemas flexionais das línguas estão na origem de grandes seismos sintáticos. Nesse sentido, não é de estranhar que a origem do surgimento de uma nova gramática no Brasil esteja numa mudança na concordância. Cabe aqui acrescentar uma última hipótese. Vimos que o enfraquecimento do elemento de concordância correspondia à perda da segunda pessoa do singular na morfologia flexional, produzindo um sistema em que a pessoa funciona como um traço sintático (± pessoa), contrastando com um sistema fundado na oposição entre as três pessoas do discurso. Parece natural relacionar essa mudança à modificação das formas de tratamento ocorrida no Brasil, onde se perdeu a oposição entre a forma de segunda pessoa "tu" e a forma de terceira pessoa "você", com a consequente confusão entre os pronomes oblíquos "te" e "lhe" e os possessivos "teu" e "seu". Mas ainda está por ser feita uma análise da mudança nas formas de tratamento no português do Brasil, sendo que o uso de documentos escritos não facilita a tarefa.[17] Por outro lado, pode pensar-se que essa mudança não se realizou de maneira regular em toda a sociedade, mas pode ter tido a sua origem em certas camadas e se expandido pouco a pouco. Terá acontecido o mesmo com a mudança gramatical? Isso poderia explicar o fato de que, apesar de aparecer nitidamente na segunda parte do século XIX, ou às vezes antes, a mudança só se implementa definitivamente no decorrer do século XX. Será esse fato explicado unicamente pela pressão da norma, ou é devido também à maneira como se processa a mudança? Isso é uma das questões fundamentais para a qual a nova Linguística Histórica deve trazer elementos de resposta, mas está muito além das pretensões deste texto.

NOTAS

1 Para o português europeu, ver Raposo (1986) e para o português brasileiro, Galves (1989) e Farrell (1991).

2 Vale ressaltar também que Tarallo (1983, 1992) mostra desde a segunda metade do século XIX uma inversão dos valores de preenchimento sujeito/objeto nas relativas.

3 O pronome tônico em posição objeto não é exclusivo do português brasileiro, uma vez que se encontra em fases arcaicas da língua. O que é relevante aqui é a sua inexistência em períodos imediatamente anteriores. Por outro lado, o fato de existir um mesmo fenômeno em diversos momentos de uma língua não significa forçosamente que a gramática seja a mesma, uma vez que esse mesmo fenômeno pode integrar-se em sistemas diferentes. Como veremos a seguir, um caso notável de mudança com aparente estabilidade é o da posição preverbal dos pronomes clíticos.

4 É preciso ressaltar que os casos que aparecem no século XIX encontram-se na peça *O tribofe* e constituem uma das características da fala dos caipiras, junto, entre outras coisas, com a próclise generalizada. Por oposição, o objeto nulo da frase (1), que consideramos como reflexo da mesma mudança, e que é tirado da mesma peça, não aparece como marcado, já que aparece na fala neutra de uma personagem urbana. Duas hipóteses são *a priori* plausíveis. A primeira é que a reorganização do sistema pronominal já tinha acontecido em todas as classes sociais, mas com a estigmatização do uso do pronome tônico em posição objeto, que ainda se verifica hoje na língua escrita. A outra é que a mudança em curso, apesar de ter já afetado a natureza do objeto nulo, ainda não teria atingido o sistema dos pronomes lexicais em determinadas camadas sociais. Como veremos a seguir, o comportamento dos pronomes clíticos nos documentos do século XIX traz argumentos para a primeira hipótese.

5 Ilza Ribeiro (comunicação pessoal) observa que também se encontram interrogativas com "é que" no português arcaico do século XIV.

6 Antes, só se encontram casos de apagamento de "se" em estruturas coordenadas.

7 Note-se que no âmbito da própria gramática gerativa, a metodologia quantitativa passou a ser usada como recurso heurístico indispensável nos estudos diacrônicos.

8 Cyrino (1990) também faz derivar a mudança do enfraquecimento de AGR, baseada numa primeira versão dos meus trabalhos sobre a fraqueza desse elemento.

9 Ver Galves (1991) para uma análise detalhada.

10 Note-se que não há uma relação obrigatória entre fraqueza da concordância e língua de tópico, veja-se o inglês. A evolução do PB pode ser atribuída à existência de dois elementos de concordância já no português clássico (cf. nota 11).

11 Kato (neste volume) propõe que a posição de tópico, no PB, é uma posição de adjunção a IP (o nosso TP). A distinção entre as duas propostas reside fundamentalmente no postulado de que existe um núcleo funcional suplementar entre COMP e a flexão (T-AGR) em (4) e (5), numa, e não na outra. Que evidências independentes temos da existência de tal núcleo? Como procuro mostrar em Galves (1991), a presença deste núcleo pode explicar os fenômenos de concordância com o tópico, como em "as revistas estão xerocando", ou de "dupla concordância" com o verbo *parecer*, como em "As flores parecem que murcharam" (Moreira da Silva, 1983). Por outro lado, a existência do infinitivo flexionado mostra que existe na oração um elemento de concordância independente do morfema de tempo. Enfim, a existência de dois núcleos de concordância (com o sujeito), na oração, parece ser uma constante do português. Para o português arcaico, ver a tese de I. Ribeiro, intitulada *Uma gramática do português antigo: o fenômeno V2* (1995); para o português clássico, Torres Moraes (neste volume), e para o PE moderno, Galves (1992). Um argumento de Kato em favor da adjunção reside na recursividade do tópico ("A Maria, o carro dela, o pneu furou"). Contado, essa recursividade parece-me ser um fenômeno relativamente marginal, reservado às orações não encaixadas (raiz). Na análise desenvolvida aqui, nada impede que uma ou várias posições de adjunção a CP sejam disponíveis para elementos topicalizados.

12 Esta análise, baseada na distinção entre pronomes clíticos "fortes" e pronomes clíticos "fracos" proposta por Uriagereka (1995), está desenvolvida em Abaurre e Galves (1996), que propõem também uma articulação entre a análise sintática e fonológica dos clíticos no português brasileiro.

[13] t_v é o "vestígio" do verbo, que subiu para T-AGR.

[14] Em (8), AspP é o sintagma aspectual complemento do verbo auxiliar *ter*, lugar onde se encontra o verbo principal em estrutura superficial. Por sua vez, o auxiliar sobe para T, como todos os verbos flexionados.

[15] É o que mostra a tese de Vilma Reche Correa, *O objeto direto nulo no português do Brasil* (Unicamp, 1991).

[16] Contudo, se considerarmos que "se" recebe a função temática de sujeito no VP, o sujeito de uma frase com "se" no PB será interpretado como um expletivo.

[17] Note-se, todavia, que Cyrino (1990) constata no seu *corpus* uma queda de 51% para 24% no uso do pronome *te* como forma de segunda pessoa entre a primeira e a segunda metade do século XIX.

REFERÊNCIAS BIBLIOGRÁFICAS

ABAURRE, M. B.; GALVES, C. Os clíticos no português brasileiro, uma abordagem sintático-fonológica. In: CASTILHO, A. T. de; BASÍLIO, M. (orgs.) *Gramática do Português Falado*. vol. IV. Campinas: Editora da Unicamp, 1996, pp. 273-320.

BERLINCK, R. A construção V SN no português do Brasil: uma visão diacrônica do fenômeno da ordem. In: TARALLO, F. (org.) *Fotografias sociolinguísticas*. Campinas: Pontes, 1989.

CHOMSKY, N. *Lectures on Government and Binding*, Dordrecht: Foris, 1981.

______. *Barriers*, Cambridge: The MIT Press, 1986.

CYRINO, S. "O objeto nulo no português do Brasil: uma mudança paramétrica?". Unicamp, 1990. Manuscrito.

DUARTE, M.E.L. "A perda da ordem V(erbo) S(ujeito) em interrogativas QU no português do Brasil". *D.E.L.TA.* 8, n. especial, 1992, pp. 37-52.

FARRELL, P. "Null Objects in Brazilian Portuguese". *Natural Language and Linguistic Theory*. 8, 1991, pp. 325-46.

GALVES, C. "A sintaxe do português brasileiro". *Ensaios de Linguística*. 13, pp. 31-50, 1987.

______. "L'objet nul et la structure de la proposition en portugais du Brésil". *Revue des Langues Romances*. 93, 1989, pp. 305-36.

______. "Agreement and Subjects in Brazilian Portuguese". Unicamp, 1991. Manuscrito.

______. "Enclise, infinitif fléchi et extraction du sujet: évidence pour deux accords en portugais européen". Comunicação apresentada ao Segundo Colóquio de Gramática Gerativa, Vitória (Espanha), 1992. Manuscrito.

KATO, M.; TARALLO, F. Anything You Can Do in Brazilian Portuguese. In: JAEGGLI, O.; SILVA-CORVALAN, C. (orgs.) *Studies in Romance Linguistics*. Dordrecht: Foris, 1986.

______. "Restrictive VS Syntax in BP: its Correlation with Visible Subjects and Invisible Clitics". Colóquio apresentado nos Departamento de Linguística da Uninversity of Pennsylvania e da University of Georgetown, 1988.

MOREIRA DA SILVA, S. *Etudes sur la Symétrie et l'Assymétrie SUJET/ OBJET dans le Portugais du Brésil*. Paris, 1983. Tese (Doutorado em Linguística) – Universidade Paris VIII.

NUNES, J. *O famigerado Se*. Campinas, 1990. Dissertação (Mestrado em Linguística) – Instituto de Estudos da Linguagem/Universidade Estadual de Campinas.

______. "Se apassivador e Se indeterminador: o percurso diacrônico no português brasileiro". *Cadernos de Estudos Linguísticos*. 20, 1991, pp. 33-57.

PAGOTTO, E. *A posição dos clíticos em português*: um estudo diacrônico. Campinas, 1992. Dissertação (Mestrado em Linguística) – Instituto de Estudos da Linguagem/Universidade Estadual de Campinas.

PONTES, E. "Da importância do tópico em português". *Anais do V Encontro Nacional de Linguística*, Rio de Janeiro, 1981.

RAPOSO, E. "On the Null Object in European Portuguese". In: JAEGGLI, O.; SILVA-CORVALAN, C. (orgs.) *Studies in Romance Linguistics*. Dordrecht: Foris, 1x986.

TARALLO, F. *Relativization Strategies in Brazilian Portuguese*. Philadelphia, 1983. Tese (Doutorado em Linguística) – University of Pennsylvania.

______. Turning Different at the Turn of the century: 19th Century Brazilian Portuguese. In: GUY, G.; BAUGH, G.; SCHIFFRIN, D. (orgs.) *Festschrift to William* Labov. Cambridge: Cambridge University Press, 1992.

URIAGEREKA, J. "Issues on Clitic Placement in Western Romance". *Linguistic Inquiry*. 26, 1995, pp. 79-123.

POSFÁCIO

O PORTUGUÊS BRASILEIRO NO CONTEXTO DAS LÍNGUAS ROMÂNICAS

Ian Roberts

Em sua apresentação, Mary Kato destaca que estudos históricos e diacrônicos representavam um papel bastante minoritário nas teorias estruturalistas, dada a veia "ahistórica" dessas abordagens. Uma outra faceta da Linguística Estruturalista era a visão de que os sistemas linguísticos poderiam e deveriam ser estudados "em seus próprios termos", sem referência a outros sistemas linguísticos. A consequência disso é que a Linguística Comparativa não se desenvolveu muito durante o período estruturalista. Essas características das abordagens estruturalistas foram, de certa forma, estendidas até os primeiros trabalhos da Gramática Gerativa. Essa situação era bastante distinta daquela encontrada no século XIX, quando a Linguística Comparativa e histórica refletiam o centro das questões da área, servindo uma de suporte à outra (na realidade, não havia sido feita nenhuma distinção rigorosa entre as duas áreas antes de Saussure, 1916). O século XIX foi um período de grande avanço nesta área, com a descoberta das principais famílias linguísticas do mundo, além das fundamentais investidas na descrição de subfamílias bastante conhecidas, como as línguas românicas.

Recentemente, com o desenvolvimento da abordagem sintática de Princípios e Parâmetros no despertar das *Lectures on Government and Binding* (Chomsky, 1981) e trabalhos afins (especialmente Jaeggli, 1982; Kayne, 1984 e Rizzi, 1982), a Sintaxe Comparativa (re)emergiu como um dos principais campos de pesquisa. Desde o início da década de 1980 vêm sendo feitos trabalhos importantes de Sintaxe Comparativa entre a maioria das famílias linguísticas do mundo, e os trabalhos com línguas românicas têm desempenhado um papel central. A nova abordagem da Sintaxe Comparativa estende-se naturalmente à Sintaxe Diacrônica, sendo pioneiro o trabalho de Lightfoot (1979). Embora seu livro tenha sido escrito antes do desenvolvimento de Princípios e Parâmetros, não obstante colocou as principais questões para os trabalhos diacrônicos que viriam a ser feitos posteriormente, enfatizando a importância da aquisição e aprendizagem da linguagem. Nos anos 1980, foram elaborados vários trabalhos de importância sobre a sintaxe diacrônica das línguas românicas, tanto nos Estados Unidos como na Europa, por Marianne Adams, Paola Benincà, Paul Hirschbuhler, Maria-Luisa Rivero, Lorenzo Renzi e Laura Vanelli, dentre outros (cf. bibliografia para referências desses trabalhos); além de muitos outros trabalhos sobre o inglês e as línguas germânicas, desenvolvidos por tantos pesquisadores que seria impossível listá-los aqui. Como resultado, os anos 1990 viram ser aberto um espaço regular de discussões – a Conferência sobre Sintaxe Diacrônica Gerativa, que se reuniu pela primeira vez em York, Inglaterra, em 1990, tendo se reunido novamente na Filadélfia em novembro de 1992.

Além disso, tem havido uma ênfase cada vez maior na relevância de análises quantitativas aos estudos enquadrados nos termos do sistema de Princípios e Parâmetros: Kroch (1989) e Santorini (1990) são exemplos excelentes. A fundação de uma nova revista, *Language Variation and Change,* que se concentra em estudos quantitativos de mudança linguística, reflete o crescimento deste campo. Um outro aspecto dos trabalhos diacrônicos que tem merecido uma atenção cada vez maior é a questão da relação precisa entre aquisição da linguagem e mudança linguística; duas contribuições importantes nesta área são Lightfoot (1991) e Clark e Roberts (1992). O campo da Sintaxe Diacrônica tem, assim, se desenvolvido rapidamente, combinando análises teóricas abstratas ao uso de técnicas quantitativas a fim de ganhar novos *insights* acerca da natureza da mudança linguística.

Dentro do contexto delineado acima, os artigos deste livro são de grande importância. Como os trabalhos de Kroch, Santorini e outros, muitos deles combinam estudos quantitativos a hipóteses de inspiração teórica. Alguns deles também refletem a conexão entre mudança e aquisição. O patrimônio privilegiado dos autores desses artigos tem sido a riqueza intrínseca da matéria-prima com que trabalham: parece realmente que o português brasileiro tem sofrido uma série de mudanças profundas e (para aqueles familiarizados com as principais propriedades sintáticas de outras línguas românicas) surpreendentes nos últimos cem anos aproximadamente. O português brasileiro apresenta-nos um caso de mudança paramétrica em progresso.

A fim de que se entenda completamente o que está ocorrendo com o português do Brasil no momento, é necessário que se combinem a Sociolinguística, a teoria sintática e os estudos formais em Aquisição da Linguagem. Isso demonstra o valor dos trabalhos de Fernando Tarallo, capaz de combinar esses papéis. E mais ainda, como este livro atesta eloquentemente, capaz de formar um grupo de pesquisadores completamente capacitados para levar seu trabalho avante.

MUDANÇA EM PROGRESSO NO PORTUGUÊS BRASILEIRO

Como mencionei anteriormente, o português brasileiro (PB, doravante) parece ser um caso particularmente claro de mudança paramétrica em progresso. De formas diferenciadas, todos os artigos deste livro apontam nessa direção. O que gostaria de fazer, a partir de agora, é sumarizar as principais mudanças discutidas aqui, indicando vários paralelos com mudanças atestadas em outras línguas. Muito em função das minhas próprias preocupações, os paralelos serão especialmente traçados em relação ao francês. Não proporei uma análise unificadora para os desenvolvimentos do PB; o artigo de Charlotte Galves traz uma proposta interessante nesse sentido, à qual não tenho nada a acrescentar.

Creio haver paralelos e divergências significativas entre os fatos do PB relatados aqui e as várias mudanças paramétricas ocorridas no francês. Se é correto que a história do francês e os desenvolvimentos ocorrendo no PB sejam paralelos em algum aspecto, então os artigos aqui contidos assumem uma importância ainda maior; visto que o PB é um exemplar vivo de mudança, podemos encontrar testemunhos vivos para a mudança em progresso, enquanto no francês tudo que nos resta é uma quantidade relativamente pequena de documentos escritos, com todas as distorções que isso imputa ao quadro real. O modelo de Princípios e Parâmetros pode fornecer um quadro teórico suficientemente rigoroso, de forma a nos permitir estabelecer inferências importantes entre o PB do século XX e o francês do século XVII – a fala dos cariocas e paulistas de hoje pode nos dizer algo importante sobre a fala dos parisienses de muito tempo atrás. Mais uma vez, o Velho Mundo aprende com o Novo.

Para estabelecer as comparações, dividi os artigos em três grupos. Espero que os autores perdoem qualquer distorção que esse agrupamento possa causar. Os três grupos de artigos são: (a) aqueles que lidam primordialmente com o parâmetro do sujeito nulo, (b) aqueles que discutem aspectos do movimento de verbo e sistema verbal e (c) aqueles ligados à mudança na colocação dos clíticos, perda do sistema de clíticos e/ou distribuição de argumentos vazios de forma mais geral.

O PARÂMETRO DO SUJEITO NULO

Esse parâmetro (PSN, doravante) tem merecido mais atenção do que qualquer outro nas pesquisas sobre Princípios e Parâmetros (as referências mais importantes, em meio a uma literatura extensa e crescente, são Rizzi, 1982, e os trabalhos de Jaeggli e Safir, 1989). Com exceção do francês, todas as línguas românicas padrão (italiano, espanhol, romeno e português europeu) são línguas de sujeito nulo. O latim também era uma língua de sujeito nulo.

Os trabalhos sobre o PSN sempre atribuíram à "riqueza" da flexão verbal o papel central no licenciamento de sujeitos nulos (essa intuição foi colocada em termos gerativistas pela primeira vez em Taraldsen, 1979). Parece claro que uma língua como o italiano permite sujeitos nulos porque o conteúdo do pronome sujeito, sua especificação de pessoa/número, é totalmente recuperado pelos sufixos flexionais do verbo em praticamente todos os tempos. Isso também vale basicamente para o espanhol, romeno e português europeu. No entanto, com línguas que não são de sujeito nulo, como o inglês, falta à morfologia verbal essa propriedade, e, portanto, os sujeitos nulos não são licenciados, uma vez que seu conteúdo não poderá ser recuperado.

Conquanto isso pareça claro, não é tão simples estabelecer a conexão entre a morfologia verbal e a presença de sujeitos nulos, de forma a dar conta de todas as línguas conhecidas – tanto as que permitem sujeito nulo quanto as que não o permitem. O principal problema é colocado por línguas orientais, como o chinês, o japonês etc., que, embora permitam sujeitos nulos, não têm qualquer concordância verbal (cf. Huang, 1984). Mesmo se deixarmos essas línguas de lado, teremos dificuldades com as línguas germânicas: nenhuma dessas línguas permite sujeitos nulos referenciais, ainda que algumas delas – especialmente o alemão e o islandês – possuam um sistema flexional verbal quase tão rico quanto o de certas línguas românicas de sujeito nulo (cf. Rizzi, 1986; cf. também a Introdução a Jaeggli e Safir, 1989, para uma discussão geral do problema e a proposta de uma solução que se utiliza da noção da Uniformidade Morfológica).

Nesse contexto, os trabalhos diacrônicos são de grande utilidade. Se pudermos documentar uma língua mudando o valor do PSN, poderemos então checar o sistema flexional verbal em busca de mudanças morfológicas, uma vez que se espera que surja alguma correlação. A natureza precisa dessa correlação pode fornecer um tipo de informação precioso, tocando nas questões levantadas no parágrafo anterior.

A história do francês traz evidências interessantes nesse sentido. O francês antigo era uma língua de sujeito nulo, embora seja normalmente descrita como licenciando sujeitos nulos apenas em contextos em que o verbo subia para uma posição que o regesse – essencialmente apenas orações com inversão (veja Adams, 1987; Roberts, 1993, para descrição e análise dessa questão em termos gerais, e Dupuis, 1989, para uma visão diferente). Sendo o francês antigo uma língua V2, todas as orações principais e algumas encaixadas eram desse tipo. Durante o período do francês médio, há uma desagregação da assimetria raiz/encaixada na distribuição do sujeito nulo, desagregação que vem com o desfavorecimento de V2 sobre uma ordem SV geral. No século XVI, os sujeitos nulos não são mais uma opção produtiva (mas veja adiante), assim como não o é a inversão do tipo V2 (cf. Roberts, 1993; Vance, 1989 e as referências lá citadas). Durante esse período, a morfologia verbal do francês não muda muito; provavelmente já no francês antigo do século XIII o sistema fosse mais "pobre" do que aquele de outras línguas românicas (Foulet, 1935/6). A partir disso, podemos constatar que as propriedades morfológicas interagem com os contextos sintáticos nos quais os sujeitos nulos aparecem, e, assim, com o movimento de verbos finitos, na determinada distribuição dos sujeitos nulos. Roberts (1993) propõe essencialmente que onde o sujeito nulo é regido pelo verbo, requer uma flexão verbal menos rica do que em outros casos.

A ocorrência de sujeitos nulos em PB parece estar caindo. Isso foi discutido sistematicamente pela primeira vez por Tarallo no artigo reproduzido aqui no primeiro capítulo. Sua evidência quantitativa mostra um decréscimo enorme na frequência de sujeitos nulos entre 1725 e 1982. O artigo de Duarte, "Do pronome nulo ao pronome pleno: a trajetória do sujeito no português do Brasil", avança na observação original de Tarallo, relacionando o fato a mudanças no sistema morfológico verbal. Parece que o enfraquecimento da morfologia verbal está diretamente relacionado ao decréscimo de ocorrências de sujeitos nulos (um ponto também levantado por Galves no capítulo "O enfraquecimento da concordância no português brasileiro"). Bastante interessante é o fato de Duarte ter mostrado em outro trabalho (Duarte, 1991) que o PB está perdendo a inversão. Desta forma, o PB depende inteiramente da concordância verbal "rica" para licenciar os sujeitos nulos, e esse sistema está em erosão.

O francês não perdeu os seus sujeitos nulos da noite para o dia (aliás, de acordo com Pollock (1986), o francês contemporâneo ainda retém um contexto em que sujeitos nulos podem ocorrer). Houve um período de aproximadamente 150 anos durante os quais o francês conviveu com um sistema de sujeito nulo "defectivo": um sistema que permitia sujeitos nulos apenas com certas pessoas e/ou certos contextos sintáticos. À primeira vista, esse sistema parece altamente idiossincrático e fica-se tentado a concluir que a distribuição assimétrica é um artefato dos textos. No entanto, Duarte aponta com perspicácia que o PB atual guarda certas semelhanças com o francês dos séculos XVI/XVII. Esse fato, aliado a observações surpreendentemente similares tecidas por Poletto (1993) sobre a situação do vêneto renascentista, sugere que um sistema "defectivo" é parte natural do processo de perda de sujeitos nulos. Certamente, estudos mais aprofundados do PB poderiam ser de imenso valor aqui, já que haverá mais chances de descobrir as propriedades cruciais de tal sistema em uma língua que ainda tem falantes nativos.

O desgaste da morfologia verbal no PB contemporâneo não se deve à mudança fonológica. Ao invés disso, o sistema pronominal foi reorganizado de tal forma que as formas verbais de 3ª pessoa do singular de outrora são agora usadas para a 2ª do singular e do plural, e – em variedades mais avançadas – para a 1ª do plural (os paradigmas relevantes podem ser vistos na tabela 1 do artigo de Duarte). Esse desenvolvimento afetou, por sua vez, as formas nas quais a possessão é marcada. No capítulo "A forma genitiva *dele* e a categoria de concordância no português brasileiro", Cerqueira discute as mudanças correntes no sistema pronominal possessivo do PB, utilizando-se da ideia recente de que os nominais contenham uma projeção-AGR semelhante à das orações. Os dados e análise de Cerqueira são muito interessantes. Ao comparar os resultados obtidos por Cerqueira com os de Duarte, concluímos que, uma vez que o PB está perdendo os sujeitos nulos por razões distintas daquelas que guiaram a perda no francês, os efeitos colaterais dessa mudança também serão diferentes.

MOVIMENTO DE VERBO

Na seção anterior, aludimos a mudanças na posição do verbo em PB. Essas questões são estudadas aqui por Torres Morais no capítulo "Aspectos diacrônicos do movimento do verbo, estrutura da frase e caso nominativo no português do Brasil" e por Lopes Rossi no capítulo "Estudo diacrônico sobre as interrogativas no português do Brasil". Ambas as autoras mostram que o PB sofreu uma perda generalizada das construções de inversão, tanto em declarativas quanto em interrogativas. Novamente, esse desenvolvimento encontra paralelos na história do francês; mencionamos anteriormente a perda de V2 naquela língua e, de forma mais geral, da inversão "simples" ou "germânica" nas interrogativas.

Em Roberts (1993), dá-se conta da perda desse tipo de inversão no francês (que deve ser distinguida da inversão estilística ou "românica" – cf. Kayne, 1972), em termos de uma mudança no valor do parâmetro determinando os possíveis modos de atribuição do Nominativo. O valor do parâmetro determina se uma língua permite que um verbo flexionado (um verbo que se tenha combinado sintaticamente ao sistema "INFL" como um todo), que tenha subido até C, possa marcar com Caso o sujeito nominal que rege. Isso era possível no francês até o século XVI, daí a possibilidade de V2 ao estilo germânico e das interrogativas com ordem *Vs*. Nesse ponto, em função de causas bastante complexas, o parâmetro mudou e essas ordens foram eliminadas (em que o sujeito seja um SN pleno; essas ordens continuam sendo possibilitadas – até certo ponto – com sujeitos clíticos, fato que pode ser tomado como confirmação de que o parâmetro em questão é relativo a Caso teórico, já que se sabe que os clíticos têm propriedades especiais de Caso – cf. Rizzi e Roberts, 1989).

As interrogativas no francês moderno são formadas de várias maneiras: através da inversão complexa (a "falsa inversão" das gramáticas tradicionais), inversão sujeito-clítico, uso de *est-ce que* ("é que"), inversão estilística (uma opção que se restringe a perguntas-Q) e, cada vez mais na língua falada, através pura e simplesmente da entoação sem qualquer mudança na ordem das palavras. Na verdade, as várias formas de inversão estão se tornando mais e mais restritas à língua escrita e a modalidades bastante formais de fala. Além disso, em certas pessoas do verbo (por ex.: 1ª do singular), a inversão sujeito-clítico é agramatical para a maioria dos falantes. Parece que o francês contemporâneo falado está se distanciando da inversão nas interrogativas.

Diferentemente da perda do sujeito nulo, o francês não é distinto das outras línguas românicas nesse aspecto. O italiano e pelo menos algumas variedades do espanhol também perderam a inversão simples. Os dialetos do norte da Itália mostram um paralelo notável com o francês no que diz respeito tanto a declarativas quanto a interrogativas. Vemos, assim, que, por razões ainda não totalmente esclarecidas, a perda da inversão (ou seja, a perda da atribuição de Nominativo sob regência) é uma marca geral das línguas românicas. Nesse sentido, é interessante notar que o português europeu parece ter o valor românico "conservador" para esse parâmetro, enquanto que o PB, como mostram Torres Morais e Lopes Rossi, adotou o valor "inovador". Uma vez mais, o português (desta vez tanto o brasileiro quanto o europeu) pode iluminar questões de desenvolvimento histórico em outras línguas românicas.

No capítulo "A formação dos tempos compostos: a evolução histórica das formas *ter*, *haver* e *ser*", Ribeiro estuda um aspecto diferente da história do português: o desenvolvimento de *ter* como um auxiliar. Usando a abordagem de gramaticalização desenvolvida em Roberts (1992), ela propõe que esse elemento tenha sido gramaticalizado na história do português. Suas propostas são relevantes para trabalhos de tipologia e desenvolvimento diacrônico de auxiliares. Assim, suas conclusões podem ser relevantes para o caso extremamente conhecido do desenvolvimento do sistema de auxiliar do inglês (veja Lightfoot, 1979 e Roberts, 1985).

CLÍTICOS OBJETOS, OBJETOS NULOS E CATEGORIAS VAZIAS

Um desenvolvimento surpreendente no PB atual, que não é compartilhado (até onde sei) por outra língua românica, é a perda do sistema de clíticos de complemento, ainda em processo. Enquanto o português europeu possui um paradigma de clíticos objetos que é, deixando de lado a mudança fonológica e a posição sintática, essencialmente o mesmo encontrado no francês, espanhol e italiano, esses clíticos parecem estar saindo de uso no PB. Esse é particularmente o caso de clíticos de 3ª pessoa. Os clíticos são substituídos de várias formas: por um pronome pleno (potencialmente tônico), por um SN repetido ou, mais interessante do ponto de vista das questões teóricas, por uma categoria vazia. Cyrino no capítulo "Observações sobre a mudança diacrônica no português do Brasil: objeto nulo e clíticos" e Pagotto no capítulo "Clíticos, mudança e seleção natural" documentam esse desenvolvimento (Pagotto fornece uma análise muito interessante de algumas aparentes anomalias nos dados quantitativos – este é um bom exemplo de como esse tipo de dados pode interagir com hipóteses teóricas).

Cyrino argumenta que os objetos nulos do PB são distintos daqueles encontrados em português europeu e discutidos por Raposo (1987); veja também o artigo de Galves neste volume e o de 1989, além de Farrell, 1990). Raposo mostrou, com base em testes padrão de sensibilidade à ilha, que os objetos nulos do português europeu são traços de um operador discursivo nulo. Os objetos nulos do PB são aparentemente completamente insensíveis às ilhas e, portanto, não podem ser variáveis. Cyrino sugere que os objetos nulos do PB sejam ocorrências de *pro* em posição de objeto – o aumento da distribuição dos objetos nulos em PB está ligado ao aumento no uso de pronomes plenos em posição de objeto, também um desenvolvimento relacionado à perda dos clíticos, mas mostra, sobretudo, como se implementa essa mudança.

Pagotto, e também Cyrino, em trabalho relatado neste volume, discutem o desenvolvimento de próclise no PB em contextos onde o clítico se situa entre um verbo finito e um infinitivo. Em português europeu, o clítico aparece enclítico ao verbo finito, enquanto em PB ele é proclítico ao verbo infinitivo. Ilustramos a seguir:

(1) Maria pode *me* encontrar hoje.
    [pode *me*]   (PE)
    [*me* encontrar]   (PB)

Este desenvolvimento resulta de duas mudanças que também ocorreram em outras línguas românicas: uma delas em todas as línguas exceto o português europeu, e a outra apenas em francês e dialetos do norte da Itália (até um certo ponto).

A primeira mudança refere-se à perda generalizada da ênclise a verbos finitos. Esse tipo de ênclise era encontrado em línguas românicas medievais onde o clítico estivesse primeiro em CP (esta é a Lei Tobler-Mussafia da tradicional filologia românica). A mesma restrição ainda existe – de forma mais atenuada – no português europeu contemporâneo; as demais línguas parecem não mais obedecer à Lei Tobler-Mussafia, não permitindo a ênclise a verbos finitos (algumas apresentam ênclise a infinitivos e todas têm ênclise a imperativos positivos). O PB parece ter seguido recentemente o resto das línguas românicas nesse sentido.

A segunda mudança é a perda da subida do clítico (como mostra Pagotto). O espanhol e o italiano (e o romeno, embora esse seja um fato obscuro devido à quase total inexistência de infinitivos) permitem a subida do clítico, mas o francês moderno não. O francês perdeu esse movimento no século XVII, ao mesmo tempo em que os sujeitos nulos desapareceram. Os dialetos do norte da Itália, que também perderam historicamente os sujeitos nulos (embora muitos dialetos tenham reintroduzido os sujeitos nulos, reanalisando o clítico sujeito como marcador de concordância e, portanto, reinventando um sistema de concordância rico), perderam na sua grande maioria a subida do clítico. Dessa forma, parece haver uma correlação sincrônica e diacrônica entre os sujeitos nulos e a subida do clítico (cf. Kayne, 1989).

Se a ausência de sujeito nulo e de subida do clítico estão relacionadas dessa maneira, uma vez que a mudança esquematizada em (1) é, na realidade, a perda da subida do clítico, podemos relacioná-la à perda do sujeito nulo em PB. Kayne (1991) propõe, nesse sentido, que a ênclise nas línguas românicas é sempre próclise a um núcleo vazio combinada a um movimento de verbo (presumivelmente para C em português europeu – cf. a contribuição de Galves). Isso sugere que a perda da ênclise é uma consequência da perda do movimento de verbo para C em declarativas nas línguas românicas em geral (com exceção do português europeu) – uma mudança que se sabe ter ocorrido. Essas considerações sugerem que a perda do movimento de verbo, a perda do sujeito nulo e a perda da ênclise estão interligadas. Galves explora uma forma de dar conta dessas e outras questões relacionadas no capítulo de sua autoria. As duas primeiras estão intimamente relacionadas entre si na história do francês, como mencionamos. A última é uma característica conservadora do PB, no sentido de que o PB a está perdendo muito mais tarde do que as outras línguas românicas. Paradoxalmente, esse fato contribui para a sensação de que o PB está passando por mudanças muito radicais. Um outro desenvolvimento é a perda de ênclise a infinitivos e a perda do alçamento de infinitivo de forma mais geral no PB. Mais uma vez, esse desenvolvimento encontra paralelo no francês do século XVII.

No capítulo "Direção de cliticização, objeto nulo e pronome tônico na posição de objeto em português brasileiro", Nunes mostra como a perda de clíticos de 3ª pessoa pode ter sido causada pela interação de propriedades de sua representação fonológica – o fato de que clíticos de 3ª pessoa do singular em português tenham um *onset* silábico subespecificado – com a perda da ênclise. Isso sugere que todas as mudanças mencionadas acima, e que encontram paralelos na história do francês, causaram o começo da quebra do sistema de clíticos do PB. A análise de Nunes explica, nesse sentido, de forma bastante simples, por que o francês não passou por uma perda semelhante dos clíticos, subsequente à perda do sujeito nulo, da subida do clítico e da ênclise: os clíticos de 3ª pessoa singular no francês têm um *onset* claramente especificado, l-. Assim, um traço fonológico óbvio único do português pode criar uma situação em que as mudanças sintáticas no movimento de verbo, sujeito nulo e subida do clítico, desestabilizem seriamente o sistema de clíticos do PB. E isso, por sua vez, leva a uma distribuição mais generalizada dos objetos nulos, como mostra Cyrino.

Pode ser então que o PB esteja perdendo seus clíticos por causa de sua forma fonológica, atrelada à perda de movimento do verbo. De qualquer forma, como mencionamos no início da seção, a perda de clíticos de complemento não tem paralelos em outras línguas românicas. Entretanto, algo semelhante parece ter ocorrido em inglês medieval, como argumenta Kemenade (1987). O interessante é que o inglês medieval é conhecido como um período em que o sistema morfológico de concordância foi amplamente eliminado. Além disso, antes de sua perda, os clíticos em inglês ocupavam a posição Wackernagel, uma posição que pode ser vista como aquela ocupada pelos clíticos nas línguas românicas – como o português europeu – que se conformam à Lei Tobler-Mussafia. Muitas línguas (as demais línguas românicas, as eslavas do sul e o grego) demonstram um desenvolvimento de clíticos Wackernagel para clíticos verbais. O inglês e o PB parecem perder seus clíticos Wackernagel ao invés de analisá-los como clíticos verbais. Seria interessante investigar mais a fundo esse paralelo.

Quaisquer que sejam os detalhes, parece perfeitamente plausível afirmar que a ampla distribuição de objetos nulos no PB esteja ligada à perda do sistema de clíticos. Esse ponto é levantado por Kato no capítulo "Recontando a história das relativas no português do Brasil", que retrabalha a análise das relativas originalmente feita por Tarallo nos dois primeiros capítulos. Kato propõe, em particular, uma análise das relativas "não padrão" ("a menina que eu falei com ela" e "a menina que eu falei"). A análise envolve um repensar engenhoso das estruturas de deslocamento à esquerda, que estão, por sua vez, relacionadas à ideia da ampla distribuição dos objetos nulos e das categorias vazias em geral; em especial, tanto o pronome lembrete como a lacuna (elipse de expressão-R) estariam associados a um constituinte em deslocamento à esquerda, sendo essa a posição de extração.

CONCLUSÃO

Espero que as minhas observações possam dar o sentido das potenciais implicações para a sintaxe românica e para a sintaxe comparativa, de forma geral, do tipo de trabalho apresentado neste volume. Está claro que estudos cuidadosos e teoricamente sustentados acerca da mudança em progresso no PB podem ser de grande relevância para a sintaxe diacrônica. A contribuição de Fernando Tarallo, ao colocar as questões e indicar a direção em que se devem buscar as respostas, tem sido imensa. A perda prematura de um professor e pesquisador de tal estatura é muito grande para o Brasil, mas ela será também sentida para bem além das fronteiras do país.

Tradução: Ruth E. Vasconcellos Lopes

REFERÊNCIAS BIBLIOGRÁFICAS

ADAMS, M. "From Old French to the Theory of Pro-Drop". *Natural Language and Linguistic Theory, 5,* pp. 1-32, 1987.

BENINCÀ, P. "Osservazioni sulla sintassi dei testi di Lio Mazor". In: ANGELET, C. et al. (eds.) *Langue, dialecte et litterature. Etudes romanes a la memoire de Hugo Plomteux.* Leuven University Press, 1983, pp. 187-97.

______. "Un'ipotesi sulla sinassi delle lingue romanze medievali". *Quaderni Patavini di Linguistica.* 1984, pp. 3-19.

______. "L'interferenza sintattica: di un aspetto della sintassi ladina considerata di origine tedesca". Universitá di Padova, 1986. Manuscrito.

______. "L'ordine delle parole nelle lingue romanze medievali". XIX Congreso Internacional de Linguistica e Filoloxia Romanicas, Santiago de Compostela, 1989.

CHOMSKY, N. *Lectures on Government and Binding.* Dordrecht: Faris, 1981.

CLARK, R.; ROBERTS, I. "A Computational Approach to Language Learnability and Language Change". D.E.L.T.A. 8, n. especial, 1992, pp. 53-103.

DUARTE, M. E. L. "A perda do ordem V(erbo) S(ujeito) em interrogativas qu- no português do Brasil", D.E.L.T.A. 8, n. especial, 1991, pp. 37-52.

DUPUIS, F. *L'Expression du sujet dans les subordonnées en ancien français.* Montreal, 1989. Tese (Doutorado) – Université de Montreal.

FARRELL, P. "Null Objects in Brazilian Portuguese". *Natural Language and Linguistic Theory.* 8, 1990, pp. 325-46.

FOULET, L. "L'Extension de la forme oblique du pronom personnel en ancien français. Premier article". *Romania.* 61, 1935, pp. 257-315.

______. "L'Extension de la forme oblique du pronom personnel en ancien français. Troisième et dernier article". *Romania.* 62, 1936, pp. 27-91.

GALVES, C. "L'objet nul et la structure de la proposition en portugais du Bresil". *Revue des Langues Romanes.* 93.2, 1989, pp. 305-36.

HIRSCHBUHLER, P. "La legitimation de la construction V1 a sujet nul dans la prose et le vers en ancien français". *Revue Quebecoise de Linguistique.* 19, 1990, pp. 32-55.

______. "Null subject in V1 embedded clauses in Philippe de Vigneulles' Cent Nouvelles Nouvelles". University of Ottawa, 1991. Manuscrito.

______; JUNKER, M.-O. "Remarques sur les sujets null en subordonnées en ancien et en moyen français". In: HIRSCHBUHLER, P.;. ROCHETTE, A. (orgs.) "Aspects de la syntaxe historique du français". *Revue Quebecoise de Linguistique Theorique et Appliquée. 7,* 1988, pp. 63-84.

HUANG, C.-T. J. "On the Distribution and Reference of Empty Pronouns". *Linguistic Inquiry.* 15, 1984, pp. 531-74.

JAEGGLI, O. *Topics in Romance Syntax.* Dordrecht: Foris, 1982.

KAYNE, R. "Subject Inversion in French Interrogatives". In: CASAGRANDE, J.; SACIUK, B. (orgs.) *Generative Studies in Romance Languages,* Rowley, Mass., Newbury House, 1972.

______. *Connectedness and Binary Branching,* Dordrecht: Foris, 1984.

______. "Null Subjects and Clitic Climbing". In:JAEGGLI, O.; SAFIR, K. (orgs.) *The Null Subject Parameter.* Dordrecht: Kluwer 1989.

______. "Romance Clitics, Verb-Movement and PRO". *Linguistic Inquiry.* 22, 1991, pp. 647-86.

VAN KEMENADE, A. *Syntactic Case and Morphological Case in the History of English.* Dordrecht: Foris, 1987.

KROCH, A. "Reflexes of Grammar in Patterns of Language Change". *Journal of Language Variation and Change*. 1, 1989, pp. 199-244.

LIGHTFOOT, D. *Principles of Diachronic Syntax*. Cambridge: Cambridge University Press, 1979.

______. *How to Set Parameters*. Cambridge: The MIT Press, 1991.

POLETTO, C. "Subject-Clitic Inversion in the Dialects of North-Eastern Italy". *Working Papers in Linguistics*. 3.1, 1993, pp. 95-137.

POLLOCK, J.-Y. "Sur la syntaxe de en et le parametre du sujet nul". In: RONAT, M.; COUQUAUX, D. (orgs.) *La grammaire modulaire*. Paris: Editions de Minuit, 1986, pp. 211-46.

RAPOSO, E. "On the Null Object in European Portuguese". In: JAEGGLI, O.; SILVA-CORVALAN, C. (eds.) *Studies in Romance Linguistics*. Dordrecht: Foris, 1987.

RIVERO, M.-L. "Clitic and NP Climbing in Old Spanish". In: CAMPOS, H.; MARTINEZ-GIL, F. (eds.) *Current Studies in Spanish Linguistics*. Georgetown University Press, 1991, pp. 241-83.

RIZZI, L. *Issues in Italian Syntax*, Dordrecht: Foris, 1982.

______. "Null Objects in Italian and the Theory of Pro". *Linguistic Inquiry*. 17, 1986, pp. 501-57.

______; ROBERTS, I. "Complex Inversion in French". *Probus*. I, 1989, pp. 1-30.

ROBERTS, I. "Agreement Parameters and the Development of English Modal Auxiliaries". *Natural Language and Linguistic Theory*. 3, 1985, pp. 21-38.

______. "A Formal Account of Grammaticalisation in the History of Romance Futures". University of Wales, 1992. Manuscrito.

______. *Verbs and Diachronic Syntax*. Dordrecht: Foris, 1993.

SANTORINI, B. *The Generalization of the Verb-Second Constraint in the History of Yiddish*. Philadelphia, 1990. Tese (Doutorado) – University of Pennsylvania.

SAUSSURE, F. *Cours de linguistique generale*. Paris: Payot, 1916.

TARALDSEN, K. T. "On the NIC, Vacuous Application and the That-Trace Filter". Indiana University Linguistics Club, Bloomington, 1979.

VANCE, B. *Null Subjects and Syntactic Change in Medieval French*. Ithaca, 1989. Tese (Doutorado) – Cornell University.

OS ORGANIZADORES

Ian Roberts possui graduação em Linguística pela Universidade de Gales e doutorado na University of Southern California. É professor titular da Universidade de Cambridge e tem sido professor visitante no Brasil em várias universidades. É autor de *Verbs and Diachronic Syntax* (Kluwer), *Comparative Syntax* (Arnold), *Diachronic Syntax* (Oxford); coautor de *Syntactic Change: a Minimalist Approach to Grammaticalization* (Cambridge), *Clause Structure and Language Change* (Cambridge), *Parametric Variation: Null Subjects in Minimalist Theory* (Cambridge), *Locality* (Oxford).

Mary A. Kato é professora titular aposentada da Universidade Estadual de Campinas (Unicamp), atualmente colaboradora voluntária na mesma instituição. Foi pesquisadora I-A do CNPq, fundou a revista *DELTA* e cocoordenou os projetos Português Europeu e Português Brasileiro: unidade e diversidade e Romania Nova. Coorganizou os livros *Brazilian Portuguese and the Null Subject Parameter* (Vervuert) e *The Morpho-Syntax of Portuguese and Spanish in Latin-America* (Oxford). Pela Editora Contexto, publicou como organizadora, ao lado de Milton do Nascimento, o volume 2 da *Gramática do português culto falado no Brasil: a construção da sentença.*

OS AUTORES

Ataliba T. de Castilho é professor emérito da Universidade de São Paulo (USP) e professor titular convidado na Unicamp. Foi professor titular na Unicamp e na USP. Foi um dos coordenadores do Projeto Nurc, coordenador da coleção Gramática do Português Culto Falado no Brasil e da coleção Para a História do Português Brasileiro. Pela Contexto, publicou os livros *Nova gramática do português brasileiro* e *Pequena gramática do português brasileiro*, entre outros.

Charlotte Galves é professora titular da Unicamp. Doutorou-se em Linguística Portuguesa na Universidade Paris IV-Sorbonne. Sua pesquisa e suas publicações se concentram nas áreas de Sintaxe Histórica e Teoria Gramatical, com enfoque na história do português em todas as suas variedades. Criou e coordena o *Corpus* Anotado do Português Histórico Tycho Brahe. É do comitê editorial da *Oxford Series of Studies in Diachronic and Historical Linguistics.*

Emílio Gozze Pagotto é professor adjunto do Departamento de Linguística da Unicamp. Fez graduação em Letras na Universidade Federal do Espírito Santo (UFES), mestrado e doutorado em Linguística na Unicamp. Tem trabalhos publicados nas áreas de Linguística Histórica, Sociolinguística e História das Ideias Linguísticas. Pela Contexto é coautor dos volumes 2 (*A construção da sentença*) e 7 (*A construção fonológica da palavra*) da *Gramática do português culto falado no Brasil.*

Fernando Tarallo fez doutorado na Universidade da Pensilvânia e foi professor do Departamento de Linguística da Unicamp. Foi sociolinguista e trabalhou com a variação sintática sincrônica e diacrônica do português. Publicou diversos livros na área de Linguística. Faleceu em 1992.

Ilza Ribeiro fez doutorado na Unicamp, foi professora titular da Universidade de Feira de Santana (UEFS) e professora-associada do Departamento de Linguística da Universidade Federal da Bahia (UFBA). Dedicou-se à Linguística Histórica, tendo publicado vários trabalhos na área. Faleceu em 2017.

Jairo Nunes doutorou-se em Linguística na Universidade de Maryland e é professor titular da USP. É autor de *Linearization of Chains* and *Sideward Movement* (MIT Press), coautor de *Understanding Minimalism* e *Control as Movement* (Cambridge University Press), organizador de *Minimalist Essays on Brazilian Portuguese Syntax* e coorganizador de *The Copy Theory of Movement* (John Benjamins). Desde 2001 é coeditor do periódico *Probus: International Journal of Latin and Romance Linguistics* (Mouton de Gruyter). Pela Contexto, é coautor de *Gramática do português culto falado no Brasil – volume 2: a construção da sentença*.

Maria A. Torres Morais é professora-associada do Departamento de Letras Clássicas e Vernáculas da USP. Mestre em Linguística de Língua Portuguesa pela Universidade Federal do Paraná e doutora em Linguística pela Unicamp. Participa dos projetos diacrônicos Para a História do Português Brasileiro (PHPB) e História do Português Paulista (PHPP).

Maria Garcia Lopes-Rossi, docente do curso de graduação em Letras e do Programa de Mestrado em Linguística Aplicada da Universidade de Taubaté. É mestre em Linguística Aplicada ao Ensino de Línguas pela PUC-SP e doutora em Linguística pela Unicamp. Tem experiência nas áreas de Letras e Linguística, com ênfase em Linguística Aplicada, atuando principalmente nos seguintes temas: ensino de língua portuguesa, leitura e produção de gêneros discursivos.

Maria Eugênia Duarte é professora titular do Departamento de Letras Vernáculas da Faculdade de Letras da UFRJ e pesquisadora 1B do CNPq. Trabalha com o modelo da Teoria da Variação e Mudança, tomando como componente gramatical pressupostos da Teoria de Princípios e Parâmetros. Participa dos Projetos Romania Nova e Para a História do Português Brasileiro. É coautora de *Gramática do português culto falado no Brasil – volume 2: a construção da sentença*, publicado pela Contexto.

Ruth E. Vasconcellos Lopes é professora livre-docente do Departamento de Linguística da Unicamp. Seus principais interesses de pesquisa concentram-se em fenômenos sintáticos e de interface entre a sintaxe e a semântica, principalmente sobre o português brasileiro, quer da perspectiva da gramática adulta ou do processo de sua aquisição. É coautora de *Novo manual de sintaxe*, além de ser colaboradora no volume 2 da *Gramática do português culto falado no Brasil: a construção da sentença*, ambos editados pela Contexto.

Sonia M. L. Cyrino é livre-docente pela Unicamp. Tem trabalhado em sintaxe comparativa das línguas românicas e mudança diacrônica no português brasileiro, publicando em periódicos tais como *Natural Language and Linguistic Theory*, *Journal of Portuguese Linguistics*, *The Linguistic Review*, e em livros editados pela John Benjamins, Oxford University Press, Cambridge University Press, entre outras. Pela Contexto, é coautora de *Gramática do português culto falado no Brasil – volume 2: a construção da sentença*.

Vicente C. Cerqueira é professor aposentado da Universidade Federal do Acre, graduado em Letras pela UFBA, mestre em Linguística Aplicada ao Ensino de Línguas/Inglês pela PUC-SP, doutor em Linguística pela Universidade Estadual de Campinas. Atua ainda no ensino de Inglês, Português e Linguística, e desenvolve pesquisa em Linguística, com foco na sintaxe do português brasileiro.

GRÁFICA PAYM
Tel. [11] 4392-3344
paym@graficapaym.com.br